煤基低碳技术创新：
专利发展、影响因素与推进措施

陈 红 刘东霞 著

·北京·

图书在版编目（CIP）数据

煤基低碳技术创新：专利发展、影响因素与推进措施/陈红，刘东霞著. —北京：科学技术文献出版社，2017.12
ISBN 978-7-5189-3736-3

Ⅰ.①煤… Ⅱ.①陈… ②刘… Ⅲ.①低碳经济—技术革新—研究—山西 Ⅳ.①F427.25

中国版本图书馆CIP数据核字（2017）第324276号

煤基低碳技术创新：专利发展、影响因素与推进措施

策划编辑：周国臻　　责任编辑：李　鑫　刘　亭　　责任校对：文　浩　　责任出版：张志平

出　版　者	科学技术文献出版社
地　　　址	北京市复兴路15号　邮编 100038
编　务　部	（010）58882938，58882087（传真）
发　行　部	（010）58882868，58882874（传真）
邮　购　部	（010）58882873
官方网址	www.stdp.com.cn
发　行　者	科学技术文献出版社发行　全国各地新华书店经销
印　刷　者	北京教图印刷有限公司
版　　　次	2017年12月第1版　2017年12月第1次印刷
开　　　本	787×1092　1/16
字　　　数	444千
印　　　张	19.25
书　　　号	ISBN 978-7-5189-3736-3
定　　　价	88.00元

版权所有　违法必究

购买本社图书，凡字迹不清、缺页、倒页、脱页者，本社发行部负责调换

前　言

低碳发展已成为世界经济发展的潮流和趋势。山西作为国家煤炭能源基地和典型的高碳经济省份，长期以来，煤炭的大规模开发和粗放式利用对山西省经济社会、生态环境造成了巨大的压力。低碳经济发展模式，是山西省经济可持续发展的必由之路和希望之路，实施低碳科技创新实践活动，是资源型经济转型的长期战略选择。

全书分为上下两篇。上篇借助专利数据，运用专利图表、专利管理地图等专利分析方法，研究煤基低碳领域七大产业链的专利时间变化与国际、国内分布情况；基于 TRL (Technology Readiness Level) 评价标准的技术成熟度预测方法，分析传统煤基领域和新材料领域的技术成熟度；基于专利的技术成熟度分析方法，分析山西省煤基低碳技术领域的相对技术优势。研究得出：①发达国家积极开展煤基低碳领域核心技术的战略布局，如美国、日本等多个国家相继在我国进行炭材料、石墨烯等技术的专利布局。我国已经成为这几个领域国外专利申请分布最多的目标国之一。②从国际上各国在煤基技术领域的专利轨迹来看，发达国家在我国煤基领域相关技术进入成熟期之前便减少了研发投入，在能源研发重点领域的选择上具有前瞻性和引领性。③山西省应重点支持有研发基础且有发展潜力的煤基低碳技术领域，如煤层气、综采；大力支持高校、科研院所、企业对煤基低碳技术领域最有发展潜力技术–超临界发电技术的研发。④山西煤基低碳产业创新链的选择，需要依托现有技术基础及技术优势展开。对技术基础不足的产业，创新链的延环补链需要尽快地提升专利等基础创新能力建设。

下篇从微观创新主体活动视角着手，借助问卷调查与深度访谈的方法获得数据，运用统计分析与扎根分析方法，研究影响煤基低碳科技创新成果产出和产业化的内外部影响因素，得到：①核心影响因素是个体创新动机，设计有效的激励制度与措施激发科研人员的创新积极性，可以有效地增加煤基企业低碳创新行为。②科研团队创新环境与组织创新环境是煤基低碳科技创新的微观环境保障，自由、平等、互信、互助等宽松的团队环境，企业高层对创新的重视、创新战略的规划、创新导向的分配激励制度等组织环境能有效地激发科研人员的创新积极性。但煤基企业存在的体制因素，却会极大地限制企业的创新行为。③煤基企业与其他创新主体（如高校、科研院所）间的合作创新方式、频率、密切程度等合作创新活动，可以开拓企业科研人员的研发思路，增加企业的创新行为。④税收政策、人才政策、财政政策、金融与中介政策及引导性政策可以帮助企业寻求研发方向，促进企业技术创新行为的开展，限制落后技术、倡导有市场前景的新技术、吸引社会资本进入技术创新领域、鼓励市场竞争，进而激发企业技术创新的潜力。但是，政府主导研发项目对技术创新行为的促进作用却非常有限。

本书分别从高层管理者、团队、组织创新环境、组织间创新合作活动与宏观环境政策方面，提出促进科技创新主体创新活动与产业化活动的策略建议：①促进科技创新主体创新活动的政策方面，应增加对企业高层管理者的胜任特征评价和绩效考核制度的改革，进行团队建设技巧、创新活动合作技巧等方面的培训，改革企业高层管理者任期制、自然科研人员职称评聘制等，建立科学的团队领导选拔任用标准。加强对科技创新研发团队建设的主动设计，发展"长寿团队"，支持组织建立系统化的创新制度。充分发挥政府主导科研项目的作用，在项目研发方向设置方面，应结合省域、高校、科研院所与企业的现实情况，考虑项目的可行性、实用性，注重实用型与补链、延链技术等方面的研发。②促进科技创新主体产业化活动的策略方面，要调动R&D人员的产业化积极性，构建多元化融资渠道，充分利用财税支持政策、支持配套技术研发与基础设施建设。

本书撰写过程中，研究团队一方面深入企业实际调研，掌握了大量一手资料；另一方面与国内外专家研讨交流，加强知识交互，思维碰撞。团队成员经多次研讨形成本书架构。

本书在撰写过程中受到山西省教育厅、山西省科技厅、太原国家高新技术产业开发区管委会等单位领导的大力支持和帮助，在此表示衷心感谢！此外，本书参考了近年来国内外煤基技术创新、科研人员创新行为等方面的最新研究成果，因篇幅所限，在此不一一列举，谨向相关专家和学者深致谢意！由于作者水平有限，书中难免存在疏漏和不足，恳请专家和读者批评指正。

目　录

上篇　煤基低碳技术创新：专利发展及成熟度评价

1　煤炭开采相关专利分析 ·· 3
   1.1　煤炭开采专利分析 ·· 3
   1.2　煤炭地下气化技术专利分析 ··· 10
   1.3　煤层气技术专利分析 ··· 17
   1.4　本章小结 ·· 22

2　选煤专利分析 ··· 23
   2.1　跳汰选专利分析 ·· 23
   2.2　重介质选专利分析 ··· 32
   2.3　浮选专利分析 ·· 41
   2.4　本章小结 ·· 48

3　煤化工专利分析 ··· 51
   3.1　煤炭气化专利分析 ··· 51
   3.2　煤液化技术专利分析 ··· 64
   3.3　煤焦化技术专利分析 ··· 74
   3.4　本章小结 ·· 82

4　清洁煤发电专利分析 ··· 83
   4.1　超临界、超超临界发电技术 ··· 83
   4.2　整体煤气化联合循环发电技术（IGCC） ·························· 91
   4.3　循环流化床技术（CFBC） ·· 99
   4.4　增（加）压流化床燃烧循环发电技术（PFBC-CC） ········· 107
   4.5　本章小结 ·· 115

5　富碳农业及碳捕集与碳封存专利分析 ·································· 118
   5.1　富碳技术专利分析 ··· 118

5.2　碳捕集技术专利分析 ··· 119
　　5.3　碳封存技术专利分析 ··· 126
　　5.4　本章小结 ··· 130

6　煤基新材料专利 ··· 132
　　6.1　煤基活性炭技术专利分析 ··· 132
　　6.2　碳分子筛的技术专利分析 ··· 137
　　6.3　PAN 基碳纤维技术专利分析 ··· 143
　　6.4　富勒烯技术专利分析 ··· 148
　　6.5　碳纳米管技术专利分析 ··· 151
　　6.6　石墨烯技术专利分析 ··· 156
　　6.7　本章小结 ··· 160

7　煤基低碳技术成熟度分析 ·· 162
　　7.1　煤基低碳技术专利分析 ··· 162
　　7.2　煤基低碳技术成熟度 ··· 174
　　7.3　山西省煤基低碳技术优势 ··· 183

8　煤基低碳技术专利研究结论 ·· 185

下篇　煤基低碳科技创新活动：影响因素及推进措施

9　创新活动的基础理论 ··· 191
　　9.1　创新系统理论 ··· 191
　　9.2　社会技术系统理论 ·· 191
　　9.3　多层次要素理论 ··· 192
　　9.4　ERG 理论 ··· 193
　　9.5　相关理论对研究设计的启示 ··· 195

10　煤基低碳创新活动：研究框架与研究方法 ·· 196
　　10.1　研究框架 ·· 196
　　10.2　研究方法 ·· 198

11　调查基本情况 ·· 201
　　11.1　调查对象概况 ··· 201
　　11.2　深度访谈企业概况及选择依据 ·· 202

12	科研人员从事科技创新活动的影响因素	205
	12.1 个体创新动机	205
	12.2 团队因素	207
	12.3 组织创新环境	210
	12.4 组织间合作创新活动	215
	12.5 宏观环境政策	219
13	影响科技创新活动的因素分析——研发负责人的调研	221
	13.1 研发负责人深度访谈分析	221
	13.2 研发负责人问卷调查结果分析	228
14	影响产业化活动的因素	234
	14.1 内部驱动因素	234
	14.2 外部推动因素	235
15	促进科技创新主体创新活动与产业化活动的策略建议	237
	15.1 促进科技创新主体创新活动的策略	237
	15.2 促进科技创新主体产业化活动的策略	245
附录 A	煤基低碳问卷调查	247
附录 B	企业访谈提纲及访谈记录	250
附录 C	科研人员调查问卷网址及调查结果	268
附录 D	研发负责人调查问卷网址及调查结果	285
参考文献		297

煤基低碳技术创新：
专利发展及成熟度评价

专利可以反映创新活动的成果，与 R&D 经费投入相比，专利可以更好地测量创新活动的产出。专利水平和产出量通常和一个地区的技术能力，以及该地区对知识产权的重视程度相联系。因此，可以利用专利分析进行区域间创新活动与创新能力的比较。通过专利分析，可以反映技术的成熟程度与发展趋势，进而为区域产业技术研发提供决策的依据。

本课题使用的专利数据有两个来源：SooPAT 专利数据库与佰腾专利数据库。其中，SooPAT 专利数据库收集了时间跨度超过 350 年、99 个国家和地区在内的超过 9500 万件专利文献，能够很好地反映某一类技术在全球的发展变化趋势。因此，课题组利用 SooPAT 专利数据库进行全球专利趋势分析。佰腾专利数据库在中国专利数据收集量上要超过 SooPAT 专利数据库，该专利数据库收集了中国大陆、中国台湾与香港特别行政区在内的，自 1985 年 9 月至 2014 年 4 月 13 日超过 1555 万件的专利文献。因此，课题组利用佰腾专利数据库进行我国及区域内的专利趋势分析。

数据收集过程中，采用某一类技术领域作为关键词在专利数据库对专利的题目、关键词与摘要进行检索。采用这种检索方法可能会漏掉专利数据，即漏掉一些属于该类技术领域，但在其主题、关键词与摘要中均未出现该关键词的专利数据。也就是说，这种检索方法中隐含的一个假设为：某一类技术领域的专利肯定会在题目、关键词或摘要中出现该技术领域名称的字眼。这种方法虽然会漏掉一些专利数据，但并不影响对该类技术领域创新活动趋势的分析。因此，所获得的专利数据可以比较好地反映该类技术领域的技术创新活动。需要注意的是，采用这种方法会低估该技术领域的整体创新活动。

专利技术生命周期是指在专利技术发展的不同阶段中，专利申请数量与专利申请人数量的一般性的、周期性的规律。一个比较完整的技术生命周期示意图，是利用某段时间内与某项技术相关的专利申请数量和相应的专利申请人数量的变化情况绘制而成的。以年度申请量为横坐标，年度申请人数量为纵坐标，绘制出的曲线就能对技术发展的各个阶段进行分析，预测技术的发展速度及前景。通过对专利申请数量与专利申请人数量二者的时序变化进行分析，专利技术生命周期理论上存在 5 个阶段，即萌芽期（引入期）、发展期、成熟期、衰退期（饱和期、淘汰期、瓶颈期）、复苏期。

其中，萌芽期：重要基本发明的诞生。在该阶段，研究和开发主要集中在少数几个公司，专利申请数量与专利申请人数量都不多，集中度较高。发展期：基本发明向纵向和横向发展，其应用发明专利逐渐出现。在该阶段，技术有了突破性的进展，市场扩大，介入的企业增多，专利申请数量与专利申请人数量会急剧上升。成熟期：技术趋于成熟，除少量企业外，大多数企业已经不再投入研发力量，也没有新的企业愿意进入。专利数量继续增加，但专利增长的速度变慢，申请人数基本维持不变。衰退期：经过市场淘汰，申请人的数量大幅减少，专利数量维持稳定，技术的发展进入下降期，进展不大。当技术老化后，不少企业退出，每年申请的专利数量和企业数量呈负增长。复苏期：技术是否能进入复苏期，主要取决于是否有突破性创新，可以为技术市场注入活力。

由于专利从申请到授权至少需要两年的时间，因此，以下分析相关技术领域专利的变化趋势与结构状况时只分析到 2014 年 12 月 31 日。

1 煤炭开采相关专利分析

煤炭开采产业相关的技术领域主要有：煤炭开采、煤炭地下气化、煤层气开采。课题组于 2015 年 4 月 13 日分别在 SooPAT 专利数据库与佰腾专利数据库对这 4 个技术领域的专利进行了检索，以下以检索结果为依据展开分析。

1.1 煤炭开采专利分析

通过对全球专利的分析可以了解煤炭开采技术领域的发展趋势，为我国及区域煤炭开采企业确定技术发展方向提供依据。对我国煤炭开采专利的分析，可以将山西省煤炭开采专利与其他省份进行对比分析，总结山西省在煤炭开采技术领域的地位，为政府确定支持煤炭开采技术创新方向提供依据。

1.1.1 煤炭开采世界专利分析

截至 2015 年 4 月 13 日，在 SooPAT 专利数据库中以"Coal mining"为关键词，搜索范围为专利文献的题目、关键词与摘要，得到煤炭开采技术领域的专利文献为 41 498 件检索结果。检索结果结合世界政治局势与经济格局的发展变化，可以将煤炭开采技术分为以下几个阶段：

① 1893—1944 年。第二次科技革命与工业革命结束后，世界资本主义国家争相发展经济，煤炭是支持工业电力化发展的重要基础。企业的公司制运作，以及对知识产权的重视，一些煤炭开采企业开始申请技术专利以抵御其他企业的竞争。这一阶段的世界专利申请数量为 963 件，专利变化趋势见图 1.1。

该阶段的专利主要集中于英国、美国与加拿大，其对应的专利数量分别为 719 件、232 件与 11 件。这与当时世界经济格局密切相关，英国作为最早进入工业化的国家，其在全球经济中占有举足轻重的地位。煤炭作为支持工业化国家经济发展的重要资源，大量企业从事煤炭开采。国内对知识产权的重视，使许多企业申请了煤炭开采的专利。美国作为 20 世纪世界经济发展的中心，工业机械化与自动化发展也要求有大量的能源支撑。许多煤炭开采企业进行技术研发，以提高煤炭开采效果与效率。

② 1945—1980 年。第二次世界大战结束后，发达国家以发展经济为重心。经济发展对能源的大量需求，要求企业能够提供更多的煤炭。而企业的逐利性决定了会有更多的技术投入，以提高生产效率。因此，该阶段的煤炭开采专利明显增加，专利数量为 2577 件，专利变化趋势见图 1.2。

从图 1.2 可以看出，该阶段的煤炭开采技术专利呈波动上升趋势，并于 1978 年达到该

图 1.1　1893—1944 年世界煤炭开采技术专利变化趋势

图 1.2　1945—1980 年世界煤炭开采技术专利变化趋势

阶段专利量的最高点（183 件）。专利拥有国家数量增加为 21 个，其中排在前 5 位的国家分别为英国（1520 件）、美国（523 件）、苏联（138 件）、加拿大（92 件）与澳大利亚（69 件）。可以看出，英国与美国在煤炭开采技术领域占有绝对的优势地位。石油价格的大幅上涨，使世界各国对煤炭的需求进一步增加，越来越多的企业投入到煤炭开采技术的研发活动中，以增加煤炭供给。

③1981—1991 年。两伊战争与海湾战争的爆发，造成石油价格大幅下跌，进而影响到煤炭开采行业的收益水平。煤炭开采企业的技术创新积极性降低，专利数量为 2550 件（图 1.3），专利增加趋势变缓。

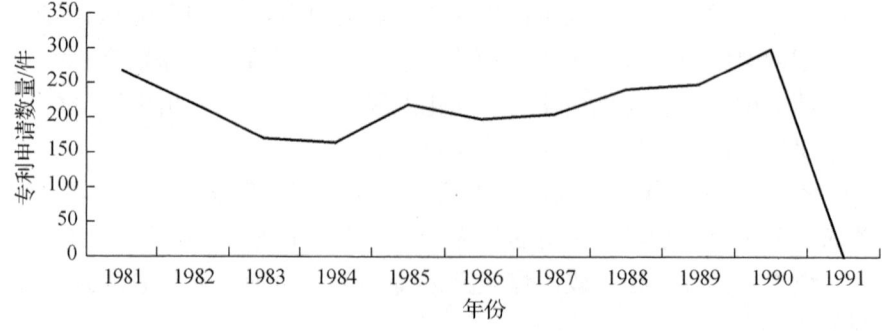

图 1.3　1981—1991 年世界煤炭开采技术专利变化趋势

这一时期有更多的国家加入到煤炭开采技术研发领域，专利拥有国数量为 33 个。受益于改革开放政策及知识产权制度的建立，中国成为该阶段拥有专利数量最多的国家，专利数量为 789 件。资源贫乏的日本也开始了该领域的技术战略布局，专利数量为 187 件，位列第 7 位。

④ 1992—2009 年。海湾战争结束之后，石油价格再度飙升，煤炭在经济中的作用突显。煤炭开采企业的积极性大幅增强，专利数量增加为 9956 件（图 1.4）；专利增长速度加快，年均专利增长幅度为 37.11%。

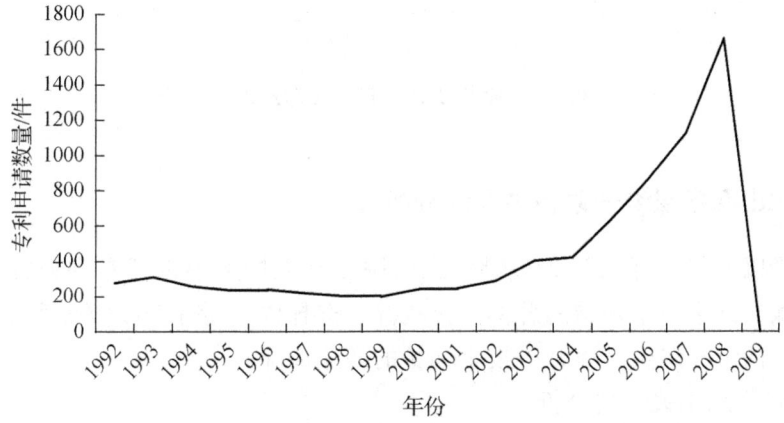

图 1.4　1992—2009 年世界煤炭开采技术专利变化趋势

该阶段专利拥有国数量没有明显变化，中国成为该阶段专利研发的核心国家，拥有专利数量 7587 件。而英国、美国等发达国家正逐渐退出该技术领域的研究，18 年间英国拥有专利量 35 件、美国拥有专利量 254 件。这反映出欧美发达国家已经转变了能源研发的重点领域。

⑤ 2010—2013 年。2009 年哥本哈根气候大会的召开，呼吁世界各国在发展经济的同时重视对环境的保护。越来越多的国家开始重视可再生能源的研发与应用，欧美发达国家调整了其能源战略方向，4 年间煤炭开采技术专利英国只有 1 件、美国拥有 85 件。与此形成鲜明对比的是，中国在该阶段投入了大量的研发力量，4 年间共拥有专利数 13 053 件。这反映出中国在能源领域没有能够跟上发达国家的研发脚步适时转变研发方向。

综合以上分析可以得到，煤炭开采技术是 20 世纪 70 年代欧美发达国家竞相争夺的技术领域。进入 20 世纪 80 年代之后，由于煤炭储量减少、环境污染严重，欧美发达国家陆续减少在该技术领域的研发投入。但我国在改革开放政策的刺激下，以及富煤贫油的资源现状下，决定了煤炭在我国经济快速发展中的重要作用。20 世纪 80 年代后我国煤炭企业、高校与科研院所投入大量的资源进行煤炭开采的研发，33 年间我国拥有煤炭开采专利数量 21 429 件，是全球 110 年间煤炭开采专利总量的 51.82%。从长远发展趋势来看，我国也应该逐渐退出煤炭开采技术领域的研发，转而研究具有战略意义的新能源技术领域。

根据 SooPAT 数据库 1893—2014 年份的数据，以年度专利申请数量为横坐标，年度申请人数量为纵坐标，绘制出技术生命周期图 1.5。从图中可以看出煤炭开采技术逐渐进入衰退期，这也与欧美发达国家陆续减少该技术领域的研发投入相一致。

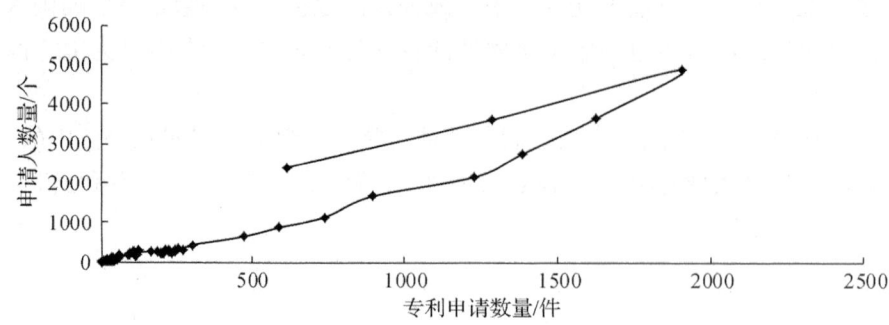

图 1.5 世界煤开采技术生命周期图

1.1.2 全国和山西省煤炭开采相关专利分析

课题组选择以"煤 开采"为关键词在佰腾专利数据库中进行专利数据检索，以反映全国及山西省煤炭开采技术领域的总体变化状况；选择以"综采"为关键词进行专利检索，以反映全国及山西省在煤炭具体开采技术领域的变化情况。

1. 我国煤炭开采相关专利分析

截至 2015 年 4 月 13 日，以"煤 开采"为关键词在佰腾专利数据库中检索，得到全国煤炭开采技术领域的专利总数为 2854 件；以"综采"为关键词检索，得到全国煤炭综采技术领域的专利总数为 1547 件（图 1.6）。

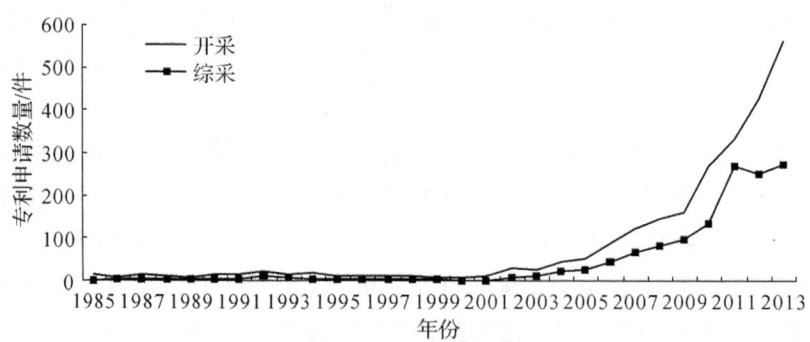

图 1.6 1986—2013 年我国煤炭开采与综采技术的专利变化趋势

从图 1.6 可以看出，不论是煤炭开采技术领域总体变化趋势还是煤炭综合开采技术领域具体变化趋势，均呈现出增长趋势。2002 年之前，我国煤炭开采技术尚处于起步阶段，专利数量少、研发单位有限；2002 年之后，受我国经济快速增长的影响及国家取消电煤指导价，煤炭价格的市场化极大地激励了企业从事煤炭开采的动力，煤炭企业数量增多、市场竞争加剧，企业开始重视对技术研发的投入，专利数量快速增加。特别是 2009 年之后专利数量呈现井喷式增长，5 年间煤炭开采技术专利增长幅度为 253.33%、煤炭综采技术专利增长幅度为 182.1%。从政策层面来看，2009 年国家实行了煤炭企业重组，大规模煤炭集团公司的成立，整合了企业的研发能力、增加了企业研发成果的产出。

从我国 31 个省、自治区与直辖市的专利分布（数据分析不含港澳台）来看，区域技术优势明显。煤炭开采技术专利的前 10 位省、直辖市拥有全国 80.40% 的专利；综采技术专利的前 10 位省、直辖市拥有全国 90.48% 的专利。具体情况见图 1.7 和图 1.8。

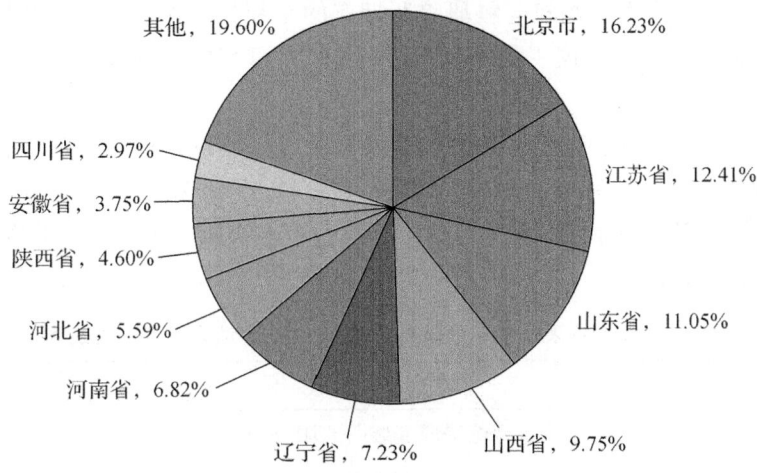

图 1.7　我国煤炭开采技术专利的区域分布

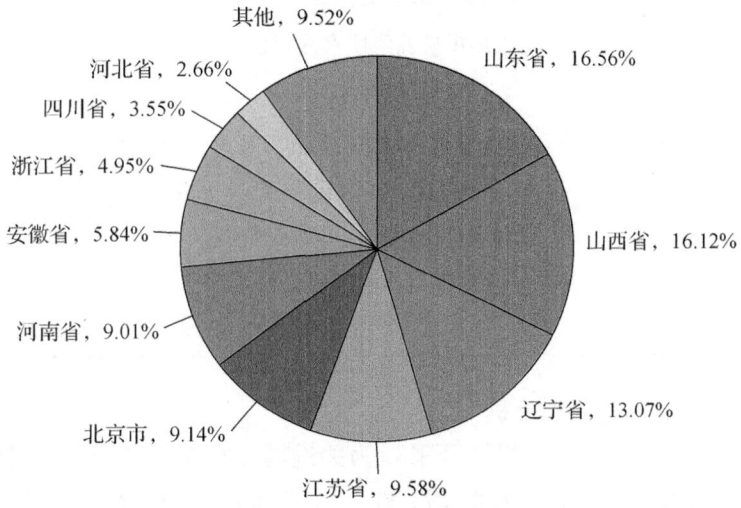

图 1.8　我国综采技术专利的区域分布

从图 1.7 与图 1.8 可以看出，在煤炭开采与综采技术领域居前列的区域均为拥有较多煤炭资源的省份，如山东、山西与辽宁等；这些省份的煤炭开采及综采设备企业从技术需求的角度开展了相关技术领域的研发，如三一重型装备有限公司、天地科技股份有限公司、山西晋城无烟煤矿业集团有限公司等。北京市在煤炭开采技术领域排名第 1 位，在综采技术领域排名第 5 位，主要受益于高校与科研院所的集聚，如中国矿业大学与煤炭科学研究总院北京开采研究所等。

我国煤炭开采技术领域企业拥有的专利数量最多，占总数的71.13%。其中，排在前10位的机构中，企业有三一重型装备有限公司、天地科技股份有限公司、中煤张家口煤矿机械有限责任公司及中国神华能源股份有限公司，拥有较强的研发实力；高校与科研院所有中国矿业大学、山东科技大学、中国矿业大学（北京）、河南理工大学、煤炭科学研究总院北京开采研究所与安徽理工大学，高校与科研院所拥有的专利数量为824件，专利申请人的集中度比较明显，排在前10位高校、科研院所与企业所拥有的专利数之和占全国专利总数的25.12%。

我国综采技术领域的专利申请人呈现与煤炭开采技术领域相同的特征，企业为拥有专利的主体，占专利总数的88.20%；高校与科研院所拥有的专利数量为186件。综采技术领域专利申请人有比较明显的集中度，排在前10位的企业与高校（表1.1）所拥有的专利数之和占全国专利总数的27.80%。

表1.1　我国综采技术专利排名居前10位的申请人及专利拥有量

排名	申请人	专利申请数量/件
1	三一重型综采成套装备有限公司	87
2	中国矿业大学	82
3	三一重型装备有限公司	41
4	兖州煤业股份有限公司	38
5	山西晋城无烟煤矿业集团有限责任公司	36
6	丰隆液压有限公司	35
7	天地科技股份有限公司	34
8	山西东华机械有限公司	28
9	郑州煤矿机械集团股份有限公司	27
10	淮南矿业（集团）有限责任公司	22
	总计	430

2. 山西省煤炭开采相关专利分析

截至2015年4月13日，以"煤　开采"为关键词搜索在佰腾专利数据库中检索，得到山西省煤炭开采技术领域的专利总数为271件；以"综采"为关键词检索，得到全国煤炭综采技术领域的专利总数为246件（图1.9）。

从图1.9可以看出，虽然山西省是煤炭开采大省，但山西省煤炭开采技术的研发起步较晚。整体来看，山西省煤炭开采与综采技术专利呈上升趋势，但与全国发展趋势相比，山西省煤炭开采与综采技术进入快速成长期的时间明显滞后。这反映出山西省煤炭开采技术领域的企业、高校与科研院所缺乏足够的技术创新意识。2009年后专利的变化趋势与全国相一致，5年间山西省煤炭开采技术专利增长幅度为338.46%、综采技术专利增长幅度为246.15%。这与国家的创新战略及区域创新能力建设密切相关，政策对技术创新的支持极大地促进了技术创新产出，具体政策包括增加财政科技经费支出的比重、科技人才引进与培养

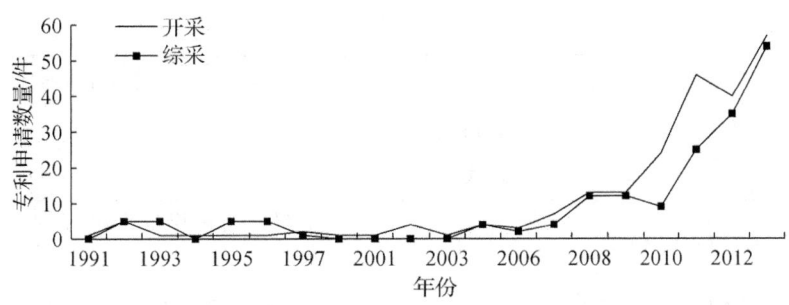

图 1.9 1991—2013 年山西省煤炭开采与综采技术领域的专利变化趋势

政策、扩大企业科研经费融资渠道及强调企业技术创新的主体地位等。例如，具有代表性的技术创新产品"8G 采煤机"，该设备是由晋煤集团金鼎公司自主设计制造的，可在一个作业面上实现割煤和放煤两项采煤工艺，特别是它体积小、结构紧凑、操作方便、电机功率小、耗电少，非常适合我国目前复杂地质条件下的大中小型矿井厚煤层一次采全高过程中使用。这一工艺技术破解了 90 万吨以下小型矿井难以进行大采高的世界性难题，实现了小井巷也能使用大采高设备，不仅降低了整机截割功率，还可将原煤块率提高 20% 左右，大幅减少了煤炭资源的浪费和人员设备资金的重复投入，经济效益非常明显，在国内外尚属首创。

从专利申请人来看，山西晋城无烟煤矿业集团有限责任公司、大同煤矿集团有限责任公司与山西潞安环保能源开发股份有限公司等是山西省煤炭开采与综采技术领域主要的技术研发企业；太原理工大学与煤炭科学研究总院太原分院是山西省主要从事煤炭开采与综采技术领域研发的高校与科研院所。表 1.2 列示了山西省煤炭开采与综采技术领域专利拥有量前 10 位的申请人情况。

表 1.2 山西省煤开采技术领域专利排名前 10 位的申请人及其专利拥有量

排名	煤炭开采技术		排名	煤炭综采技术	
	申请人	专利申请数量/件		申请人	专利申请数量/件
1	山西晋城无烟煤矿业集团有限责任公司	31	1	山西晋城无烟煤矿业集团有限责任公司	36
2	太原理工大学	26	2	山西东华机械有限公司	28
3	大同煤矿集团有限责任公司	23	3	大同煤矿集团有限责任公司	18
4	杜志刚	19	4	太原理工大学	15
5	张海成	13	5	山西焦煤集团有限责任公司	12
6	山西天地煤机装备有限公司	11	6	山西天地煤机装备有限公司	9
7	山西潞安环保能源开发股份有限公司	9	7	中煤平朔集团有限公司	8

续表

排名	煤炭开采技术		排名	煤炭综采技术	
	申请人	专利申请数量/件		申请人	专利申请数量/件
8	煤炭科学研究总院太原分院	7	7	山西潞安环保能源开发股份有限公司	8
9	中国煤炭科工集团太原研究院	6	7	煤炭科学研究总院太原分院	8
9	天地科技股份有限公司	6	10	山西潞安矿业（集团）有限责任公司	6

从表 1.2 可以得到，山西省煤炭开采与综采技术领域的研发实力集中度明显，煤炭开采与综采技术领域专利拥有量居前 10 位申请人的专利之和分别占山西省专利总数的 55.72% 与 60.16%。因此，一方面，山西省应充分发挥重点企业与重点院校、研究院所在煤炭开采与综采技术领域的研发能力；另一方面，从国际发展趋势来看，发达国家已逐渐退出煤炭开采技术领域的研发，山西省应支持重点高校、科研院所与企业寻找该领域的创新方向。

技术生命周期图法，根据趋势判别生命周期阶段，可视为定性的方法。利用专利申请数量与专利申请人随时间的推移而变化的数据绘制而成（图 1.10）。一般来说，专利申请数量反映技术开发活动的程度，而专利申请人反映了该技术领域参与技术竞争的企业或个人。了解他们之间的相互关系可以推断技术的生命周期，从而指导企业技术投入与开发策略。

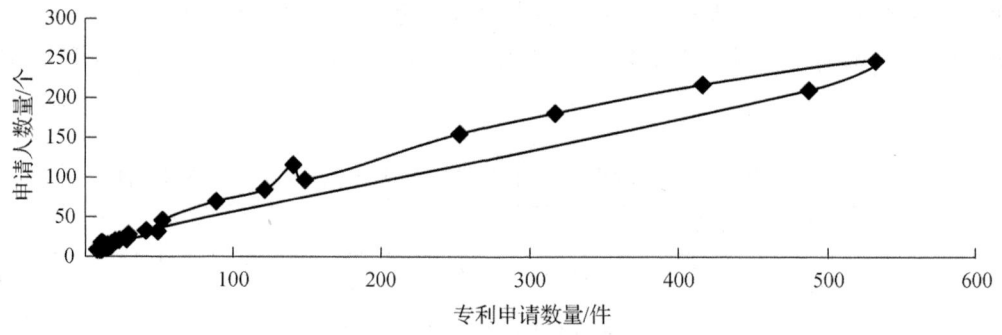

图 1.10 我国煤炭开采技术专利生命周期图

从图 1.10 可以看出，我国煤炭开采技术处于生命周期中的发展期，在这个阶段，我国研究煤炭开采的企业逐渐增多，技术方面也有了突破性的发展。尤其在综采方面，采煤机和液压支架取得了世界性的突破。但世界煤开采技术生命周期图显示该发展方向已进入衰退期，其他发达国家正逐渐退出该技术领域的研究，转向了能源的其他重点领域。因此，从未来的发展趋势来看，我国也应该逐渐退出煤炭开采技术领域的研发，转向研究新能源技术领域。

1.2 煤炭地下气化技术专利分析

本节从全球和我国两个层面对煤炭地下气化技术进行分析。进行全球专利分析是了解煤炭地下气化技术的发展趋势,为我国的区域煤炭地下气化企业确定技术的发展方向。进行我国煤炭地下气化技术专利的分析,可以比较山西省与其他省份煤炭地下气化技术专利情况,总结山西省在该领域的地位,为政府确定支持煤炭地下气化技术创新方向提供依据。

1.2.1 煤炭地下气化技术世界专利

截至 2015 年 4 月 13 日,在 SooPAT 专利数据库中以"Underground coal gasification"为关键词,搜索范围为专利文献的题目、关键词与摘要,得到煤炭地下气化技术领域的专利文献为 468 件,专利变化趋势见图 1.11。

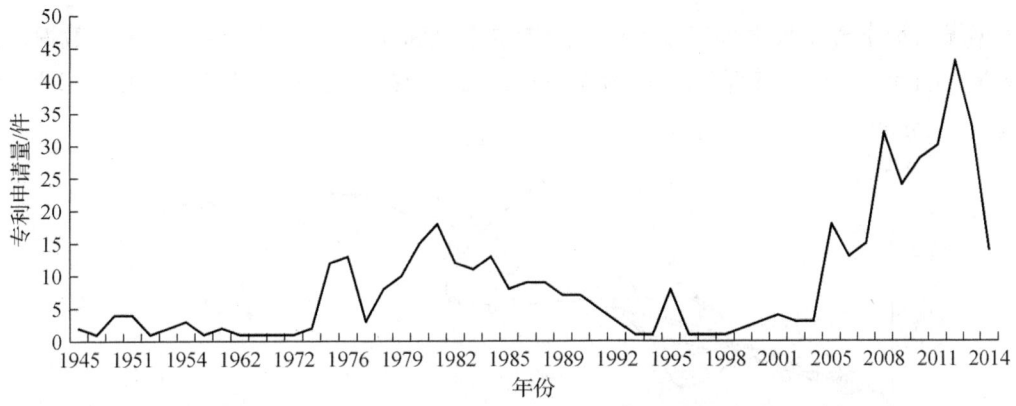

图 1.11　1945—2014 年世界煤炭地下气化专利变化趋势

① 1868—1970 年。煤炭地下气化已有 100 多年的历史,真正研究经验只有几十年。开始阶段煤炭地下气化在各国进展非常缓慢。1868 年,德国科学家威廉·西门子创造性地提出了煤在地下气化的建议。1910 年,美国工程师 Bettes 获得煤炭地下气化 3 个专利。1912 年,诺贝尔奖获得者威廉·拉姆赛进行了煤炭地下气化工程,但后来因为拉姆赛的逝世,以及第一次世界大战爆发而中断。

② 1971—1990 年。20 世界 70 年代,能源危机过后,越来越多的国家开始认识到,通过煤炭地下气化可以将煤转变成清洁的、廉价的绿色能源,大幅提高煤炭资源的利用率。各国开始逐渐投入煤炭地下气化研究,其中美国组织了 29 所大学和研究机构进行大规模有计划的试验;1979 年,德国与比利时在柏林也进行了一次试验,德国虽然拥有大量的煤炭储量,但其埋藏深,且处于海底,所以德国特别重视煤炭地下气化技术的研究。从这一阶段开始,煤炭地下气化专利量逐渐增多。

③ 1991—2004 年。由于煤炭地下气化大多处于试验阶段,具有产业化程度低,耗资高等不足,研究阶段出现了停滞,年专利申请数量减少。

④ 2005—2014 年。煤炭地下气化技术对未来煤炭高技术开发意义重大,世界各国重新审视煤炭地下气化技术领域。各国增强了对知识产权的重视,专利年均增长幅度达 7.87%。

各个国家先后结合本国煤层赋存的特点,对煤炭地下气化技术进行了研究,目前美国、澳大利亚、英国、加拿大等国重新启动了煤炭地下气化技术研究,专利量排行见表 1.3。

表 1.3　世界煤炭地下气化的专利量排名居前 10 位的国家与组织

排名	国家与组织	专利申请数量/件	百分比	排名	国家与组织	专利申请数量/件	百分比
1	中国	135	29.28%	5	英国	31	6.72%
2	俄罗斯	58	12.58%	7	欧洲专利局	28	6.07%
2	美国	58	12.58%	8	苏联	26	5.64%
4	世界知识产权组织	38	8.24%	9	加拿大	19	4.12%
5	澳大利亚	31	6.72%	10	波兰	6	1.3%

根据煤炭地下气化技术每年相关的专利申请数量和相应的专利申请人数量的数据，以年度申请量为横坐标，年度申请人数量为纵坐标，绘制出技术生命周期图，如图 1.12 所示。

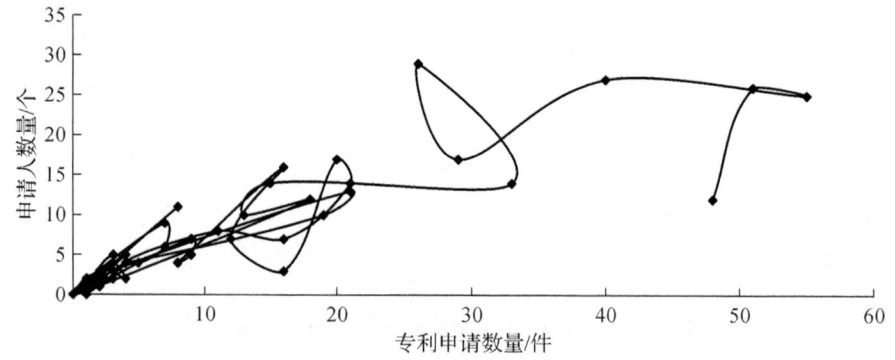

图 1.12　世界煤炭地下气化技术专利生命周期图

由图 1.12 可看出，结果是杂乱无章的，无法进行分析。为解决该问题，通过改变统计时间段，以 5 年时间为统计时间段（2013—2014 年除外），来统计专利申请数量和申请人数量。结果见表 1.4 和图 1.13。

表 1.4　修正后的世界煤炭地下气化技术专利数据统计

年份	专利申请数量/件	申请人数量/个	年份	专利申请数量/件	申请人数量/个
1948—1952 年	10	10	1983—1987 年	54	39
1953—1957 年	8	6	1988—1992 年	22	24
1958—1962 年	1	1	1993—1997 年	12	15
1963—1967 年	2	2	1998—2002 年	13	14
1968—1972 年	1	1	2003—2007 年	49	40
1973—1977 年	49	31	2008—2012 年	183	112
1978—1982 年	84	49	2013—2014 年	99	38

从图 1.13 不能很清晰的辨别世界煤炭地下气化技术处于技术生命周期的哪个阶段。但从 2008 年开始，专利申请数量和专利申请人数量有了较大幅度的上升。许多企业、高校与

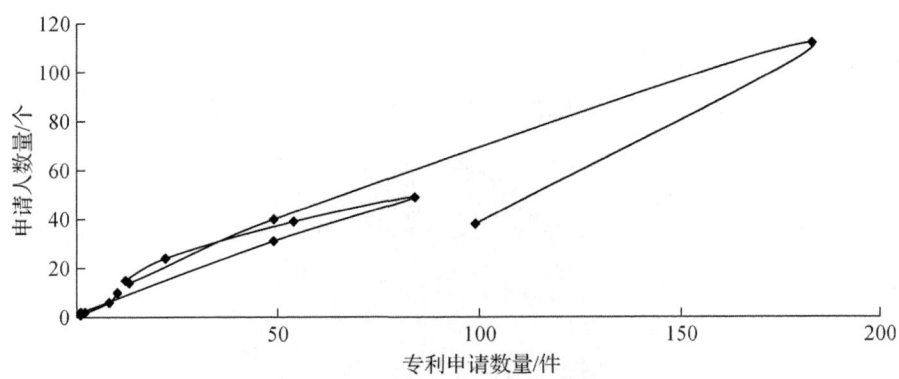

图 1.13　修正后的世界煤炭地下气化技术专利生命周期图

科研院所相继开始投入研发。

1.2.2　全国和山西省煤炭地下气化技术专利

1. 我国煤炭地下气化相关专利分析

截至 2015 年 4 月 13 日，以"煤炭　地下　气化"为关键词在佰腾专利数据库中检索，得到全国煤炭地下气化技术领域的专利总数为 156 件（图 1.14）。

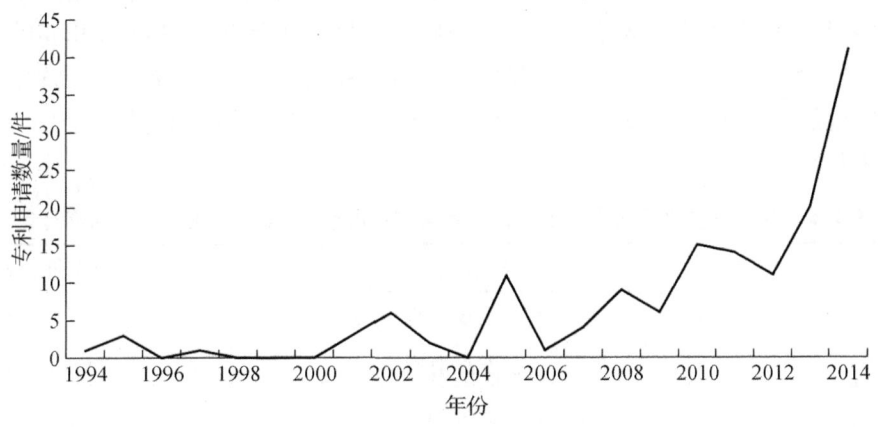

图 1.14　1994—2014 年我国煤炭地下气化技术专利的变化趋势

从图 1.14 看出，我国煤炭地下气化技术的总体专利量表现出增长趋势，但增长数量缓慢、专利总数与其他技术领域的专利量有一定的差距。在 2000 年以前，由于煤炭地下气化试验受到自然条件的影响，并且试验和应用于生产脱节，大部分地区处于实验停滞阶段，所以每年申请的煤炭地下气化技术的专利仅有一两个。2000 年以后，研究试验逐渐恢复，专利申请数量也逐渐增多，出现了试验和应用效果较好的新工艺，如应用"长通道、大断面"新工艺气化的煤气，部分被用于居民燃气，以及发电、合成氨和甲醇等。2012 年之后，增长幅度明显加大，年增长率达到 93.06%。这与国家政策的支持以及企业与学校的战略联盟非常相关。例如，新奥集团与中国矿业大学合作在无井式技术方面取得了很多关键技术的突破。

从我国各个省市专利分布来看,区域技术优势明显。煤炭地下气化技术专利的前9位的省、自治区、直辖市拥有全国96.73%的专利,具体情况见图1.15。

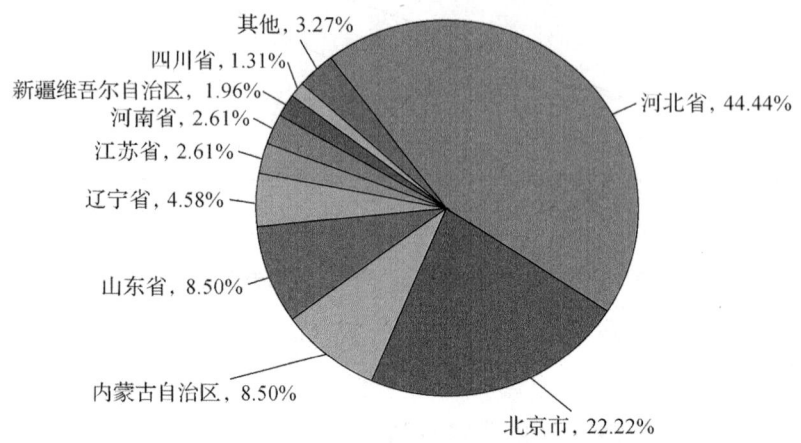

图1.15 我国煤炭地下气化技术专利的区域分布

从图1.15可以看出,在煤炭地下气化技术领域居前列的区域有河北省、北京市、内蒙古自治区、山东省。这些省份主要是新奥集团、新矿集团和它们合作的矿业大学所在区域。内蒙古自治区专利拥有量排名居第3位,多与新奥集团在内蒙古开展项目和实验基地相关。煤炭地下气化技术专利申请人有非常明显的集中度。排在前10位的企业与高校所拥有的专利数之和占全国专利总数的72.44%,而新奥集团的所拥有的专利数占全国专利总数的43.60%,见表1.5。

表1.5 我国煤炭地下气化技术专利拥有量排名居前10位的申请人及专利拥有量

序号	申请人	专利申请数量/件
1	新奥气化采煤有限公司	52
2	新奥科技发展有限公司	14
3	中国矿业大学(北京)	9
4	乌兰察布新奥气化采煤技术有限公司	9
5	北京中矿科能煤炭地下气化技术研究中心	9
6	大雁煤业有限责任公司	5
7	中国矿业大学	4
7	华北科技学院	4
7	柴兆喜	4
10	中国神华能源股份有限公司	3

2. 山西省煤炭地下气化相关专利分析

截至2015年4月13日,以"ab:(煤炭 地下 气化)and aa:(山西)"为关键词在佰腾专利数据库中检索，得到山西省在煤炭地下气化技术方面的专利仅有1件，见表1.6。

表1.6 山西省煤炭地下气化技术专利

申请日期	专利名称	申请人	地址
2009-12-29	煤炭地下气化炉密闭壁的筑造工艺	张晓东	山西省太原市万柏林区×××小区×号楼×单元

根据佰腾专利数据库的搜寻结果可知，山西省在煤炭气化技术方面几乎是空白页。在煤炭气化技术发展早期，虽然最先在山西大同开始气化试验，以及在西皇翰公司建立技术产业化示范基地等，但从专利数据情况来看，山西省最后并没有在技术上取得更大的突破。山西省煤炭资源开采历史已久，由于受到技术的限制，有很多薄煤层、安全煤柱等报废的煤炭资源，同时"三下"压煤也比较多，这就需要煤炭地下气化技术来充分开采煤炭资源，所以煤炭地下气化技术在山西省有很大的应用空间和开发前景。

以下是根据时序建立与我国煤炭地下气化技术相关的专利申请数量和相应的专利申请人数量的数据，见表1.7。

表1.7 我国煤炭地下气化技术专利统计数据

时间	专利申请数量/件	申请人数量/个	时间	专利申请数量/件	申请人数量/个
1994年	1	1	2005年	11	4
1995年	3	1	2006年	1	1
1996年	0	0	2007年	4	1
1997年	1	2	2008年	9	5
1998年	0	0	2009年	6	5
1999年	0	0	2010年	15	5
2000年	0	0	2011年	14	8
2001年	3	2	2012年	11	8
2002年	6	3	2013年	20	8
2003年	2	1	2014年	41	7
2004年	0	0			

根据SooPAT数据库1994—2014年的数据（表1.7），以年度申请量为横坐标，年度申请人数量为纵坐标，绘制出技术生命周期图，见图1.16。

由表1.7和图1.16可以看出，结果是杂乱无章的，无法进行分析。数据修正后，结果见表1.8。

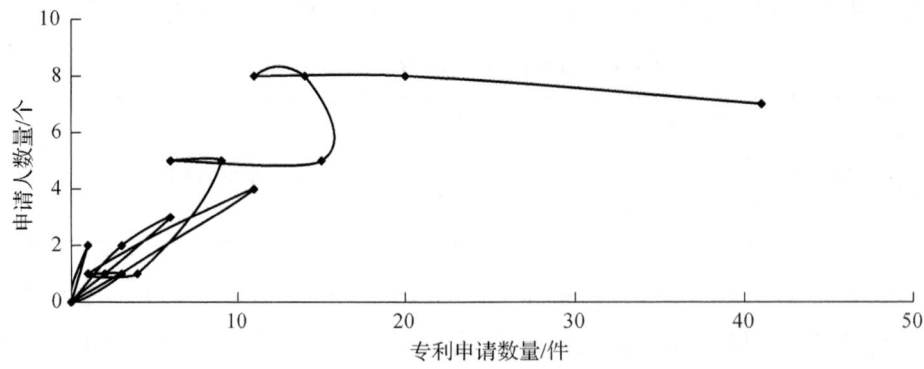

图 1.16　我国煤炭地下气化技术专利生命周期图

表 1.8　修正后的我国煤炭地下气化技术专利统计数据

时间	专利申请数量/件	申请人数量/个	时间	专利申请数量/件	申请人数量/个
1994—1995 年	4	2	2006—2007 年	5	2
1996—1997 年	1	2	2008—2009 年	15	10
1998—1999 年	0	0	2010—2011 年	29	13
2000—2001 年	3	2	2012—2013 年	31	16
2002—2003 年	8	4	2014 年	41	7
2004—2005 年	11	4			

从图 1.17 可以看出，专利申请数量和申请人数量都较少，集中度较高，研究和开发主要集中在少数几个公司，主要的公司有新奥集团、新矿集团和中国矿业大学。我国煤炭地下气化技术正处于萌芽期，在此阶段，研发人员对煤炭地下气化技术的研发缺乏经验，对此技术的知识累积也不够。

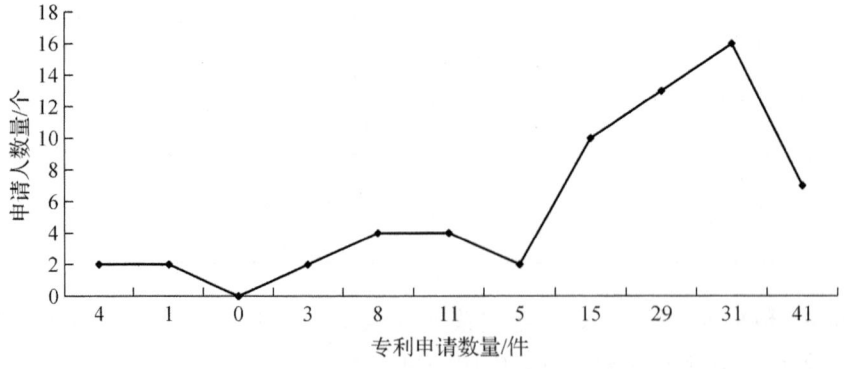

图 1.17　修正后的我国煤炭地下气化技术专利生命周期图

1.3 煤层气技术专利分析

1.3.1 煤层气技术世界专利

截至 2015 年 4 月 13 日,在 SooPAT 专利数据库中以"ZY:(Coal bed gas)OR ZY:(Coal bed methane)OR ZY:(Coal bed gas)"为关键词,搜索范围为专利文献的题目、关键词与摘要,得到煤炭开采技术领域的专利文献为 8523 件。

20 世纪 70 年代,发生了两次石油危机,石油价格暴涨引起了西方国家经济的衰退,从而触发了第二次世界大战后最严重的全球经济危机。随着世界经济发展对油气需求的不断增加,常规油气资源已不能满足各国需求的快速增长,在这种能源危机的冲击下,各个国家把目光转向一些非常规油气资源。煤层气成为各个国家非常规油气资源研究的一大焦点,并开始注重研究煤层气的勘探和开发利用。从 1980 年之后,专利量逐渐增加,年均增长率为 10.77%,专利变化趋势见图 1.18。

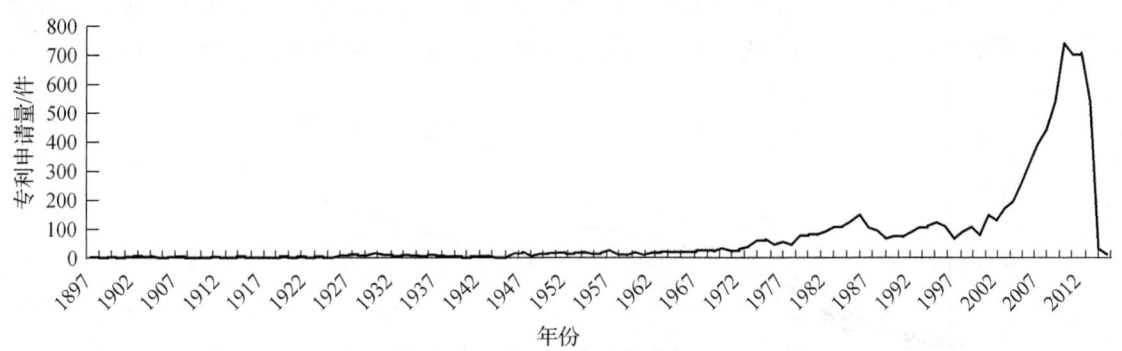

图 1.18　1879—2014 年世界煤层气专利变化趋势

在煤层气开发利用方面,美国、加拿大、德国和英国等一些国家,是开发相对较早并且技术相对成熟的国家。美国是世界上煤层气商业化开发最成功的国家。石油危机给美国人的生活带来巨大地冲击,美国政府出台了一系列补贴政策,这在很大程度上刺激了美国煤层气产业的快速发展。美国煤层气开发取得成功,除具有良好的煤层气地质资源条件、成熟的开发技术工艺和完善的基础设施(如发达的输气管网)外,煤层气开发初期政府的宏观调控政策、政策法规鼓励、财政支持和开放的市场等在相当程度上保障了对煤层气的商业开发。英国和加拿大等国家的煤层气产业发展也相对较快,部分原因是受益于国家的税收、补贴等一些优惠扶持政策,专利量排行见表 1.9。

表 1.9　世界煤层气专利申请量居前 10 位的国家与组织

排名	国家与组织	专利申请数量	百分比	排名	国家与组织	专利申请数量	百分比
1	中国	4526	49.94%	6	世界知识产权组织	360	4.22%
2	美国	984	11.55%	7	加拿大	330	3.87%
3	英国	947	11.11%	8	联邦德国	223	2.62%
4	日本	562	6.59%	9	欧洲专利组织	138	1.62%
5	俄罗斯	368	4.32%	10	无国别	78	0.92%

综合以上分析可以看出，自从 20 世纪 70 年代的能源危机以来，美国引领了煤层气的早期开发，各个国家也正在迅速赶超。中国煤层气地面开发起步较晚，20 世纪 90 年代，煤层气开发试验出现热潮，在不同地区开展了煤层气开发试验，经过 10 余年的发展，取得了重大突破，专利量达到 4000 多件，但我国煤层气开发利用仍然不理想，虽然美国专利量只有 984 件，但煤层气开发利用水平都是各个国家追求的目标；所以只有加大科技投入和政府补贴等优惠政策，借鉴美国等国家的成功经验，才能实现快速发展。

根据世界煤层气技术每年相关的专利申请数量和相应的专利申请人数量的数据，以年度申请量为横坐标，年度申请人数量为纵坐标，绘制出技术生命周期图，如图 1.19 所示。

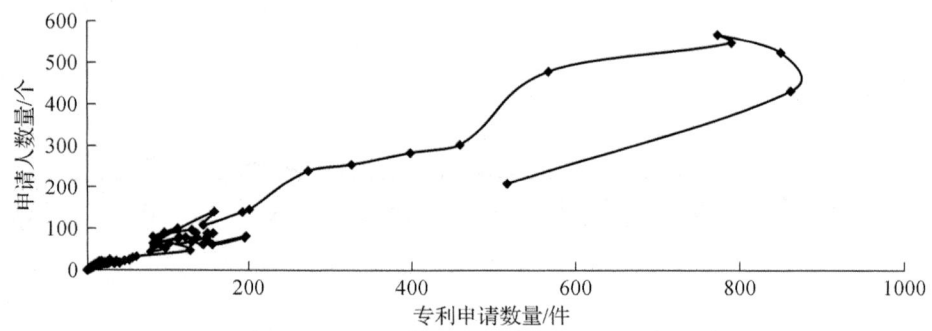

图 1.19　世界煤层气技术专利生命周期图

从图 1.19 可以看出，世界煤层气技术进入发展期，专利申请数量和专利申请人数量呈现逐渐上升的趋势。

1.3.2　全国和山西省煤层气技术专利分析

1. 我国煤层气相关专利分析

截至 2015 年 4 月 13 日，以"煤层气"为关键词在佰腾专利数据库中检索，得到全国煤层气技术领域的专利总数为 1558 件（图 1.20）。

从图 1.20 看出，我国煤层气技术总体专利量表现出增长趋势，由于煤层气开发起步较晚，从 1993—2004 年，专利申请数量处于零增长状态；2005 年之后，专利申请数量出现波动式增加。虽然煤层气受到国家有关部门的高度重视，相继出台了多项税费减免、财政补贴等优惠政策，但是由于煤层气产气机理比较特殊，达产时间长，自身的这些特点阻碍了它的

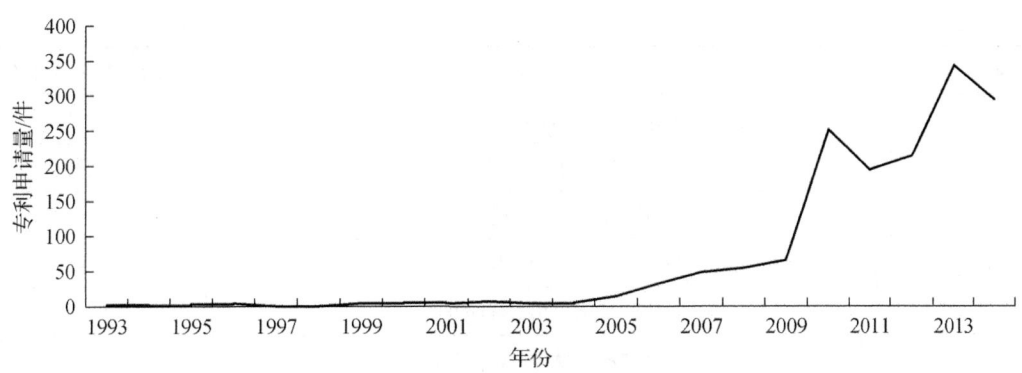

图1.20　1993—2014年我国煤层气技术的专利变化趋势

发展，很多煤层气开发企业处于亏损状态。

从我国各个省市专利分布来看，区域技术优势突出。煤层气开采技术专利的前10位省、直辖市拥有全国84.15%的专利，具体情况见图1.21。

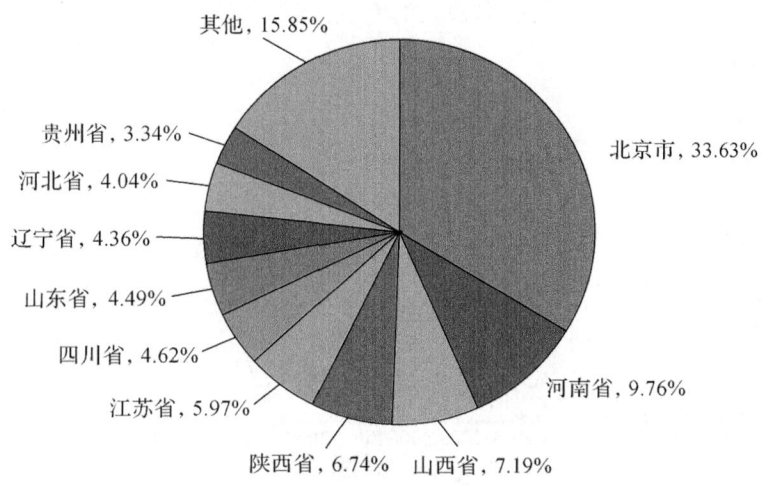

图1.21　我国煤层气技术专利的区域分布

从图1.21可以看出，在煤层气开采技术领域居前列的区域有北京市、河南省、山西省。这些省市是煤层气资源较多的省市，如山西、河南；北京市煤层气开采技术领域排名居第1位，主要受益于高校与科研院所的集聚。

煤层气技术领域专利申请人有比较明显的集中度，排在前10位的申请人中企业与高校（表1.10）所拥有的专利数之和占全国专利总数的34.02%。

表1.10　我国煤层气技术专利拥有量排名居前10位的申请人及其专利拥有量

排名	申请人	专利申请数量/件
1	中国石油天然气股份有限公司	101
2	中石油煤层气有限责任公司	67

续表

排名	申请人	专利申请数量/件
3	中联煤层气有限责任公司	60
4	河南理工大学	59
5	中国石油天然气集团公司	47
6	中联煤层气国家工程研究中心有限责任公司	43
7	中国石油化工股份有限公司	41
8	中国石油大学（华东）	40
9	北京奥瑞安能源技术开发有限公司	36
9	贵州盘江煤层气开发利用有限责任公司	36

2. 山西省煤层气相关专利分析

截至 2015 年 4 月 13 日，以"ab：（煤层气）and aa：（山西省）"为关键词在佰腾专利数据库中检索，得到山西省煤层气技术领域的专利总数为 93 件（图 1.22）。

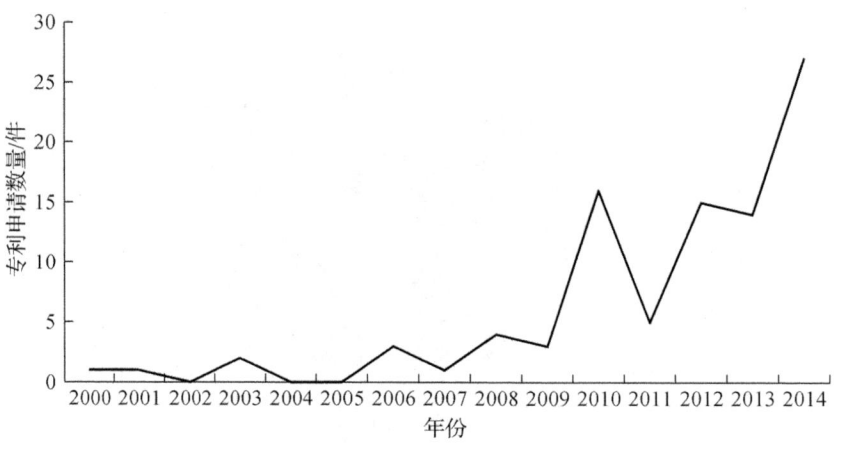

图 1.22 2000—2014 年山西省煤层气技术的专利变化趋势

从图 1.22 可以看出，虽然山西省是煤层气资源大省，但山西省煤层气开采技术的研发起步较晚，2000 年才拥有煤层气开采技术专利。整体来看，山西省煤层气开采技术专利呈上升趋势。从专利申请人来看，山西晋城无烟煤矿业集团有限责任公司、山西蓝焰煤层气集团有限责任公司等是山西省煤层气领域主要的技术研发企业；太原理工大学、中科院山西煤炭化学研究所是山西省主要从事煤层气领域研发的高校和科研院所。其中，山西晋城晋煤集团该公司研发制造的水力喷射径向钻机产品技术达到世界领先水平。水力喷射径向钻机是针对煤层气储藏、开采等特点，开发制造适合煤层气开采的径向井钻机，作业深度可达 3000 米左右，增产效率可达 200%～500%，具有施工周期短、作业成本低、操作简单方便、增产效果明显等突出特点。目前除研制出水力喷射径向钻机外，还针对煤层气抽采的特殊性，成功研发设计了具有智能抽采、远程监控、节能降耗等特点的新型煤层气智能排采机，摆脱了单纯依靠石油装备的限制。由此可以看出,在煤层气相关领域专利数量快速增长的情况下,山西省的某些企业或研究院所在煤层气领域的研发中也取得了一些成果,但是从总体来看,具有高质量或重大技术创新的专利仍屈指可数。

表 1.11 列示了山西省煤层气领域专利拥有量前 10 位的申请人情况。从表中看出,山西省煤层气开采技术领域的研发实力明显集中,煤层气开采技术领域专利拥有量前 10 位申请人的专利之和分别占山西省专利总数的 79.57%。因此,山西省一方面应充分发掘重点企业在煤层气开采技术领域的研发能力;另一方面应支持重点高校、科研院所与企业开展煤层气开采技术的研发。

表 1.11 山西省煤层气专利申请量居前 10 位的申请人及专利申请数量

排名	申请人	专利申请数量/件
1	太原理工大学	16
2	山西晋城无烟煤矿业集团有限责任公司	12
3	山西蓝焰煤层气集团有限责任公司	9
4	河南理工大学	8
5	中科院山西煤炭化学研究所	6
5	山西潞安环保能源开发股份有限公司	6
7	山西易高煤层气有限公司	5
8	中北大学	4
8	山西潞安工程有限公司	4
8	晋中市榆次海洋液压有限公司	4

从图 1.23 可以看出,我国煤层气技术处于发展期,在该阶段,煤层气技术研发的市场扩大,介入的企业增多,专利申请数量与专利申请人数量在不断上升。

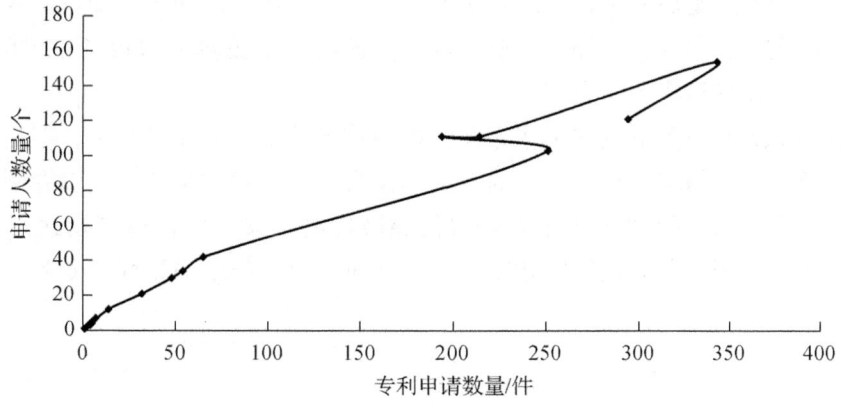

图 1.23 我国煤层气技术专利生命周期图

1.4 本章小结

根据上述分析，从整体来看，中国专利申请总量在关于煤炭开采、煤炭地下气化、煤层气领域均领先于其他国家，位居第 1 位。申请人集聚在企业和高效科研院所，说明我国企业及研发人员已具备一定的知识产权意识。

在煤炭开采领域，开采装备方面取得了可喜的成果，尤其是山西省的综采技术，不仅在我国，甚至在世界上取得了领先地位，其中采煤机等多项技术取得了世界第一，在这方面山西晋煤集团做出了重要的贡献。

在煤炭地下气化技术领域，我国启动相对较晚，大部分研究仍处于试验阶段。例如，中国矿业大学煤炭工业地下气化工程研究中心，建成了具有世界先进水平的煤炭地下气化过程综合试验台，可完成不同煤种及不同煤层赋存条件下煤炭地下气化过程发展规律及工艺参数的模型试验研究。对于山西省而言，由于受到技术限制，很多煤炭资源难于开采，煤炭地下气化技术急需创新和突破。

在煤层气领域，煤层气勘探开发是世界上发展较快的非常规天然气产业。我国煤层气资源丰富，位居世界第 3 位，我国必须深度参与国际标准的制定，才能与世界第三大煤层气资源储备国的地位相匹配。我国开展煤层气勘探的企业并不多，比较有实力的煤层气公司更是屈指可数，如中石油煤层气公司、中联、奥瑞安、亚美大陆、山西煤层气公司等，这些企业大多是外资企业，主要在山西与河南等地进行开采。2007 年以来，政府又相继出台了打破专营权、税收优惠、财政补贴等多项扶持政策，鼓励煤层气的开发利用，我国煤层气产业发展迅速，产业化雏形渐显。山西省在煤层气领域专利排名全国第 3 位，并有部分技术处于世界先进水平。

通过以上的分析不难发现，我国在煤炭及衍生资源开采技术的研发时间晚、起点低。但是经过改革开放的伟大实践后，我国逐步融入世界的技术发展潮流，特别是进入 21 世纪以来，我国对资源的利用更加合理化，对资源的开采更加技术化，加强了知识产权的保护和对科技创新的重视程度。国内某些知名企业在煤炭资源的开发技术上取得了举世瞩目的成果，如采煤机、煤层气开采等实用性专利技术。

然而，我们仍应意识到虽然在某些方面我国的技术处于世界先进水平，但是整体科技创新实力仍远落后于发达国家，数量庞大的专利却没有带来技术的革新，很多专利只停留在理论方面，并没有在技术应用和产业化方面取得突破性的进展，仍在借鉴发达国家的先进技术。我国的企业和科研院所应在国家政策的扶持下研究更有技术前瞻性的专利并提升自身的专利应用。

2 选煤专利分析

由于煤炭洗选环节涉及的技术类型较多,在此主要选取最为主要的 3 类技术作为关键词进行专利查询,有跳汰选、重介质选、浮选。课题组于 2015 年 4 月 13 日分别在 SooPAT 专利数据库与佰腾专利数据库对这 3 个技术领域的专利进行了检索,以下以检索结果为依据,展开分析。

2.1 跳汰选专利分析

通过对全球专利的分析可以了解跳汰选技术领域的发展趋势,为我国及区域跳汰选企业确定技术发展方向提供依据。对我国跳汰选专利的分析,可以将山西省跳汰选专利与其他省份进行对比分析,总结山西省在跳汰选技术领域的地位,为政府确定支持跳汰选技术创新方向提供依据。

2.1.1 跳汰选世界专利

课题组以"jigging"为关键词在国外专利库中检索跳汰选煤相关的专利得到:世界申请跳汰选专利已达 89 108 件,总体走势见图 2.1。

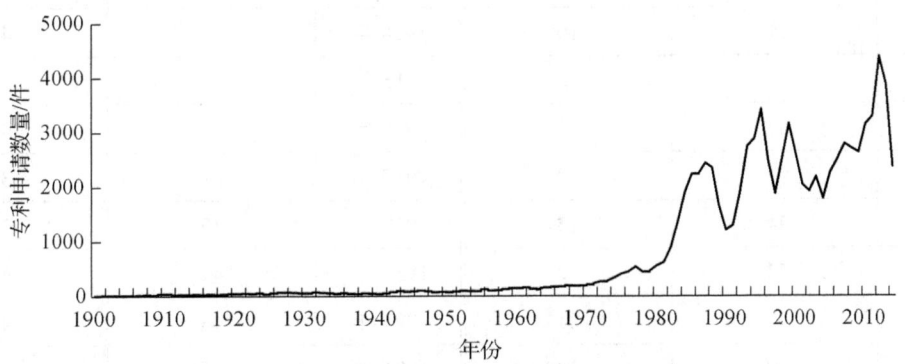

图 2.1　1900—2010 年世界跳汰选专利总体走势

从图 2.1 可以看出,1975 年前,全球跳汰选专利年申请量一直保持平稳,波动不大;1976—2010 年,全球跳汰选专利申请数量大幅上升,随着新技术的研究和应用,跳汰选煤设备也取得长足的发展,且于 2010 年达到顶峰;2010 年以后,有关跳汰选的专利申请数量骤降,这与重介质选工艺的发展大幅提高有很大关系,相对来说,此阶段的跳汰选工艺相对于重介质选地位较为下降。

在全球申请跳汰选专利的各国中,英国稳居首位,其次是肯尼亚,而我国则排名第3位,数量占所有跳汰选专利的17.21%,由表2.1看出,中国的跳汰选煤技术专利拥有量在国际上还是较为领先的。

表 2.1 世界跳汰选专利申请量排名居前 10 位的国家与组织

排名	国家与组织	专利申请数量/件	百分比
1	英国	3098	30.98%
2	韩国	1897	18.97%
3	中国	1721	17.21%
4	欧洲专利局	1412	14.12%
5	加拿大	704	7.04%
6	德国	465	4.65%
7	瑞士	203	2.03%
8	澳大利亚	183	1.83%
9	法国	126	1.26%
10	捷克	35	0.35%

根据时序建立与跳汰选技术相关的专利申请数量和相应的专利申请人数量的数据,见表2.2。

表 2.2 世界跳汰选技术专利统计数据

年份	专利申请数量/件	申请人数量/个	年份	专利申请数量/件	申请人数量/个
1900 年	8	10	1914 年	32	43
1901 年	12	15	1915 年	26	35
1902 年	11	13	1916 年	35	44
1903 年	9	10	1917 年	31	39
1904 年	14	13	1918 年	35	32
1905 年	11	22	1919 年	44	44
1906 年	17	21	1920 年	48	45
1907 年	22	22	1921 年	55	61
1908 年	19	21	1922 年	44	47
1909 年	38	48	1923 年	58	61
1910 年	39	50	1924 年	42	37
1911 年	24	28	1925 年	58	69
1912 年	31	42	1926 年	71	73
1913 年	30	36	1927 年	68	67

续表

年份	专利申请数量/件	申请人数量/个	年份	专利申请数量/件	申请人数量/个
1928 年	66	71	1960 年	138	89
1929 年	56	65	1961 年	151	94
1930 年	61	63	1962 年	126	93
1931 年	73	86	1963 年	111	74
1932 年	65	72	1964 年	151	108
1933 年	61	71	1965 年	164	105
1934 年	46	56	1966 年	168	114
1935 年	56	71	1967 年	188	102
1936 年	48	50	1968 年	187	89
1937 年	40	56	1969 年	192	110
1938 年	55	56	1970 年	209	131
1939 年	46	50	1971 年	234	156
1940 年	41	43	1972 年	271	153
1941 年	54	69	1973 年	280	171
1942 年	77	96	1974 年	340	214
1943 年	94	111	1975 年	412	287
1944 年	83	103	1976 年	449	279
1945 年	90	97	1977 年	543	271
1946 年	102	107	1978 年	443	316
1947 年	90	87	1979 年	463	316
1948 年	69	86	1980 年	562	373
1949 年	77	80	1981 年	623	362
1950 年	70	62	1982 年	904	428
1951 年	80	72	1983 年	1380	517
1952 年	93	85	1984 年	1907	667
1953 年	88	68	1985 年	2240	718
1954 年	90	84	1986 年	2243	785
1955 年	121	103	1987 年	2443	832
1956 年	99	77	1988 年	2360	877
1957 年	107	81	1989 年	1667	707
1958 年	122	91	1990 年	1215	560
1959 年	141	95	1991 年	1301	629

续表

年份	专利申请数量/件	申请人数量/个	年份	专利申请数量/件	申请人数量/个
1992 年	1926	810	2004 年	1793	996
1993 年	2746	1020	2005 年	2271	1122
1994 年	2885	1155	2006 年	2516	1334
1995 年	3425	1168	2007 年	2796	1477
1996 年	2472	997	2008 年	2710	1537
1997 年	1883	159	2009 年	2637	1619
1998 年	2539	1161	2010 年	3154	2062
1999 年	3166	1366	2011 年	3294	2585
2000 年	2608	1197	2012 年	4393	2730
2001 年	2042	1038	2013 年	3898	1909
2002 年	1928	979	2014 年	2375	1116
2003 年	2193	1145	合计	89 108	44 921

以年度申请量为横坐标，年度申请人数量为纵坐标，绘制出技术生命周期图，见图 2.2。

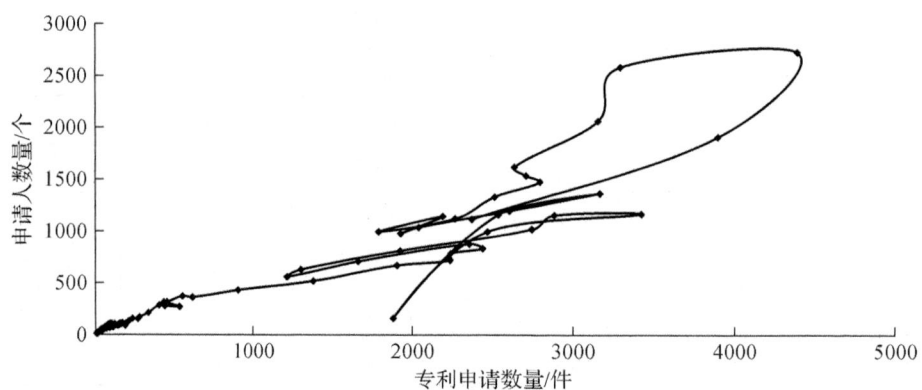

图 2.2　世界跳汰选技术专利生命周期图

由表 2.2 和图 2.2 可以看出，结果是杂乱无章的，无法进行分析。通过仔细对建立的分析用专利数据库进行核对，在筛选和申请人合并时都没有问题。那么考虑干扰因素可能是实际申请量和申请人数量按照一年的时间来统计，每年变化波动比较大，造成专利生命周期曲线不平滑。为解决该问题，通过改变统计时间段，以 5 年时间为统计时间段来统计专利申请数量和申请人数量，结果见表 2.3。

表 2.3 修正后的世界跳汰技术专利统计数据

年份	专利申请数量/件	申请人数量/个	年份	专利申请数量/件	申请人数量/个
1900—1904 年	54	61	1960—1964 年	677	458
1905—1909 年	107	134	1965—1969 年	899	520
1910—1914 年	156	199	1970—1974 年	1334	825
1915—1919 年	171	194	1975—1979 年	2310	1469
1920—1924 年	247	251	1980—1984 年	5376	2347
1925—1929 年	319	345	1985—1989 年	10 953	3919
1930—1934 年	306	348	1990—1994 年	10 073	4174
1935—1939 年	245	283	1995—1999 年	13 485	4851
1940—1944 年	349	422	2000—2004 年	10 564	5355
1945—1949 年	428	457	2005—2009 年	12 930	7089
1950—1954 年	421	371	2010—2014 年	17 114	10 402
1955—1959 年	590	447	合计	89 108	44 921

根据修正后的统计表数据得到修正后的世界跳汰选技术专利生命周期图,见图 2.3。

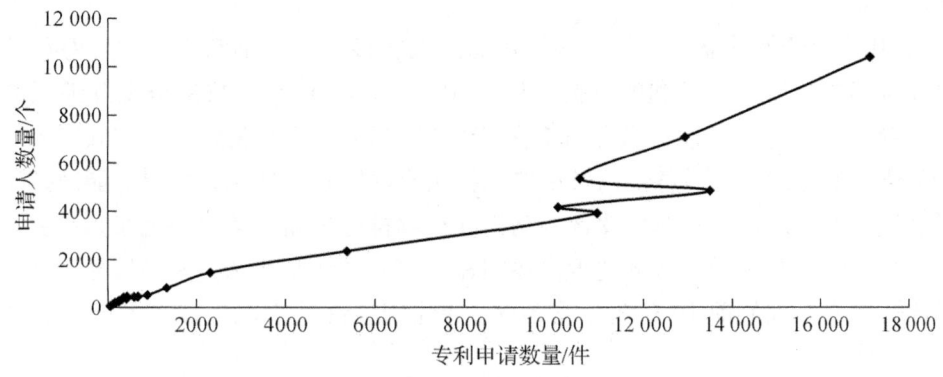

图 2.3 修正后的世界跳汰选技术专利生命周期图

从图 2.3 可以看出,世界跳汰选技术已逐渐趋于成熟期,在该阶段,技术已有突破性的进展专利申请数量与专利数量仍急剧上升。

2.1.2 全国及山西省跳汰选专利

课题组以"跳汰"为关键词在佰腾专利数据库中进行专利数据检索,以反映全国及山西省在选煤领域中的跳汰选技术专利的总体变化状况。

1. 我国跳汰选相关专利分析

截至 2014 年 12 月 31 日,我国有关跳汰选的有效专利数共计 395 件,见图 2.4。

从图 2.4 可以看出,在 1985—2014 年,已发布的跳汰选技术专利数量呈明显上升趋势,专利申请增长量超过了 135%。1990 年之前,全国选煤厂建设几乎停滞不前,选煤技术也相

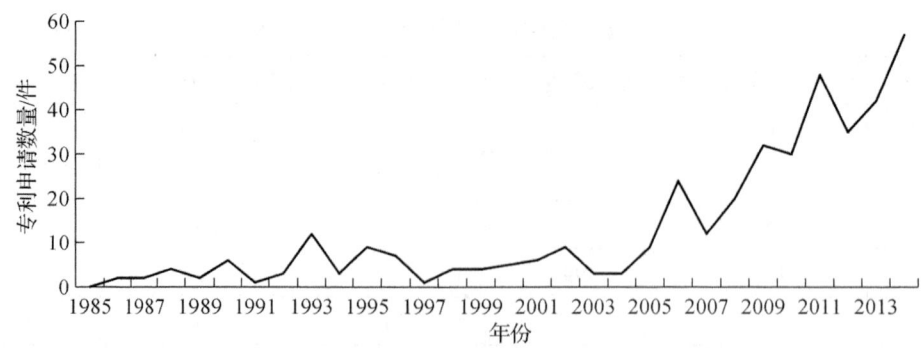

图 2.4　1985—2014 年我国跳汰选技术专利的变化趋势

当落后，主要选煤方法采用跳汰选煤法（占 67%），而重介质选煤法只占 17%。1990—2000 年，随着全国改革开放的深入发展，我国从计划经济向市场经济转型，选煤业迎来了快速发展阶段，选煤厂生产能力大增、体制和技术有所创新、效益显著。

1995 年提出的《中国洁净煤技术"九五"计划和 2010 年发展纲要》，是我国首次由国家制定的关于煤炭清洁利用的规划，显示我国对煤炭的清洁利用日益重视。1998—2005 年，专利数量快速增加，在进一步放开煤价，让煤炭企业进入市场的同时，国家加大了政策支持力度，采取了对煤炭总量进行宏观调控、减轻煤炭企业负担、改善煤炭企业市场竞争环境等政策措施。

我国在 2006 年开始建立了比较完善的知识产权宣传平台，不断推进国外专利的宣传工作，同时政府和高校加大对专利的支持力度，2006—2014 年专利数量呈现井喷式增长。从政策层面来看，2009 年国务院办公厅发布关于印发《2009 年节能减排工作安排》（国办发〔2009〕48 号）的通知，之后各部门及单位积极响应国家政策并大力发展节能减排工作，煤炭行业更是积极响应国家号召。跳汰选专利仍在继续推陈出新，数量并无衰减趋势。

从专利权人的分布来看，区域技术优势明显，河北省在跳汰选技术领域处于绝对的优势地位。跳汰选技术专利的前 10 位省、自治区、直辖市拥有全国 76.12% 的专利。具体情况见图 2.5。

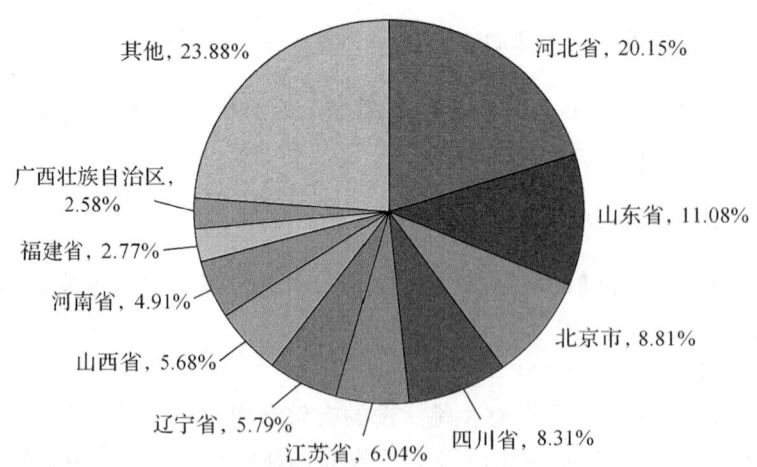

图 2.5　我国跳汰选技术专利的区域分布

从图 2.5 可以看出，在我国申请跳汰选专利的各地区中，专利拥有量较多的均为煤炭资源分布较广的省份，如河北、山东等。特别值得一提的是，山西省跳汰选专利申请数量 22 件，占比 5.68%，以 1 件专利之差仅次于辽宁省，在全国排名第 7 位。可见我国各省市对于跳汰选技术研究水平的差异性是比较明显的，这与我国各省市的技术发展重点不同有关，排名靠前的省市大多都非常注重煤炭技术领域的发展，并有一批研究所和企业推动着技术的发展。

从专利申请人来看，我国跳汰选技术专利排名居前 10 位的申请人中（表 2.4），企业拥有的专利数量最多，占总数的 13.2%；其中，金易通科技（北京）有限公司、唐山易通科技开发有限公司、四川海山宇光机械设备制造有限公司及四川省威远银星实业有限公司为申请人排在前 10 位的企业，拥有较强的研发实力。另外，申请人排在前 10 位的科研院所仅煤炭科学研究总院唐山分院。专利申请人的集中趋势比较明显。

表 2.4 我国跳汰选专利拥有量排名居前 10 位的申请人及专利拥有量

排名	申请人	专利申请数量/件
1	金易通科技（北京）有限公司	11
2	唐山易通科技开发有限公司	10
3	四川海山宇光机械设备制造有限公司	9
4	四川省威远银星实业有限公司	9
5	彭成强	9
6	李国中	8
7	煤炭科学研究总院唐山分院	7
8	唐山陆凯科技有限公司	6
8	唐志	6
8	山东泰安煤矿机械有限公司	6

根据年度建立与跳汰选技术相关的专利申请数量和相应的专利申请人数量的数据，见表 2.5。

表 2.5 我国跳汰选技术专利统计数据

年份	专利申请数量/件	申请人数量/个	年份	专利申请数量/件	申请人数量/个
1986 年	2	2	1992 年	3	3
1987 年	2	2	1993 年	12	8
1988 年	4	4	1994 年	3	3
1989 年	2	2	1995 年	9	8
1990 年	6	6	1996 年	7	3
1991 年	1	1	1997 年	1	2

续表

年份	专利申请数量/件	申请人数量/个	年份	专利申请数量/件	申请人数量/个
1998 年	4	3	2007 年	12	8
1999 年	4	4	2008 年	20	19
2000 年	5	6	2009 年	32	19
2001 年	6	6	2010 年	30	23
2002 年	9	8	2011 年	48	33
2003 年	3	1	2012 年	35	27
2004 年	3	3	2013 年	42	31
2005 年	9	9	2014 年	57	48
2006 年	24	16	合计	395	308

以年度申请量为横坐标，年度申请人数量为纵坐标，绘制出我国跳汰选技术专利生命周期图，如图 2.6。

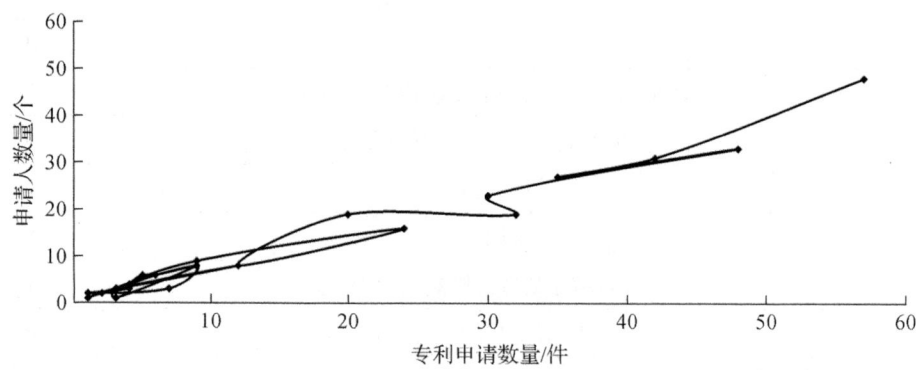

图 2.6　我国跳汰选专利技术生命周期图

由表 2.5 和图 2.6 可以看出，结果是杂乱无章的，无法进行分析。为解决该问题，通过改变统计时间段，以 2 年时间为统计时间段来统计专利申请数量和申请人数量，结果见表 2.6 和图 2.7。

表 2.6　修正后的我国跳汰选技术专利统计数据

年份	专利申请数量/件	申请人数量/个	年份	专利申请数量/件	申请人数量/个
1986—1987 年	4	4	2000—2001 年	11	12
1988—1989 年	6	6	2002—2003 年	12	9
1990—1991 年	7	7	2004—2005 年	12	12
1992—1993 年	15	11	2006—2007 年	36	24
1994—1995 年	12	11	2008—2009 年	52	38
1996—1997 年	8	5	2010—2011 年	78	56
1998—1999 年	8	7	2012—2013 年	77	58

根据修正后的统计表数据得到修正后的专利技术生命周期图,结果见图2.7。

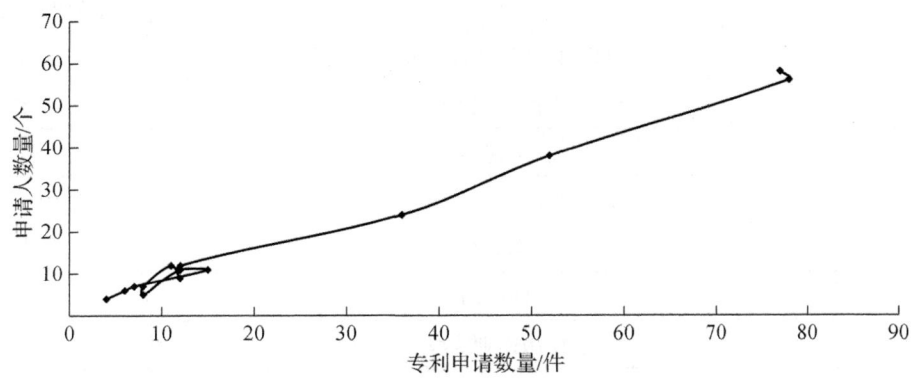

图 2.7 修正后的我国跳汰选技术专利生命周期图

从图2.7可以看出,与世界跳汰选技术发展情况相比,我国跳汰选技术专利也已度过技术引入期,在技术发展历程中不断推陈出新。在1986—2005年,跳汰选技术专利权人数与专利件数均偏低;到2006—2014年,专利数量迅速增长,专利权人数与专利件数均明显增多。显示市场研发创新活动相当活跃。

2. 山西省跳汰选相关专利分析

截至2014年12月31日,以"跳汰 AND 山西省"为关键词检索得到山西省跳汰选技术领域的专利总数为22件,见图2.8。

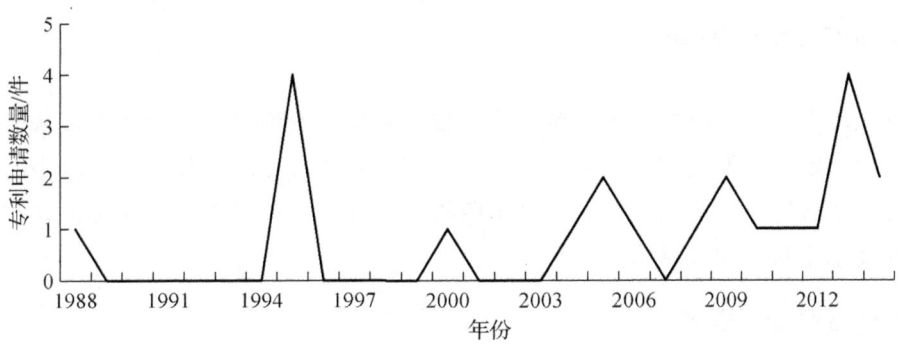

图 2.8 1985—2014年山西省跳汰选专利年度变化趋势

从图2.8可以看出,山西省是煤炭大省,跳汰选技术专利申请数量相对该技术领域每年全国的专利申请数量占比明显过少,平均以每年2件的专利申请数量出现,研发能力有待进一步提高。

为了了解山西省跳汰选专利申请人情况,统计了山西省1985—2014年跳汰选专利申请排名前10位申请人及相应的专利拥有量,见表2.7。

表 2.7 山西省跳汰选专利拥有量排名居前 10 位的申请人及专利拥有量

排名	申请人	专利申请数量/件
1	山西省闻喜县选煤成套设备联合公司	4
2	山西大同大学	3
2	杨德信	3
4	太原理工大学	2
4	李兴海	2
4	钱兆新	2
7	中国矿业大学	1
7	刘仁生	1
7	大同市阳明科技有限责任公司	1
7	太原市彭丰环保科技有限公司	1

从专利申请人来看，山西省跳汰选技术的申请人数量合计为 17 个，主要以选煤设备制造公司及高校为主，申请数量为 12 件，占总量的 1/2 以上，拥有较强的研发能力；以个人名义申请的数量也较多。其中排在前 10 位的申请人中高校与科研院所分别是太原理工大学、山西省闻喜县选煤成套设备联合公司、山西大同大学、中国矿业大学、大同市阳明科技有限责任公司及太原彭丰环保科技有限公司。

2.2 重介质选专利分析

通过对全球专利的分析可以了解重介质选技术领域的发展趋势，为我国及区域重介质选设备生产企业确定技术发展方向提供依据。对我国重介质选专利的分析，可以将山西省重介质选专利与其他省份进行对比分析，明确山西省在重介质选技术领域的地位，为政府确定支持重介质选技术创新方向提供依据。

2.2.1 重介质选世界专利

课题组以"heavy medium"为关键词在世界专利库中检索重介质选煤相关专利得到：截至 2014 年 12 月 31 日，全球申请的重介质选煤专利达 11 906 件，总体走势，见图 2.9。

由图 2.9 可以看出，世界各国关于重介质选的专利陆续出现，专利申请整体态势只增不减，这也足以表明重介质选煤技术受到选煤行业的极度重视。1980 年之前，专利申请数量保持平稳趋势，年申请数量均保持十位数字，未突破百位，增势较为平缓，专利数量为 1355 件；1980—1997 年，专利申请数量大幅上升，并呈现大范围波动，有更多的国家加到煤炭开采技术研发领域，该阶段专利申请数量为 3501 件；1998—2014 年，石油价格再度飙升，煤炭在经济中的作用突显。煤炭开采企业的积极性大幅提高，增加的专利数量为 7050 件。

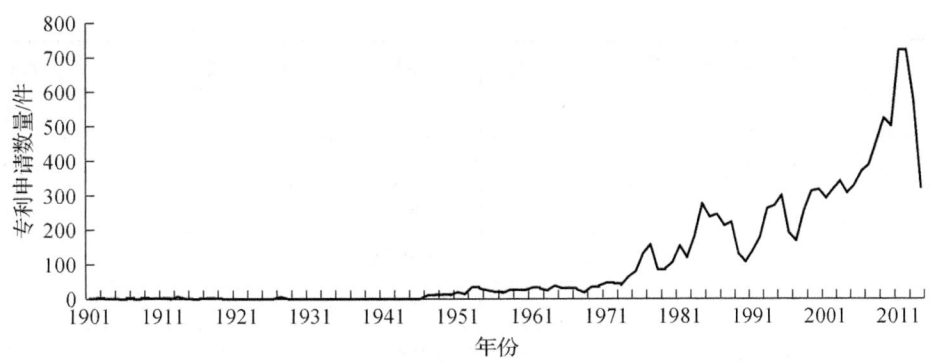

图 2.9　世界重介质选技术专利走势

从表 2.8 可以明显看出，我国有关重介质选的专利申请数量在全世界位居榜首，专利数量明显超出英国、德国等发达国家。

表 2.8　世界重介质选技术申请量排名居前 10 位的国家与组织

排名	国家与组织	专利申请数量/件	排名	国家与组织	专利申请数量/件
1	中国	410	6	葡萄牙	94
2	意大利	377	7	加拿大	84
3	英国	293	8	欧洲专利局	61
4	多巴哥	229	9	德国	50
5	克斯坦	101	10	肯尼亚	30

根据时序建立与重介质选相关的专利申请数量和相应的专利申请人数量的数据，见表 2.9。

表 2.9　世界重介质选技术专利统计数据

年份	专利申请数量/件	申请人数量/个	年份	专利申请数量/件	申请人数量/个
1901 年	1	3	1911 年	3	5
1902 年	3	5	1912 年	0	0
1903 年	1	2	1913 年	7	11
1904 年	1	2	1914 年	1	1
1905 年	0	0	1915 年	0	0
1906 年	4	4	1916 年	2	3
1907 年	0	0	1917 年	3	3
1908 年	4	5	1918 年	2	2
1909 年	2	2	1919 年	0	0
1910 年	2	2	1920 年	0	0

续表

年份	专利申请数量/件	申请人数量/个	年份	专利申请数量/件	申请人数量/个
1921 年	0	0	1953 年	34	31
1922 年	0	0	1954 年	30	26
1923 年	0	0	1955 年	25	22
1924 年	0	0	1956 年	20	18
1925 年	0	0	1957 年	17	14
1926 年	0	0	1958 年	26	25
1927 年	6	6	1959 年	26	24
1928 年	0	0	1960 年	25	20
1929 年	0	0	1961 年	32	27
1930 年	0	0	1962 年	29	20
1931 年	0	0	1963 年	24	17
1932 年	0	0	1964 年	38	22
1933 年	0	0	1965 年	30	19
1934 年	0	0	1966 年	30	23
1935 年	0	0	1967 年	27	22
1936 年	0	0	1968 年	18	17
1937 年	0	0	1969 年	34	22
1938 年	0	0	1970 年	38	25
1939 年	0	0	1971 年	46	27
1940 年	0	0	1972 年	43	24
1941 年	0	0	1973 年	39	33
1942 年	0	0	1974 年	64	44
1943 年	0	0	1975 年	79	42
1944 年	0	0	1976 年	131	57
1945 年	0	0	1977 年	157	51
1946 年	0	0	1978 年	84	51
1947 年	11	11	1979 年	87	54
1948 年	12	14	1980 年	105	71
1949 年	13	12	1981 年	154	59
1950 年	11	12	1982 年	119	56
1951 年	19	19	1983 年	182	64
1952 年	14	13	1984 年	277	101

续表

年份	专利申请数量/件	申请人数量/个	年份	专利申请数量/件	申请人数量/个
1985 年	237	74	2000 年	318	202
1986 年	245	79	2001 年	292	208
1987 年	212	78	2002 年	318	193
1988 年	222	112	2003 年	342	193
1989 年	130	75	2004 年	307	206
1990 年	107	84	2005 年	329	208
1991 年	139	74	2006 年	369	292
1992 年	178	92	2007 年	389	302
1993 年	263	112	2008 年	455	354
1994 年	271	127	2009 年	524	446
1995 年	301	117	2010 年	501	394
1996 年	191	103	2011 年	721	533
1997 年	168	165	2012 年	722	480
1998 年	255	149	2013 年	573	286
1999 年	313	187	2014 年	322	184

以年度申请量为横坐标，年度申请人数量为纵坐标，绘制出世界重介质选技术技术生命周期图，见图 2.10。

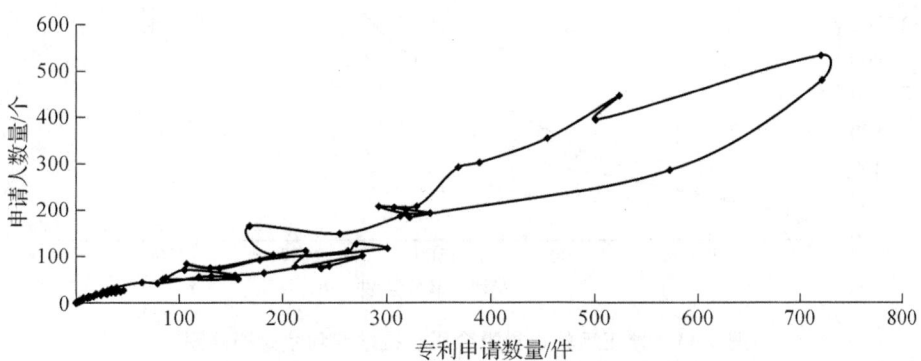

图 2.10　世界重介质选技术专利生命周期图

由表 2.9 和图 2.10 可以看出，结果是杂乱无章的，无法进行分析。为解决该问题，通过改变统计时间段，以 5 年时间为统计时间段来统计专利申请数量和申请人数量。结果见表 2.10 和图 2.11。

表 2.10　修正后的世界重介质选技术专利统计数据

年份	专利申请数量/件	申请人数量/个	年份	专利申请数量/件	申请人数量/个
1900—1904 年	6	12	1960—1964 年	148	106
1905—1909 年	10	11	1965—1969 年	139	103
1910—1914 年	13	19	1970—1974 年	230	153
1915—1919 年	7	8	1975—1979 年	538	255
1920—1924 年	0	0	1980—1984 年	837	351
1925—1929 年	6	6	1985—1989 年	1046	418
1930—1934 年	0	0	1990—1994 年	958	489
1935—1939 年	0	0	1995—1999 年	1228	721
1940—1944 年	0	0	2000—2004 年	1577	1002
1945—1949 年	36	37	2005—2009 年	2066	1602
1950—1954 年	108	101	2010—2014 年	2839	1877
1955—1959 年	114	103	合计	11 906	7374

根据修正后的统计表数据得到修正后的世界重介质选技术专利生命周期图，结果见图 2.11。

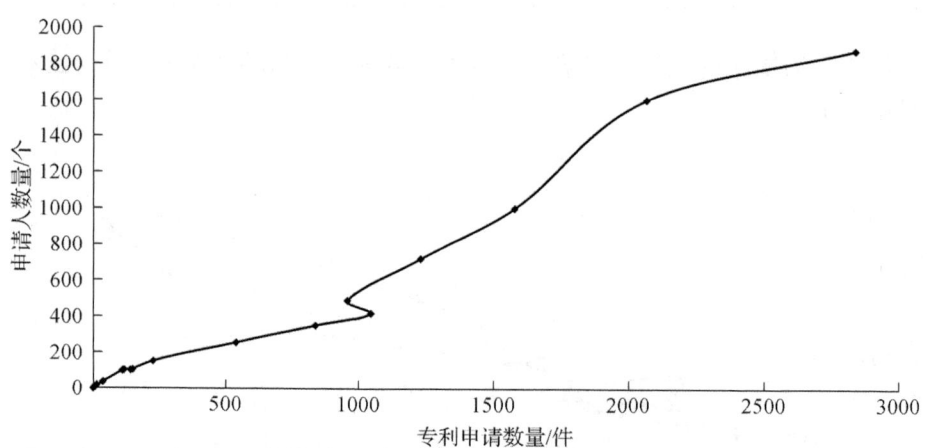

图 2.11　修正后的世界重介质选技术专利生命周期图

从图 2.11 可以看出，世界重介质选技术仍处于发展期，且从专利数量与申请人数量上看，距技术成熟仍存在很大差距，研发有待提高。

2.2.2　全国及山西省重介质选专利

课题组以"重介质"为关键词在佰腾专利数据库中进行专利数据检索，以反映全国及山西省在选煤领域中的重介质选技术专利的总体变化状况。

1. 我国重介质选相关专利分析

截至 2014 年 12 月 31 日, 我国有关重介质选的有效专利数共计 330 件, 见图 2.12。

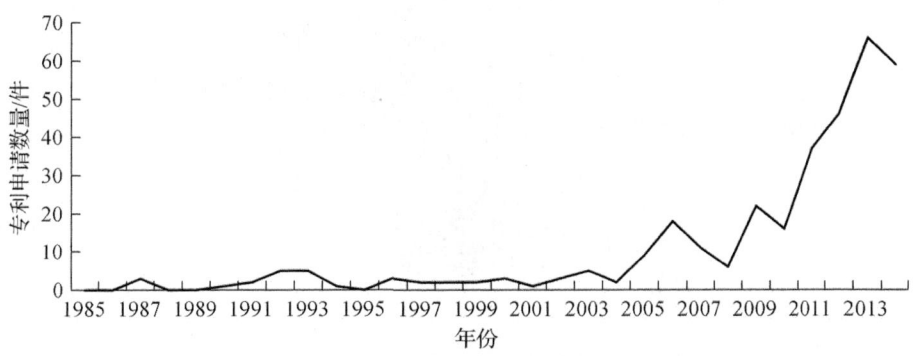

图 2.12　1985—2014 年我国重介质选煤技术专利的变化趋势

由图 2.12 看出, 我国从事重介质选煤技术的研究起步相对国外较晚, 起初关于重介质选的专利数甚少, 但却呈现明显的增长趋势。"十五"期间, 在政策引导和市场拉动下, 我国的重介质旋流器选煤技术发展迅速, 开发了具有自主知识产权的新工艺、新设备, 为重介质选煤技术的推广应用和煤炭企业经济效益的提升做出了贡献。该阶段专利申请数量合计 49 件。"十一五"以来, 节能减排逐渐成了社会各界的研究热点。2006—2014 年, 重介质选煤技术越发受到选煤行业的极度重视, 相关专利数近几年猛烈增长, 足以看出重介质选在选煤行业的应用前景十分广阔。

我国重介质选煤发展的动力, 首先来自于国家的环保政策和国民经济可持续发展的战略。中国政府从实际情况出发, 明确以煤炭为基础能源, 努力提高优质煤比重, 加大了洁净煤开发的力度, 采取措施限制高硫高灰煤的开采和利用, 鼓励和支持选煤的发展, 提倡采用高效率的重介质选煤方法。

激烈的市场竞争也促进了重介质选煤技术的发展。20 世纪 90 年代后期, 中国煤炭市场曾出现相对供大于求的情况, 低质量煤炭产品的销售受到了更大的制约。在政策和市场的推动下, 国内的研究设计单位和相关院校, 在重介设备、工艺流程和厂房结构配置等方面做了许多研究工作, 使我国重介质选煤技术取得了长足的进步。特别是煤炭科学研究总院唐山分院在圆筒形二产品旋流器和扫选型三产品旋流器的大型化方面做了大量的工作。改进后的重介质选煤工艺使建厂投资和运行费用都有了大幅度的降低, 也使生产管理和分选效率有了明显改善。与此同时, 重介质选煤的辅助设备和耐磨材料的生产技术也取得了长足的进步, 为我国重介质选煤技术的大规模工业化推广提供了成熟的外部条件。

从我国省、自治区与直辖市的专利分布来看, 河北省专利申请处于绝对优势地位。重介质选技术专利排前 10 位的省、直辖市就拥有全国 77.00% 的专利, 具体见图 2.13。

从图 2.13 可以看出, 国内重介质选煤专利排名前 10 位省市的申请人数量合计为 226 个, 其中, 绝大多数专利出自高校及研发机构; 山西省重介质选煤技术的申请人数量合计为 6 个。

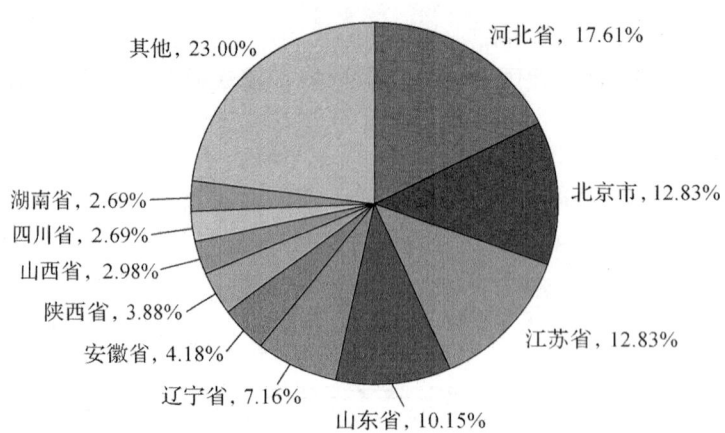

图 2.13　我国重介质选技术专利的区域分布

我国重介质选技术专利排名居前 10 位的申请人中（表 2.11），高校拥有的专利数量最多，占总数的 34.90%；其中，中国矿业大学、安徽理工大学、中国矿业大学（北京）为排在前 10 位的高校，拥有较强的研发实力。另外，煤炭科学研究总院唐山研究院及煤炭科学研究总院唐山分院也是两所排名靠前的研发机构。

表 2.11　我国重介质选专利拥有量排名居前 10 位的申请人及专利申请数量

排名	申请人	专利申请数量/件
1	中国矿业大学	14
2	煤炭科学研究总院唐山研究院	12
3	安徽理工大学	9
4	煤炭科学研究总院唐山分院	9
5	刘峰	8
5	西安船舶工程研究院有限公司	8
7	中国矿业大学（北京）	7
7	韦善兵	7
9	中国神华能源股份有限公司	6
9	天地科技股份有限公司唐山分公司	6

根据年度建立与重介质选技术相关的专利申请量和相应的专利申请人数量的数据，统计结果见表 2.12。

以年度申请数量为横坐标，年度申请人数量为纵坐标，绘制出我国重介质选专利技术生命周期图，见图 2.14。

由表 2.12 和图 2.14 可以看出，结果是杂乱无章的，无法进行分析。为解决该问题，通过改变统计时间段，以 2 年时间为统计时间段来统计专利申请数量和申请人数量，结果见表 2.13 和图 2.15。

表 2.12　我国重介质选技术专利统计数据

年份	专利申请数量/件	申请人数量/个	年份	专利申请数量/件	申请人数量/个
1987 年	3	3	2001 年	1	1
1988 年	0	0	2002 年	3	2
1989 年	0	0	2003 年	5	5
1990 年	1	1	2004 年	2	2
1991 年	2	2	2005 年	9	7
1992 年	5	4	2006 年	18	15
1993 年	5	9	2007 年	11	11
1994 年	1	1	2008 年	6	6
1995 年	0	0	2009 年	22	25
1996 年	3	2	2010 年	16	16
1997 年	2	4	2011 年	37	25
1998 年	2	2	2012 年	46	30
1999 年	2	2	2013 年	66	49
2000 年	3	4	2014 年	59	34

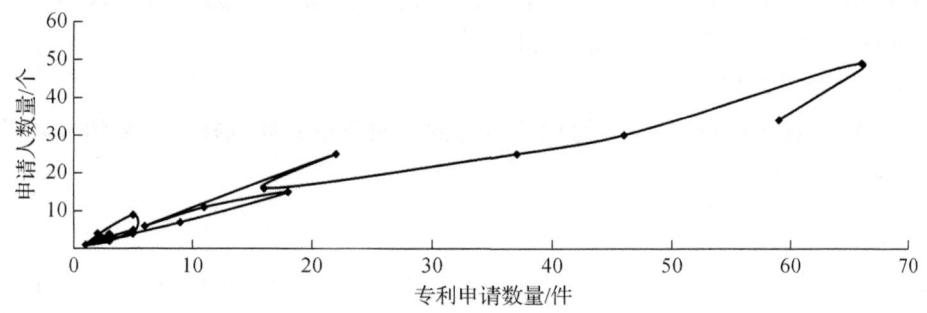

图 2.14　我国重介质选技术专利生命周期图

表 2.13　修正后的我国重介质选技术专利统计数据

年份	专利申请数量/件	申请人数量/个	年份	专利申请数量/件	申请人数量/个
1987—1988 年	3	3	2001—2002 年	4	3
1989—1990 年	1	1	2003—2004 年	7	7
1991—1992 年	7	6	2005—2006 年	27	22
1993—1994 年	6	10	2007—2008 年	17	17
1995—1996 年	3	2	2009—2010 年	38	41
1997—1998 年	4	5	2011—2012 年	83	55
1999—2000 年	5	6	2013—2014 年	125	83

根据修正后的统计表数据得到修正后的我国重介质选技术专利生命周期图，见图2.15。

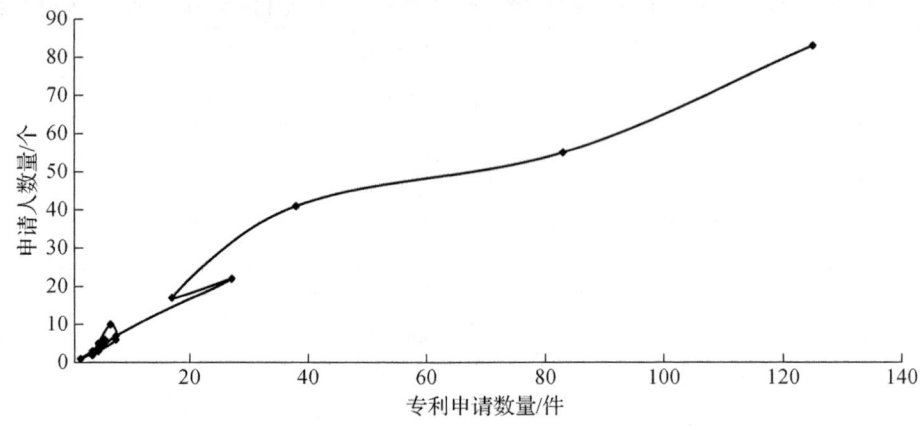

图2.15　修正后的我国重介质选技术专利生命周期图

由图2.15看出，近年来我国重介质选技术也正处于"发展期"这一生命阶段，且该技术相关专利的申请数量增长迅猛，进入快速发展状态。但与世界的重介质选专利技术生命周期图相比，我国的专利数量及申请人数量相对还是较为欠缺的。在1987—2005年，重介质选技术专利权人数与专利件数均偏低，直至2006—2014年，专利数量迅速增长，其专利权人数与专利件数均明显增多。由此可看出，专利件数较多的年份为2006—2014年，其间专利权人数也较多，显示市场研发创新活动相当活跃。

2. 山西省重介质选相关专利分析

以"重介质 AND 山西省"为关键词检索得到山西省重介质选技术领域的专利总数为10件，见图2.16。

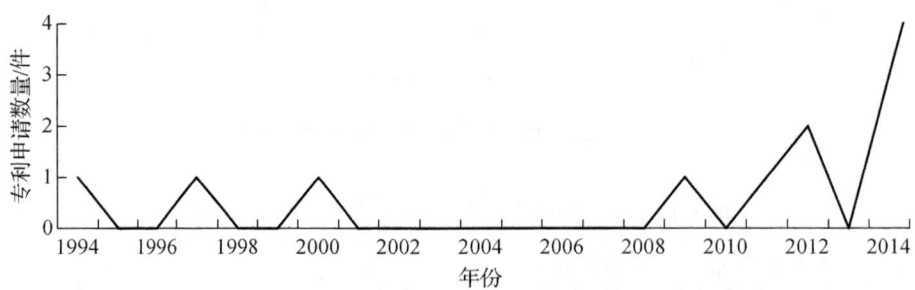

图2.16　1988—2014年山西省重介质选技术专利的年度变化趋势

由图2.16可以看出，山西省重介质选煤技术专利数量过少，几乎没有，自我研发能力较弱。

表2.14统计了山西省1985—2014年重介质选专利申请人及相应的专利拥有量。

表 2.14　1985—2014 年山西省申请重介质选煤专利的所有申请人

排名	申请人	专利申请数量/件
1	霍州煤电集团有限责任公司	2
1	马鹏飞	2
1	黄山	2
1	刘立文	2
5	太原理工大学	1
5	中科院山西煤炭化学研究所	1

2.3　浮选专利分析

通过对全球专利的分析可以了解浮选技术领域的发展趋势，为全国及省域浮选企业确定技术发展方向提供依据。对我国浮选专利的分析，可以将山西省浮选专利与其他省份进行对比分析，总结山西省在浮选技术领域的地位，为政府确定支持浮选技术创新方向提供依据。

2.3.1　浮选世界专利

以"flotation"为关键词在国外专利库中浮选煤专利，检索得到全世界申请浮选专利总数 32 095 件，大致走势见图 2.17。

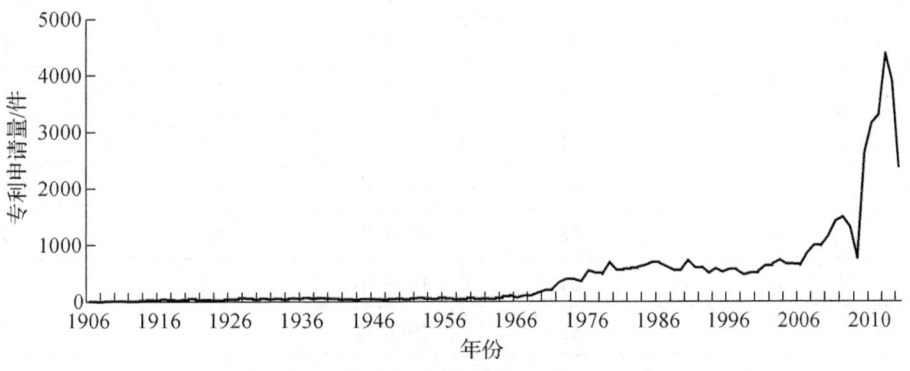

图 2.17　1906—2010 年世界浮选技术专利走势

由图 2.17 可以看出，可以将世界浮选煤技术的演进历程大致分为以下 3 个阶段：1906—1966 年，浮选技术处于引进期，此时一些煤炭开采企业开始申请技术专利以抵御其他企业的竞争，这一阶段的世界专利申请数量总计 2449 件；1967—2009 年，该阶段的浮选专利呈现明显平稳增加，专利数量为 23 506 件；2010—2014 年，在前一阶段的基础上专利申请数量激增，此后每年专利数均突破千位数。2012 年达到最高点 1493 件，该阶段专利数合计 6140 件。

从表 2.15 可以看出，在全世界申请浮选专利的各国中，英国稳居首位，中国仅次于英国和加拿大，排名第 3 位。

表 2.15　世界浮选技术专利量排名居前 10 位的国家与组织

排名	国家与组织	专利申请数量/件	排名	国家与组织	专利申请数量/件
1	英国	1457	6	葡萄牙	727
2	加拿大	1418	7	斯洛文尼亚	722
3	中国	1024	8	德国	663
4	多巴哥	852	9	澳大利亚	560
5	欧洲专利局	826	10	肯尼亚	346

根据时序建立与跳汰选技术相关的专利申请数量和相应的专利申请人数量的数据，见表 2.16。

表 2.16　世界跳汰选技术专利统计数据

年份	专利申请数量/件	申请人数量/个	年份	专利申请数量/件	申请人数量/个
1906 年	2	2	1928 年	53	31
1907 年	0	0	1929 年	35	26
1908 年	1	1	1930 年	52	37
1909 年	8	11	1931 年	41	20
1910 年	11	9	1932 年	50	49
1911 年	5	8	1933 年	38	31
1912 年	5	6	1934 年	53	43
1913 年	15	12	1935 年	55	37
1914 年	25	18	1936 年	64	48
1915 年	18	16	1937 年	56	43
1916 年	35	28	1938 年	61	42
1917 年	31	21	1939 年	52	38
1918 年	21	15	1940 年	51	29
1919 年	30	23	1941 年	36	39
1920 年	48	31	1942 年	37	25
1921 年	27	23	1943 年	33	16
1922 年	33	36	1944 年	42	20
1923 年	22	16	1945 年	45	25
1924 年	18	14	1946 年	35	28
1925 年	37	25	1947 年	33	30
1926 年	35	21	1948 年	42	33
1927 年	61	37	1949 年	48	35

续表

年份	专利申请数量/件	申请人数量/个	年份	专利申请数量/件	申请人数量/个
1950 年	37	29	1983 年	608	310
1951 年	53	41	1984 年	639	357
1952 年	59	38	1985 年	695	400
1953 年	48	40	1986 年	678	369
1954 年	45	33	1987 年	616	379
1955 年	61	46	1988 年	555	357
1956 年	49	43	1989 年	558	383
1957 年	40	36	1990 年	730	403
1958 年	40	38	1991 年	600	333
1959 年	59	40	1992 年	610	368
1960 年	43	26	1993 年	504	304
1961 年	51	37	1994 年	580	369
1962 年	44	35	1995 年	523	315
1963 年	59	53	1996 年	568	348
1964 年	88	49	1997 年	552	342
1965 年	108	65	1998 年	475	345
1966 年	65	53	1999 年	506	379
1967 年	97	76	2000 年	527	408
1968 年	99	74	2001 年	634	369
1969 年	148	99	2002 年	661	360
1970 年	194	131	2003 年	732	350
1971 年	211	146	2004 年	658	351
1972 年	340	166	2005 年	654	450
1973 年	394	188	2006 年	633	433
1974 年	389	207	2007 年	851	527
1975 年	354	226	2008 年	992	645
1976 年	548	294	2009 年	980	696
1977 年	508	309	2010 年	1154	743
1978 年	483	337	2011 年	1423	1009
1979 年	696	373	2012 年	1493	1032
1980 年	559	339	2013 年	1312	779
1981 年	574	330	2014 年	758	414
1982 年	593	332	合计	32 095	20 054

以年度申请数量为横坐标,年度申请人数量为纵坐标,绘制出世界浮选技术专利生命周期图,见图 2.18。

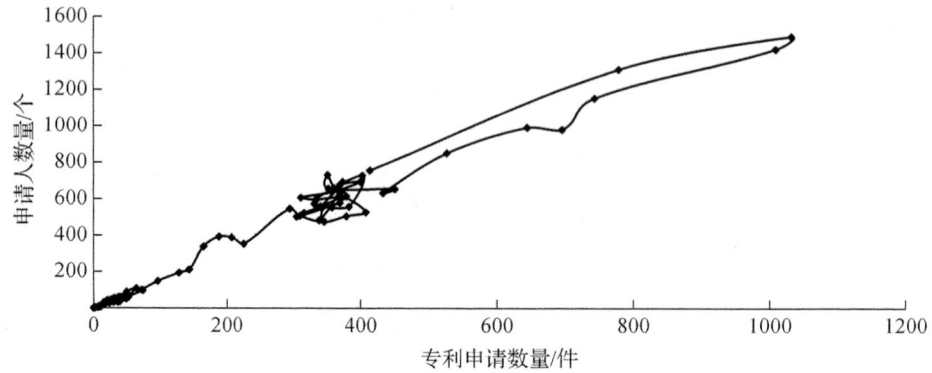

图 2.18　世界浮选技术专利生命周期图

由表 2.16 和图 2.18 可以看出,结果是杂乱无章的,无法进行分析。为解决该问题,通过改变统计时间段,以 5 年时间为统计时间段来统计专利申请数量和申请人数量,结果见表 2.17 和图 2.19。

表 2.17　修正后的世界浮选技术专利统计数据

年份	专利申请数量/件	申请人数量/个	年份	专利申请数量/件	申请人数量/个
1905—1909 年	11	14	1960—1964 年	285	200
1910—1914 年	61	53	1965—1969 年	517	367
1915—1919 年	135	103	1970—1974 年	1528	838
1920—1924 年	148	120	1975—1979 年	2589	1539
1925—1929 年	221	140	1980—1984 年	2973	1668
1930—1934 年	234	180	1985—1989 年	3102	1888
1935—1939 年	288	208	1990—1994 年	3024	1777
1940—1944 年	199	129	1995—1999 年	2624	1729
1945—1949 年	203	151	2000—2004 年	3212	1838
1950—1954 年	242	181	2005—2009 年	4110	2751
1955—1959 年	249	203	2010—2014 年	6140	3977

根据修正后的数据得到修正后的世界浮选专利技术生命周期图,见图 2.19。

从图 2.19 的可以看出,浮选煤技术也处于继续发展阶段,但发展程度介于跳汰选与重介质选之间,还是有研发空间的,只是相对于重介质选的发展空间较小。

2.3.2　全国及山西省浮选专利

课题组以"浮选"为关键词在佰腾专利数据库中进行专利数据检索,以反映全国及山西省在选煤领域中的浮选煤技术专利的总体变化状况。

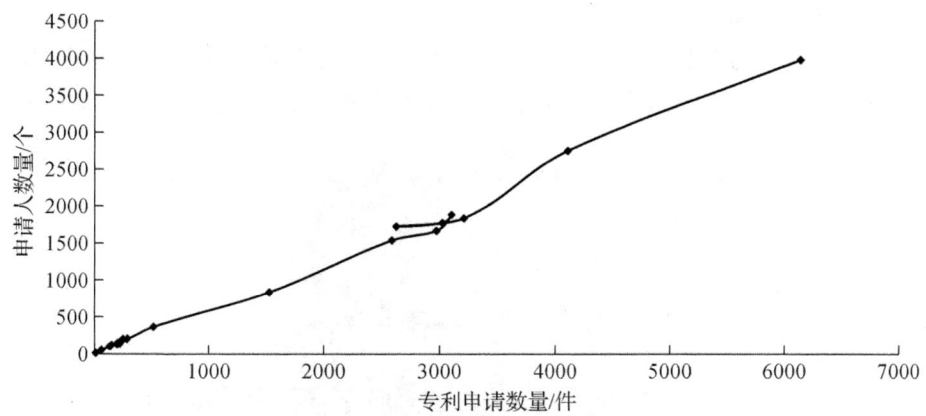

图 2.19　修正后的世界浮选技术专利生命周期图

1. 我国浮选相关专利分析

截至 2014 年 12 月 31 日，我国有关浮选的有效专利数共计 4837 件，总体趋势见图 2.20。

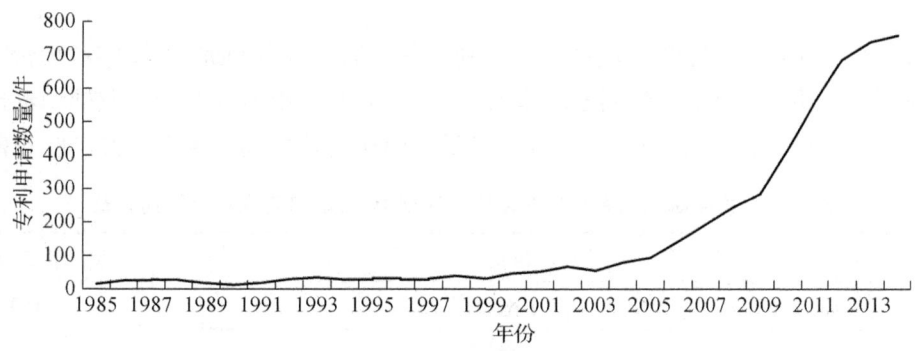

图 2.20　1985—2014 年我国浮选煤技术专利的变化趋势

从图 2.20 可以看出，浮选技术领域变化趋势整体上呈现高速成长现象。1985—2000 年，我国浮选煤技术尚处于起步阶段，研发单位有限，在 2000 年之前都未超过 50 件，该阶段浮选专利数量为 455 件。

进入 20 世纪以来，我国加快了工业化和城镇化的步伐，以煤炭为主的能源生产和消费迅速增加，给资源和环境带来了极大的压力，国家把节约能源和保护环境作为基本国策。选煤作为提高煤炭质量和利用效率、减少运输、降低能耗和燃煤污染物排放的重要手段，是洁净煤技术的基础和前提，因此，选煤进入了大发展的时期。2001 年后每年皆有 50 件以上的浮选技术专利申请，到 2008 年以后每年专利申请数在 200 件以上。推动这一时期选煤技术大发展的动力，一方面是钢铁工业的迅猛发展，要求煤炭工业提供大量的炼焦精煤，促使炼焦煤洗选的快速发展；另一方面是国家抓大气污染防治和抓污染物排放的总量控制，各地纷纷出台了煤炭灰分、硫分最高含量的控制标准，促进了动力煤洗选的迅速发展。这说明浮选煤技术领域的发明创造活动和专利申请近年来非常活跃，并且技术水平不断提高，产业的技术含量和竞争力逐渐增强。

从我国省、自治区与直辖市的专利分布来看，区域技术优势明显。浮选技术专利的前10位省、直辖市拥有全国60.91%的专利，具体情况见图2.21所示。

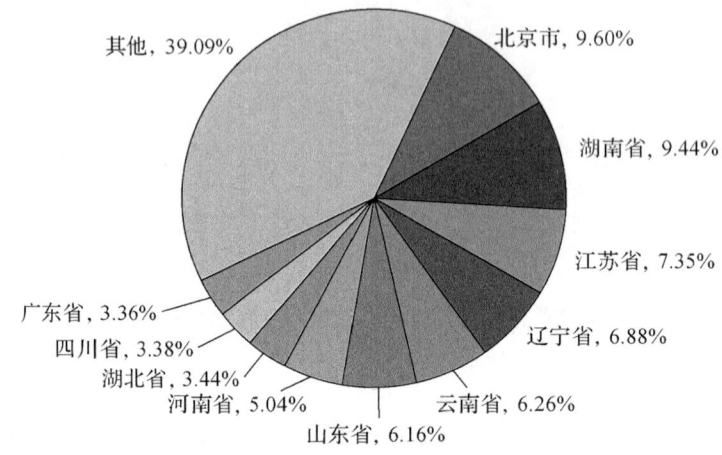

图2.21　我国浮选技术专利的区域分布

从图2.21可以看出，在我国申请浮选专利的各地区中，专利拥有量较多的仍是北京市、江苏省等地这些地区非常注重煤炭技术领域的发展，并有一批研究所和企业推动着技术的发展。山西省虽作为煤炭大省，煤炭资源分布广泛，但研发能力尚且欠缺，并未跻身前10位。

表2.18　我国跳汰选专利拥有量排名居前10位的申请人及专利拥有量

排名	申请人	专利申请数量/件
1	中南大学	163
2	鞍钢集团矿业公司	114
3	北京矿冶研究总院	104
4	昆明理工大学	99
5	中国矿业大学	90
6	中国铝业股份有限公司	67
7	中蓝连海设计研究院	43
8	福建省龙岩龙能粉煤灰综合利用有限公司	42
9	湖南有色金属研究院	39
10	东北大学	37

由表2.18可以看出，我国浮选技术专利排名居前10位的申请人中，高校拥有的专利数量最多，占总数的48.7%；其中，中南大学、昆明理工大学、中国矿业大学及东北大学为专利申请人中排在前10位的高校，拥有较强的研发实力。另外，鞍钢集团矿业公司、中国

铝业股份有限公司也是研发能力颇高的企业。

根据年度建立与浮选技术相关的专利申请数量和相应的专利申请人数量的数据，统计结果见表2.19。

表 2.19 我国浮选技术专利统计数据

年份	专利申请数量/件	申请人数量/个	年份	专利申请数量/件	申请人数量/个
1985 年	16	17	2000 年	48	51
1986 年	26	24	2001 年	53	47
1987 年	28	24	2002 年	68	58
1988 年	27	25	2003 年	56	52
1989 年	18	17	2004 年	80	78
1990 年	13	12	2005 年	94	68
1991 年	19	17	2006 年	143	121
1992 年	30	29	2007 年	194	144
1993 年	35	26	2008 年	244	169
1994 年	29	28	2009 年	285	181
1995 年	33	32	2010 年	419	249
1996 年	29	27	2011 年	561	320
1997 年	32	24	2012 年	686	358
1998 年	40	32	2013 年	740	377
1999 年	32	27	2014 年	759	378

由上表的统计数据绘出我国浮选专利技术生命周期图，如图2.22。

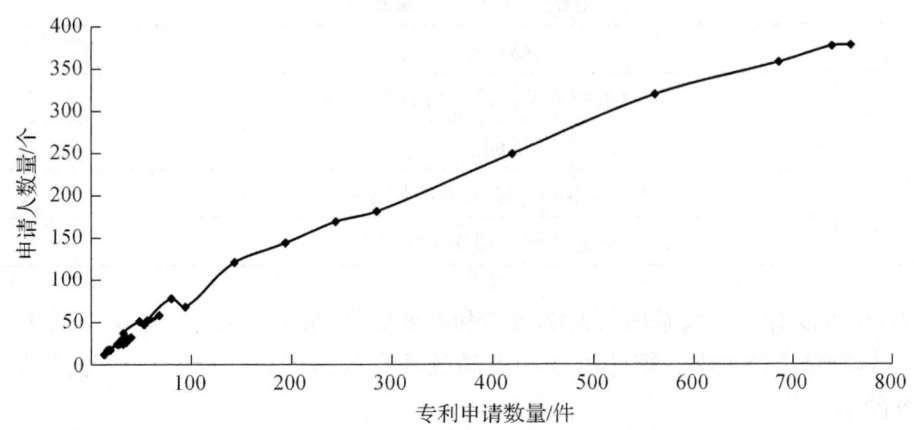

图 2.22 我国浮选技术专利生命周期图

图 2.23 显示，浮选专利申请的时间点为 1985 年，成长时间达 30 年。专利申请数量和申请人数量急剧上升。相对世界浮选技术的专利申请数量而言，我国的浮选技术是发展不

错的。

2. 山西省浮选相关专利分析

截至 2014 年 12 月 31 日,以"浮选 AND 山西省"为关键词检索得到山西省浮选技术领域的专利总数为 84 件,总体趋势见图 2.23。

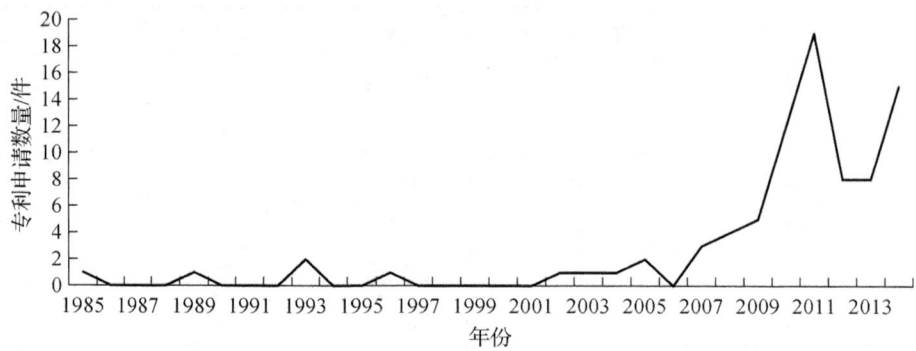

图 2.23　1985—2014 年山西省浮选技术领域的专利变化趋势

表 2.20 统计了山西省 1985—2014 年浮选技术专利申请排名居前 10 位申请人及相应的专利拥有量。

表 2.20　山西省浮选技术专利拥有量排名居前 10 位的申请人及专利拥有量

排名	申请人	专利申请数量/件
1	太原理工大学	18
2	山西大学	8
3	太原轨道交通装备有限责任公司	7
4	太原煤气化股份有限公司	4
4	太原钢铁(集团)有限公司	4
4	杨灵奎	4
7	山西沁新能源集团股份有限公司	3
7	杨德信	3
9	太原艾柯夫选煤技术有限公司	2
9	山西天能科技股份有限公司	2

从表 2.20 可以看出,太原理工大学的专利申请数量是最多的,占前 10 名专利申请人数的 33.3%,其次是山西大学,据此可以看出高校具有较强的科研能力,在浮选技术领域起着举足轻重的地位。

2.4　本章小结

通过对世界、全国及山西省 3 类主要选煤技术的专利信息分析,我们发现:中国同世界范围内许多国家一样,在近几年提高了对重介质选煤技术的关注,技术生命周期的分析结果表明,我国跳汰选技术与浮选技术与世界相比均达到一定水平了,但重介质选还是存在很大的发展空间。另外,山西省作为产煤大省,选煤专利以浮选居多,但并未进入浮选技术专利全国前十,而跳汰选和重介质选专利虽数量较少,却已跻身全国前十。

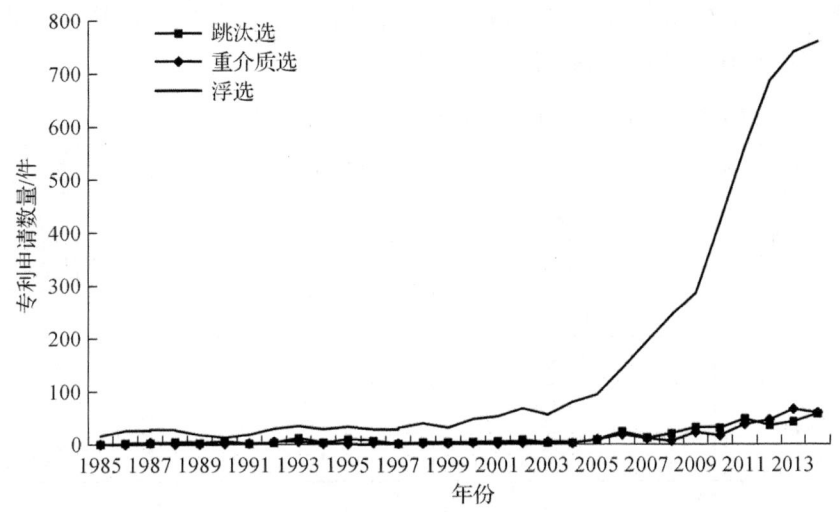

图 2.24　1985—2014 年我国各选煤技术专利申请数量走势比较

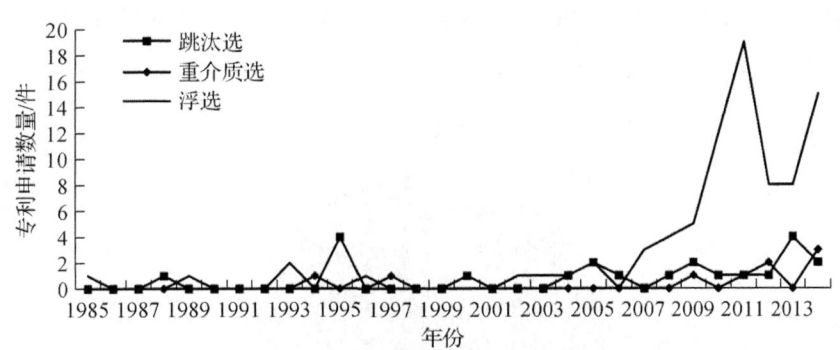

图 2.25　1985—2014 年山西省各选煤技术专利申请数量走势比较

从图 2.24 和图 2.25 可以看出,这 3 种选煤技术的整体走势在山西省与国内的情况是一致的。跳汰选、重介质选及浮选 3 种选煤技术的未来发展趋势是跳汰选和重介质选一直保持平稳的波动,2005 年之前两种专利的走势基本吻合,但近几年重介质选脱颖而出,开始呈现明显增长;相反,浮选煤的专利申请数量走势在 2005 年之后呈现突飞猛进的增长,但近两年开始申请数量年年下跌,说明浮选煤技术的技术成熟度已近乎达到饱和状态。整体上,煤炭洗选专利的申请由缓慢成长势态到快速成长势态,这主要是由于 2001 年之后各主要煤炭企业对选煤技术的需求增长,并加速在此领域中进行积极的专利布局。

山西省关于煤炭洗选的发明专利总计 45 件,其中,太原理工大学申请的专利数为 19 件,占比超过 40%(表 2.21)。跳汰选煤工艺方面,山西省有 6 件发明专利,其中 3 件已在世界申请同族专利,且太原理工大学申请同族专利2件,据此看出山西省在该技术领域的研发质量水平尚可,但研发数量相对欠缺;重介质选煤工艺上,山西省在全国并无优势,一直处于跟随地位,重大工艺及设备仍以进口为主,自主研发实力较弱,但因重介质选越发明显的主导地位使得山西省在该技术领域有待进一步支持;浮选工艺上,山西省在该技术领域申请发明专利35件,其中12件在世界申请了同族专利,且1/3的核心重要专利出自太原理工大学,这说明山西省在浮选技术领域还是占据优势地位的。

表 2.21　全国及山西省在各选煤技术领域的发明专利申请情况

3种选煤技术发明专利分布情况		所有专利数量/件	核心专利数量
跳汰选发明专利	全国	137	
	山西省	6	3件核心重要专利
重介质选发明专利	全国	170	
	山西省	4	无
浮选发明专利	全国	389	
	山西省	35	12件核心重要专利

从3种关键洗煤技术的专利申请人分布(图2.26)看出:太原理工大学是唯一始终位居前9位的研发单位,研发实力雄厚。山西省因拥有太原理工大学、煤炭科学研究院太原总院等大批长期从事煤机设计和研发的科研队伍,为山西省煤机行业的发展提供了创新发展空间,提高了煤机行业研发队伍的技术力量。

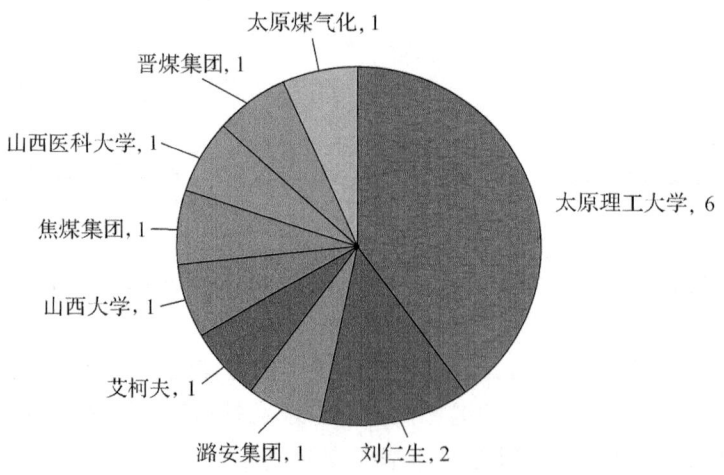

图 2.26　山西省选煤技术核心专利申请人分布

3 煤化工专利分析

由于煤化工的范围太广,涉及的技术过多,本研究选取了煤气化、煤液化、煤焦化3种煤化工技术进行分析。而煤炭的气化、液化和焦化是煤化工领域的基础性技术,是进行其他化工合成的基础,故这3种技术有一定的代表性,能够反映出当前煤化工技术的发展水平。课题组于2015年4月27日分别在SooPAT专利数据库与佰腾专利数据库对这3个技术领域的专利进行了检索,以下以检索结果为依据展开分析。

3.1 煤炭气化专利分析

通过对全球专利的分析可以了解煤炭气化技术领域的发展趋势,为全国及区域煤化工企业的煤炭气化确定技术发展方向提供依据。对我国煤炭气化专利的分析,可以将山西省煤炭气化专利与其他省份进行对比分析,总结山西省在煤炭气化领域的地位,为政府确定支持煤炭气化技术提供依据。

3.1.1 煤炭气化世界专利分析

截至2015年4月27日在SooPAT专利数据库中以"Coal AND Gasification"为关键词,搜索范围为专利文献的题目、关键词与摘要,得到煤炭气化技术领域的专利文献7804件。世界煤气化专利的整体变化趋势见图3.1。

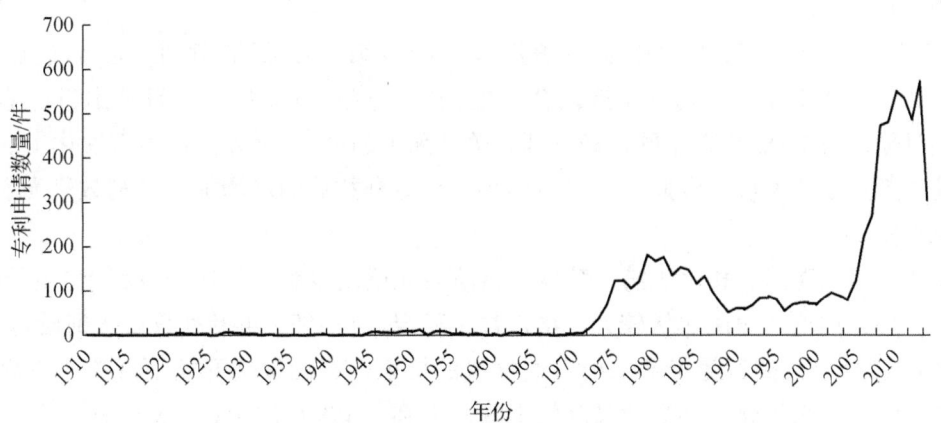

图3.1 1904—2014年世界煤气化技术专利变化趋势

从图3.1可以看出,从1904—1971年全球煤气化技术专利年申请数量较少,而且各年专利申请增长速度基本为零。从1972—2004年全球煤气化年专利申请数量较第1阶段有较大的提高,专利数量开始缓慢增长,但各年增长速度起伏较大,增速并不稳定。从2005—2012年,年专利申请数量开始迅速增长,且增速较快,基本上呈指数增长。

结合世界政治局势与经济格局的发展变化,可以将煤气化技术分为以下几个阶段:

① 1919—1971年。第二次科技革命和工业革命期间,世界资本主义国家经济发展迅速,各国发展重点主要在经济增长速度上。在此期间,煤炭主要作为能源资源使用,较少考虑其化工价值。这一阶段的世界专利申请数量仅为53件,专利变化趋势见图3.2。

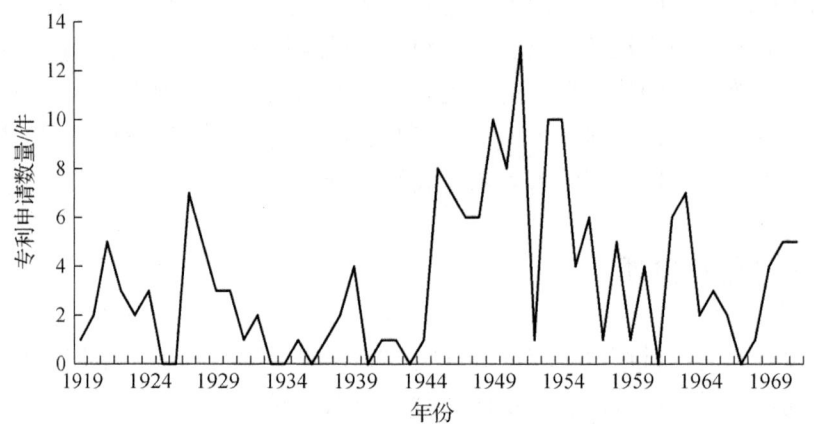

图3.2　1919—1971年世界煤炭气化技术专利变化趋势

从图3.2可看出,该阶段煤气化技术专利整体呈现波动趋势,但除个别年份(1948年、1949年、1950年、1953年、1954年)外波动范围都在10件以下。此阶段,世界各国对煤气化技术的研究尚处于起步阶段,各国的研发投入都不大。特别是1950—1973年,原油价格被人为地压得很低,平均每桶约1.80美元,仅为煤炭价格的1/2左右,此阶段煤化工专利数量进一步下降。

② 1972—2003年。第4次中东战争爆发,产生第1次石油危机。石油输出国组织(OPEC)为了打击对手以色列及支持以色列的国家,宣布石油禁运,暂停出口,造成油价上涨。当时原油价格从1973年的每桶不到3美元涨到超过13美元。作为石油化工的替代产业,煤化工产业迅速发展,因此,该阶段的煤气化专利数量明显增加,专利数量为3777件,专利变化见图3.3。

从图3.3可以看出,相比于第1阶段,该阶段无论是专利总量还是专利年申请数量上都有较大的增幅,但增长速度起伏较大,增速并不稳定。在1979年专利数量达到最高点(244件)。20世纪90年代初,随着第二次石油危机的结束,石油价格开始下降,所以煤化工产业发展受到限制,煤气化专利数量又开始下降。而到了1990年年底,随着海湾战争的爆发,第三次石油危机产生,但与前两次石油危机相比,第三次石油危机产生的危害较小,石油价格上涨较小,所以此阶段,煤化工产业有所发展,煤气化专利数量只有小幅度的增长。

③ 2004—2014年。随着全球气候变暖问题的加剧,世界各国认识到环境问题的重要性,特别是世界气候大会的召开,呼吁各国在发展经济的同时要注重对环境的保护。对煤炭的利

3 煤化工专利分析　53

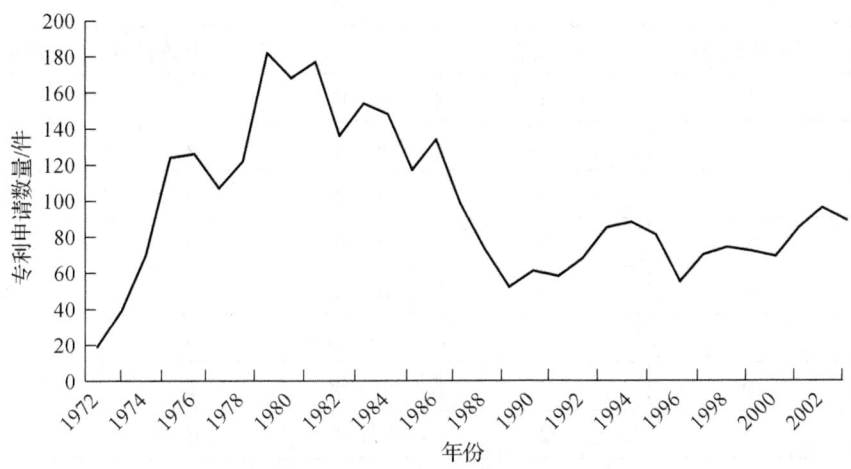

图 3.3　1972—2003 年世界煤气化技术专利变化趋势

用不再简单地进行燃烧获得其能源价值，而是通过化工使其转化为更加清洁的能源和化工产品。此阶段，世界煤气化专利数量达到 3721 件，见图 3.4。

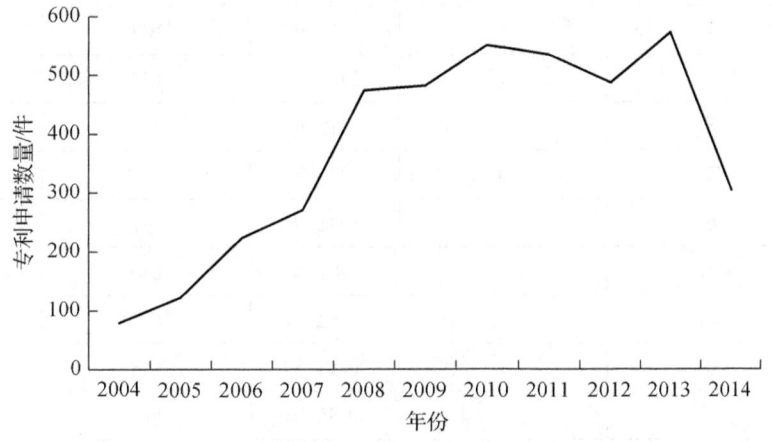

图 3.4　2004—2014 年世界煤气化技术专利变化趋势

根据世界煤气化技术每年的专利申请数量和相应的专利申请人数量的数据（表 3.1）。以年度申请数量为横坐标，年度申请人数量为纵坐标，绘制出技术生命周期图，见图 3.5。

表 3.1　世界煤气化技术专利数据

年份	专利申请数量/件	申请人数量/个	年份	专利申请数量/件	申请人数量/个
1910 年	1	2	1920 年	2	2
1913 年	1	2	1921 年	5	6
1919 年	1	1	1922 年	3	6

续表

年份	专利申请数量/件	申请人数量/个	年份	专利申请数量/件	申请人数量/个
1923 年	2	4	1963 年	7	6
1924 年	3	5	1964 年	2	2
1927 年	7	7	1965 年	3	2
1928 年	5	5	1966 年	2	2
1929 年	3	4	1968 年	1	1
1930 年	3	2	1969 年	4	5
1931 年	1	2	1970 年	5	5
1932 年	2	2	1971 年	5	5
1935 年	1	2	1972 年	19	16
1937 年	1	1	1973 年	39	20
1938 年	2	3	1974 年	70	35
1939 年	4	6	1975 年	124	63
1941 年	1	2	1976 年	126	61
1942 年	1	1	1977 年	107	54
1944 年	1	1	1978 年	122	58
1945 年	8	5	1979 年	182	79
1946 年	7	4	1980 年	168	95
1947 年	6	5	1981 年	177	86
1948 年	6	4	1982 年	136	69
1949 年	10	9	1983 年	154	68
1950 年	8	7	1984 年	148	58
1951 年	13	9	1985 年	117	46
1952 年	1	1	1986 年	134	46
1953 年	10	9	1987 年	98	41
1954 年	10	8	1988 年	73	46
1955 年	4	2	1989 年	52	40
1956 年	6	6	1990 年	61	39
1957 年	1	1	1991 年	58	48
1958 年	5	4	1992 年	68	46
1959 年	1	1	1993 年	85	53
1960 年	4	5	1994 年	88	41
1962 年	6	4	1995 年	81	47

续表

年份	专利申请数量/件	申请人数量/个	年份	专利申请数量/件	申请人数量/个
1996年	55	47	2005年	123	108
1997年	70	69	2006年	224	191
1998年	74	54	2007年	271	232
1999年	72	48	2008年	474	287
2000年	69	65	2009年	482	366
2001年	85	74	2010年	551	376
2002年	96	79	2011年	535	381
2003年	89	97	2012年	487	332
2004年	80	74	2013年	573	238

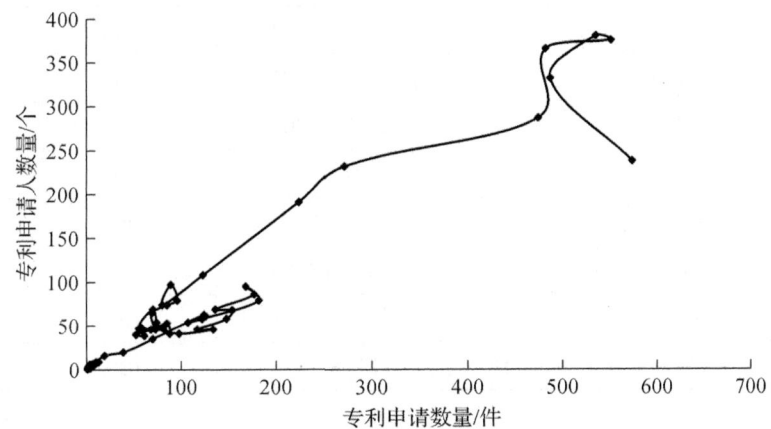

图 3.5　世界煤气化技术专利生命周期图

由表3.1和图3.5可以看出，结果是杂乱无章的，无法进行分析。通过仔细对建立的分析用专利数据库进行核对，在筛选和申请人合并时都没有问题。那么考虑干扰因素可能是：实际申请数量和申请人数量按照1年的时间来统计，每年变化波动比较大，造成专利生命周期曲线不平滑。为解决该问题，通过改变统计时间段，以2年时间为统计时间段，来统计专利申请数量和申请人数量，结果见表3.2和图3.6。

表3.2　修正后的世界煤气化技术专利统计数据

年份	专利申请数量/件	申请人数量/个	年份	专利申请数量/件	申请人数量/个
1910—1913年	2	4	1927—1928年	12	12
1919—1920年	3	3	1929—1930年	6	6
1921—1922年	8	12	1931—1932年	3	4
1923—1924年	5	9	1935—1937年	2	3

续表

年份	专利申请数量/件	申请人数量/个	年份	专利申请数量/件	申请人数量/个
1938—1939 年	6	9	1978—1979 年	304	137
1941—1942 年	2	3	1980—1981 年	345	181
1944—1945 年	9	6	1982—1983 年	290	137
1946—1947 年	13	9	1984—1985 年	265	104
1948—1949 年	16	13	1986—1987 年	232	87
1950—1951 年	21	16	1988—1989 年	125	86
1952—1953 年	11	10	1990—1991 年	119	87
1954—1955 年	14	10	1992—1993 年	153	99
1956—1957 年	7	7	1994—1995 年	169	88
1958—1959 年	6	5	1996—1997 年	125	116
1960—1962 年	10	9	1998—1999 年	146	102
1963—1964 年	9	8	2000—2001 年	154	139
1965—1966 年	5	4	2002—2003 年	185	176
1968—1969 年	5	6	2004—2005 年	203	182
1970—1971 年	10	10	2006—2007 年	495	423
1972—1973 年	58	36	2008—2009 年	956	653
1974—1975 年	194	98	2010—2011 年	1086	757
1976—1977 年	233	115	2012—2013 年	1060	570

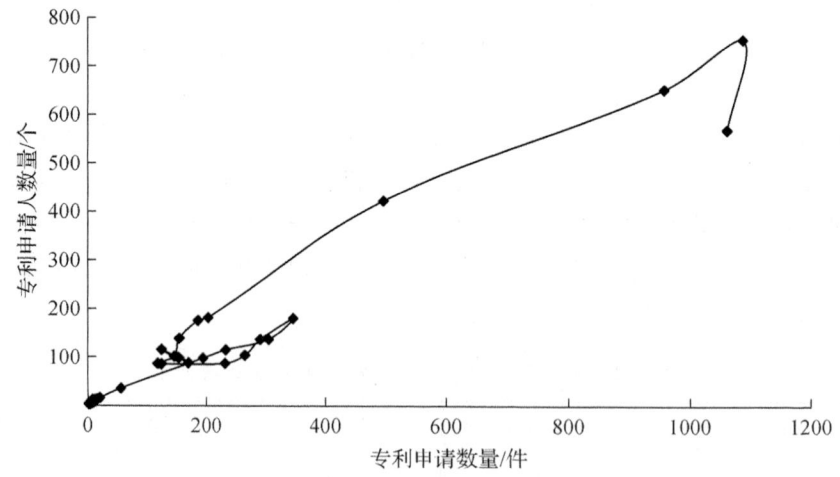

图 3.6　修正后的世界煤气化专利技术生命周期图

从图 3.6 可以看出迄今为止，世界煤气化专利技术经历了萌芽期，现在正处于成熟期。其中从 1910—1975 年，为技术的萌芽期。在此期间煤气化的重大基础专利已经出现，但专利数量较少，大多是原理性的基础专利，由于技术市场还不明确，研发风险较大，只有少数几个企业参与技术研发。在此阶段，研发人员对煤气化技术的研究缺乏经验，对此技术的知识累计也不够。1975 年以后，特别是进入 21 世纪，随着各国环保意识的加强，煤气化等煤炭清洁技术的发展得到重视，并进入了迅速发展阶段。此阶段，随着技术的发展，煤气化已经逐渐趋于成熟，介入该领域的企业和科研机构也逐渐增多，专利申请数量和专利申请人数量开始急剧上升。

综合以上分析可以发现，煤气化技术起源于 20 世纪初，但到 20 世纪 80 年代，各国才开始大量研究，煤气化专利数量才开始快速增加，特别是到 20 世纪 90 年代以后，煤气化技术逐渐走向成熟。从煤气化专利的世界区域分布来看，专利技术的集中度较为明显。中国、美国、日本、加拿大等专利数量排名前 9 位的国家与组织的专利数量占全球专利数量的 88.16%（图 3.7）。其中，中国专利占比为 35.76%，与第 2 名日本专利占比 12.52% 和第 3 名美国专利占比 11.75% 相比有巨大的优势，说明我国在煤气化领域在全球处于领先地位，拥有较强的研发实力。因此，从未来的产业布局来看，中国可以利用自己在煤气化方面的技术研发优势，重点发展煤气化产业。

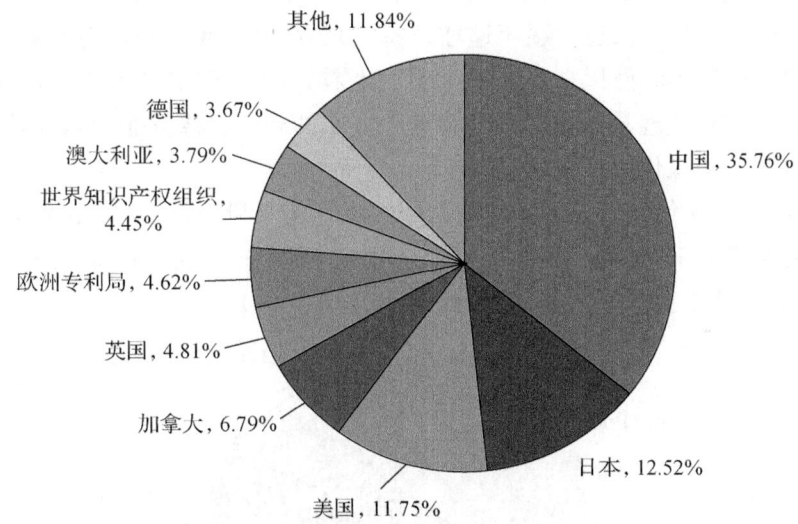

图 3.7　世界煤气化技术专利的区域分布

3.1.2　全国及山西省煤气化专利分析

课题组以"煤气化"为关键词在佰腾专利数据库中进行专利数据检索，以研究全国及山西省煤炭气化技术领域的总体变化状况；选择"固定床气化技术"为关键词进行专利检索，以研究我国及山西省在煤炭具体气化技术领域的变化情况。

1. 我国煤气化相关专利分析

截至 2015 年 4 月 27 日，以"煤气化"为搜索关键词在佰腾专利数据库中检索，得到全国煤气化技术领域的专利总数为 5870 件；以"气流床气化"为关键词检索，得到全国煤气化技术领域的专利总数为 180 件（图 3.8）

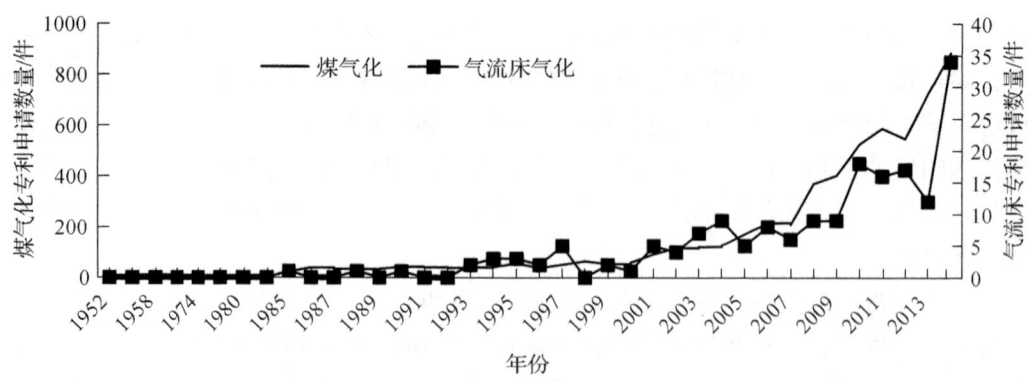

图 3.8　1952—2014 年我国煤气化技术与气流床气化技术的专利变化趋势

从图 3.8 可以看出，不论是煤气化技术领域总体变化趋势还是煤炭流化床气化技术领域具体变化趋势，均呈现出增长趋势。1985 年之前，我国煤炭气化技术尚处于起步阶段，专利数量少、研发单位有限；1985—2000 年，随着我国经济快速发展，化工产品需求量大量增加，在此期间煤气化专利技术数量出现了较大的增长。2000 年以后，煤气化专利年申请数量都在 100 件以上，且增长速度逐年递增，特别是在 2007 年以后，专利数量呈现井喷式增长，年专利申请数达 500 件以上。从政策层面上看，2007 年中央工作会议提出经济"又好又快"发展，开始注重经济结构的调整和增长方式的转变，煤炭企业转变传统发展模式，开始注重附加值更高的煤化工产业的发展。

从我国 1952—2013 年省、自治区与直辖市的煤气化专利分布来看，区域技术优势明显。煤炭气化技术专利的前 10 位省、直辖市拥有全国 68.35% 的专利（图 3.9）；气流床气化技术的前 10 位省、直辖市拥有全国 82.80% 的专利（图 3.10）。

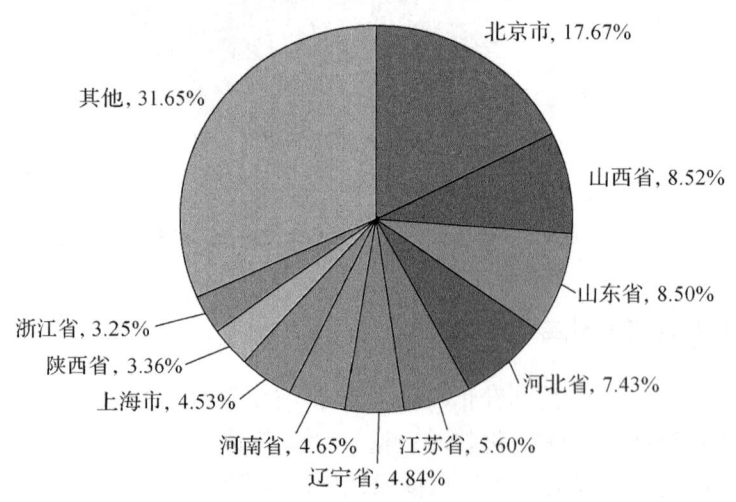

图 3.9　我国煤气化技术专利的区域分布

从图 3.9 和图 3.10 可以看出，在煤炭气化与气流床气化技术领域居前列的区域除北京外均为拥有较多煤炭资源的省份，如山西、江苏、山东等；这些省份的煤化工企业适应省域

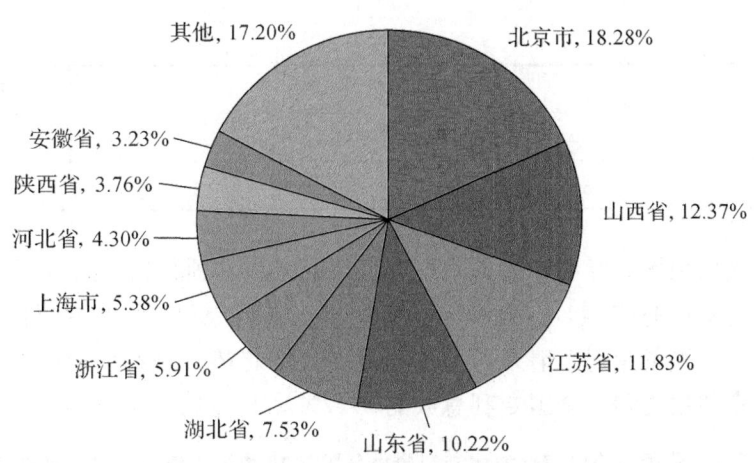

图 3.10 我国气流床气化技术专利的区域分布

技术需求开展了煤气化技术领域的技术研发,如北京华清燃气轮机与煤气化联合循环工程技术有限公司、新奥气化采煤有限公司、神华集团有限公司、中国石油化工股份有限公司、太原煤气化股份有限公司等。北京市煤气化技术和气流床气化技术领域都排名第1位,主要与北京的地理位置有关,作为中国的政治、经济中心,北京集聚了大量的高校和科研院所,如煤炭科学研究总院、神华集团总部等。

我国煤气化技术领域的专利中,企业专利占总数的88.5%;其中,北京华清燃气轮机与煤气化联合循环工程技术有限公司、太原煤气化股份有限公司、新奥科技发展有限公司、中国石油化工股份有限公司、湖北双环科技股份有限公司、太原煤气化股份有限公司焦化厂、中国海洋石油总公司为排在前10位的企业,拥有较强的研发实力。高校与科研院所专利数量为681件,占专利总数的11.5%,其中排在前10位的高校与科研院所分别为:清华大学、华东理工大学、东南大学。专利申请人的集中趋势较为明显,排在前10位的高校与科研院所与企业所拥有的专利数之和占全国专利总数的15.2%。具体见表3.3。

表 3.3 我国煤气化专利排名居前 10 位的申请人及专利拥有量

排名	申请人	专利申请数量/件
1	北京华清燃气轮机与煤气化联合循环工程技术有限公司	202
2	新奥气化采煤有限公司	143
3	新奥科技发展有限公司	108
4	神华集团有限责任公司	90
5	华东理工大学	79
6	东南大学	57
7	中科院山西煤炭化学研究所	55
8	中国石油化工股份有限公司	54
8	中国神华煤制油化工有限公司	54

续表

排名	申请人	专利申请数量/件
8	太原煤气化股份有限公司	54
	总计	896

我国气流床气化领域的专利申请人呈现与煤炭开采技术领域相同的特征，企业为拥有专利的主体，占专利总数的 65.4%；高校与科研院所拥有的专利数量为 92 件，占专利总数的 34.6%。气流床气化领域专利申请人具有较明显的集中趋势，排在前 10 位的企业、高校及科研院所拥有的专利数之和占全国专利总数的 49.2%。具体见表 3.4。

表 3.4 我国气流床气化技术专利量排名居前 10 位的申请人及专利拥有量

排名	申请人	专利申请数量/件
1	华东理工大学	29
2	上海锅炉厂有限公司	15
3	中国东方电气集团有限公司	13
4	西门子公司	12
5	清华大学	8
6	中国华能集团清洁能源技术研究院有限公司	6
6	中国石油大学（华东）	6
8	无锡华光锅炉股份有限公司	5
8	西北化工研究院	5
8	邵学林	5
	总计	104

根据煤气化技术每年的专利申请数量和相应的专利申请人数量的数据（表 3.5）。以年度申请数量为横坐标，年度申请人数量为纵坐标，绘制出技术生命周期图，见图 3.11。

表 3.5 我国煤气化专利技术统计数据

时间	专利申请数量/件	申请人数量/个	时间	专利申请数量/件	申请人数量/个
1979 年	9	6	1989 年	34	37
1980 年	1	1	1990 年	42	42
1981 年	2	2	1991 年	40	51
1985 年	22	21	1992 年	39	46
1986 年	39	40	1993 年	40	45
1987 年	34	35	1994 年	41	46
1988 年	32	35	1995 年	56	53

续表

时间	专利申请数量/件	申请人数量/个	时间	专利申请数量/件	申请人数量/个
1996 年	38	50	2005 年	171	162
1997 年	51	55	2006 年	216	177
1998 年	64	66	2007 年	209	162
1999 年	54	50	2008 年	371	258
2000 年	60	71	2009 年	403	279
2001 年	92	86	2010 年	526	303
2002 年	116	109	2011 年	588	311
2003 年	121	114	2012 年	547	323
2004 年	127	114	2013 年	725	333

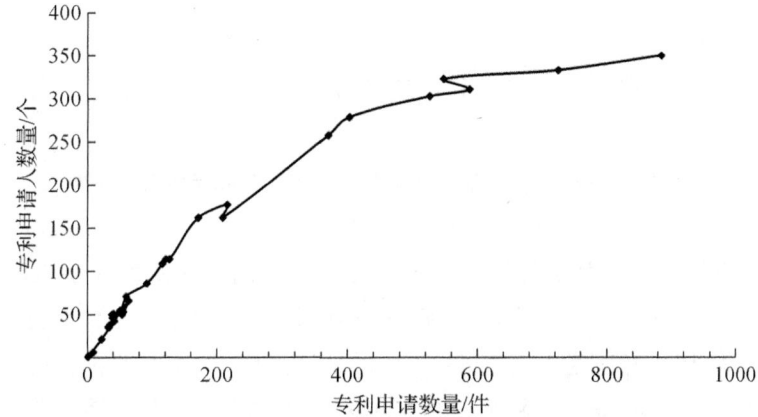

图 3.11 我国煤气化专利技术专利的生命周期图

从图 3.11 可以看出迄今为止，我国煤气化专利技术经历了萌芽期、发展期，现在进入了成熟期。其中，从 1979—1992 年，为技术的萌芽期。在此期间煤气化的重大基础专利已经出现，但专利数量较少，大多是原理性的基础专利，由于技术市场还不明确，研发风险较大，只有少数几个企业参与技术研发。在此阶段，研发人员对煤气化技术的研究缺乏经验，对此技术的知识累计也不够。从 1993—2010 年为煤液化技术的发展期。在此期间随着基本技术问题的解决和市场不确定性的消除，煤液化技术迎来了快速发展的成长期。在这段时期，新技术逐渐赢得市场认同并为部分企业相继采用。许多企业相继开始投入研发。在萌芽期已经开始研发的企业，由于已经积累了一定程度的研发经验，便可运用先前累积的经验，进一步加大研发投资已进行创新技术活动。随着技术的不断发展，市场扩大，介入的企业增多，技术分布范围也逐渐扩大，专利申请数量和专利申请人数量开始急剧上升。2010—2013 年，煤液化技术进入成熟期。在此期间，煤液化技术经历了萌芽期和成长期之后得到了社会的广泛认同，并为广大企业采用。在此期间技术趋于成熟，除少量企业外，大多数企业已经不再投入研发力量,也没有新的企业愿意进入。专利技术数量继续增加,但专利增长的速度变慢,申请人数量基本保持不变。

2. 山西省煤气化技术相关专利分析

截至 2015 年 4 月 27 日,以"煤 AND 气化"为搜索关键词在佰腾专利数据库中检索,得到山西省煤气化技术领域的专利总数为 497 件(图 3.12),以"气流床气化"为关键词检索,得到山西省气流床技术领域的专利总数为 5 件。

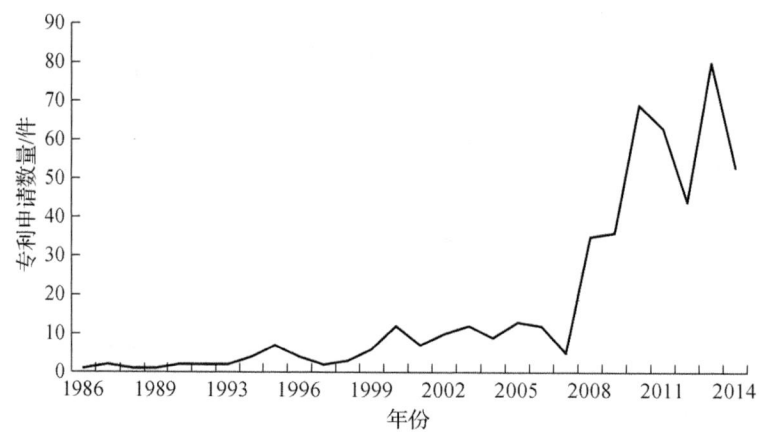

图 3.12　1985—2014 年山西省煤气化技术领域专利变化趋势

从图 3.12 可以看出,作为煤炭资源大省山西的煤气化技术研发起步较晚,全国在 1954 年已经开始煤气化技术的研究,而山西省到 1985 年才拥有煤气化技术专利。煤气化的具体技术——气流床气化技术专利总共才 5 件,山西在气流床气化领域研发投入不足。整体来看,山西省煤气化技术专利呈上升趋势,与全国的趋势基本上保持一致,但在 2010 年以后,由于受到国际石油价格下跌的影响,专利数量又出现下降趋势。

从专利申请人来看,太原煤气化股份有限公司、山西鑫立能源科技有限公司、赛鼎工程有限公司、山西阳煤丰喜肥业有限责任公司、山西丰喜肥业(集团)股份有限公司临猗分公司、山西新聚星锅炉有限公司、天脊煤化工集团股份有限公司等是山西省煤气化技术领域主要的技术研发企业;中科院山西煤炭化学研究所、太原理工大学是山西省主要从事煤炭气化技术领域研发的科研院所与高校。表 3.4 列示了山西省煤炭气化技术领域专利拥有量居前 10 位的申请人情况。

表 3.6　山西省煤气化专利申请居前 10 位的申请人及专利拥有量

排名	申请人	专利申请数量/件
1	中科院山西煤炭化学研究所	52
2	太原煤气化股份有限公司	51
2	山西鑫立能源科技有限公司	51
4	太原理工大学	44

续表

排名	申请人	专利申请数量/件
5	赛鼎工程有限公司	31
6	太原煤气化股份有限公司焦化厂	21
7	山西阳煤丰喜肥业（集团）有限责任公司	20
8	山西丰喜肥业（集团）股份有限公司临猗分公司	14
9	山西新聚星锅炉有限公司	11
10	天脊煤化工集团股份有限公司	9
	总计	304

从表 3.6 可以看出，山西省煤气化技术领域研发实力明显集中，煤气化专利申请人排名前 10 的专利之和占山西省专利总数的 60.67%。因此，山西省应充分利用研发技术的集聚效应，发挥企业和科研院所的协同创新作用。

根据山西省煤气化技术每年的专利申请数量和相应的专利申请人数量的数据（表 3.7）。以年度申请量为横坐标，年度申请人数量为纵坐标，绘制出技术生命周期图，如图 3.13。

表 3.7 山西省煤气化专利技术统计数据

年份	专利申请数量/件	申请人数量/个	年份	专利申请数量/件	申请人数量/个
1985 年	1	1	2001 年	7	9
1987 年	2	1	2002 年	10	12
1988 年	1	1	2003 年	12	8
1989 年	1	3	2004 年	9	13
1991 年	2	2	2005 年	13	20
1992 年	2	4	2006 年	12	7
1993 年	2	4	2007 年	5	5
1994 年	4	3	2008 年	35	24
1995 年	7	5	2009 年	36	24
1996 年	4	3	2010 年	69	21
1997 年	2	2	2011 年	63	19
1998 年	3	5	2012 年	44	26
1999 年	6	5	2013 年	80	19
2000 年	12	16	2014 年	53	24

从图 3.13 可以看出，山西省煤气化专利技术生命周期与全国煤气化专利技术的生命周期基本一致，现在逐渐进入了成熟期。这与山西省在我国煤气化领域处于领先地位的情况相一致。

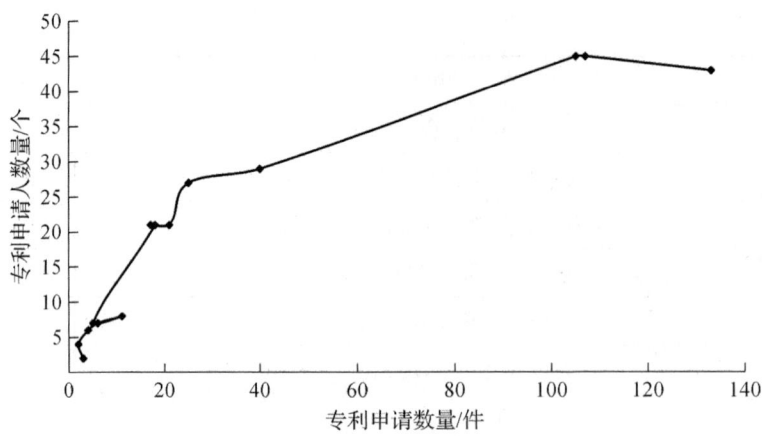

图 3.13　山西省煤气化技术专利生命周期图

3.2　煤液化技术专利分析

对全球专利的分析可以了解煤液化技术领域的发展趋势，为全国及区域煤液化企业确定技术发展方向提供依据。对我国煤液化专利的分析，可以将山西省煤液化专利与其他省份进行对比分析，总结山西省在煤炭液化领域的地位，为政府确定支持煤炭液化技术创新方向提供依据。

3.2.1　煤液化世界专利分析

截至 2015 年 4 月 27 日，在 SooPAT 专利数据库中以"Coal AND Liquefaction"为关键词，搜索范围为专利文献的题目、关键词与摘要，得到煤液化领域的专利文献为 2450 件。世界煤液化技术专利变化趋势如图 3.14。

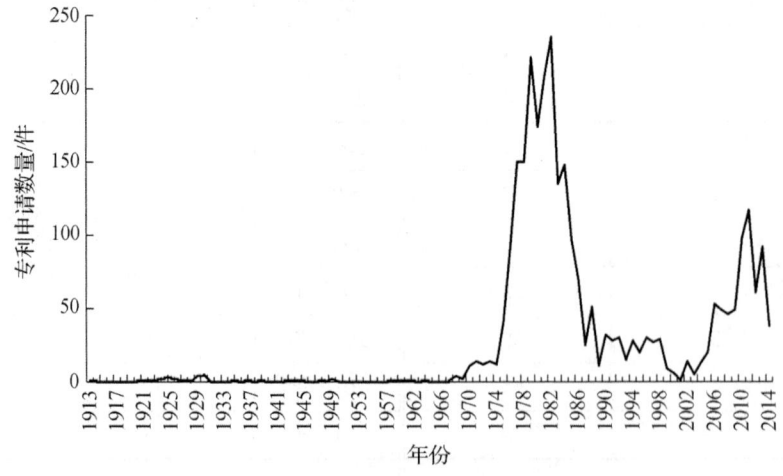

图 3.14　1913—2014 年世界煤液化技术专利的变化趋势

从图 3.15 可以看出，从 1913—1973 年，世界煤液化专利数量较少，且各年数量基本上保持不变。从 1974—1982 年，世界煤液化专利数量开始迅速增加，但在 1980 年专利数量出现回落，1980年以后又开始上升。从1983年以后专利年申请数量开始减少，在2003年时，年申请数量又开始回升。

结合世界经济发展与政治格局的发展变化，可以将煤液化发展分为以下几个阶段：

① 1913—1973年。第二次科技革命和工业革命之后世界资本主义国家经济迅速发展，在此期间，煤炭主要作为能源用于发电，以满足经济发展的需要。因此，此阶段煤液化的专利数量较少，仅为84件，平均年专利申请数量仅为2.7件。

② 1974—1982年。1973年10月第四次中东战争爆发，石油输出国组织（OPEC）为了打击对手以色列及支持以色列的国家，宣布石油禁运，暂停出口，造成油价上涨。当时原油价格从1973年的每桶不到3美元涨到超过13美元，第一次石油危机爆发。煤液化产品作为石油的替代产品，各国加大了对煤液化技术的研究，煤液化产业迅速发展。因此，此阶段的煤液化专利数量显著增加，专利数量为1102件，平均年专利申请数量为122.4件，专利变化趋势见图3.15。

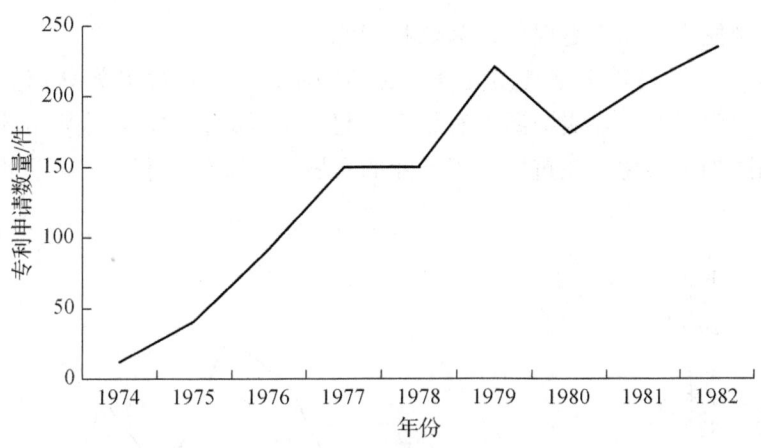

图3.15　1974—1982年世界煤液化技术专利的变化趋势

从图3.15可以看出，此阶段煤液化技术专利呈现上升趋势，并在1982年达到此阶段专利量的最高点（204件）。专利拥有国数量为15个，其中排名前5位的国家分别为：美国（225件）、澳大利亚（164件）、意大利（164件）、加拿大（89件）、英国（71件）。可以看出，美国在煤液化技术领域占有绝对优势地位。石油价格的上涨，使世界各国对液化油的需求进一步增加，越来越多的国家投入到煤液化的研究中，以减轻石油危机的影响。

③ 1983—2003年。20世纪80年代以后，随着石油输出国组织团结力量的瓦解及新兴产油国的出现，石油权力开始分散。石油价格持续下降，阿拉伯国家的政治势力逐渐衰退，石油权力再度回到美国、日本和欧洲。与此同时，各国发展煤液化产业的积极性大幅降低，世界煤液化专利申请数量开始逐年下降（图3.16）。

该阶段虽然专利数量在不断下降，但专利拥有国数量增加到21个，意大利取代美国成为该阶段专利数量最多的国家。而中国的专利数量仅为20件，煤液化专利核心技术仍掌握在美国、欧洲等发达国家手中。该阶段西方发达国家开始注重煤化工产业的发展，将煤炭作

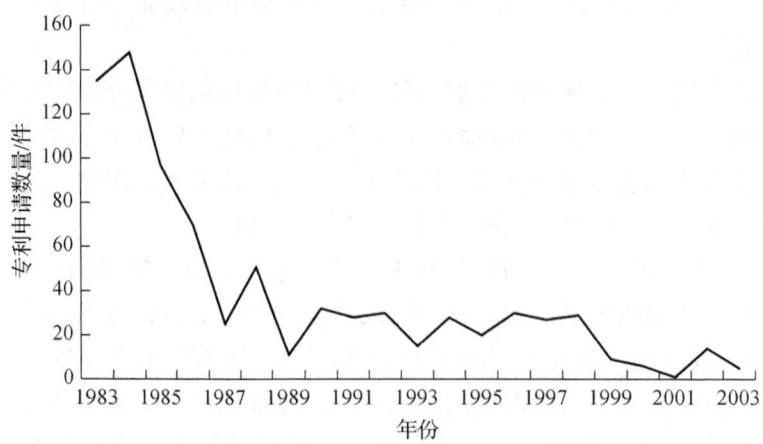

图 3.16　1983—2003 年世界煤液化技术专利的变化趋势

为一种化工资源来使用，而不是仅仅作为燃料能源。

④ 2004—2014 年。随着全球气候变暖问题的加剧，各个国家开始认识到环保问题的重要性。作为不可再生资源，煤炭资源的有限性引起了各国的警觉，煤炭资源丰富的国家，开始注重煤炭的高附加值转化，注重煤化工产业的发展，煤液化专利技术数量也相应地出现了回升（图 3.17）。

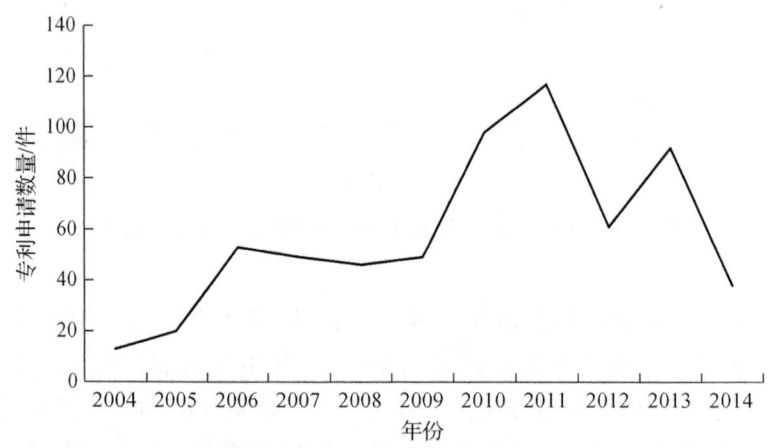

图 3.17　2004—2014 年世界煤液化技术专利的变化趋势

该阶段专利申请国数量基本没有变化，中国成为该阶段煤液化研发的核心国家，拥有专利 333 件，占此阶段专利总量的 66.2%。而美国、欧洲等国家专利数量变少，说明欧美等发达国家正逐渐退出该技术领域的研究。

根据世界煤焦化技术每年的专利申请数量和相应的专利申请人数量的数据（表 3.8）。以年度申请数量为横坐标，年度申请人数量为纵坐标，绘制出技术生命周期图，如表 3.8 和图 3.18。

表 3.8 世界煤液化技术专利数据

年份	专利申请数量/件	申请人数量/个	年份	专利申请数量/件	申请人数量/个
1913 年	1	1	1975 年	41	15
1920 年	1	2	1976 年	92	25
1921 年	1	1	1977 年	150	32
1922 年	1	1	1978 年	151	33
1923 年	2	2	1979 年	221	35
1924 年	3	1	1980 年	174	52
1925 年	2	1	1981 年	208	60
1926 年	1	1	1982 年	235	67
1927 年	1	1	1983 年	135	44
1929 年	4	6	1984 年	148	52
1930 年	5	3	1985 年	97	41
1934 年	1	1	1986 年	70	41
1936 年	1	1	1987 年	25	20
1938 年	1	1	1988 年	51	21
1942 年	1	1	1989 年	11	8
1943 年	1	1	1990 年	32	11
1944 年	1	1	1991 年	28	16
1947 年	1	1	1992 年	30	16
1949 年	2	1	1993 年	15	8
1957 年	1	1	1994 年	28	14
1958 年	1	1	1995 年	20	11
1960 年	1	1	1996 年	30	15
1961 年	1	1	1997 年	27	12
1963 年	1	1	1998 年	29	18
1967 年	1	1	1999 年	9	25
1968 年	4	1	2000 年	6	7
1969 年	2	2	2001 年	1	2
1970 年	11	8	2002 年	14	10
1971 年	14	4	2003 年	5	5
1972 年	12	4	2004 年	13	16
1973 年	14	5	2005 年	20	22
1974 年	12	12	2006 年	53	37

续表

年份	专利申请数量/件	申请人数量/个	年份	专利申请数量/件	申请人数量/个
2007 年	49	42	2011 年	117	76
2008 年	46	41	2012 年	61	48
2009 年	49	30	2013 年	92	38
2010 年	98	89	2014 年	38	20

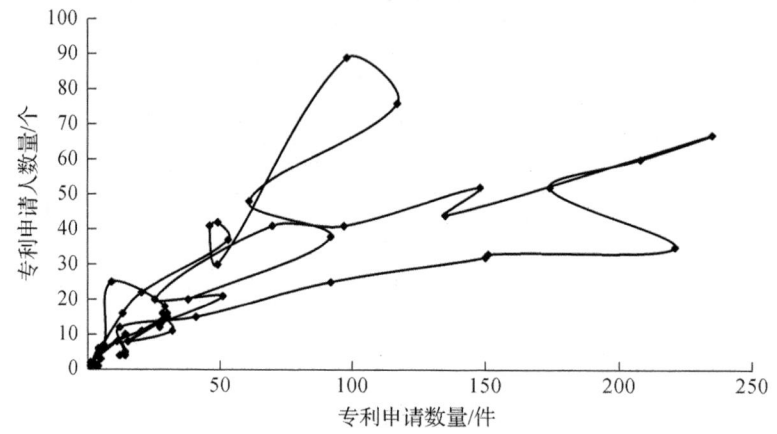

图 3.18　世界煤液化技术专利生命周期图

由表 3.8 和图 3.18 可以看出，结果是杂乱无章的，无法进行分析。通过仔细对建立的分析用专利数据库进行核对，在筛选和申请人合并时都没有问题。那么考虑干扰因素可能是：实际申请数量和申请人数量按照 1 年的时间来统计，每年变化波动比较大，造成专利生命周期曲线不平滑。为解决该问题，通过改变统计时间段，以 2 年时间为统计时间段，来统计专利申请数量和申请人数量。结果见表 3.9 和图 3.19。

表 3.9　修正后的世界煤液化技术专利数据

年份	专利申请数量/件	申请人数量/个	年份	专利申请数量/件	申请人数量/个
1913—1920 年	2	2	1948—1957 年	3	2
1921—1922 年	5	3	1958—1960 年	2	2
1923—1924 年	3	2	1961—1963 年	2	2
1925—1926 年	5	7	1967—1968 年	5	2
1927—1929 年	6	4	1969—1970 年	13	10
1930—1934 年	2	2	1971—1972 年	26	8
1936—1938 年	2	2	1973—1974 年	26	17
1942—1943 年	2	2	1975—1976 年	133	40
1944—1947 年	2	2	1977—1978 年	301	65

续表

年份	专利申请数量/件	申请人数量/个	年份	专利申请数量/件	申请人数量/个
1979—1980 年	395	87	1997—1998 年	56	30
1981—1982 年	443	127	1999—2000 年	15	32
1983—1984 年	283	96	2001—2002 年	15	12
1985—1986 年	167	82	2003—2004 年	18	21
1987—1988 年	76	41	2005—2006 年	73	59
1989—1990 年	43	19	2007—2008 年	95	83
1991—1992 年	58	32	2009—2010 年	147	119
1993—1994 年	43	22	2011—2012 年	178	124
1995—1996 年	50	26	2012—2014 年	130	58

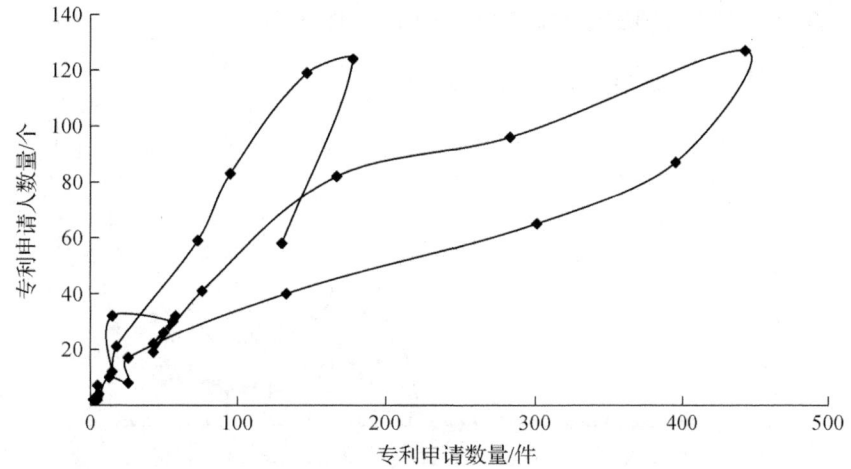

图 3.19　修正后的世界煤液化技术专利生命周期图

从图 3.19 可以看出，世界煤液化技术经历了萌芽期、发展期、成熟期和衰退期后，在 2005 年左右又开始复苏。在 1913—1974 年，煤液化技术处于萌芽期，期间的基础性的专利发明都已诞生，在该阶段，研发主要集中在少数几个公司，专利申请数量与专利申请人数量都不多，集中度较高。1975—1980 年，是煤液化技术快速发展的时期；在此期间煤液化市场迅速扩张，介入的企业和科研机构增多，专利申请数量与专利申请人数量急剧上升。1981—1985 年，是煤液化的成熟期，在此期间煤液化专利数量继续增加，但专利增长的速度变慢，申请人数基本维持不变。1986—2005 年，随着石油价格的回落，煤液化技术步入了衰退期，大多数企业已经不再投入研发力量，也没有新的企业愿意进入，专利数量开始减少。但是 2005 年以后，随着环保问题的加重，各国又开始注重煤炭的清洁利用，煤液化技术专利数量又开始回升，煤液化技术又进入了复苏期。

综合以上分析可以发现，煤液化技术是 20 世纪 80 年代欧美等发达国家竞相发展的技术，但从20世纪末开始，随着石油价格的持续走低，以及煤炭资源储量的减少，欧美国家逐渐减少在该技术领域的研发投入。我国拥有丰富的煤炭资源和发展煤化工的基础条件。在煤液化领域，我国煤液化专利数量在全球排名第3位，拥有雄厚的研发实力。从未来的发展趋势来看，我国应利用煤液化领域的技术优势和丰富的煤炭资源，发展煤液化，以缓解我国富煤贫油的资源状况。

3.2.2 全国和山西省煤液化相关专利分析

课题组选择以"煤 AND 液化"为关键词在佰腾专利数据库中进行专利数据检索，以反映全国及山西省煤液化领域的总体变化情况；选择"煤炭 AND 直接液化"为关键词进行专利检索，以反映全国及山西省在煤液化具体领域的变化情况。

1. 我国煤液化相关专利分析

截至2015年4月17日，以"煤 AND 液化"为关键词在佰腾专利数据库中进行检索，得到全国煤液化技术领域的专利总数为2204件，以"煤炭 AND 直接液化"为关键词检索，得到全国煤炭直接液化技术领域专利总数为389件（图3.20）

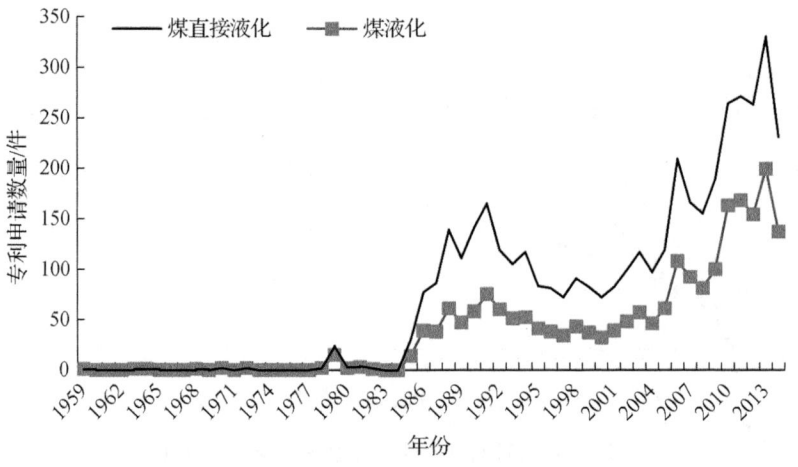

图3.20 1959—2014年我国煤液化技术的专利变化趋势

从图3.20可以看出，煤炭液化技术领域的总体变化趋势和煤直接液化的具体领域专利数量都呈现增长趋势。1983年以前，我国煤液化技术专利数量较少，此时煤液化技术尚处于起步阶段；1983年，受国际石油危机的影响，石油价格大幅上涨，我国经济快速发展，对石油等液体能源的需求急剧增加，国家开始重视对煤液化技术的研究，煤液化专利技术迅速增加；1991—2000年，专利数量又出现下降，这是由于20世纪80年代石油输出国组织团结力量的瓦解及新兴产油国的出现，石油权力开始分散，石油价格开始下降；2000年以后，伴随着石油价格的上涨，煤液化技术专利数量呈现指数增长。

从我国55年省、自治区和直辖市的专利分布来看，区域技术优势明显。煤液化技术专利前10位的省、直辖市拥有全国65.61%的专利；煤直接液化技术专利的前10位省、直辖市拥有全国78.66%的专利，具体情况见图3.21和图3.22。

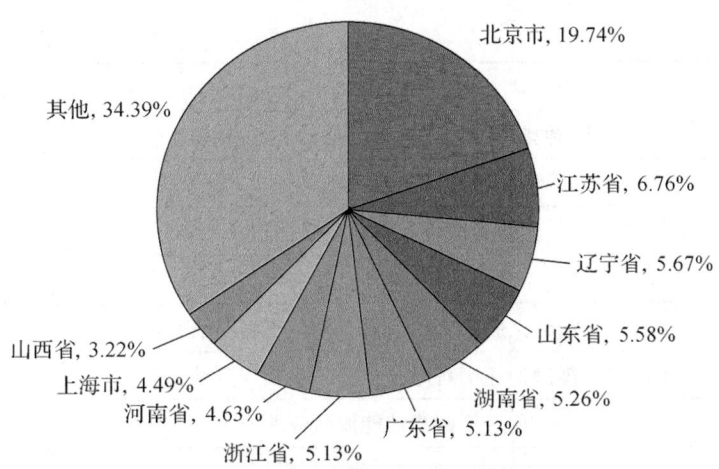

图 3.21 我国煤液化技术专利区域分布

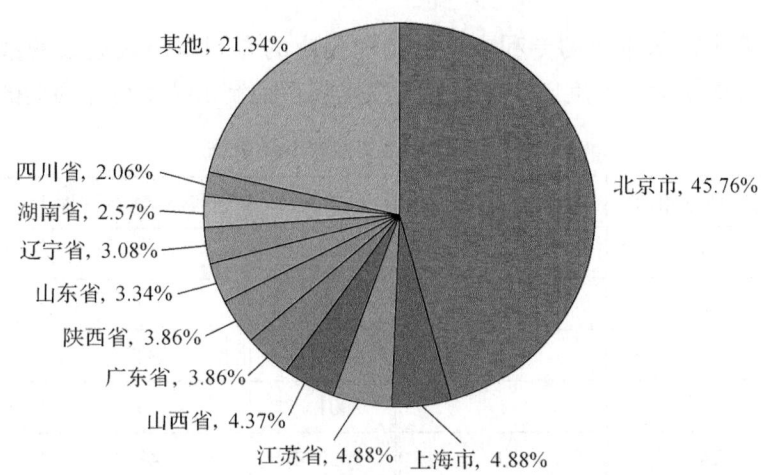

图 3.22 我国煤直接液化技术专利区域分布

从图 3.21 与图 3.22 可以看出，在煤炭液化领域处于领先地位的为北京、江苏这些拥有较多科研院所的省市。这些省市由于所处的地理位置，拥有一大批科研院所及煤化工企业，如神华集团有限公司、中国石油化工股份有限公司、煤炭科学研究总院、北京低碳清洁能源研究所等。

在煤液化研究领域，我国专利的集中趋势不是太明显（表3.10）。专利数量较多的公司和研究院所有神华集团有限公司、中国石油化工股份有限公司、西峡龙成特种材料有限公司、煤炭科学研究院等。它们的专利总量为 461 件，占煤液化专利总量的 20.8%。

表 3.10 我国煤直接液化技术专利拥有量排名居前 10 位的申请人及专利拥有量

排名	申请人	专利申请数量/件
1	神华集团有限责任公司	130
2	中国神华煤制油化工有限公司	108

续表

排名	申请人	专利申请数量/件
3	中国神华煤制油化工有限公司上海研究院	54
4	中国石油化工股份有限公司	42
5	西峡龙成特种材料有限公司	27
6	煤炭科学研究总院	25
7	中国石油化工股份有限公司石油化工科学研究院	23
8	中国神华煤制油化工有限公司鄂尔多斯煤制油分公司	21
9	北京低碳清洁能源研究所	16
10	中科院山西煤炭化学研究所	15
	总计	461

根据我国煤液化技术每年的专利申请数量和相应的专利申请人数量的数据（表3.11）以年度申请数量为横坐标，年度申请人数量为纵坐标，绘制出技术生命周期图，如图3.23。

表3.11 我国煤液化技术专利数据

年份	专利申请数量/件	申请人数量/个	年份	专利申请数量/件	申请人数量/个
1979年	15	9	1998年	43	48
1980年	2	1	1999年	37	45
1981年	3	1	2000年	32	40
1982年	1	1	2001年	39	43
1985年	14	16	2002年	48	51
1986年	39	38	2003年	57	60
1987年	38	48	2004年	46	51
1988年	61	78	2005年	61	58
1989年	47	64	2006年	108	101
1990年	58	83	2007年	92	74
1991年	75	90	2008年	81	74
1992年	60	59	2009年	100	89
1993年	51	54	2010年	163	101
1994年	52	65	2011年	168	103
1995年	41	42	2012年	154	109
1996年	38	43	2013年	199	131
1997年	34	38	2014年	137	94

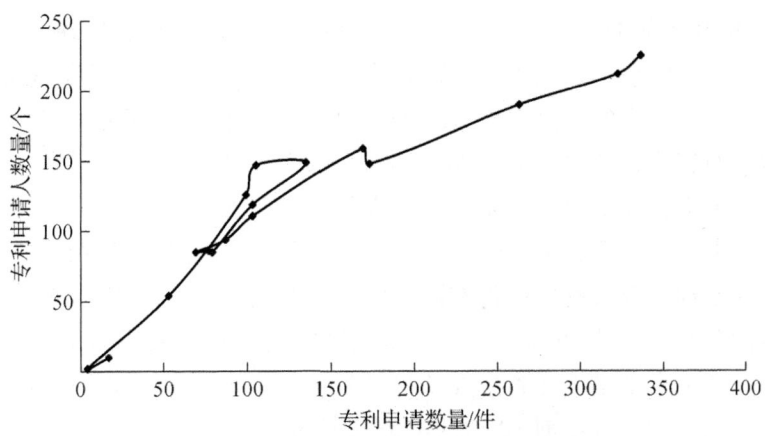

图3.23 我国煤液化技术专利生命周期图

从图3.23可以看出，我国煤液化技术的发展过程较为曲折，这与国际石油价格的不断波动有关。由于煤液化技术受石油价格的影响较大，随着国际石油价格的不断波动，煤液化技术也受到相应影响。但整体来看我国煤液化技术还处于成长期。这一阶段，随着技术的不断发展，市场扩大，进入的企业也不断增加，技术分布的范围也不断扩大，表现为大量的相关专利申请和专利数量的增加。由于新企业的不断进入，专利的集中度逐渐降低。

2. 山西省煤液化相关专利分析

截至2015年4月17日，以"煤 AND 液化"为关键词在佰腾专利数据库中检索，得到山西省煤液化技术领域的专利总数为71件（图3.24）；以"煤 AND 直接液化"为关键词搜索，得到山西省煤直接液化技术领域专利总数为7件。

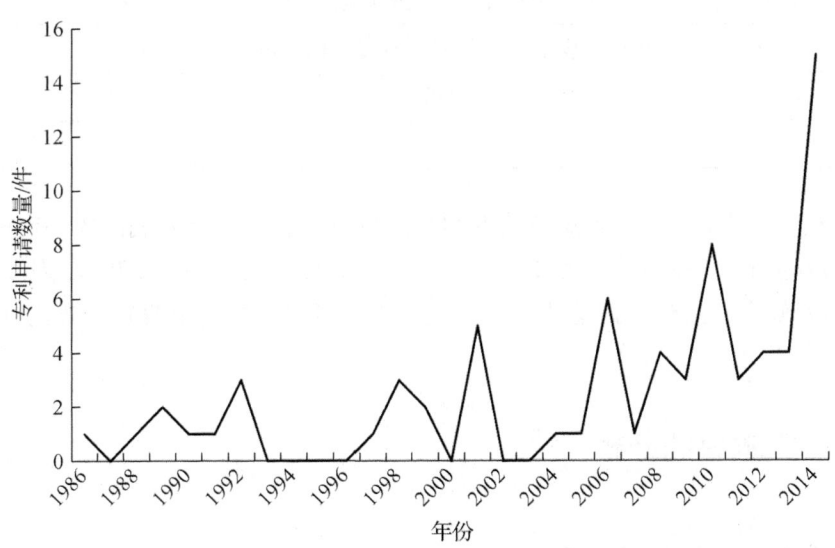

图3.24 1986—2014年山西省煤液化技术领域专利的变化趋势

从图3.24可以看出，山西省的煤液化专利总数较少（仅有71件），研发起步较晚，1985年才出现第1例煤液化专利技术，而且随后的几年中专利数量都比较少，基本上在5

件以下，到 2014 年开始猛增。整体来看，山西省的煤液化技术专利呈现上升趋势，但与全国相比，增长速度过于缓慢。这反映出山西省作为煤炭资源大省，长期以来过度依赖煤炭的开采和直接利用，缺乏煤炭的深加工意识，煤化工技术创新能力不足。2014 年煤液化专利数量剧增，这与山西省出台的《山西省低碳创新行动计划》（晋政发〔2014〕7 号）有关，该计划提出山西省要进行煤炭综改转型，加大煤化工产业的发展。

从专利申请人来看，山西新能源煤化燃料有限公司、山西蓝天环保设备有限公司、赛鼎工程有限公司、太原理工天成科技股份有限公司、山西洁泰达煤化工工程有限公司、山西潞安矿业（集团有限公司）是山西省煤液化技术领域主要的技术研发企业；中科院山西煤炭化学研究所、太原理工大学是山西省主要从事煤炭液化研究的科研院所与高校。表 3.12 列示了山西煤液化领域专利拥有量前 10 位的申请人情况。

表 3.12　山西省煤液化技术专利申请量排名居前 10 位的申请人及专利拥有量

排名	申请人	专利申请数量/件
1	中科院山西煤炭化学研究所	14
2	太原理工大学	9
3	山西新源煤化燃料有限公司	5
4	山西蓝天环保设备有限公司	4
4	赛鼎工程有限公司	4
6	卫斌鹏	2
6	太原理工天成科技股份有限公司	2
6	山西洁泰达煤化工工程有限公司	2
6	山西潞安矿业（集团）有限责任公司	2
6	李沁榆	2
总计		46

从表 3.12 可以看出，山西省煤液化专利总数虽然比较少，但专利的集中趋势较为明显。煤液化专利拥有量前 10 位申请人的专利之和占山西省专利总数的 65.7%。因此，山西省要利用创新的集聚效应，充分发挥这些重点企业的研发能力，提高山西省煤液化技术领域的研发实力。

3.3　煤焦化技术专利分析

3.3.1　世界煤焦化专利技术分析

截至 2015 年 4 月 27 日在 SooPAT 专利数据库中以"Coal AND Coke"为关键词，搜索范围为专利文献的题目、关键词与摘要，搜索近 60 年的煤焦化技术专利，得到煤炭开采技术领域的专利文献为 12 575 件，具体变化趋势见图 3.25。

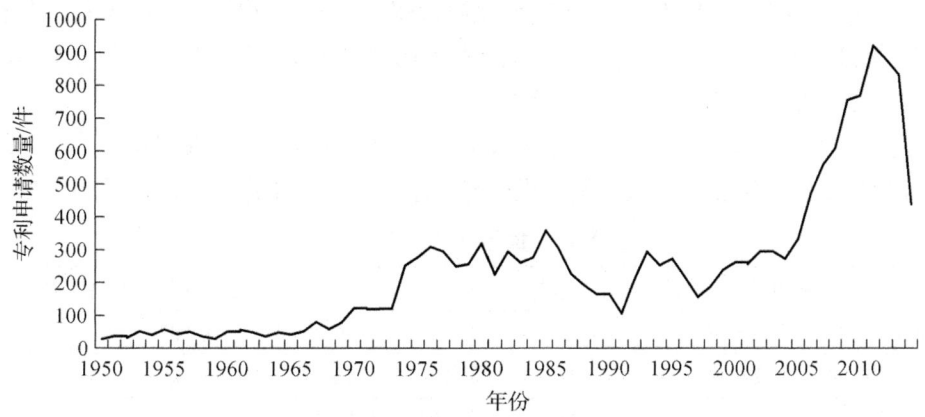

图 3.25　1950—2013 年世界煤焦化技术专利的变化趋势

结合世界政治局势和经济格局的发展变化，可以将煤炭焦化技术分为以下几个阶段：

① 1950—1973 年。二十世纪四五十年代，随着第三次科技革命的到来，各国工业经济迅速发展，各国的环境问题也相继暴露出来。因此，煤炭除了作为传统的能源资源以外，各国开始考虑将其作为化工原料，做进一步的加工。此阶段煤焦化专利技术开始缓慢上涨，但年专利申请数量较少。这一阶段的煤焦化世界专利总数只有 1125 件，专利变化趋势见图 3.25。

该阶段专利技术主要集中在英国、美国和联邦德国，相应的专利数量分别为 908 件、82 件和 35 件。这与当时的经济格局密切相关。英国作为最早工业化的国家，对煤炭资源的利用和研究都较为先进；而且英国最先受到工业化后环境污染问题的困扰，较早地开始研究煤炭资源的清洁利用。而美、德两国作为新兴的资本主义强国，在发展中也注重环境问题，因此，研究煤炭清洁利用的专利数量也较多。

② 1974—2004 年。20 世纪 70 年代以后随着三次石油危机的爆发，国际石油价格持续上升，各国经济发展面临严重危机。为了摆脱石油危机的影响，各国纷纷投入到对石油替代能源的研究之中。煤制油、煤制气作为重要的替代能源，被越来越多的国家重视。作为煤化工的基础性工艺，煤焦化的世界专利数量开始逐渐增加。这一阶段的煤焦化专利数量有 5953 件。

该阶段专利技术主要集中在日本、中国、美国，它们对应的专利数量分别为 2116 件、828 件、716 件。这与各国的能源拥有情况密切相关。日本、中国、美国都是石油进口国，对国际石油的依赖性比较强，经济发展受国际油价的影响较大。为了减缓石油危机的影响，它们对煤化工相关技术的研发投入力度都比较大。

③ 2005—2013 年。进入 21 世纪后，能源危机的影响更加严重，新能源的研发和传统能源的高效综合利用成为各国研究的重点领域。而且随着气候问题的严重加剧及国际气候大会的召开，各国开始注重低碳发展。因此，各国对煤炭的清洁利用投入了大量的人力和财力。作为煤炭清洁利用领域的基础性技术，煤焦化的世界专利数量开始剧烈增长，基本上呈现指数增长。此阶段煤焦化的世界专利总数为 4759 件，年专利申请数量达到 594.9 件。

该阶段专利数量较多的国家与组织有中国、世界知识产权组织、美国，它们的专利数量分别为3344件、254件、243件。中国成为该阶段煤焦化技术研究的核心国家，专利数量占此阶段世界专利的70.3%。而此前的专利技术大国美国正逐渐减少对该领域技术的研究，这说明美国已经转变了能源研发的重点领域。

根据世界煤焦化技术每年的专利申请数量和相应的专利申请人数量的数据（表3.13）。以年度申请量为横坐标，年度申请人数量为纵坐标，绘制出技术生命周期图，见图3.26。

表3.13 世界煤焦化专利数据

年份	专利申请数量/件	申请人数量/个	年份	专利申请数量/件	申请人数量/个
1894—1895年	5	6	1955—1956年	102	86
1896—1897年	20	21	1957—1958年	88	72
1898—1900年	32	42	1959—1960年	82	73
1901—1902年	63	79	1961—1962年	106	82
1903—1904年	84	101	1963—1964年	86	60
1905—1906年	54	65	1965—1966年	95	72
1907—1908年	74	87	1967—1968年	140	78
1909—1910年	79	90	1969—1970年	202	130
1911—1912年	51	66	1971—1972年	241	127
1913—1914年	63	79	1973—1974年	378	192
1915—1916年	43	54	1975—1976年	586	286
1917—1918年	65	76	1977—1978年	544	220
1919—1920年	95	93	1979—1980年	575	250
1921—1922年	88	104	1981—1982年	518	237
1923—1924年	120	147	1983—1984年	536	239
1925—1926年	141	173	1985—1986年	662	227
1927—1928年	179	176	1987—1988年	418	171
1929—1930年	179	172	1989—1990年	329	207
1931—1932年	138	125	1991—1992年	313	200
1933—1934年	138	152	1993—1994年	545	272
1935—1936年	116	129	1995—1996年	487	266
1937—1938年	114	129	1997—1998年	342	254
1939—1940年	49	58	1999—2000年	499	292
1941—1942年	40	67	2001—2002年	550	318
1943—1944年	35	45	2003—2004年	565	321
1945—1946年	66	75	2005—2006年	802	574
1947—1948年	42	34	2007—2008年	1166	760
1949—1950年	56	54	2009—2010年	1521	1028
1951—1952年	71	60	2011—2012年	1799	1121
1953—1954年	93	87	2013—2014年	1270	602

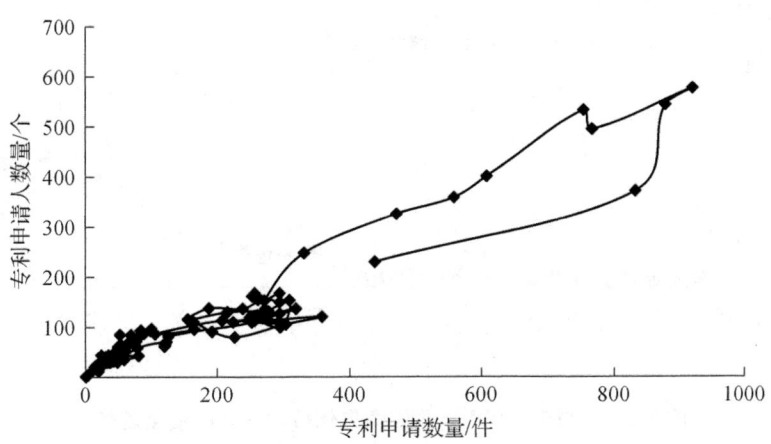

图 3.26　世界煤焦化技术专利生命周期图

从图 3.26 可以看出，排除个别异常数据之后，世界煤焦化技术现在整体上处于发展期的末端，即将进入成熟期。煤焦化技术专利申请数量仍保持较大的增长速度，但申请人数量增长速度以趋于平缓。此阶段的市场已经趋于稳定，大多数企业不愿再投入科研力量，也没有新的企业愿意进入。

综上分析可以发现，虽然煤焦化技术起源较早，但从 20 世纪 50 年代开始，煤焦化技术才有所发展，相关专利技术才开始缓慢增加。20 世纪 70 年代以后，随着石油价格的持续走高，各国才开始加大对煤焦化技术的研发力度，煤焦化技术专利数量才开始快速增长。纵观整个煤焦化技术发展过程，英国、美国、中国是其中的技术研发核心国。而进入 21 世纪，欧美国家逐渐退出了此领域的研究，转向新能源的研究。因此，中国一方面要利用自己在煤焦化领域的技术优势，加快相关领域煤化工产业的发展；另一方面要及时调整能源战略布局，加大对新能源领域的研发力度，缩小与欧美等发达国家在新能源研发技术上的差距。

3.3.2　全国和山西省煤焦化相关专利分析

课题组选择"煤 AND 焦化"为关键词在佰腾专利数据库中进行专利数据检索，以反映全国及山西省煤焦化化技术领域的总体变化状况；选择"干熄焦"为关键词进行专利检索，以反映全国及山西省在煤焦化具体领域的技术情况。

1. 我国煤焦化相关专利分析

截至 2015 年 4 月 17 日，以"煤 AND 焦化"为检索关键词在佰腾专利数据库中检索，得到我国煤焦化技术领域专利总数为 1481 件；以"干熄焦"为关键词检索，得到全国煤炭干熄焦技术领域的专利总数为 684 件（图 3.27）。

从图 3.27 可以看出 2000 年以前，我国煤焦化专利年申请量都是只有几个，2000 年以后，我国的煤焦化专利申请数量开始增长，但增速较慢；2008 年以后国家开始重视煤焦化的研究，并对煤炭企业进行了重组，成立了大规模的煤炭集团公司，提高了企业的研发能力，增加了企业的研发成果，在 2012 年年申请量首次达到 50 件。

从我国 1985—2013 年各省、自治区与直辖市的专利分布来看，区域技术优势明显。煤

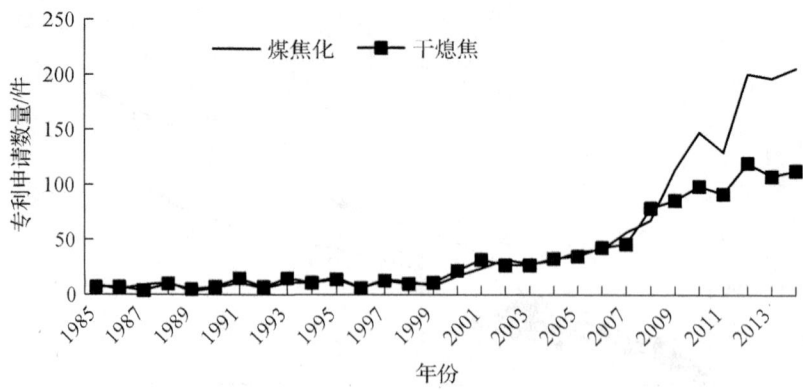

图 3.27　1985—2013 年我国煤焦化技术专利的变化趋势

炭焦化领域排名前十位的省市拥有全国专利的 75.96%；干熄焦技术专利的前十位省市拥有全国 80.85% 的专利，具体情况见图 3.28 和图 3.29。

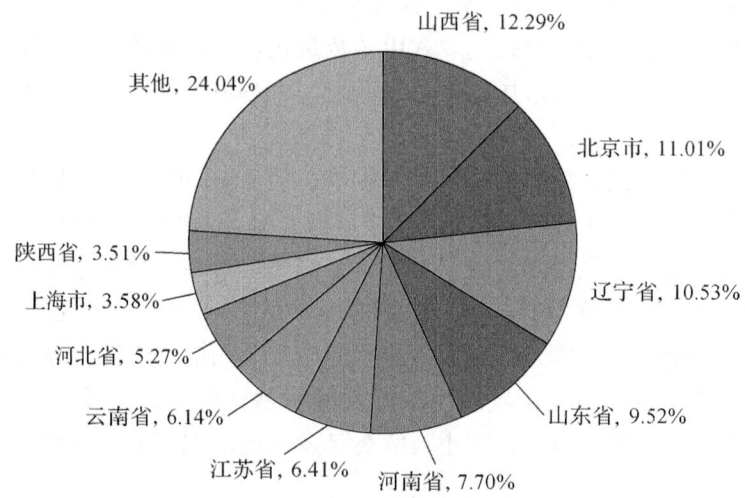

图 3.28　我国煤焦化技术专利区域分布

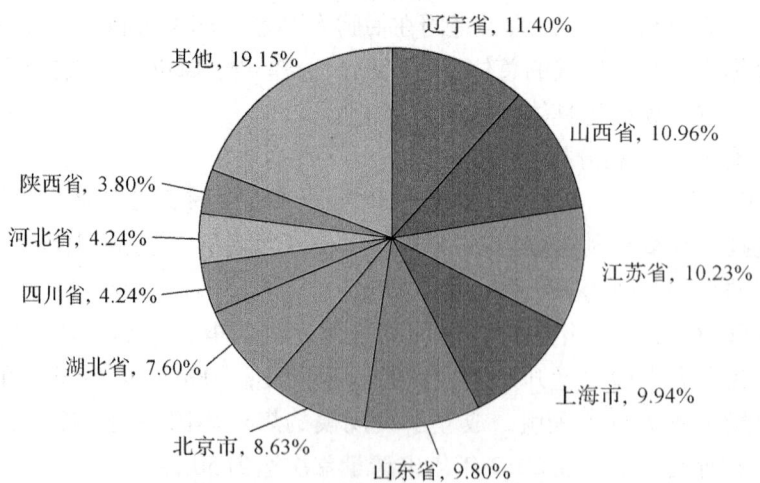

图 3.29　我国干熄焦技术专利的区域分布

从图 3.28 和图 3.29 可以看出，在煤焦化和干熄焦技术领域居于前列的省份为山西省、辽宁省和江苏省等，这些省份拥有大量的煤炭资源，有一大批从事煤化工的企业，它们适应企业技术需求开展煤焦化领域的技术研发，如云南昆钢煤焦化有限公司、中国石油化工股份有限公司、中冶焦耐工程技术有限公司等。

我国煤炭焦化和干熄焦技术领域专利数量主要集中在企业，其中煤焦化排名前十的申请人除太原理工大学外全部为企业（表3.14）。

表 3.14 我国煤焦化技术专利排名居前 10 位的申请人及专利拥有量

序号	申请人	专利申请数量/件
1	云南昆钢煤焦化有限公司	55
2	中国石油化工股份有限公司	24
3	中冶焦耐工程技术有限公司	22
4	冶金工业部鞍山焦化耐火材料设计研究院	21
4	太原煤气化股份有限公司焦化厂	21
4	太原理工大学	21
7	中国平煤神马集团平顶山朝川焦化有限公司	19
8	中国石油化工股份有限公司抚顺石油化工研究院	18
8	拜城县众泰煤焦化有限公司	18
8	首钢总公司	18

根据我国煤焦化技术每年的专利申请数量和相应的专利申请人数量的数据（表3.15），以年度申请数量为横坐标，年度申请人数量为纵坐标，绘制出技术生命周期图，见图3.30。

表 3.15 我国煤焦化技术专利数据

年份	专利申请数量/件	申请人数量/个	年份	专利申请数量/件	申请人数量/个
1985 年	9	7	1996 年	6	6
1986 年	5	7	1997 年	14	13
1987 年	9	4	1998 年	12	10
1988 年	11	10	1999 年	8	11
1989 年	3	5	2000 年	17	22
1990 年	6	7	2001 年	24	32
1991 年	11	15	2002 年	32	27
1992 年	6	7	2003 年	28	27
1993 年	11	15	2004 年	31	33
1994 年	11	11	2005 年	39	35
1995 年	16	14	2006 年	41	43

续表

年份	专利申请数量/件	申请人数量/个	年份	专利申请数量/件	申请人数量/个
2007 年	57	46	2011 年	130	92
2008 年	68	79	2012 年	201	120
2009 年	114	86	2013 年	197	108
2010 年	148	99	2014 年	206	113

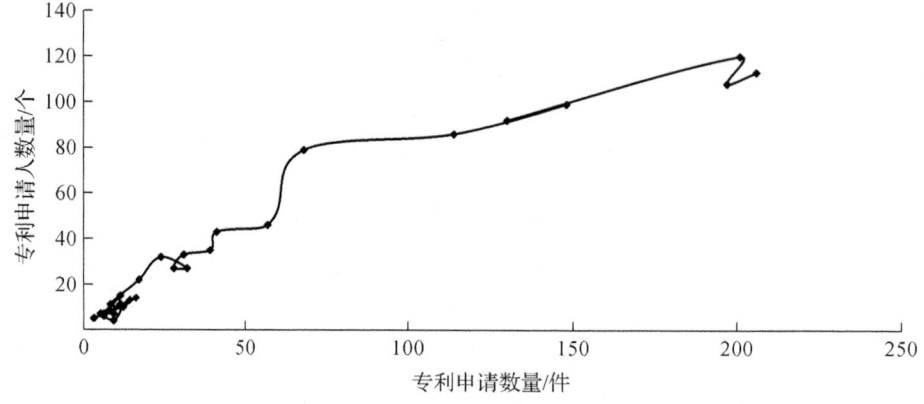

图 3.30 我国煤焦化技术专利生命周期图

从图 3.30 可以看出，我国煤焦化技术现在正处于快速发展期的末端，即将进入技术成熟期，现阶段煤焦化技术的专利申请人数量增长速度逐渐变慢，而专利年申请量仍保持较大的增长速度。随着煤焦化技术的逐渐成熟，除少量企业外，大多数企业已经不再投入研发力量；而且，由于市场的有限性，也没有新的企业愿意参与进来。预计未来，随着专利数量的增加，煤焦化技术会逐渐成熟起来，专利的增长速度会变慢，申请人数量也将维持不变。

2. 山西省煤焦化相关专利分析

截至 2015 年 4 月 17 日，以"煤 AND 焦化"为搜索关键词在佰腾专利数据库中检索，得到山西省煤焦化技术领域的专利总数为 182 件；以"干熄焦"为关键词检索，得到山西省干熄焦技术领域专利总数为 75 件（图 3.31）。

从图 3.31 可以看出，与全国其他省份相比，山西省在煤化工的焦化领域的研究起步较早，在 1988 年（全国 1985 年）就开始煤焦化技术的研究；2004 年拥有干熄焦技术专利。这反映出山西省的煤化工企业与科研院所拥有较强的创新意识。整体来看，山西省煤焦化技术专利呈现上升趋势，特别是 2005 年以后，专利数量开始剧烈增加。这与 2005 年以后煤炭价格开始下降有关。作为一个以煤炭为主的资源大省，煤炭价格的下降，使得山西省的相关企业开始发展煤化工产业，以增加煤炭的附加值，而煤焦化作为煤化工领域的基础性技术，得到了广泛的研究。

从专利申请人来看，太原煤气化股份有限公司、焦化厂山西森特煤焦化工程集团有限公司、灵石县中煤九鑫焦化有限责任公司等是山西省煤焦化技术领域的技术研发企业；太原理

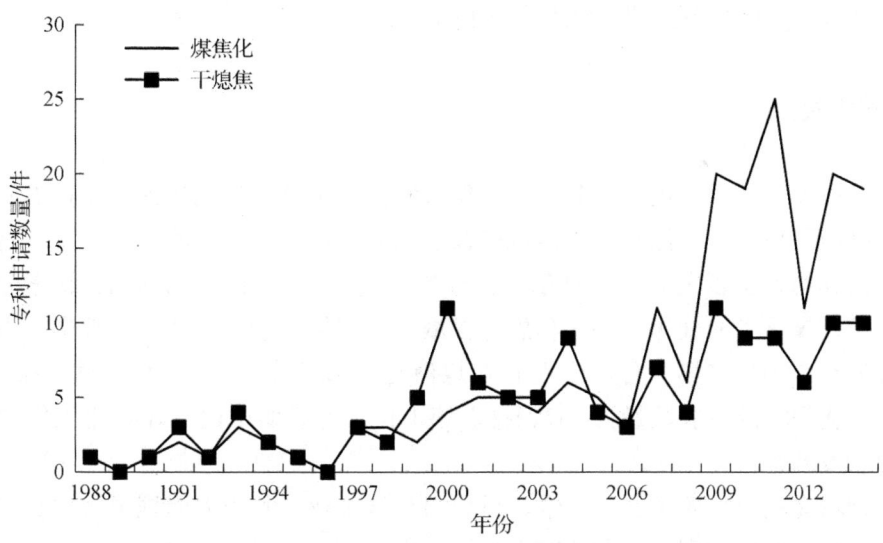

图 3.31　1988—2014 年山西省煤焦化技术领域专利的变化趋势

工大学、中科院山西煤炭化学研究所是山西省主要从事煤焦化技术领域的高校与科研院所。表 3.16 列示了山西省煤焦化技术领域专利拥有量前 10 位的申请人情况。

表 3.16　山西省煤焦化专利申请排名居前 10 位的申请人及专利拥有量

排名	申请人	专利申请数量/件
1	太原煤气化股份有限公司焦化厂	21
1	太原理工大学	21
3	山西森特煤焦化工程集团有限公司	15
4	灵石县中煤九鑫焦化有限责任公司	13
5	山西太钢不锈钢股份有限公司	11
6	中科院山西煤炭化学研究所	10
7	山西宏特煤化工有限公司	6
8	盂县中信焦化有限公司	5
9	山西利华新科技开发有限公司	4
9	山西焦化股份有限公司	4
总计		110

从表 3.16 可以得到，山西省煤焦化技术领域的研发实力集中趋势较为明显，前 10 名申请人的专利拥有量占专利总数的 60.4%。因此，山西省一方面要充分发挥这些重点企业在煤焦化领域的研发能力，继续保持山西省在全国煤焦化领域的领先地位；另一方面针对山西省在干熄焦等先进的焦化技术领域的研发能力不足，山西省应有针对性地对现有的焦化技术

进行改进，加大对干熄焦等先进的焦化技术的研究。

3.4 本章小结

　　煤化工产业属于技术密集型产业，几十年来我国从未停止过煤化工产业技术研究，经过不懈的努力已经取得了一批拥有自主知识产权、世界先进水平的技术成果。特别是在煤液化领域，在全世界均处于领先地位，拥有一定的技术优势。在国内专利的相关检索分析中，我们发现山西省在煤化工的气化、液化和焦化领域在全国均处于领先地位。其中，山西省的煤气化专利数量在全国排名第2位；山西省在煤液化领域的专利数量为71件，排名第9位；山西省在煤焦化领域的专利数量为182，排名第1位。这说明山西省在煤化工领域，已经拥有了一定的研发基础。

　　煤化工领域专利申请人主要是大学、科研机构和企业。其中太原理工大学、中科院山西煤炭化学研究所、山西鑫利能源科技有限公司、山西煤气化股份有限公司等为其中专利数量较多的科研院所和企业。说明山西省在煤化工领域已经具备了一定的技术和产业基础。

　　未来山西省要加快实施煤炭资源转换战略，充分发挥山西省的资源优势，利用山西省在煤炭气化、液化和焦化领域的技术优势，依托现有的煤化工企业和科研院所，大力发展煤炭气化、液化和焦化领域的高端精细化工等现代化煤化工产业。

4 清洁煤发电专利分析

清洁煤发电产业中非常有前景的技术领域主要有超临界压力锅炉加烟气脱硫技术、整体式煤气化联合循环发电技术、循环流化床锅炉技术和增压流化床锅炉联合循环技术。课题组于2015年6月分别在SooPAT专利数据库与佰腾专利数据库对这4个技术领域的专利进行了检索，以下以检索结果为依据展开分析。

对全球专利的分析可以了解洁净煤发电技术领域的发展趋势，为全国及区域煤炭发电企业、大学、科研院所确定技术发展方向提供依据。对我国煤炭发电专利的分析，将山西省煤炭发电专利与其他省份进行对比分析，总结山西省在煤炭发电技术领域的地位，为政府确定支持煤发电技术创新方向提供依据。

4.1 超临界、超超临界发电技术

4.1.1 世界超临界、超超临界发电技术专利分析

截至2015年4月13日，在SooPAT专利数据库中以"MC：(supercritical boiler) OR MC：(supercritical units) OR MC：(supercritical steam fire) OR MC：(supercritical pressure fire) OR MC：(supercritical POWER) OR ZY：(supercritical boiler) OR ZY：(supercritical units) OR ZY：(supercritical steam fire) OR ZY：(supercritical pressure fire) OR ZY：(supercritical POWER)"为关键词，搜索范围为专利文献的题目、关键词与摘要，得到超临界、超超临界发电技术方面具有专利1855件。

结合世界政治局势与经济格局的发展变化，可以将超临界、超超临界发电技术分为以下几个阶段：

① 1954—1990年。第二次科技革命与工业革命结束后，发达国家以发展经济为重心。经济发展对能源的大量需求，要求更多的能源供应，此时发电机和电动机的出现，使得电力成为工业发展的主要动力。世界进入电气时代，此时电力作为当时的新能源，得到广泛使用，尤其是火力发电。着眼于能源资源的限制和环境保护的要求，各国开始有计划地开展了"洁净煤技术"的研究。这一阶段的世界专利申请数量为161件，专利变化趋势见图4.1。

该阶段的专利拥有国仅有13个，且专利主要集中于英国、美国与日本（图4.2），它们对应拥有的专利数量分别为82件、32件与16件。这与当时煤炭在各国能源结构中的地位相关。

同时，火力发电作为工业发展的主要动力，各国都非常重视对燃煤发电效率提高的研究。

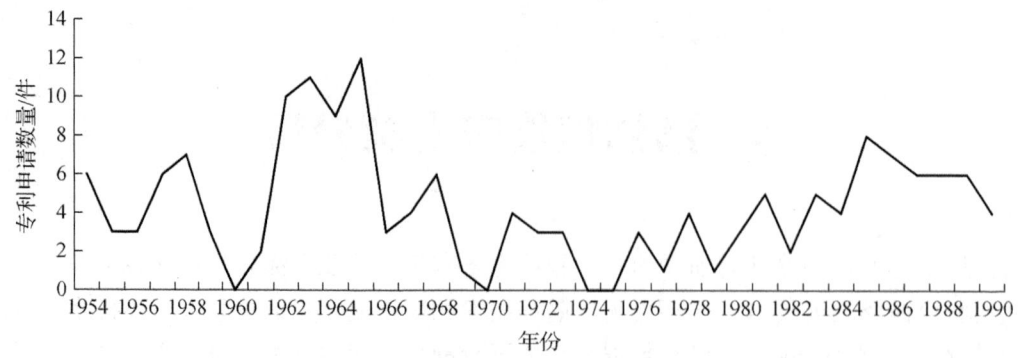

图 4.1　1954—1990 年世界超临界、超超临界发电技术专利变化趋势

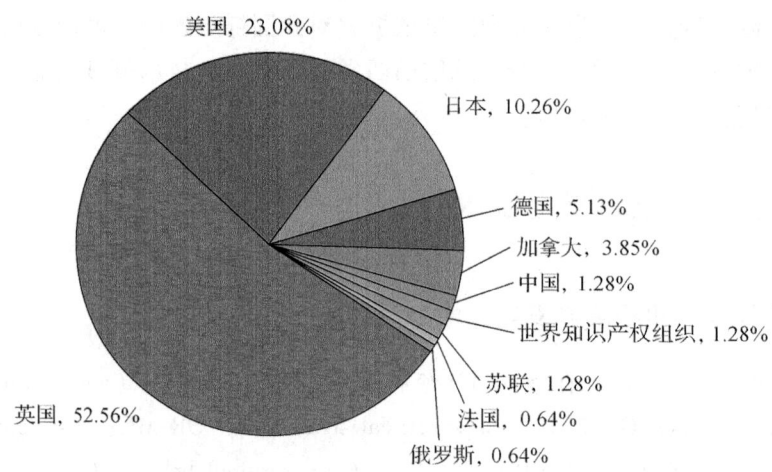

图 4.2　1954—1990 年世界超临界、超超临界发电技术专利的国家与组织分布

　　1952 年由火电厂燃烧煤气和家庭燃煤取暖造成的伦敦雾霾事件，促使英国政府重视支持煤的工业和基础研究。英国贸工部（DTI）制订了煤炭研究与发展计划，以支持洁净煤技术的开发。这项计划期限为 1993—1998 年，第 63 号能源文件对此作了描述。1998 年 10 月英国政府发表白皮书宣布继续执行洁净煤技术计划，并继续推行以工业为导向的长远规划工作组（Foresight Task Force）的建议。该工作组的目的是审查长期研究、开发和示范（R, D&D）洁净煤发电技术优先发展的项目。这项计划于 1999 年 4 月开始实施。

　　美国是世界上煤炭生产与消费大国，煤炭产量仅次于中国，居世界第 2 位，因此非常重视洁净煤技术的研究，并将其视为实现和保证能源稳定、安全和有利发展的关键。1984 年 10 月美国政府率先提出"洁净煤技术示范计划"（CCTDP），旨在通过联邦政府、州政府和各私营企业的合作，开发和示范具有优良运行性能、环保性能和经济竞争力的煤基技术。政府对洁净煤技术的支持和投入，促进了洁净煤技术的研究和开发。

　　同时，国外对知识产权的重视，也使得多家企业申请了超临界、超超临界发电技术相关专利。

② 1991—2014 年。由于能源资源的限制和环境保护的要求，更多的国家加入到超临界、超超临界燃煤发电技术研发领域，此阶段专利拥有国数量增加为 23 个。世界专利申请数量为 1663 件，专利变化趋势见图 4.3。

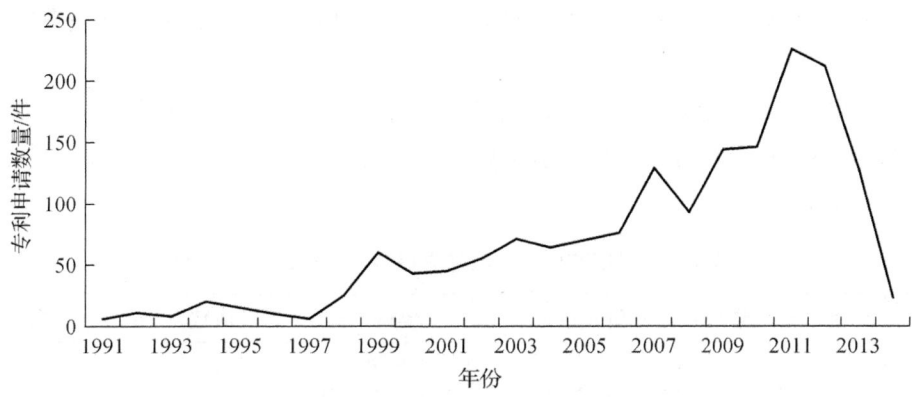

图 4.3　1991—2014 年世界超临界、超超临界发电技术专利变化趋势

该阶段专利主要集中于中国、美国与日本（图 4.4），这与当时煤炭在各国能源结构的地位相关。随着国家宏观发展战略的转变，作为实现可持续发展和实现两个根本转变的战略措施之一，洁净煤技术得到我国政府的高度重视，同时，受益于改革开放政策及知识产权制度的建立，中国成为该阶段拥有专利数量最多的国家，专利数量为 679 件。美国专利数量为 320 件，位居第 2 位。资源贫乏的日本专利数量为 194 件，位居第 3 位。

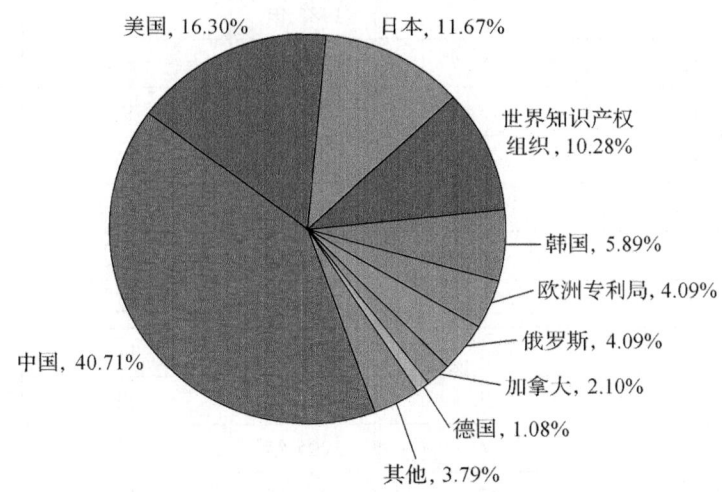

图 4.4　1991—2014 年世界超临界、超超临界发电技术专利的国家与组织分布

综合以上分析可以得到，超临界、超超临界燃煤发电技术是 20 世纪 50 年代欧美发达国家非常重视的技术领域。进入 20 世纪 90 年代之后，由于火力发电环境污染严重，欧美发达国家加大了对该技术领域的研发投入。我国在改革开放政策下，经济得到了迅速发展，能源需求急剧增加，火力发电成为能源供应的重要方式。20 世纪 80 年代后，我国煤炭企业、高校与科研院所投入大量的资源进行先进火力发电技术的研发,1985—2014 年,我国拥有超临界专利数量679 件,是全球110 年间超临界专利总量的36.02%。从未来的发展趋势来看,我国以火力发电为主的发电现状基本不会改变,而环保的需求日益迫切,我国应该继续加强对超临界、超超临界燃煤发电技术领域的研发,提高能源利用效率,减少火力发电带来的直接污染。

根据世界超临界、超超临界发电领域每年技术相关的专利申请数量和相应的专利申请人数量的数据(表4.1),以年度申请量为横坐标,年度申请人数量为纵坐标,绘制出技术生命周期图,见图4.5。

表 4.1 世界超临界、超超临界每年专利申请数据统计

年份	专利申请数量/件	申请人数量/个	年份	专利申请数量/件	申请人数量/个
1954 年	6	2	1978 年	4	6
1955 年	3	3	1979 年	1	1
1956 年	3	2	1980 年	4	2
1957 年	6	4	1981 年	28	7
1958 年	7	6	1982 年	9	5
1959 年	3	2	1983 年	5	6
1960 年	0	0	1984 年	5	4
1961 年	2	2	1985 年	12	6
1962 年	10	2	1986 年	7	6
1963 年	13	8	1987 年	8	4
1964 年	12	5	1988 年	9	5
1965 年	12	7	1989 年	10	8
1966 年	3	2	1990 年	10	4
1967 年	5	4	1991 年	11	8
1968 年	9	5	1992 年	12	11
1969 年	2	1	1993 年	11	11
1970 年	1	1	1994 年	23	14
1971 年	4	4	1995 年	17	19
1972 年	3	3	1996 年	19	20
1973 年	3	2	1997 年	15	13
1974 年	0	0	1998 年	30	31
1975 年	0	0	1999 年	65	49
1976 年	4	4	2000 年	45	47
1977 年	1	1	2001 年	46	36

续表

年份	专利申请数量/件	申请人数量/个	年份	专利申请数量/件	申请人数量/个
2002年	68	58	2008年	106	132
2003年	79	51	2009年	176	138
2004年	68	49	2010年	194	142
2005年	74	68	2011年	272	217
2006年	86	61	2012年	282	183
2007年	141	103	2013年	214	134

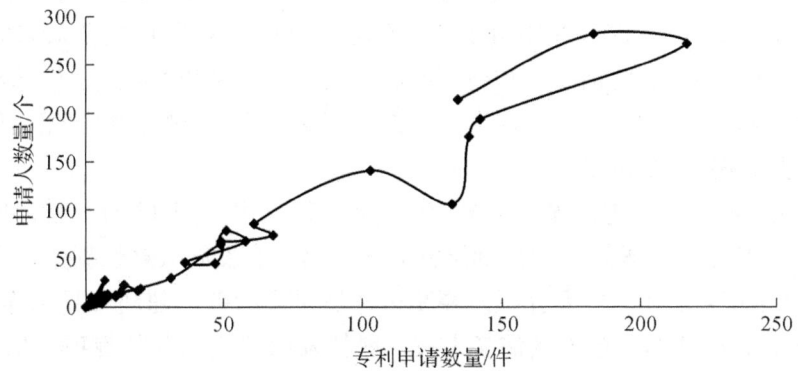

图 4.5　世界超临界、超超临界发电技术专利生命周期图

从图 4.5 可以看出迄今为止，世界超临界、超超临界发电技术经历了萌芽期、发展期，现在进入了成熟期。其中，1954—1997 年，为超临界、超超临界发电技术的萌芽期，专利数量较少，研究单位较少。1998—2010 年，为超临界、超超临界发电技术的发展期。在此期间，超临界、超超临界发电技术迎来了快速发展的成长期。该领域的新技术逐渐赢得市场认同并为部分企业相继采用。随着技术的不断发展，市场扩大，介入的企业、高校、科研院所增多，技术分布范围也逐渐扩大，专利申请数量和专利申请人数量开始急剧上升。2011—2013 年，超临界、超超临界发电技术进入成熟期，在此期间技术趋于成熟，专利技术数量继续增加，但专利增长的速度变慢，申请人数量基本维持不变。

4.1.2　全国及山西省超临界、超超临界发电技术专利分析

课题组选择以"ti：（超临界 发电）or ti：（超临界 机组）or ti：（超临界 火电）or ti：（超临界 火力发电）or ti：（超临界 电站）or ti：（超临界 锅炉）or ab：（超临界 发电）or ab：（超临界 机组）or ab：（超临界 火电）or ab：（超临界 火力发电）or ab：（超临界 电站）or ab：（超临界 锅炉）"为关键词，在佰腾专利数据库中进行专利数据检索，以反映全国及山西省超临界、超超临界发电技术领域的总体变化状况。

1. 我国超临界、超超临界发电技术专利分析

截至 2015 年 4 月 13 日，在佰腾专利数据库以"ti：（超临界 发电）or ti：（超临界 机

组）or ti：（超临界 火电）or ti：（超临界 火力发电）or ti：（超临界 电站）or ti：（超临界 锅炉）or ab：（超临界 发电）or ab：（超临界 机组）or ab：（超临界 火电）or ab：（超临界 火力发电）or ab：（超临界 电站）or ab：（超临界 锅炉）"为关键词检索，查询到我国在超临界、超超临界发电技术方面的专利共695件，其中发明专利427件，实用新型268件，外观设计0件。发明专利中，授权专利147件。

从图4.6可以看出，我国在超临界、超超临界发电技术领域整体呈现出快速增长趋势。2000年之前，我国技术尚处于起步阶段，专利数量少、研发单位有限；2000年之后，我国重工业发展迅速，能源消费增长迅猛，我国节能减排压力日益彰显，国家开始重视节能减排问题，专利数量较之前有了小幅增加。

2006年，中央提出"节能减排"战略；2006年2月26日国务院发布《国家中长期科学和技术发展规划纲要（2006—2020年）》（国发〔2005〕44号）提及未来能源技术发展的主要方向是经济、高效、清洁利用和新型能源开发，国家要开发高效、清洁和二氧化碳近零排放的化石能源开发利用技术。受国家多次发布相关政策的影响，我国超临界、超超临界发电技术开始进入快速增长阶段。

2011年开始，我国越发重视煤电清洁燃烧技术。2011年7月13日科技部发布的《国家"十二五"科学和技术发展规划》中提到国家要大力培育和发展战略性新兴产业，包括了在节能领域煤炭清洁高效利用，并具体提及要积极发展更高参数的超超临界洁净煤发电技术。2012年3月27日，科技部发布了《洁净煤技术科技发展"十二五"专项规划》（国科发计〔2012〕196号），明确了先进燃煤发电技术在"超超临界发电"的研发方向及任务。从2011年起，我国专利数量呈现井喷式增长，4年的专利申请总量就占了总量的67.93%，2011年与2010年相比增幅达到130.61%，而在2011—2014年每年的专利申请数量基本保持在110件。

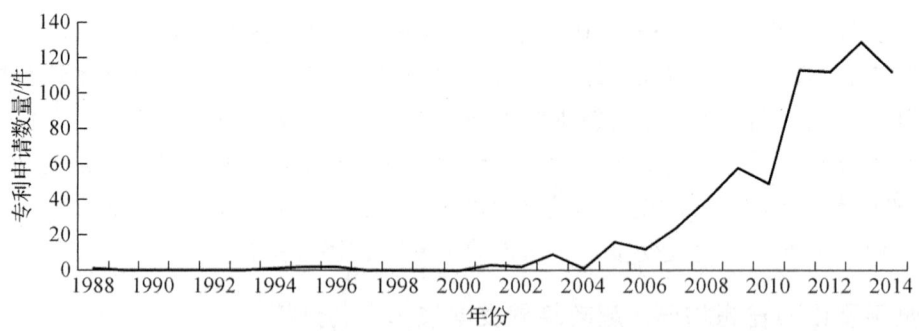

图4.6　1988—2014年我国超临界、超超临界发电技术专利的变化趋势

从我国31省、自治区与直辖市的专利分布来看，区域技术优势明显。超临界、超超临界发电技术专利的前10位省、直辖市拥有全国82.22%的专利。具体情况见图4.7。

从图4.7可以看出，在超临界、超超临界发电领域居前列的区域均为拥有雄厚装备制造技术的省份，如黑龙江、江苏、辽宁等；这些省份的发电设备企业从技术需求的角度开展了相关技术领域的研发，如哈尔滨锅炉厂有限责任公司、哈尔滨汽轮机厂有限责任公司等。北

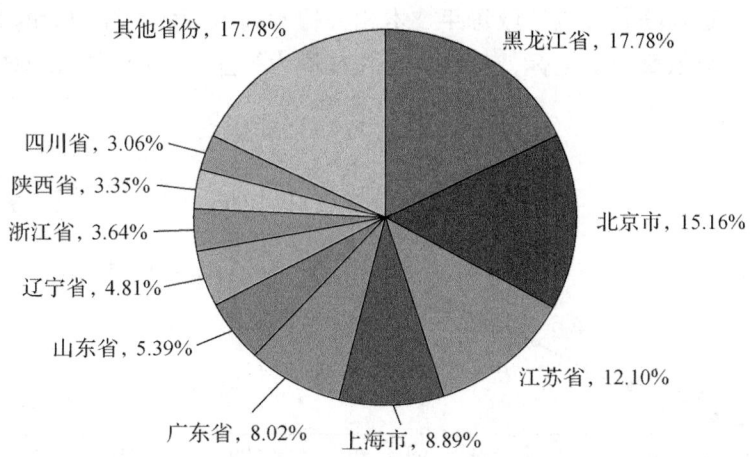

图 4.7 我国超临界、超超临界技术专利区域分布情况

京市超临界、超超临界技术领域排名第 2 位，主要受益于高校与科研院所的集聚，如华北电力大学、中科院工程热物理研究所、国家电网公司、清华大学等。

我国超临界、超超临界发电领域企业拥有的专利数量最多，占全球总数的 51.08%；其中，哈尔滨锅炉厂有限责任公司、哈尔滨汽轮机厂有限责任公司、国家电网公司为排在前10 位的专利申请人中的企业，拥有较强的研发实力。高校与科研院所拥有的专利数量为 222件，其中，排在前 10 位的专利申请人中高校与科研院所分别是华北电力大学、广东电网公司电力科学研究院、河北省电力勘测设计研究院、西安交通大学、中科院工程热物理研究所。专利申请人的集中趋势比较明显，排在前 10 位高校、科研院所与企业所拥有的专利数之和占全国专利总数的 34.68%（表 4.2）。

表 4.2 我国超临界、超超临界技术排名居前 10 位的专利申请人及专利拥有量

排名	申请人	专利申请数量/件
1	哈尔滨锅炉厂有限责任公司	84
2	华北电力大学	26
3	哈尔滨汽轮机厂有限责任公司	23
4	广东电网公司电力科学研究院	22
5	国家电网公司	18
6	河北省电力勘测设计研究院	16
7	西安交通大学	14
8	章礼道	13
8	罗良宜	13
10	中科院工程热物理研究所	12
总计		241

根据超临界、超超临界发电领域每年技术相关的专利申请数量和相应的专利申请人数量的数据，以年度申请数量为横坐标，年度申请人数量为纵坐标，绘制出技术生命周期图，见图4.8。

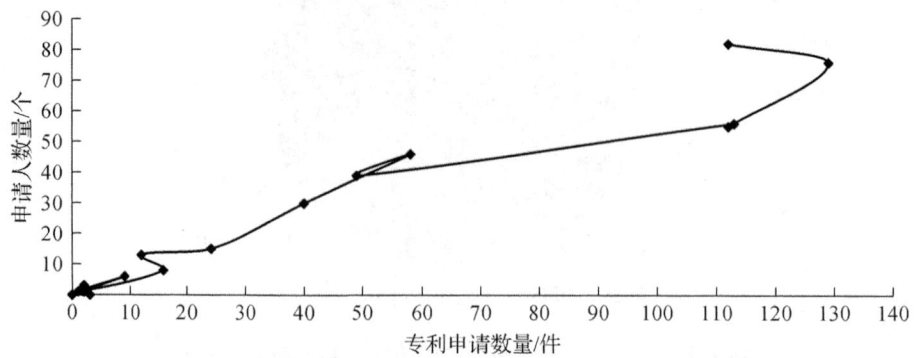

图4.8 我国超临界、超超临界发电技术专利生命周期图

从图4.8可以看出迄今为止，我国超临界、超超临界发电技术经历了萌芽期、发展期，现在已进入了成熟期。其中，1988—2004年，为超临界、超超临界发电技术的萌芽期，专利数量较少，研究单位较少。与世界相比，世界超临界、超超临界发电技术于1954—1997年就处于萌芽期，1998—2010年进入了发展期，可见我国对超临界、超超临界发电技术的研究起步较晚。

2004—2012年，为超临界、超超临界发电技术的发展期。在此期间随着特殊材料的研发和国家政策的支持，超临界、超超临界发电技术迎来了快速发展的成长期。在这段时期，新技术逐渐赢得市场认同并为部分企业相继采用。许多企业、高校、科研院所相继开始投入研发。随着技术的不断发展，市场扩大，介入的企业增多，技术分布范围也逐渐扩大，专利申请数量和专利申请人数量开始急剧上升。与世界相比，这个阶段我国对超临界、超超临界发电技术的研究阶段与世界同步。

2012—2014年，我国超临界、超超临界发电技术也与世界同步进入成熟期。在此间技术趋于成熟，专利技术数量继续增加，但专利增长的速度变慢，申请人数量基本维持不变。

2. 山西省超临界、超超临界发电技术专利分析

截至2015年4月13日，在佰腾专利数据库以"ti：（超临界 发电）or ti：（超临界 机组）or ti：（超临界 火电）or ti：（超临界 火力发电）or ti：（超临界 电站）or ti：（超临界 锅炉）or ab：（超临界 发电）or ab：（超临界 机组）or ab：（超临界 火电）or ab：（超临界 火力发电）or ab：（超临界 电站）or ab：（超临界 锅炉）"为关键词检索，查询到山西省有相关专利7件，其中，发明专利5件，实用新型2件（图4.9）。

从图4.9可以看出，山西省对超临界、超超临界发电技术的研发起步很晚，2009年才有了第1个相关专利。这与我国开始重视洁净煤发电技术密切相关。整体来看，山西省超临界、超超临界发电技术专利虽呈上升趋势，但总体研究投入和研究成果较少。

从专利申请人来看，太原钢铁（集团）有限公司、山西太钢不锈钢股份有限公司、中

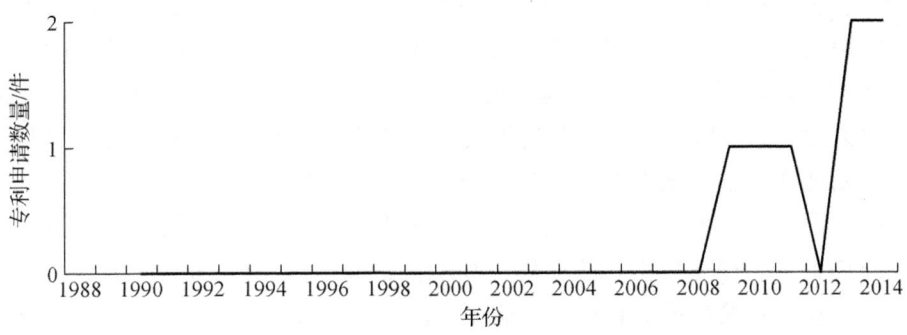

图 4.9　1988—2014 年山西省超临界、超超临界发电技术专利的变化趋势

国能源建设集团山西省电力勘测设计院是山西省从事超临界、超超临界发电技术的研发单位。其中，太原钢铁（集团）有限公司、山西太钢不锈钢股份有限公司主要从事超临界锅炉特殊钢材的研究；山西省电力勘测设计院（中国能源建设集团山西电力勘测设计院和山西电力勘测设计院为同一家单位）从事超临界锅炉系统的研究。表 4.3 列示了山西省超临界、超超临界发电技术领域专利申请人情况。

表 4.3　山西省超临界、超超临界发电技术相关专利

排名	申请人	专利申请数量/件
1	太原钢铁（集团）有限公司	3
2	山西太钢不锈钢股份有限公司	2
3	中国能源建设集团山西省电力勘测设计院	2

从表 4.2 可以得到，山西省在超临界锅炉特殊钢材领域的研发实力明显集中。因此，一方面山西省应充分发挥重点企业在超临界、超超临界锅炉材料领域的研发能力；另一方面，从国际发展趋势来看，发达国家非常重视超临界、超超临界发电技术领域的研发，山西省应支持重点高校、科研院所与企业从事超临界、超超临界锅炉及所需特殊钢材的研发。

4.2　整体煤气化联合循环发电技术（IGCC）

4.2.1　世界整体煤气化联合循环发电技术专利分析

截至 2015 年 6 月，在 SooPAT 世界专利搜索平台上以"MC：（Integrated Gasification Combined Cycle）OR MC：（IGCC）OR ZY：（Integrated Gasification Combined Cycle）OR ZY：（IGCC）"为关键词查询到世界在整体煤气化联合循环发电技术方面具有专利 691 件。

结合世界政治局势与经济格局的发展变化，可以将整体煤气化联合循环发电技术分为以下几个阶段：

① 1978—1988 年。第二次科技革命与工业革命结束后，发达国家以发展经济为重心。经济发展对能源的大量需求，要求更多的能源供应，此时发电机和电动机的出现，使得电力成为工业发展的主要动力。世界进入电气时代，此时电力作为当时的新能源，得到广泛使用，尤其是火力发电。着眼于能源资源的限制和环境保护的要求，从20世纪70年代开始，各国开始有计划地开展了"洁净煤技术"的研究。这一阶段的世界专利申请数量为11件，专利变化趋势见图4.10，都是美国申请人为进行专利保护在多国申请的专利。1984年10月美国政府率先提出"洁净煤技术示范计划"（简称CCTDP），旨在通过联邦政府、州政府和各私营企业的合作，开发和示范具有优良运行性能、环保性能和经济竞争力的煤基技术，美国政府对洁净煤技术的支持和投入，促进了洁净煤技术的研究和开发。

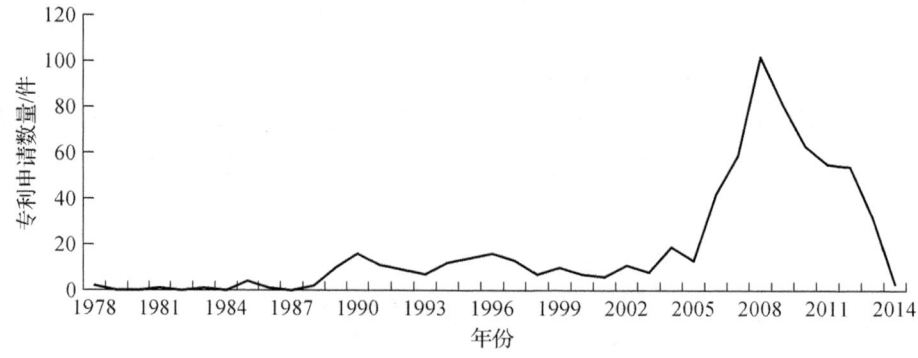

图 4.10　1978—2014 年世界整体煤气化联合循环技术专利的变化趋势

② 1989—2005 年。世界专利申请数量为176件，共有18个专利拥有国。这些专利主要集中在美国（46件）、加拿大（22件）、欧洲专利局（20件）等国和组织（图4.11）。这176件专利中有83件专利的申请人是美国，美国在多个国家又申请了专利，进行了专利布局，可见美国是整体煤气化联合循环技术领域研究实力雄厚的国家。这与美国开展"洁净煤技术示范计划"（简称CCTDP），投入大量的资金支持促进洁净煤技术的研究和开发有关。同时国外对知识产权非常重视，许多企业申请了IGCC同族专利。

③ 2006—2014 年。世界专利申请数量为488件，仍为18个专利拥有国与组织。这些专利主要集中在中国（151件）、美国（132件）、世界知识产权组织（75件）、欧洲专利局（31件）等国与组织（图4.12）。随着国家宏观发展战略的转变，作为实现可持续发展和实现两个根本转变的战略措施之一，洁净煤技术得到我国政府的高度重视，同时，受益于改革开放政策及知识产权制度的建立，中国成为该阶段拥有专利数量最多的国家，专利数量为151件。

综合以上分析可以得到，进行IGCC发电技术研发的国家不多，主要是美国、中国、德国、加拿大、日本等国家。进入20世纪90年代之后，由于火力发电环境污染严重，欧美发达国家加大了该技术领域的研发投入。我国在改革开放政策的刺激下，以及富煤贫油的资源现状，决定了煤炭在我国经济快速发展中重要作用。20世纪80年代后，我国煤炭企业、高校与科研院所投入大量的资源进行先进火力发电技术的研发，1980—2014年，我国拥有

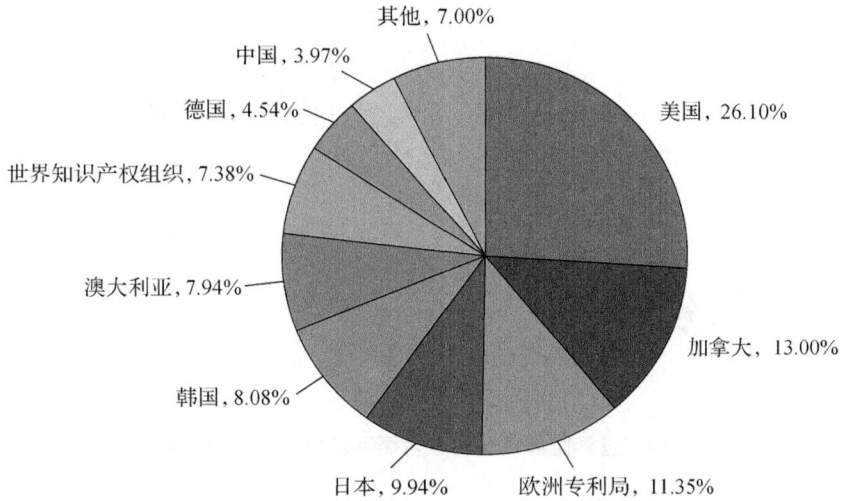

图 4.11　1989—2005 年世界整体煤气化联合循环技术专利国家与组织分布

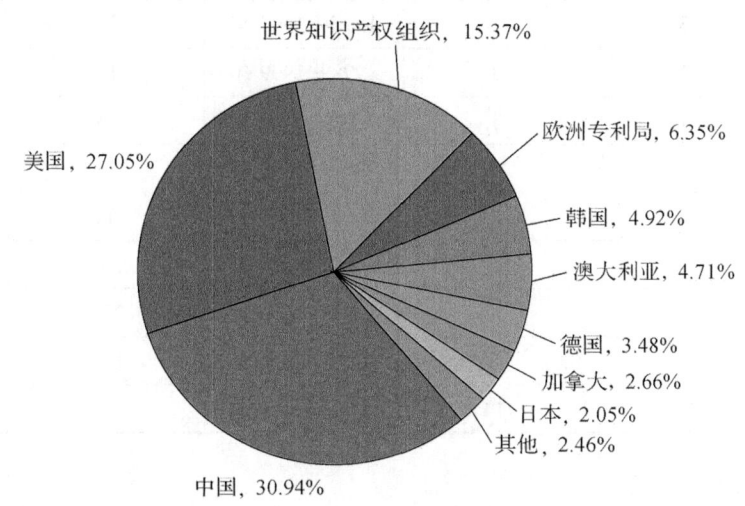

图 4.12　2006—2014 年世界整体煤气化联合循环技术专利国家与组织分布

IGCC 发电技术专利数量为 161 件，仅比第 1 位的美国少 31 件专利。从未来的发展趋势来看，我国以火力发电为主的现状基本不会改变，而环保的需求日益迫切，我国应该继续对 IGCC 发电技术领域的研发，提高能源利用效率，减少火力发电带来的直接污染。

根据世界 IGCC 领域每年技术相关的专利申请数量和相应的专利申请人数量的数据，以年度申请数量为横坐标，年度申请人数量为纵坐标，绘制出技术生命周期图，见图 4.13。

由图 4.13 可看出，结果是杂乱无章的，无法进行分析。为解决该问题，通过改变统计时间段，以 2 年时间为统计时间段，来统计专利申请数量和申请人数量。结果见表 4.4 和图 4.14。

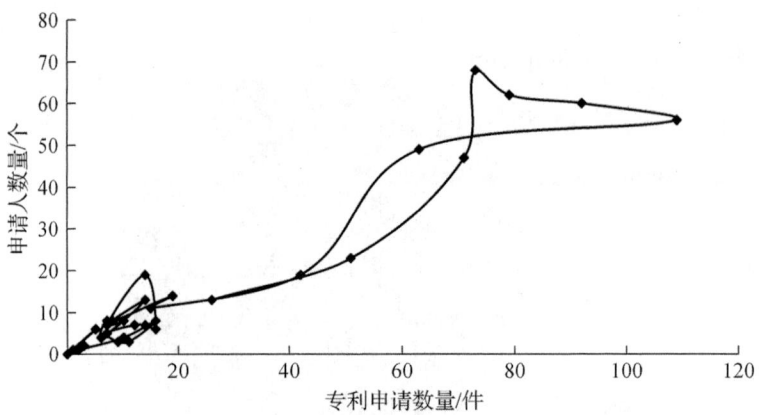

图 4.13　世界整体煤气化联合循环发电技术生命周期图

表 4.4　修正后的世界整体煤气化联合循环发电技术专利数据统计

年份	专利申请数量/件	申请人数量/个	年份	专利申请数量/件	申请人数量/个
1978—1979 年	3	2	1996—1997 年	30	25
1980—1981 年	1	1	1998—1999 年	17	15
1982—1983 年	1	1	2000—2001 年	13	12
1984—1985 年	5	6	2002—2003 年	22	21
1986—1987 年	1	1	2004—2005 年	34	25
1988—1989 年	12	5	2006—2007 年	105	68
1990—1991 年	27	11	2008—2009 年	201	116
1992—1993 年	16	8	2010—2011 年	152	130
1994—1995 年	26	14	2012—2013 年	122	70

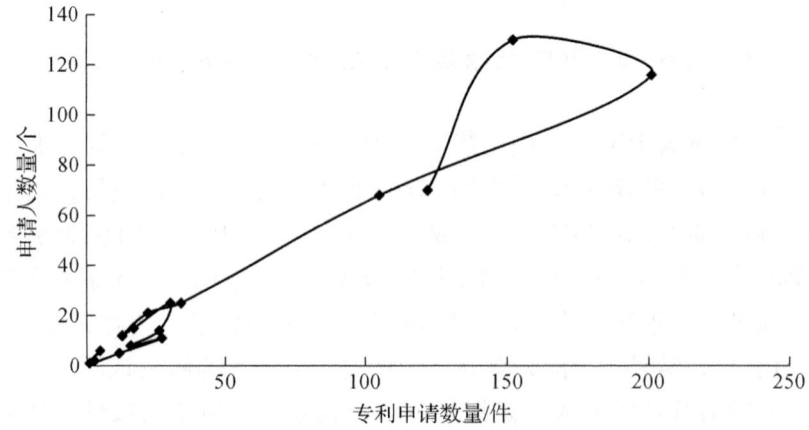

图 4.14　修正后的世界整体煤气化联合循环发电技术专利生命周期图

从图 4.14 可以看出迄今为止，世界整体煤气化联合循环发电技术经历了萌芽期，现在进入了发展期。其中，1978—1987 年，为整体煤气化联合循环发电技术的萌芽期，专利数量较少，研究单位较少。1988—2013 年为整体煤气化联合循环发电技术的发展期。在此期间，整体煤气化联合循环发电技术迎来了快速发展的成长期，越来越多的企业、高校、科研院所相继投入研发，技术分布范围逐渐扩大，专利申请数量和专利申请人数量也开始急剧上升。

4.2.2 全国及山西省整体煤气化联合循环发电技术专利分析

课题组选择以"[ab：（整体 联合循环）or ab：（整体煤气化联合循环）or ab：（IGCC）or ab：（igcc）]"为关键词在佰腾专利数据库中进行专利数据检索，以反映全国及山西省在 IGCC 发电技术领域的总体变化状况。

1. 全国整体煤气化联合循环发电技术专利分析

截至 2015 年 4 月 13 日，以"[ab：（整体 联合循环）or ab：（整体煤气化联合循环）or ab：（IGCC）or ab：（igcc）]"为关键词，查询到我国在整体煤气化联合循环发电技术方面具有专利 203 件，其中，发明专利 147 件，实用新型 56 件，外观设计 0 件。发明专利中，授权专利 61 件。

从图 4.15 可以看出，我国在 IGCC 发电技术领域专利整体呈现出快速增长趋势。我国从 20 世纪 70 年代末就开始进行 IGCC 发电技术的前期研究。直到 1994 年我国才有了首个整体煤气化联合循环发电技术专利。1996 年之前，我国技术尚处于起步阶段，专利数量少、研发单位有限；1996—2005 年，受我国重工业发展迅速，能源消费增长迅猛的影响，我国节能减排压力日益彰显，国家开始重视节能减排问题。科技部通过"九五""十五"和"863"重点项目的支持，推动了系统集成和气化炉等关键技术的发展，我国对大型 IGCC 发电技术的认识进一步深化，IGCC 发电技术专利数量较之前有了小幅增加。

2006 年，中央提出"节能减排"战略；2006 年 2 月 26 日国务院发布《国家中长期科学和技术发展规划纲要（2006—2020 年）》（国发〔2005〕44 号）提及未来能源技术发展的主要方向是经济、高效、清洁利用和新型能源开发，国家要开发高效、清洁和二氧化碳近零排放的化石能源开发利用技术。由于环保和应对气候变化的要求，国家多次发布相关政策，我国 IGCC 发电技术开始快速增长。

2008 年其他国家在我国多次申请相关专利，其中，美国在我国申请了 6 件相关专利、德国在我国申请了 1 件专利；导致 2008 年我国专利数量突现高峰。

2011 年开始，我国越发重视煤电清洁燃烧技术。2011 年 7 月 13 日科技部发布《国家"十二五"科学和技术发展规划》中提到国家要大力培育和发展战略性新兴产业，包括了在节能领域煤炭清洁高效利用。2012 年 3 月 27 日，科技部发布了《洁净煤技术科技发展"十二五"专项规划》（国科发计〔2012〕196 号），特意提到 IGCC 发电技术示范项目进展程度。从 2011 年起，我国每年的 IGCC 专利数量一直保持在 15 件以上，4 年的专利申请数量就占了总量的 50.22%。

从我国 1994—2014 年省、自治区与直辖市的专利分布来看，区域技术优势明显。IGCC

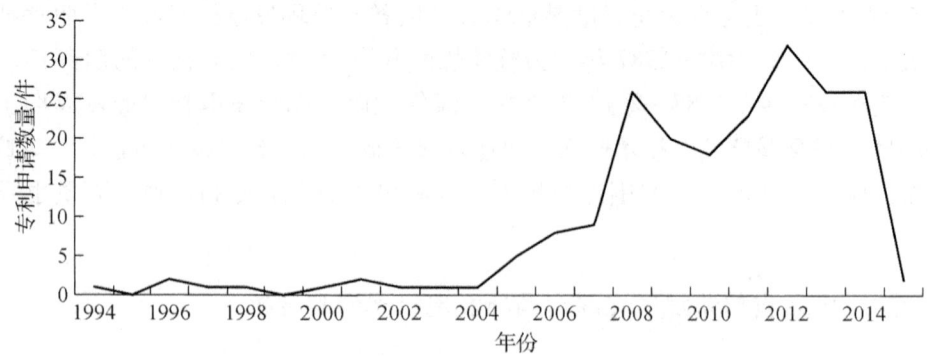

图4.15　1994—2014年中国整体煤气化联合循环技术专利的变化趋势

发电技术专利的前10位省、直辖市拥有全国78.64%的专利，具体情况见图4.16。

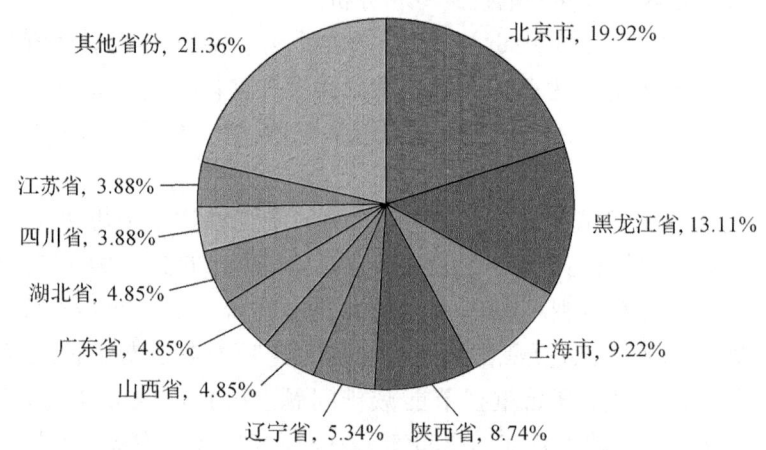

图4.16　我国整体煤气化联合循环技术排名居前10位的专利申请人区域分布

从图4.16可以看出，在IGCC领域居前列的区域均为拥有较多大学、科研院所的省、市，如北京、上海等。北京市IGCC技术领域排名第1位，主要受益于对IGCC研究实力雄厚的中国华能集团公司和中国华能集团清洁能源技术研究院有限公司，同时还有华北电力大学、中科院工程热物理研究所、中科院过程工程研究所等多所高校、研究所等。国外注重专利产权保护，尤其是高技术含量的专利，美国就在中国申请了多项专利，占申请总量的13.11%。

我国IGCC发电领域企业拥有的专利数量最多，占总数的50%；其中，中国华能集团清洁能源技术研究院有限公司、中国华能集团公司、中国东方电气集团有限公司为专利申请人排在前10位的企业，拥有较强的研发实力。高校与科研院所拥有的专利数量为156件，其中，专利申请人排在前10位的高校与科研院所分别为：华东理工大学、中国电力工程顾问集团西北电力设计院、哈尔滨工业大学、太原理工大学、华北电力大学。显然，中国华能集团在IGCC领域研发实力雄厚。

国外非常注重IGCC领域的研究，我国的206件专利申请中，美国申请了27项专利，其中通用公司以 16 件专利排名第一；德国 5 件、英国 3 件、韩国 2 件、南非 1 件。可见，IGCC 是各国都非常重视的先进技术。

专利申请人的集中趋势比较明显，排在前 10 位高校、科研院所与企业所拥有的专利数之和占全国专利总数的 42.23%（表 4.5）。

表 4.5 我国整体煤气化联合循环技术排名居前 10 位的专利申请人

序号	申请人	专利申请数量/件
1	通用电气公司	16
2	中国华能集团清洁能源技术研究院有限公司	11
3	华东理工大学	10
4	中国华能集团公司	9
4	中国电力工程顾问集团西北电力设计院	9
6	中国东方电气集团有限公司	8
7	哈尔滨工业大学	7
7	太原理工大学	7
9	华北电力大学	6
10	上海锅炉厂有限公司	4
	总计	87

根据 IGCC 领域每年技术相关的专利申请数量和相应的专利申请人数量的数据，以年度申请数量为横坐标，年度申请人数量为纵坐标，绘制出技术生命周期图，见图 4.17。

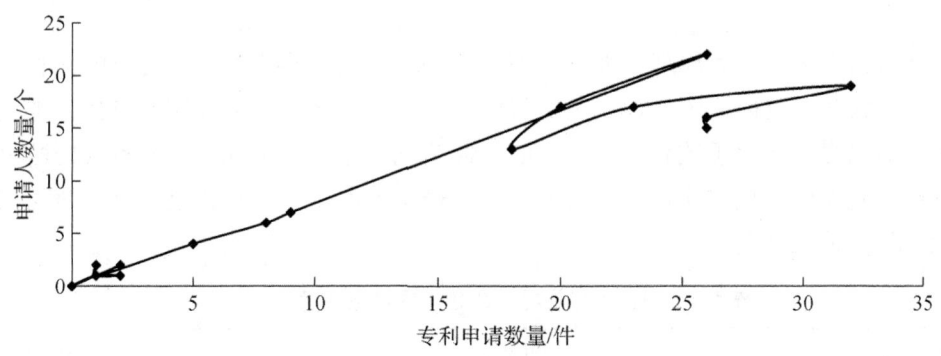

图 4.17 我国整体煤气化联合循环发电技术生命周期图

从图 4.17 可以看出，迄今为止，我国整体煤气化联合循环发电技术经历了萌芽期，现在进入了发展期。其中从 1994—2004 年，为整体煤气化联合循环发电技术的萌芽期，专利数量较少，研究单位较少。与世界整体煤气化联合循环发电技术相比，1978—1987 年，世界进入整体煤气化联合循环发电技术的萌芽期，我国 1994 年才开始有相关专利，可见我国对整体煤气化联合循环发电技术的研究起步较晚。

1988—2013 年，世界整体煤气化联合循环发电技术已经进入发展期。我国在 2004 年以后才进入整体煤气化联合循环发电技术的发展期，迄今仍处于该阶段，与世界该技术周期阶段一致。在此期间，随着国家政策的支持，整体煤气化联合循环发电技术迎来了快速发展的成长期。许多企业、高校、科研院所相继开始投入研发。随着技术的不断发展，介入的企业、科研院所、高校不断增多，技术分布范围也逐渐扩大，专利申请数量和专利申请人数量开始急剧上升。

2. 山西省整体煤气化联合循环发电技术专利分析

截至 2015 年 4 月 13 日，在佰腾专利数据库以"（ab：（整体 联合循环）or ab：（整体煤气化联合循环）or ab：（IGCC）or ab：（igcc））and cdn：1/山西省"为关键词，查询到山西省相关专利具有 7 件发明专利（表 4.6），其中，发明授权专利 4 件。

从图 4.18 可以看出，山西省 IGCC 技术的研发起步晚，2001 年才有了第 1 个相关专利。这与我国开始重视洁净煤发电技术密切相关。整体来看，山西对 IGCC 研究较少。

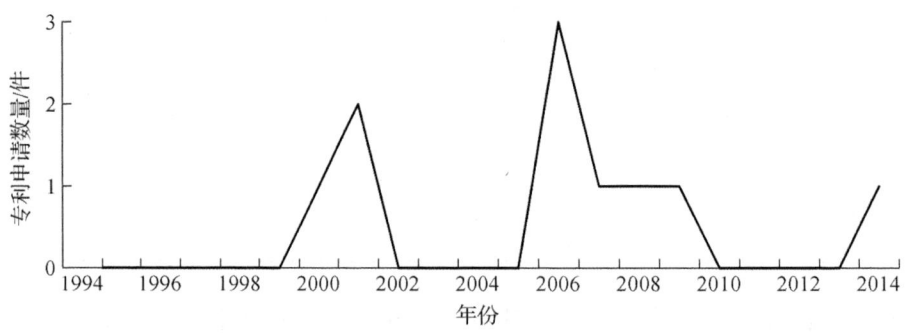

图 4.18　1994—2014 年山西省整体煤气化联合循环发电技术专利的变化趋势

从专利申请人来看，太原理工大学、邢一崧是山西省从事 IGCC 研发的单位和个人，其中，太原理工大学主要研究脱硫剂，用于整体煤气化联合循环发电和燃料电池发电技术的关键技术——高温煤气净化领域和以煤、石油、天然气为原料制备的化工原料气的脱硫净化领域；邢一崧研究煤层气整体联合循环发电系统。表 4.6 列示了山西省超临界、超超临界发电技术领域专利申请人情况。

表 4.6　山西省超临界、超超临界发电技术相关专利

排名	申请人	专利申请数量/件
1	太原理工大学	7
2	邢一崧	3

从表 4.6 可以得到，山西省高温煤气净化领域和脱硫净化领域研发实力明显集中。因此，一方面山西省应充分发挥已有的研发能力；另一方面，从国际发展趋势来看，发达国家非常重视 IGCC 技术的研发，山西省应支持重点高校、科研院所与企业从事 IGCC 技术的研发，推进 IGCC 示范项目。

4.3 循环流化床技术（CFBC）

4.3.1 世界循环流化床技术专利分析

截至 2015 年 4 月 25 日，在 SooPAT 世界专利搜索平台上以"MC：（Circulating Fluidized Bed）OR MC：（CFBC）OR MC：（CFB boiler）OR ZY：（Circulating Fluidized Bed）OR ZY：（CFBC）OR ZY：（CFB boiler）"为关键词查询，世界在循环流化床技术方面共有专利 6365 件。

结合世界政治局势与经济格局的发展变化，可以将整体煤气化联合循环发电技术分为以下几个阶段：

① 1943—1984 年。第二次科技革命与工业革命结束后，发达国家以发展经济为重心。经济发展需要更多的能源供应，此时发电机和电动机的出现，使得电力成为工业发展的主要动力。世界进入电气时代，此时电力作为当时的新能源，得到了广泛的使用，尤其是火力发电。着眼于能源资源的限制和环境保护的要求，各国开始有计划地开展了"洁净煤技术"的研究。这一阶段的世界专利申请数量为 573 件，专利变化趋势见图 4.19。

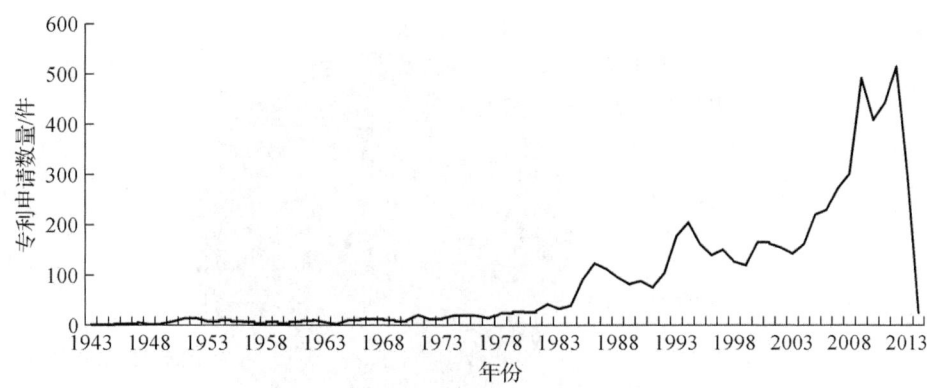

图 4.19　1943—2014 年世界循环流化床技术专利的变化趋势

该阶段的专利拥有国仅有 10 个，且专利主要集中于英国、美国、加拿大与日本（图 4.20），其对应的专利数量分别为：265 件、117 件、51 件、39 件。这与各国当时的电力结构有关，大部分国家一半以上的电力来自煤炭发电。同时，火力发电作为工业发展的主要动力，各国都非常重视提高燃煤发电效率的研究。而 1952 年由火电厂燃烧煤气和家庭燃煤取暖造成的伦敦雾霾事件，促使英国政府重视支持洁净煤技术的开发。美国作为世界上煤炭生产与消费大国，煤炭产量仅次于中国，居世界第 2 位，因此，非常重视洁净煤技术的研究，并将其视为实现和保证能源稳定、安全和有利发展的关键。日本资源贫乏，重视环保，非常重视提高能源利用效率、减少环境污染的技术。国外重视知识产权的布局，多家企业申请了超临界、超超临界发电技术相关专利。

② 1985—2003 年。世界专利申请数量为 2327 件，共有 39 个专利拥有国与组织。这些

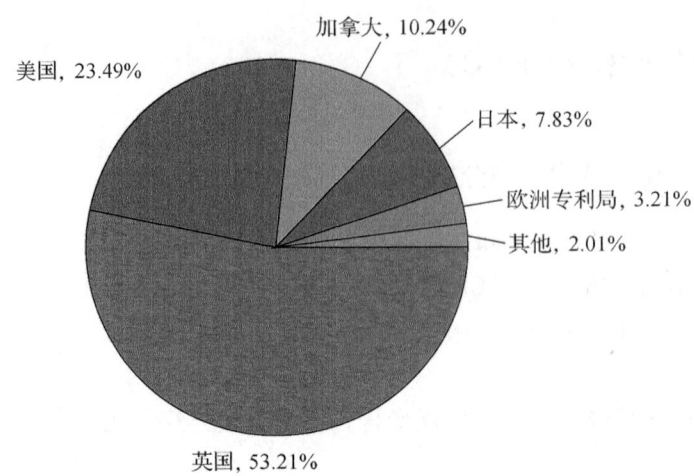

图 4.20　1943—1984 年世界循环流化床技术专利的国别与组织分布

专利主要集中在日本、美国、中国、欧洲专利局、加拿大等国与组织（图 4.21）。日本在这个阶段专利数量有了大幅增长，专利申请数量位居第 1 位。受益于改革开放政策及知识产权制度的建立，我国的循环流化床技术也有了大幅增长，占到世界专利申请数量的 14.10%。

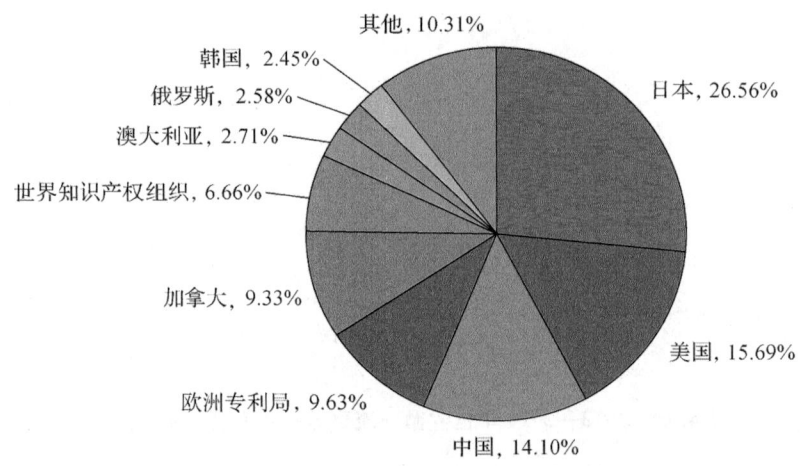

图 4.21　1985—2003 年世界循环流化床技术专利的国别与组织分布

③ 2004—2014 年。世界专利申请数量为 3333 件，专利拥有国（地区）及组织减少为 25 个。这些专利主要集中在中国、美国、世界知识产权组织、韩国、欧洲专利局等国（地区）及组织（图 4.22）。随着国家宏观发展战略的转变，作为实现可持续发展和实现两个根本转变的战略措施之一，洁净煤技术得到我国政府的高度重视，中国在这 10 年里成为该阶段拥有专利数量最多的国家，专利数量为 2374 件。

综合以上分析可以得到，虽然有国家退出了该领域的研究，但在电力供应主要以火力发电为主的国家，如美国、中国、日本等国家仍然重视该领域的研究。尤其是进入 20 世纪 90 年代之后，由于火力发电环境污染严重，欧美发达国家加大了对提高燃煤效率、减少污染的

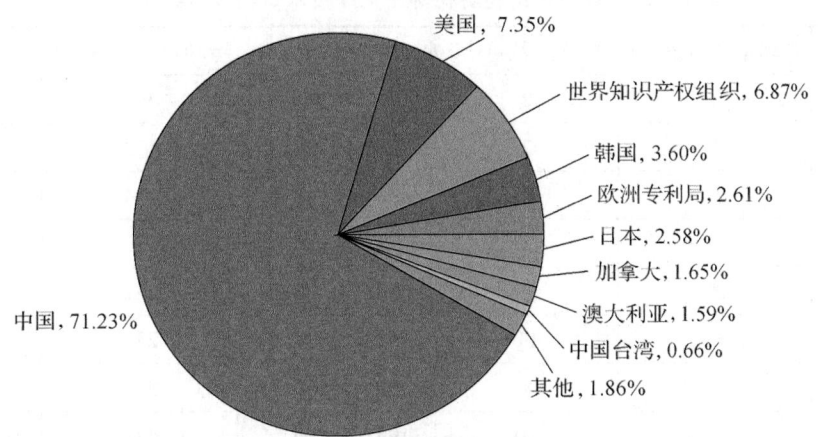

图 4.22　2004—2014 年世界循环流化床技术专利国家（地区）与组织分布

燃煤发电领域的研发投入。循环流化床锅炉具有高可靠性、高稳定性、高可利用率、最佳的环保特性及广泛的燃料适应性，特别是对劣质燃料的适应性，完全适合我国国情及发展优势。20 世纪 80 年代后我国煤炭企业、高校与科研院所投入大量的资源进行循环流化床发电技术的研发，1980—2014 年我国拥有循环流化床技术专利数量 2745 件，是第 2 位的日本、第 3 位的美国专利数量的 4 倍。从未来的发展趋势来看，我国火力发电为主的现状基本不会改变，而环保的需求日益迫切，我国应该继续对 CFBC 发电技术领域的研发，提高能源利用效率，减少火力发电带来的直接污染。

根据循环流化床技术每年专利申请数量和相应的专利申请人数量的数据，以年度申请数量为横坐标，年度申请人数量为纵坐标，绘制出技术生命周期图，见图 4.23。

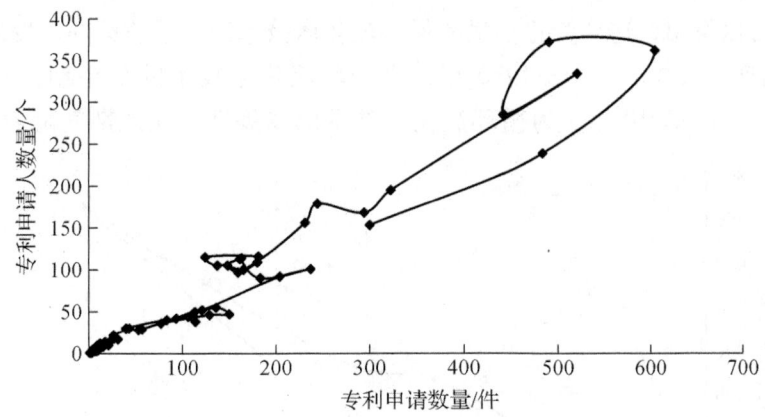

图 4.23　世界循环流化床技术专利生命周期图

由图 4.23 可看出，结果是杂乱无章的，无法进行分析。为解决该问题，通过改变统计时间段，以 2 年时间为统计时间段，来统计专利申请数量和申请人数量，结果见表 4.7 和图 4.24。

表 4.7　修正后的世界循环流化床技术专利数据统计

年份	专利申请数量/件	申请人数量/个	年份	专利申请数量/件	申请人数量/个
1943—1944 年	2	2	1979—1980 年	93	58
1945—1946 年	6	2	1981—1982 年	122	70
1947—1948 年	8	4	1983—1984 年	134	65
1949—1950 年	11	8	1985—1986 年	279	93
1951—1952 年	29	19	1987—1988 年	242	99
1953—1954 年	18	11	1989—1990 年	227	88
1955—1956 年	15	8	1991—1992 年	214	94
1957—1958 年	11	10	1993—1994 年	441	193
1959—1960 年	13	15	1995—1996 年	344	203
1961—1962 年	24	21	1997—1998 年	300	219
1963—1964 年	9	9	1999—2000 年	305	231
1965—1966 年	22	18	2001—2002 年	339	206
1967—1968 年	35	20	2003—2004 年	313	205
1969—1970 年	20	14	2005—2006 年	475	335
1971—1972 年	43	32	2007—2008 年	616	363
1973—1974 年	49	32	2009—2010 年	961	619
1975—1976 年	57	35	2011—2012 年	1094	734
1977—1978 年	69	52	2013—2014 年	783	392

从图 4.24 可以看出，迄今为止，世界循环流化床技术经历了萌芽期、发展期、成熟期，现在进入了衰退期。其中，1943—1970 年，为循环流化床技术的萌芽期，专利数量较少，研究单位较少。1971—2010 年，为循环流化床技术的发展期。在此期间随着新技术赢得市

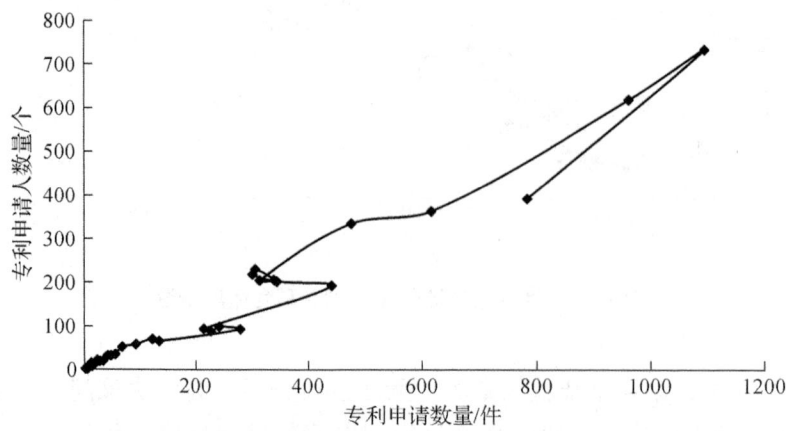

图 4.24　修正后的世界循环流化床技术专利生命周期图

场认同并为部分企业相继采用及国家政策的支持，循环流化床技术迎来了快速发展的成长期。在这一时期，许多企业、高校、科研院所相继开始投入研发。随着技术的不断发展，市场扩大，介入的企业增多，技术分布范围也逐渐扩大，专利申请数量和专利申请人数量开始急剧上升。2011 年到 2012 年，进入成熟期，专利技术数量、申请人数量基本保持不变。到2013 年以后，循环流化床技术开始进入衰退期。此时，专利技术数量、申请人数量开始减少。

4.3.2 全国及山西省循环流化床技术专利分析

1. 全国循环流化床技术专利分析

截至 2015 年 4 月 13 日，在佰腾专利数据库以 "ab：（循环 流化床）or ab：（CFBC）or ab：（CFB 锅炉）or ab：（循环流化床 电）or ab：（CFB 锅炉）not ab：（加压）" 为关键词查询到：我国在循环流化床方面具有专利 3955 件，发明专利 2188 件，实用新型 1761 件，外观设计 6 件。发明专利中，授权专利 1098 件。

从图 4.25 可以看出，我国在循环流化床技术领域整体呈现出快速增长趋势。1985 年我国有了首个循环流化床技术专利。2000 年之前，我国技术尚处于起步阶段，专利数量少、研发单位有限，申请的专利中许多项是其他国家在我国申请的专利（表 4.8）。可见其他国家早就开始对循环流化床的研究，并对我国进行了专利布局。

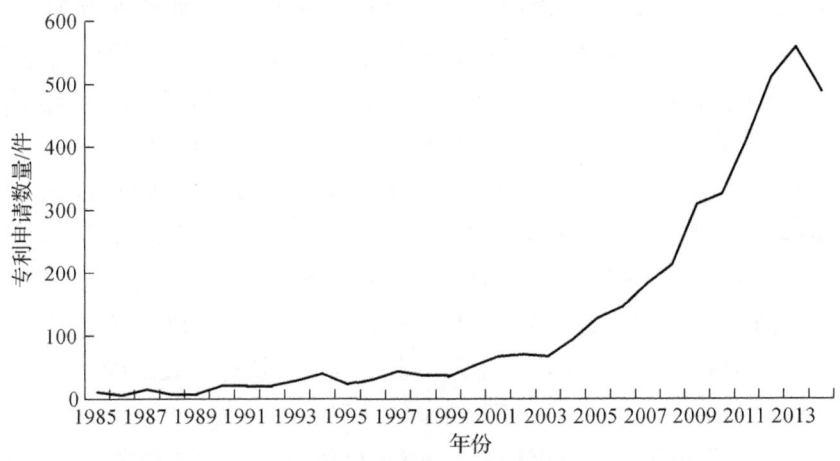

图 4.25 1985—2014 中国循环流化床技术专利的变化趋势

表 4.8 中国循环流化床技术专利中他国占比

年份	专利申请数量/件	他国占比	年份	专利申请数量/件	他国占比
1985 年	11	27.27%	1989 年	8	37.50%
1986 年	6	66.67%	1990 年	21	33.33%
1987 年	15	46.67%	1991 年	20	20.00%
1988 年	7	57.14%	1992 年	21	19.05%

续表

年份	专利申请数量/件	他国占比	年份	专利申请数量/件	他国占比
1993 年	29	31.03%	2004 年	94	7.45%
1994 年	40	37.50%	2005 年	128	5.47%
1995 年	23	30.43%	2006 年	146	2.05%
1996 年	31	25.81%	2007 年	184	7.07%
1997 年	44	29.55%	2008 年	213	2.82%
1998 年	37	18.92%	2009 年	309	3.24%
1999 年	35	14.29%	2010 年	325	3.38%
2000 年	52	17.31%	2011 年	413	1.94%
2001 年	67	2.99%	2012 年	510	0.20%
2002 年	70	12.86%	2013 年	558	0.54%
2003 年	67	8.96%	2014 年	488	0.00%

受我国重工业发展迅速，能源消费增长迅猛，我国节能减排压力日益彰显，国家发布的多项政策推动了循环流化床技术的发展。例如，2006 年，中央提出"节能减排"战略；2006 年 2 月 26 日国务院发布《国家中长期科学和技术发展规划纲要（2006—2020 年）》（国发〔2005〕44 号）提及未来能源技术发展的主要方向是经济、高效、清洁利用和新型能源开发，国家要开发高效、清洁和二氧化碳近零排放的化石能源开发利用技术。由于环保和应对气候变化的要求，国家多次发布相关政策的影响，我国 CFBC 发电技术开始快速增长；2011 年 7 月 13 日科技部发布《国家"十二五"科学和技术发展规划》中提到国家要大力培育和发展战略性新兴产业，包括了在节能领域煤炭清洁高效利用；2012 年 3 月 27 日，科技部发布了《洁净煤技术科技发展"十二五"专项规划》（国科发计〔2012〕196 号），提到要针对燃用劣质燃料、大型超临界 CFB 锅炉系列、节能型 CFB 锅炉也在开展大量新技术研发。在 2000—2014 年，我国循环流化床技术一直处于快速增长阶段。

从 1985—2014 年我国省、自治区与直辖市的专利分布来看，区域技术优势明显。循环流化床技术专利的前 10 位省、直辖市拥有全国 68.66% 的专利，具体情况见图 4.26。

从图 4.26 可以看出，在 CFBC 领域居前列的区域均为拥有较多科研院所和相关装备制造企业的省份，如北京市、江苏省、山东省、浙江省等。北京市循环流化床技术领域排名居第 1 位，主要受益于清华大学、中科院工程热物理研究所、中国石油化工股份有限公司石油化工科学研究院、中国华能集团清洁能源技术研究院有限公司、中科院过程工程研究所等多所高校、研究所等。

我国循环流化床领域企业拥有的专利数量最多，占总数的 49.80%；其中，中国石油化工股份有限公司、无锡华光锅炉股份有限公司、东方电气集团东方锅炉股份有限公司、上海锅炉厂有限公司为申请人排在前 10 位的企业，拥有较强的研发实力。高校与科研院所拥有的专利数量为 1032 件，其中，申请人排在前 10 位的高校与科研院所为清华大学、浙江大

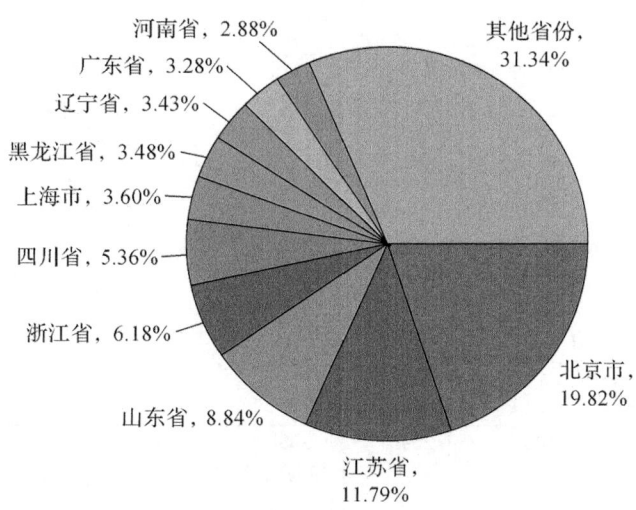

图 4.26 我国循环流化床技术排名前 10 位的专利申请人分布

学、东南大学、中科院工程热物理研究所、中国石油化工股份有限公司石油化工科学研究院、中国华能集团清洁能源技术研究院有限公司。

专利申请人的集中趋势不明显，排在前 10 位高校、科研院所与企业所拥有的专利数之和占全国专利总数的 18.47%（表 4.9）。说明我国有多家机构对循环流化床进行研究，此领域研究非常活跃。

表 4.9 我国循环流化床技术排名居前 10 位的专利申请人及专利拥有量

排号	申请人	专利申请数量/件
1	清华大学	140
2	浙江大学	105
3	东南大学	93
4	中国石油化工股份有限公司	90
5	中科院工程热物理研究所	77
6	无锡华光锅炉股份有限公司	52
7	中国石油化工股份有限公司石油化工科学研究院	50
8	中国华能集团清洁能源技术研究院有限公司	48
9	东方电气集团东方锅炉股份有限公司	43
10	上海锅炉厂有限公司	40
	合计	738

根据循环流化床技术每年专利申请数量和相应的专利申请人数量的数据，以年度申请数量为横坐标，年度申请人数量为纵坐标，绘制出技术生命周期图，见图 4.27。

从图 4.27 可以看出，迄今为止，我国循环流化床技术经历了萌芽期、发展期，现在进

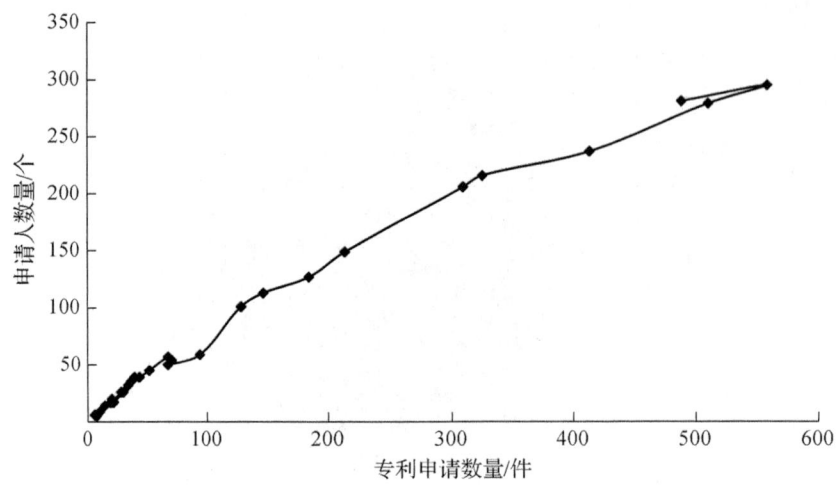

图 4.27　我国循环流化床技术专利生命周期图

入了成熟期。其中，1985—1989 年，为循环流化床技术的萌芽期，专利数量较少，研究单位较少。

1990—2013 年，为循环流化床技术的发展期。在此期间随着新技术赢得市场认同并为部分企业相继采用及国家政策的支持，循环流化床技术迎来了快速发展的成长期。在这一时期，许多企业、高校、科研院所相继开始投入研发。随着技术的不断发展，市场扩大，介入的企业增多，技术分布范围也逐渐扩大，专利申请数量和专利申请人数量开始急剧上升。2014 年，循环流化床技术开始进入成熟期。此时，专利技术数量继续增加，但专利增长的速度变慢，申请人数量基本维持不变。

世界循环流化床技术在 1943—1970 年就处于循环流化床技术的萌芽期，1971—2010 年，为循环流化床技术的发展期。与世界相比，我国循环流化床技术研究起步较晚，虽然用了 13 年的时间追赶世界对此的研究，进入了发展期，但此时世界在 2011—2012 年，进入成熟期；2013 年以后，开始进入衰退期，而此时我国对该领域的研究刚刚处于成熟期。

2. 山西省循环流化床技术专利分析

截至 2015 年 4 月 13 日，在佰腾专利数据库以"ab：（循环 流化床）or ab：（CFBC）or ab：（CFB 锅炉）or ab：（循环流化床 电）or ab：（CFB 锅炉）not ab：（加压）"为关键词查询到，山西省相关专利 106 件，其中：发明专利 45 件，实用新型 61 件，外观设计 0 件。发明专利中，授权专利 17 件。

从图 4.28 可以看出，山西省对 CFBC 技术的研发与全国相比延迟 2 年，1987 年有了第 1 个相关专利。到 2005 年以后，我省在 CFBC 的研究快速增长，这与我省开始重视洁净煤发电技术密切相关。整体来看，山西对循环流化床的研究较多，尤其是 CFB 锅炉。

山西省循环流化床专利申请人，排名居前 10 位见表 4.10，排名居前 10 位的专利总量占山西省相关技术专利总量的 81.91%。在这些专利申请人中，囊括了大学、研究所、材料供应企业、锅炉装备制造企业、煤炭发电企业，产业链关键环节都有企业参与。

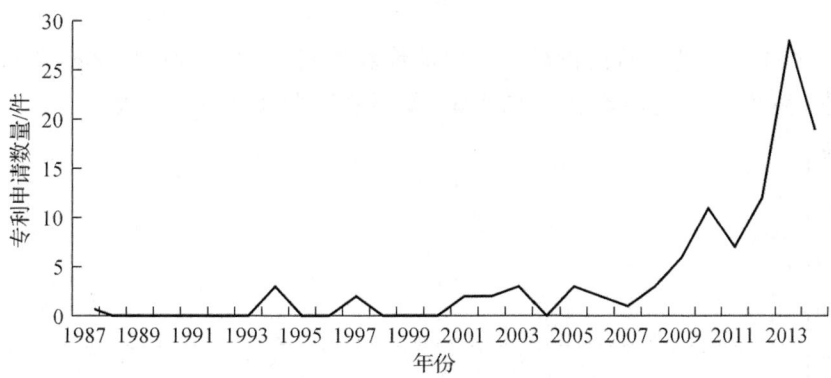

图 4.28　1987—2014 年山西省循环流化床技术专利变化趋势

表 4.10　山西省排名居前 10 位的循环流化床技术专利申请人与专利拥有量

排名	申请人	专利申请数量/件
1	太原锅炉集团有限公司	31
2	中科院山西煤炭化学研究所	12
3	山西平朔煤矸石发电有限责任公司	11
4	太原锅炉集团电力工程有限公司	8
5	太原理工大学	7
6	山西蓝天环保设备有限公司	5
7	偏关县晋电化工有限责任公司	4
7	山西潞安矿业（集团）有限责任公司	4
9	乔文黄	3
9	交城义望铁合金有限责任公司	3
	合计	88

4.4　增（加）压流化床燃烧循环发电技术（PFBC-CC）

4.4.1　世界增（加）压流化床燃烧循环发电技术专利分析

截至 2015 年 4 月 25 日，在 SooPAT 世界专利搜索平台上以"MC：(Pressurized Fluidized Bed Combustion Combined Cycle) OR MC：(Pressurized Fluidized Bed) OR MC：(PFBC-CC) OR MC：(PFBC) OR ZY：(Pressurized Fluidized Bed Combustion Combined Cycle) OR ZY：(Pressurized Fluidized Bed) OR ZY：(PFBC-CC) OR ZY：(PFBC)"为关键词，查询到世界在增（加）压流化床燃烧循环发电技术方面具有专利 5097 件。

结合世界政治局势与经济格局的发展变化，可以将整体煤气化联合循环发电技术分为以下几个阶段：

① 1943—1984 年。这一阶段世界专利申请数量为 1187 件，专利变化趋势见图 4.29。由于火力发电是工业发展的主要动力，各国都非常重视对燃煤发电效率提高的研究。

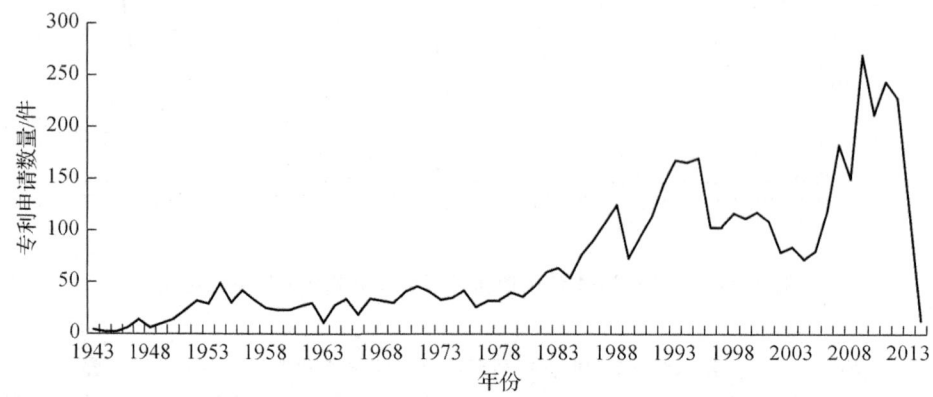

图 4.29　1943—2014 世界增（加）压流化床燃烧循环发电技术专利的变化趋势

该阶段的专利拥有国仅有 10 个，且专利主要集中于英国、美国、加拿大与日本（图 4.30），其对应的专利数量分别为 821 件、224 件、71 件、40 件。可以看出该阶段 PFBC 专利的拥有国及组织与其他 3 个洁净煤发电技术在相同时期的专利主要拥有国及组织一致，这与各国当时的电力结构有关和相应的洁净煤政策有关（前文已述，具体内容见 4.1.1 小节）。

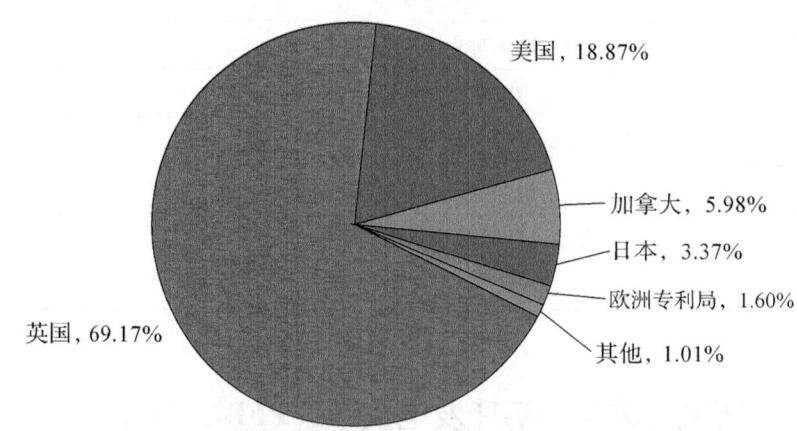

图 4.30　1943—1984 年世界加压流化床燃烧循环发电技术专利国家与组织分布

② 1985—2004 年。世界专利申请数量为 2327 件，共有 32 个专利拥有国及组织。这些专利主要集中在日本、美国、加拿大、欧洲专利局、中国等国家与组织（图 4.31）。日本在这个阶段专利数量有了大幅增长，专利申请数量居第 1 位，占专利总量的 33.10%。受益于改革开放政策以及知识产权制度的建立，我国的加压流化床燃烧循环发电技术有了大幅的增长，占专利总量的 6.77%。

③ 2005—2014 年。世界专利申请数量为 3333 件，专利拥有的国家（地区）与组织减少为 25 个。这些专利主要集中在中国、美国等国家（地区）及组织（图 4.32）。随着国家宏

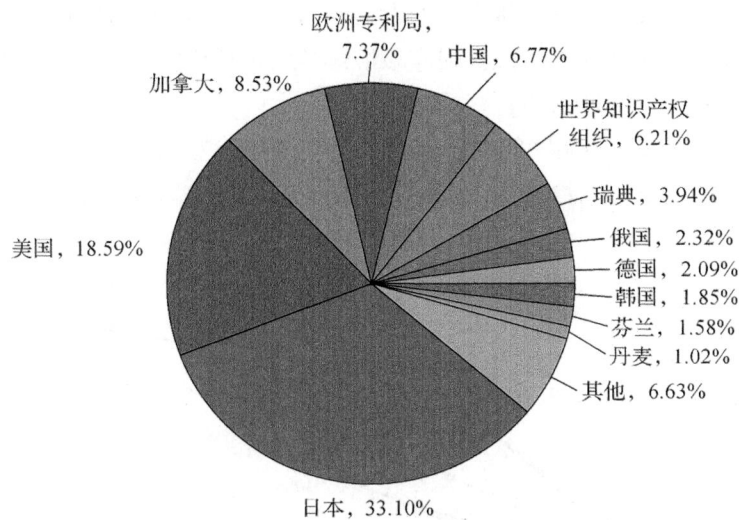

图 4.31　1985—2004 年世界加压流化床燃烧循环发电技术专利国家与组织分布

观发展战略的转变，作为实现可持续发展和实现两个根本转变的战略措施之一，洁净煤技术得到我国政府的高度重视，中国在这 10 年里成为该阶段拥有专利数量最多的国家，专利数量为 2374 件。

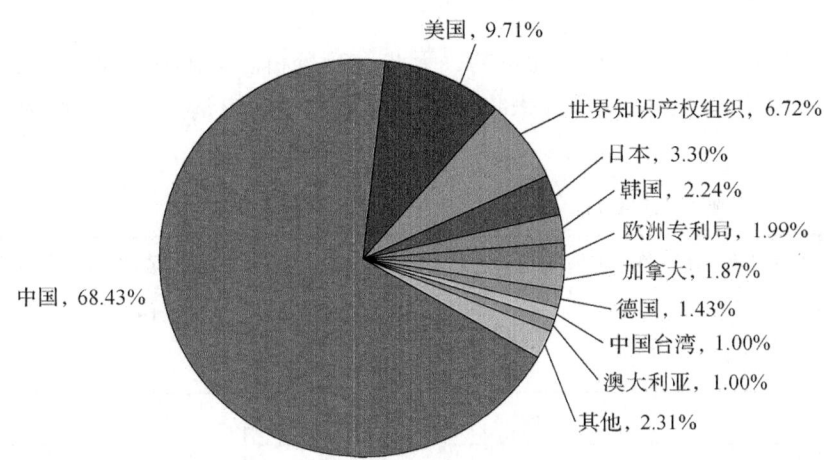

图 4.32　2005—2014 年世界加压流化床燃烧循环发电技术专利的国家（地区）与组织分布

综合以上分析可以得到，大部分国家退出了该领域的研究，而主要以火力发电为主的除中国以外的国家，如美国、日本等国家，虽然仍进行该领域的研究，但近几年在该技术领域的专利总量开始大幅减少。例如，1985—2004 年，日本和美国在该领域分别有 741 件、401 件专利，而 2005—2014 年，日本、美国仅有 53 件、156 件专利，我国在这两个阶段里从 146 件增长为 1099 件，34 年间（1980—2014 年）我国拥有加压流化床技术专利的数量，比第 2 位的日本、第 3 位的英国、第 4 位的美国专利数量多 50%。这与煤炭在我国经济快速发展中的重要地位有关。20 世纪 80 年代后，我国煤炭企业、高校与科研院所投入大量的资源进行加压流化床发电技术的研发,从未来的发展趋势来看,我国以火力发电为主的现状基本不会改变,而环保的需求日益迫切,我国应该继续执行 PFBC 发电技术领域的研发,提高能源利用效率,减少火力发电带来的直接污染。

根据世界 PFBC 技术每年相关的专利申请数量和相应的专利申请人数量的数据,以年度申请量为横坐标,年度申请人数量为纵坐标,绘制出技术生命周期图,见图 4.33。

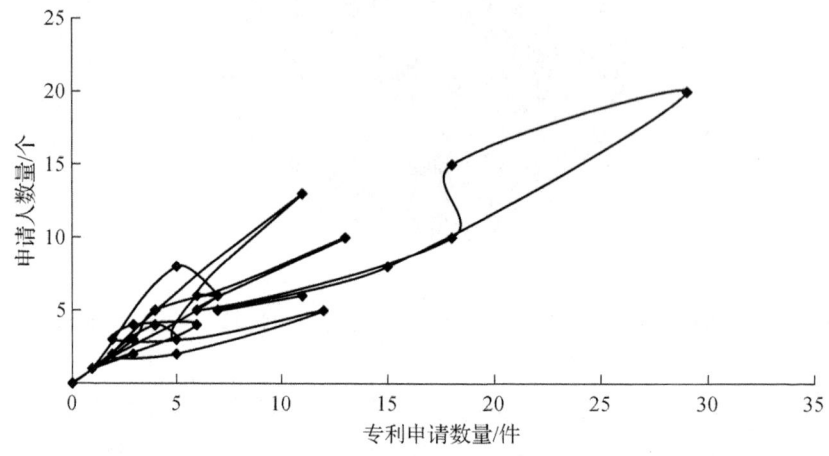

图 4.33 世界 PFBC 专利生命周期图

由图 4.33 可看出,结果是杂乱无章的,无法进行分析。为解决该问题,通过改变统计时间段,以 2 年时间为统计时间段,来统计专利申请数量和申请人数量,结果见表 4.11 和图 4.34。

表 4.11 修正后的世界 PFBC 专利数据统计

年份	专利申请数量/件	申请人数量/个	年份	专利申请数量/件	申请人数量/个
1983—1984 年	4	3	1999—2000 年	13	12
1985—1986 年	9	8	2001—2002 年	17	8
1987—1988 年	7	6	2003—2004 年	7	4
1989—1990 年	5	5	2005—2006 年	17	19
1991—1992 年	2	2	2007—2008 年	19	15
1993—1994 年	11	11	2009—2010 年	36	25
1995—1996 年	3	3	2011—2012 年	44	28
1997—1998 年	6	5	2013—2014 年	49	35

从图 4.34 可以看出迄今为止,世界加压流化床燃烧循环发电技术经历了萌芽期,刚刚进入了发展期。其中,1983—1996 年,为加压流化床燃烧循环发电技术的萌芽期,专利数量较少,研究单位较少。1997—2014 年,为加压流化床燃烧循环发电技术的发展期。在此

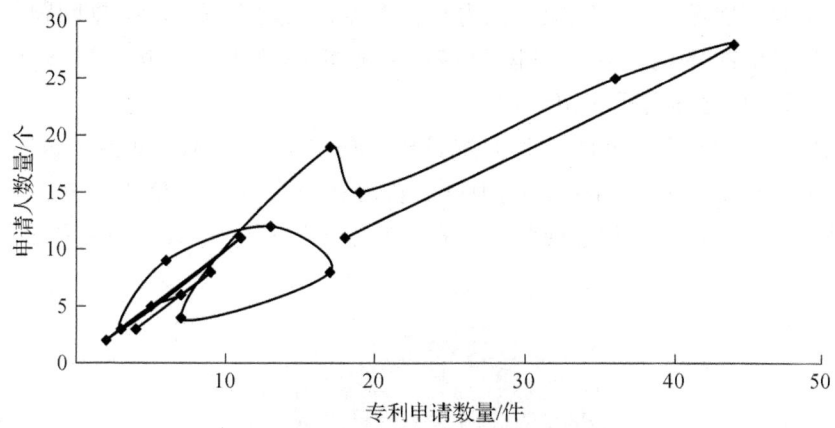

图 4.34 修正后的世界 PFBC 专利生命周期图

期间,加压流化床燃烧循环发电技术进入缓慢发展的成长期。在这段时期,许多企业、高校、科研院所相继开始投入研发,专利申请数量和专利申请人数量有了一定程度的上升。

4.4.2 全国及山西省增(加)压流化床燃烧循环发电技术专利分析

1. 全国增(加)压流化床燃烧循环发电技术专利分析

截至 2015 年 4 月 13 日,在佰腾专利数据库以"ab:(增压 流化床)or ab:(PFBC)or ab:(PFB 锅炉)or ab:(增压循环流化床 电)or ab:(加压 流化床)or ab:(加压循环化床 电)"为关键词,查询到我国在增压流化床方面具有专利 189 件,其中,发明专利 134 件,实用新型 55 件,外观设计 0 件。发明专利中,授权专利 68 件。

1998 年,我国才有了首个加压循环流化床技术专利。截至 2014 年,我国整体煤气化联合循环发电技术相关专利的申请量虽然开始逐年增长,但每年的专利申请数量均不大,每年的专利申请数量不超过 10 件(图 4.35)。

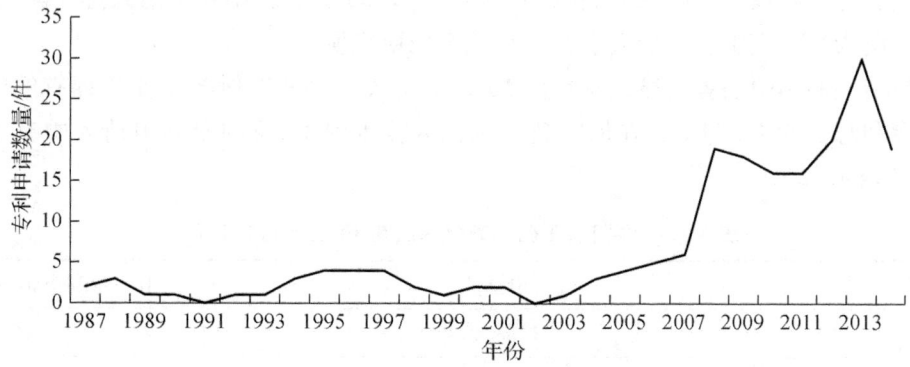

图 4.35 1987—2014 年中国加压流化床燃烧循环发电技术专利的变化趋势

从图 4.35 可以看出,我国在 PFBC 技术领域整体呈现出增长趋势。2007 年之前,我国技术尚处于起步阶段,专利数量少、研发单位有限,专利数量每年都不超过 5 件。2000 年之后，我国重工业发展迅速，节能减排压力日益彰显，开始重视节能减排问题，发布了多项政策促进洁净煤发电技术的发展。受国家多次发布相关政策的影响，2008年以后，我国PFBC技术专利数量较之前有了大幅增加。

在加压循环流化床技术方面的专利拥有量排名居前7位的区域见图4.36，其中有3个区域是国外申请。从1987—2014年，我国省、自治区与直辖市的专利分布来看，区域技术优势明显。循环流化床技术专利居前7位的省、直辖市拥有全国61%的专利。

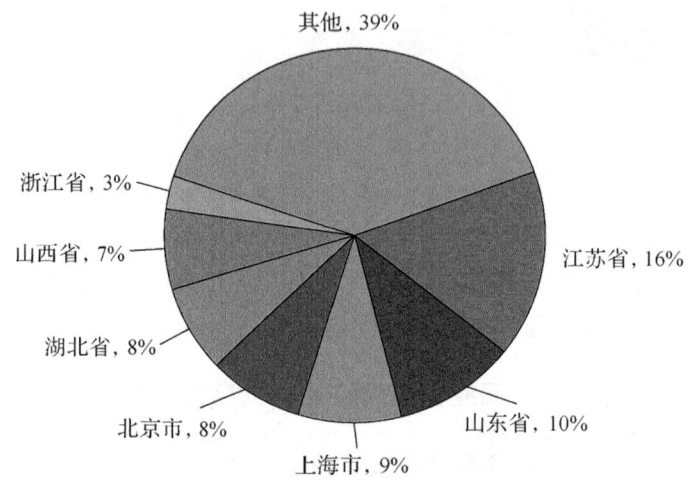

图4.36　我国PFBC的区域分布

从图4.36可以看出，在PFBC领域居前列的区域均为拥有较多科研院所和相关装备制造企业的省份，如北京、江苏省、山东省、浙江省等。

我国PFBC领域企业拥有的专利数量最多，占总数的60.48%；其中，山西丰喜肥业（集团）股份有限公司临猗分公司、中国五环工程有限公司、上海锅炉厂有限公司、山东天力干燥股份有限公司、中冶赛迪工程技术股份有限公司为申请人排在前10位的企业，拥有较强的研发实力。高校与科研院所拥有的专利数量为59件，其中，申请人排在前10位的高校与科研院所为东南大学、清华大学、中科院金属研究所。

专利申请人的集中趋势明显，排在前10位的高校、科研院所与企业所拥有的专利数之和占全国专利总数的41.79%。在加压循环流化床技术前10位的专利申请人中有1位是国外申请者（表4.12）。

表4.12　中国加压循环流化床居前10位专利申请人

排名	申请人	专利申请数量/件
1	东南大学	16
2	山西丰喜肥业（集团）股份有限公司临猗分公司	8
3	中国五环工程有限公司	7
4	上海锅炉厂有限公司	4
4	山东天力干燥股份有限公司	4

续表

排名	申请人	专利申请数量/件
4	清华大学	4
4	顾鸣海	4
8	ABB·碳有限公司	3
8	中冶赛迪工程技术股份有限公司	3
8	中科院金属研究所	3
	合计	56

根据 PFBC 技术每年相关的专利申请数量和相应的专利申请人数量的数据，以年度申请数量为横坐标，年度申请人数量为纵坐标，绘制出技术生命周期图，见图 4.37。

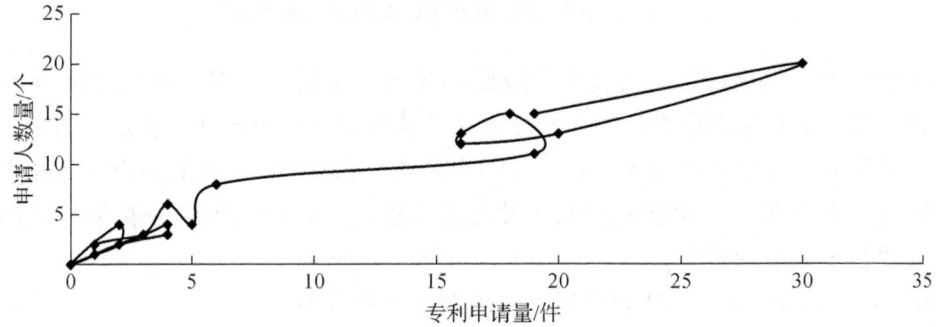

图 4.37　我国 PFBC 专利生命周期图

由图 4.37 可看出，结果是杂乱无章的，无法进行分析。为解决该问题，通过改变统计时间段，以 2 年时间为统计时间段，来统计专利申请数量和申请人数量，结果见表 4.13 和图 4.38。

表 4.13　修正后的我国 PFBC 专利数据统计

年份	专利申请数量/件	申请人数量/个	年份	专利申请数量/件	申请人数量/个
1987—1988 年	5	5	2001—2002 年	2	4
1989—1990 年	2	2	2003—2004 年	4	4
1991—1992 年	1	1	2005—2006 年	9	10
1993—1994 年	4	5	2007—2008 年	25	19
1995—1996 年	8	7	2009—2010 年	34	28
1997—1998 年	6	5	2011—2012 年	36	25
1999—2000 年	3	3	2013—2014 年	49	35

从图 4.38 可以看出，迄今为止，我国加压流化床燃烧循环发电技术经历了萌芽期，刚刚进入了发展期。其中，1987—2004 年，为加压流化床燃烧循环发电技术的萌芽期，专利

数量较少，研究单位较少。世界加压流化床燃烧循环发电技术研究时间不算太久，1983—1996年，为加压流化床燃烧循环发电技术的萌芽期。因此，我国在该领域的研究起步时间基本与世界同步。

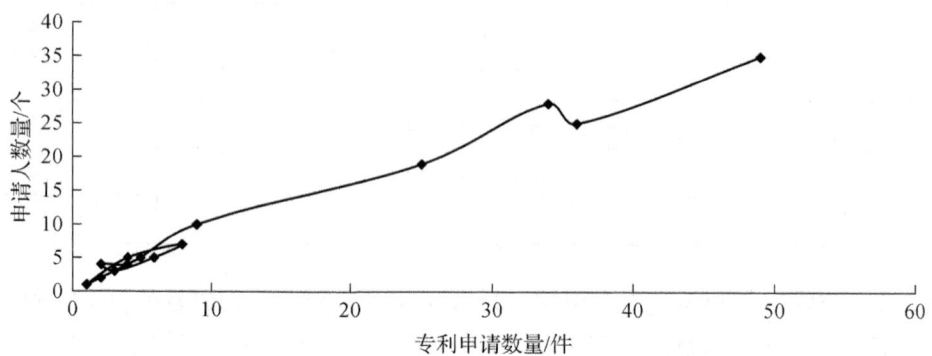

图 4.38　修正后的我国 PFBC 专利生命周期图

2004—2014年，为我国加压流化床燃烧循环发电技术的发展期。在此期间受益于国家政策的支持，加压流化床燃烧循环发电技术迎来了快速发展的成长期。在这段时期，许多企业、高校、科研院所相继开始投入研发。专利申请数量和专利申请人数量有了大幅上升。而1998—2014年，世界加压流化床燃烧循环发电技术进入了缓慢发展的成长期。我国比世界其他国家更重视该领域的研究。

2. 山西省增（加）压流化床燃烧循环发电技术专利分析

截至2015年4月13日，在佰腾专利数据库以"［ab：（增压 流化床）or ab：（PFBC）or ab：（PFB 锅炉）or ab：（增压循环流化床 电）or ab：（加压 流化床）or ab：（加压循环流化床 电）］and cdn：1/山西省"为关键词，查询到山西省相关专利12件，其中：发明专利5件，实用新型7件，外观设计0件。发明专利中，授权专利3件。山西在 PFBC 专利拥有量排名居全国第6位。

从图4.39可以看出，山西省对 PFBC 技术的研发与国家同步，1987年就有了第1个相关专利。2006年以后，山西省具有多项 PFBC 技术专利，这与我国开始重视洁净煤发电技术密切相关。整体来看，山西省对 PFBC 的研究较少。

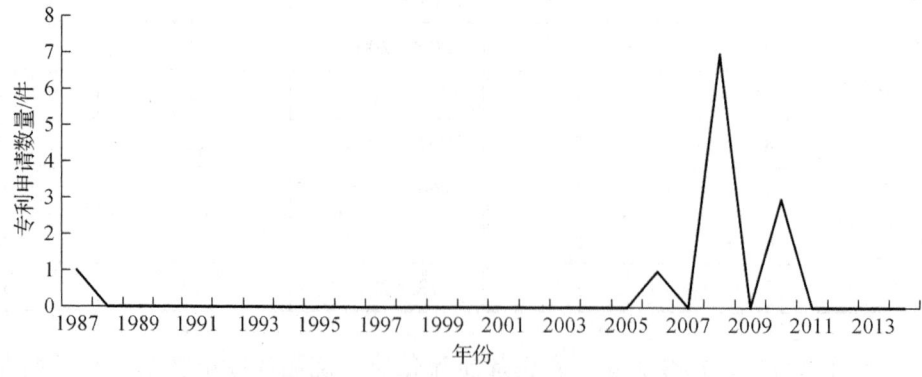

图 4.39　1987—2014年山西省 PFBC 专利量总体趋势

山西省仅有4家单位对 PFBC 进行研究（表4.14）。山西丰喜肥业（集团）股份有限公司临猗分公司和太原理工大学主要是对气化炉的研究；中科院山西煤炭化学研究所和山西天和煤气化科技有限公司主要是合作进行加压流化床气化高温飞灰冷却及排料方法的研究。

表4.14 山西省循环流化床专利排名居前10位的申请人

排名	申请人	专利申请数量/件
1	山西丰喜肥业（集团）股份有限公司临猗分公司	8
2	中科院山西煤炭化学研究所	2
2	太原理工大学	2
4	山西天和煤气化科技有限公司	1
合计		13

4.5 本章小结

通过对煤清洁燃烧技术类型的专利分析，我们发现我国在洁净煤发电方面的研究力度很大，仅在近30年的时间里，四种高效洁净煤发电技术专利的专利数量排名居世界第1位。

同时，在国内的相关专利研究中，山西省作为产煤、发电大省，我们发现山西省都涉及了这4种洁净煤发电技术：在超临界、超超临界发电技术方面具有7件专利；在整体煤气化联合循环发电技术方面具有7件专利；在循环流化床技术方面具有106项专利，因循环流化床专利各地区均数量颇多，山西省并未位列前10位；在加压循环流化床技术方面具有12件专利，全国排名居第6位。这说明山西省在先进的煤炭发电技术方面，已经有了一定的研究基础。

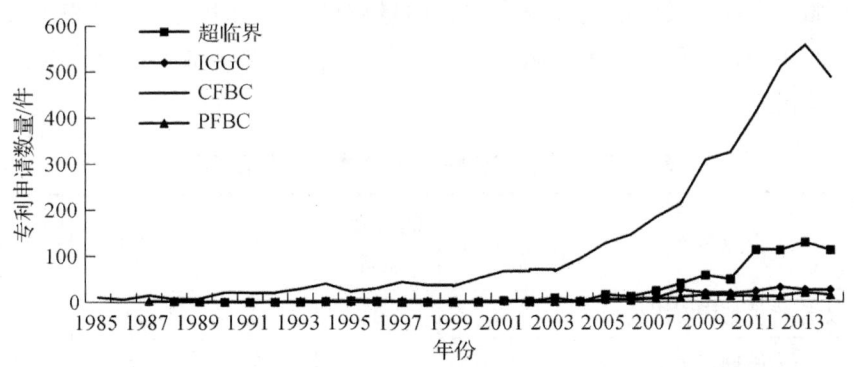

图4.40 1985—2014年我国洁净煤发电技术专利申请数量走势比较

由图4.40和图4.41可以明显看出，山西省4种洁净煤发电技术的整体走势与我国的情况是一致的，即超临界、超超临界发电技术、整体煤气化联合循环发电技术（IGCC）、加压流化床燃烧循环发电技术（PFBC）一直保持平稳的波动，2007年之前，这4种专利的走势基本吻合，只是近几年循环流化床技术（CFBC）脱颖而出，开始呈现明显增长，这与山西

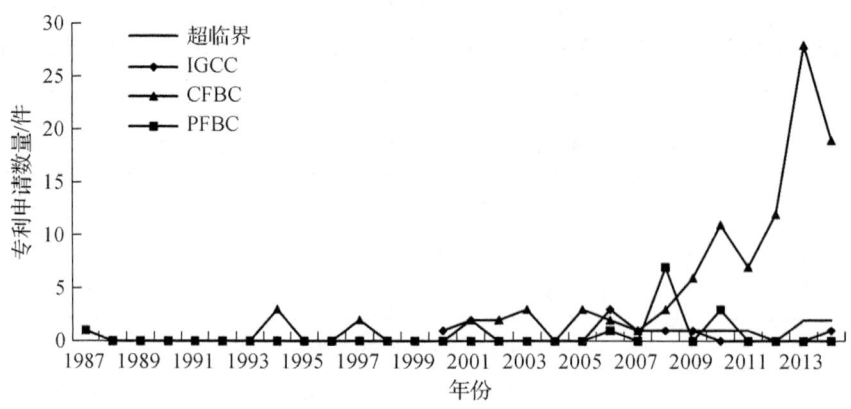

图 4.41　1987—2014 年山西省洁净煤发电技术专利申请数量走势比较

省具有锅炉、钢材制造企业有关。

结合这 4 个技术的技术生命周期图,可知超临界、超超临界发电技术与循环流化床技术(CFBC)这 3 个领域整体刚刚进入成熟阶段,还有发展潜力;整体煤气化联合循环发电技术(IGCC)、加压流化床燃烧循环发电技术(PFBC)仍然处于发展阶段。

同时,在先进发电技术的专利统计中,专利申请人囊括了大学、科研机构、材料供应企业、锅炉装备制造企业、煤炭发电企业,产业链关键环节都有企业参与(表 4.15)。山西省在煤炭清洁燃烧方面,本身具有了一定的研究基础。产业链关键环节都有研发基础雄厚的企业。例如,锅炉装备制造公司里的太原锅炉有限公司、材料生产厂商里的太钢集团等。但大部分研究单位都只集中在 1 个领域,只有太原理工大学、中科院山西煤炭化学研究所涉及了 2 个以上领域,各单位之间基本没有合作关系。

在资源方面,山西有较多的高硫煤资源,储量数亿吨。利用高硫煤开发 IGCC 项目,不仅可以消除硫的污染,还能回收大量硫资源,还可大幅降低生产成本,可以为我省高硫煤资源利用寻求一条出路。

表 4.15　山西省洁净煤发电技术专利申请概况

企业名称	超(超)临界	IGCC	CFBC	PFBC	合计
太原锅炉集团有限公司	0	0	31	0	31
太原理工大学	0	7	7	2	16
中科院山西煤炭化学研究所	0	0	12	2	14
山西平朔煤矸石发电有限责任公司	0	0	11	0	11
太原锅炉集团电力工程有限公司	0	0	8	0	8
山西丰喜肥业(集团)股份有限公司临猗分公司	0	0	0	8	8
山西蓝天环保设备有限公司	0	0	5	0	5

续表

企业名称	超（超）临界	IGGC	CFBC	PFBC	合计
山西潞安矿业（集团）有限责任公司	0	0	4	0	4
偏关县晋电化工有限责任公司	0	0	4	0	4
邢一崧	0	3	0	0	3
太原钢铁（集团）有限公司	3	0	0	0	3
乔文黄	0	0	3	0	3
交城义望铁合金有限责任公司	0	0	3	0	3
山西太钢不锈钢股份有限公司	2	0	0	0	2
中国能源建设集团山西省电力勘测设计院	1	0	0	0	1
山西天和煤气化科技有限公司	0	0	0	1	1
山西省电力勘测设计院	1	0	0	0	1
合计	7	10	88	13	

5 富碳农业及碳捕集与碳封存专利分析

由于富碳农业及碳捕集与封存涉及的技术类型多,个别技术专利数量很少,不具有代表性,在此,选取"富碳农业""碳捕集""碳封存"3个技术领域作为关键词进行专利查询。课题组于2015年4月13日分别在SooPAT专利数据库与佰腾专利数据库对这3个技术领域的专利进行了检索,以下以检索结果为依据展开分析。

5.1 富碳技术专利分析

对全球专利的分析可以了解富碳农业技术领域的发展趋势,为全国及山西发展富碳农业提供技术发展方向。对我国富碳农业专利的分析,可以将山西省富碳专利与其他省份进行对比分析,总结山西省在富碳技术领域的地位,为政府确定支持富碳农业技术创新方向提供依据。

5.1.1 富碳农业世界专利

截至2015年4月28日,在SooPAT世界专利平台中的专利数据库检索中以"Carbon-rich agricultural"为关键词,搜索范围为专利文献的题目、关键词与摘要,得到富碳农业领域的专利文献为3项查询结果,总体走势见图5.1。

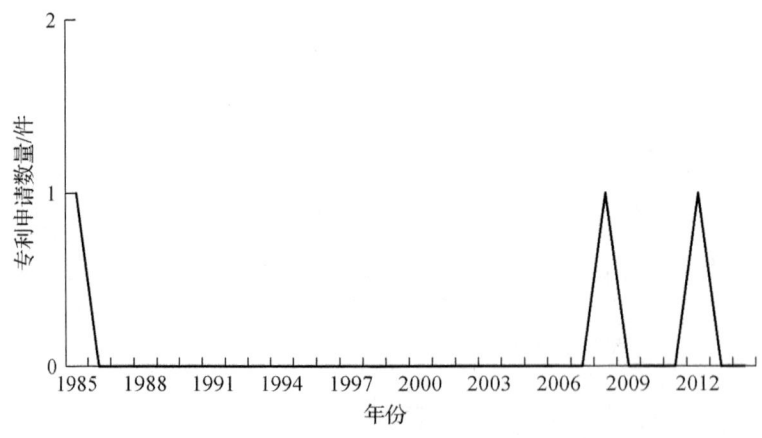

图5.1 1985—2014年世界富碳农业专利的走势

从表5.1可以看出,富碳农业该项技术仍处于萌芽期,全球年专利申请数量很少,到2014年4月13日为止只有3件专利。中国在富碳农业技术领域有2件专利,美国有1件,由此可以看出，中国还是很重视发展富碳农业这项技术，所以在此投入很多。目前国内许多省市的政府部门要求企业必须从事富碳农业，将排放的二氧化碳用以发展农业，林业等。虽然该项技术在国内和全球仍处于萌芽时期，但是拥有巨大的发展潜力，同样有巨大的发展前途，必须加以重视。

5.1.2 全国及山西省富碳农业技术专利分析

截至 2015 年 4 月 28 日，以"富碳 and 农业"为关键词，在佰腾专利数据库中检索，得到我国在富碳农业技术领域的专利总数为 4 件，其中，发明专利 2 件，实用新型 2 件。山西省在该领域无相关专利。

可以看出，富碳农业尚处于萌芽阶段，专利数量少，研发单位不多。专利持有单位皆为大学，分别是华中农业大学和安徽农业大学。

5.2 碳捕集技术专利分析

对全球专利的分析可以了解碳捕集技术领域的发展趋势，为全国及区域企业确定碳捕集技术发展方向提供依据。对我国碳捕集专利的分析，可以将山西省碳捕集专利与其他省份进行对比分析，总结山西省在碳捕集技术领域的地位，为政府确定支持碳捕集技术创新方向提供依据。

5.2.1 世界碳捕集技术专利分析

截至 2015 年 4 月 28 日，在 SooPAT 世界专利搜索平台上以"Carbon capture"作为关键词，搜索范围为专利文献的题目、关键词与摘要，得到碳捕集技术领域的专利文献为 5803 件，总体趋势见图 5.2。

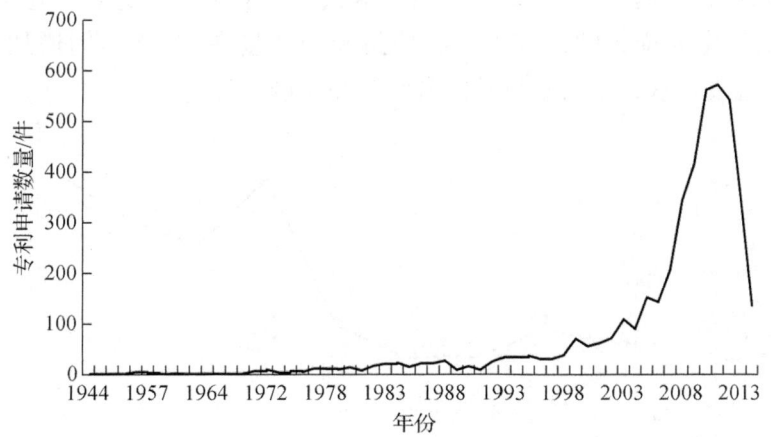

图 5.2 1944—2014 年世界碳捕集专利的走势

结合世界经济局势与经济格局的发展变化及环保政策的颁布，可以将碳捕集技术分为以下几个阶段：

①1944—1992年。第二次世界大战结束，发达国家大力发展经济，重工业发展迅速，企业追逐自我利益，并不关心排放出的二氧化碳所带来的危害。碳捕集技术只是作为创新技术被提出，因此在该阶段碳捕集专利数量很少，专利数量为316件，专利变化趋势见图5.3。

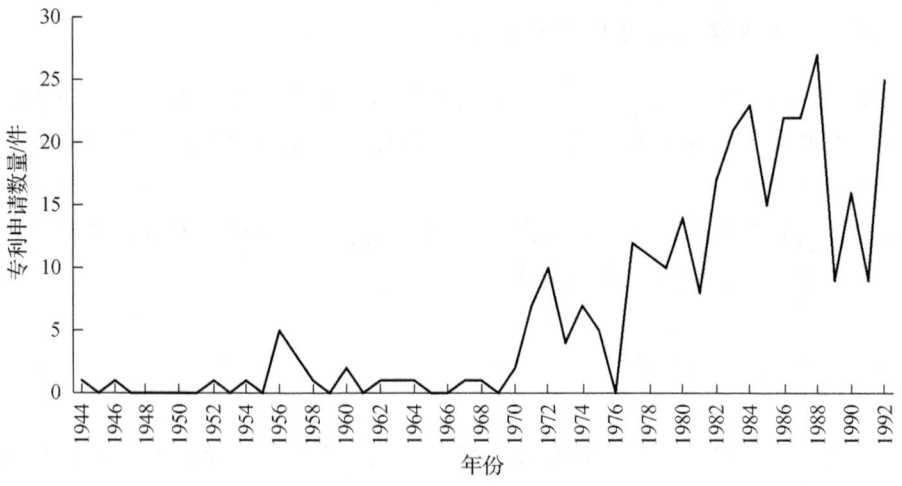

图5.3 1944—1992年世界碳捕集技术专利的变化趋势

该阶段的专利主要集中于意大利、美国和加拿大，对应的专利数量分别为85件、25件和12件。意大利自然资源匮乏，但其作为发达国家，科技力量雄厚，同时重视环境的保护，国内重视知识产权的保护，在碳捕集专利研发方面领先其他国家。美国和加拿大作为能源大国，天然气和石油资源丰富，在碳捕集专利申请方面也相当重视，说明了发展这项技术的必要性。

②1993—2002年。海湾战争结束，石油价格飙升，全球气候变暖，温室效应加剧，全球逐渐意识到二氧化碳排放的危害性，碳捕集专利数量在这10年间增加为466件（图5.4），专利增长速度加快，年均专利增长幅度为49.81%。

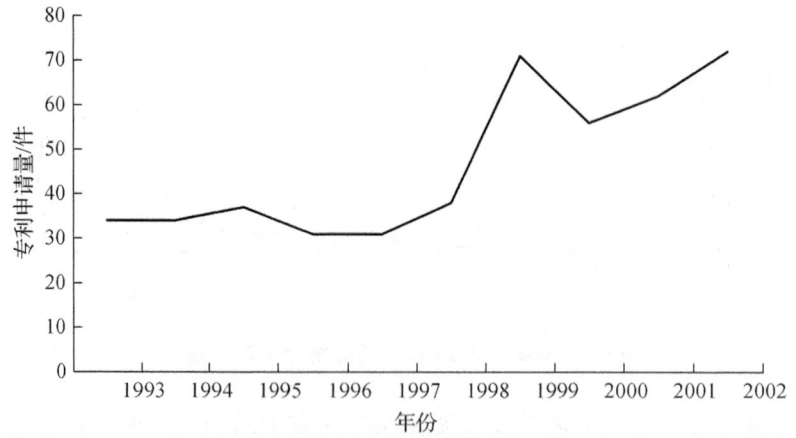

图5.4 1993—2002年世界富碳技术专利的变化趋势

该阶段碳捕集专利数量有了明显的增长，但数量依旧很少，每年全球申请量不到100件，说明该项技术并没有得到重视，在全球的推广力度不够。专利拥有国家数量增加为10个，其中排在前5位的国家与组织分别为：意大利（135件）、美国（110件）、乌兹别克（55件）、加拿大（29件）和欧洲专利局（26件）。意大利和美国作为第三次工业革命的先驱者，逐渐重视工业的污染的处理，尤其是对工业所排放出的二氧化碳的处理，碳捕集技术在这两个国家得到一定的发展。

③2003—2014年。碳捕集专利数量有了明显的增长，各国重视全球的温室效应，二氧化碳的处理方式受到全球的关注，碳捕集进入人们的视线，碳捕集技术的专利数量急剧增长，在2011年达到峰值572件，具体趋势见图5.5。

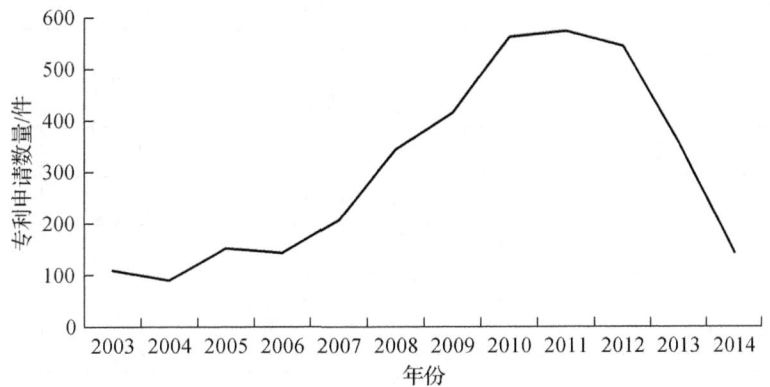

图5.5 2003—2014年世界富碳技术专利的变化趋势

在碳捕集技术方面的专利拥有量排名中（表5.1），中国排第3位，仅次于美国和世界知识产权组织。中国的专利申请数量有504件。由表可见，碳捕集方面的专利主要集中在美国、世界知识产权组织和中国，3个国家与组织所有的专利占世界相关专利总量的60.60%。

表5.1 世界碳捕集技术排名居前10位的专利申请人

排名	国家与组织	专利数	百分比
1	美国	1292	29.49%
2	世界知识产权组织	859	19.61%
3	中国	504	11.50%
4	日本	382	8.72%
5	欧洲专利局	302	6.89%
6	加拿大	295	6.73%
7	澳大利亚	183	4.18%
8	韩国	182	4.15%
9	英国	98	2.24%
10	法国	79	1.80%

根据时序建立与碳捕集技术相关的专利申请数量和相应的专利申请人数量的数据，见表5.2。

表5.2 世界碳捕集技术专利数据

年份	专利申请数量/件	申请人数量/个	年份	专利申请数量/件	申请人数量/个
1944	1	1	1987	30	27
1946	1	1	1988	34	31
1952	1	1	1989	10	10
1954	1	1	1990	27	28
1956	5	5	1991	22	23
1957	3	1	1992	30	35
1958	1	1	1993	44	39
1960	2	2	1994	43	49
1962	1	1	1995	42	40
1963	1	1	1996	69	37
1964	1	1	1997	42	34
1967	1	1	1998	42	43
1968	1	1	1999	74	76
1970	3	2	2000	59	50
1971	13	6	2001	72	70
1972	12	8	2002	84	68
1973	4	4	2003	138	112
1974	10	5	2004	95	74
1975	5	5	2005	168	127
1977	20	16	2006	171	116
1978	27	14	2007	226	193
1979	18	13	2008	325	289
1980	26	14	2009	472	315
1981	19	16	2010	476	385
1982	30	22	2011	572	474
1983	30	30	2012	515	402
1984	37	22	2013	410	314
1985	19	15	2014	303	221
1986	28	19	合计	4916	3911

以年度申请量为横坐标，年度申请人数量为纵坐标，绘制出技术生命周期图，见图5.6。

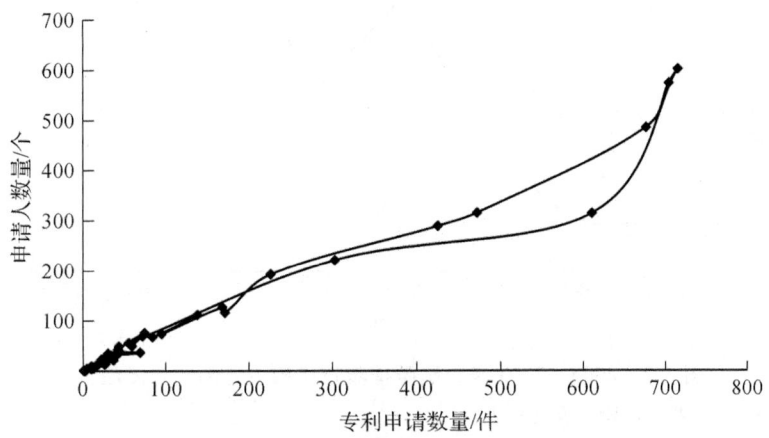

图5.6 世界碳捕集专利生命周期图

从图5.6可以看出，世界碳捕集技术相关专利已经度过萌芽期，进入蓬勃发展的时期，技术发展不断推陈出新，有了突破性进展，市场扩大，专利申请数量和专利申请人数量急剧上升。1944—2002年，碳捕集技术专利申请人数量和专利件数均偏低；2003—2014年，专利申请人数量和专利件数急剧增多，显示市场的活跃和技术创新的发展。

5.2.2 全国及山西省碳捕集技术相关专利分析

课题组选择以"碳捕集"为关键词在佰腾专利数据库中进行专利数据检索，来反映全国及山西省碳捕集技术领域的总体变化情况；碳捕集技术减少二氧化碳的排放，作为保护环境的一种新型技术在近几年被广泛运用。在探讨我国和山西碳捕集相关专利中，在摘要中选择"碳捕集"作为关键词进行搜索和分析。

1. 全国碳捕集技术相关专利分析

截至2015年6月4日，以"碳捕集"为关键词在佰腾专利数据库中检索，得到全国碳捕集技术领域的专利总数为168件；我国在关于碳捕集方面专利变化趋势如图5.7。2008年，我国关于碳捕集方面的专利总数只有6件，尚处于起步阶段，专利数量少，研发单位也不多。2009年，世界气候大会在丹麦首都举行，控制二氧化碳排放，"低碳生活"成为新的时尚流行全球，关于减少二氧化碳的方式方法逐渐在国内受到关注，碳捕集技术得到重视，专利数量发生了明显的增长，研发单位增多。3年内碳捕集技术专利增长幅度为483.3%。在2012年，专利数量有所减少，2013年，达到最高值42件（图5.7）。

从我国7年来省、自治区与直辖市的专利分布来看，区域技术优势明显。碳捕集技术专利区域分布，具体情况见图5.8。

我国碳捕集技术领域企业拥有数量最多，占总数60.79%；其中，中国华能集团清洁能源技术研究院有限公司、阿尔斯通技术有限公司、山东赛瑞石油科技发展有限公司、中国石油化工股份有限公司、中电投远达环保工程有限公司和中石化石油工程设计有限公司为申请

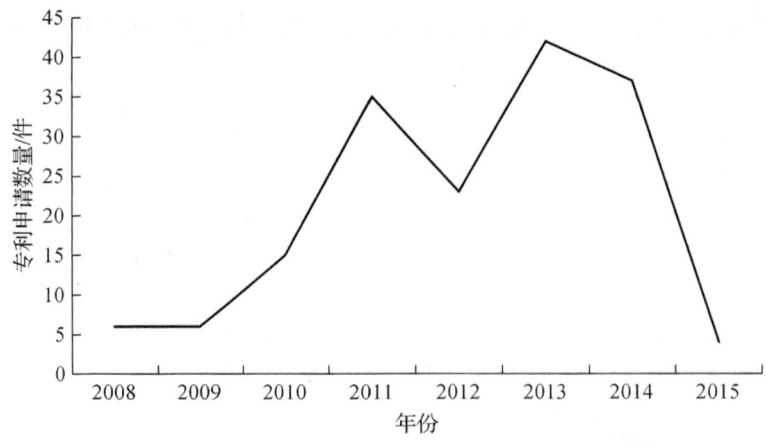

图 5.7　2008—2015 年我国碳捕集技术相关专利的总体趋势

注：2015 年的数据统计截止 2015 年 6 月 4 日。

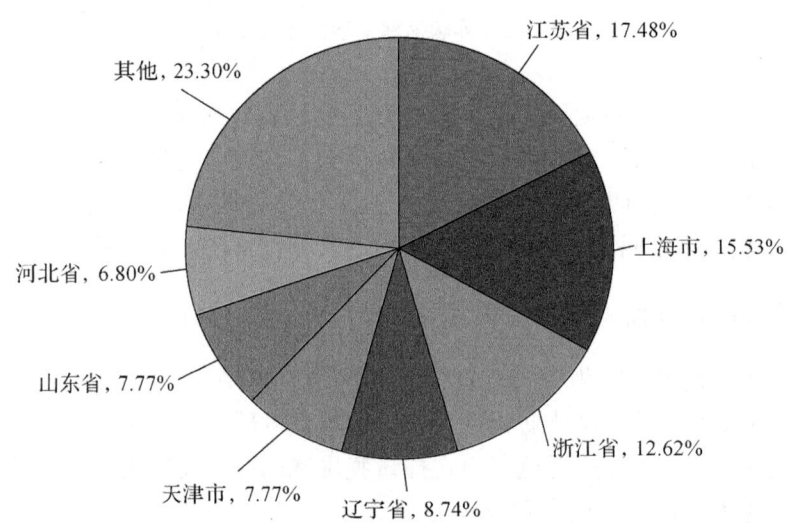

图 5.8　我国碳捕集技术专利的区域分布

人排在前 10 位的企业，拥有较强的研发实力。高校与科研院所拥有的专利数量为 23 件。其中，申请人排在前 10 位的高校与科研院所分别为：南华集团研究院、天津大学和东南大学。专利申请人的集中趋势比较明显，排在前 10 位高校、科研院所与企业所拥有的专利数之和占全国专利总数的 47.02%（表 5.3）。

表 5.3　我国碳捕集技术专利排名居前 10 位的专利申请人及专利申请数量

排名	申请人	专利申请数量/件
1	中国华能集团清洁能源技术研究院有限公司	21
2	南化集团研究院	10
3	天津大学	7
3	程礼华	7

续表

排名	申请人	专利申请数量/件
3	阿尔斯通技术有限公司	7
6	东南大学	6
6	山东赛瑞石油科技发展有限公司	6
8	中国石油化工股份有限公司	5
8	中电投远达环保工程有限公司	5
8	中石化石油工程设计有限公司	5
	总计	79

表 5.4 我国碳捕集技术专利统计数据

年份	专利申请数量/件	申请人数量/个	年份	专利申请数量/件	申请人数量/个
2008 年	6	6	2012 年	23	13
2009 年	6	5	2013 年	42	30
2010 年	15	15	2014 年	41	24
2011 年	35	25	合计	168	118

根据专利申请数量与相应申请人数量（表 5.4）做出碳捕集专利技术生命周期图，见图 5.9。

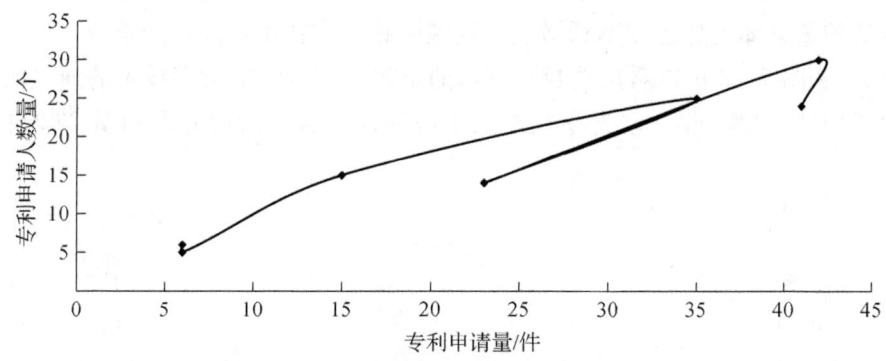

图 5.9 我国碳捕集技术专利生命周期图

从图 5.7 看，碳捕集专利申请从 2008 年开始，目前还处于萌芽期，专利数量虽然基本呈现增加的态势，但是专利数量依旧很少，有巨大的发展潜力。

2. 山西省碳捕集技术相关专利分析

山西在碳捕集技术方面的专利有 1 件，其申请单位为：山西潞安矿业（集团）有限责任公司。专利为用煤矸石、聚乙烯亚胺制备二氧化碳捕集材料的方法。山西在碳捕集技术方面仍有很大的发展空间。

5.3 碳封存技术专利分析

对全球专利的分析可以了解碳封存技术领域的发展趋势，为全国及区域企业确定碳封存技术发展方向提供依据。山西虽然没有碳封存专利可以分析，但是碳封存发展潜力巨大。

5.3.1 世界碳封存技术专利分析

以"Carbon sequestration"为关键词在国外专利库中碳封存专利，检索结果为专利总数1667件，大致走势见图5.10。

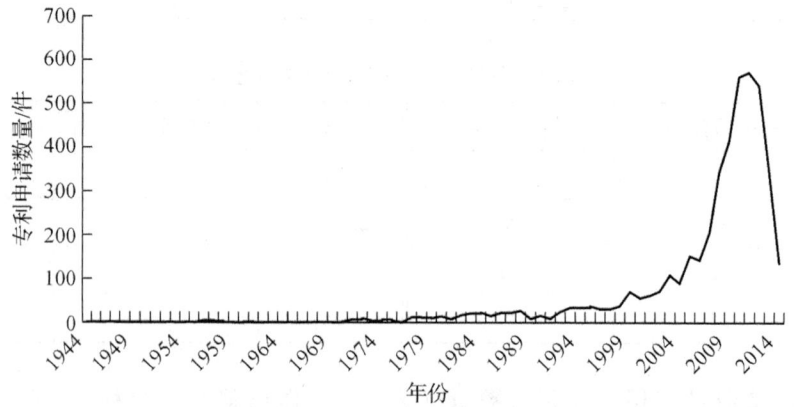

图 5.10　1944—2014 年世界碳封存专利走势

由图 5.10 可以看出，从 1944 年开始，世界各国碳封存专利陆续出现，专利申请数量虽然不多，但是数量整体走势还在不断增加，这说明碳封存技术逐渐受到重视。

从图 5.11 和图 5.12 可以看出碳封存技术的走势，可以将碳封存技术的演进历程大致分为两个阶段：1944—2002 年，碳封存技术处于萌芽期，这一阶段专利数量 222 件，具体走势见图 5.9。

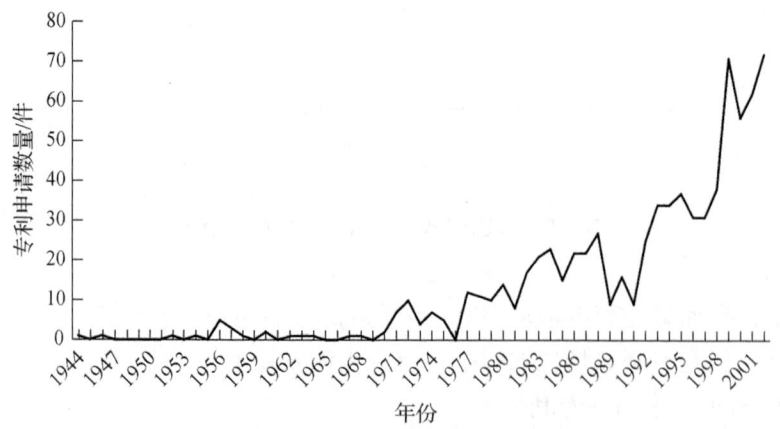

图 5.11　1944—2002 年世界碳封存专利数量走势

2003—2014 年，该阶段碳封存专利数量明显增加，专利数量为 1078 件。进入 21 世纪，全球温室效应加剧，各国越来越重视二氧化碳的处理，碳封存技术发展迅速，专利申请数量也进一步猛增，2010年达到最高点182件，具体走势见图5.12。

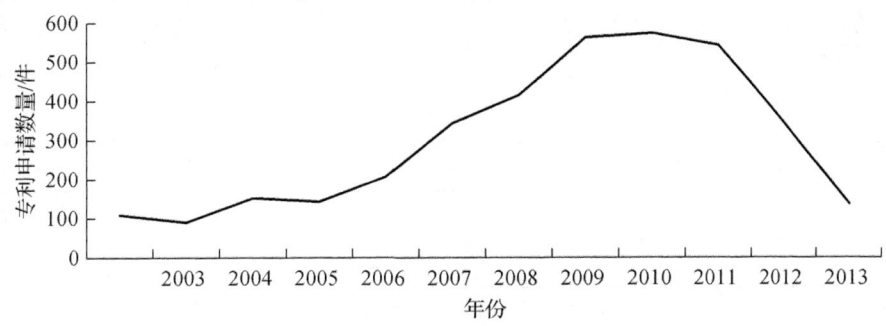

图 5.12　2003—2013 年世界碳封存专利数量走势

碳封存技术方面的专利拥有量排名（表5.5），中国排第3位，仅次于美国和世界知识产权组织。中国拥有130件专利，占9.84%。由表可见，碳封存技术方面的专利主要集中在美国和世界知识产权组织，两个地区所有的专利占世界相关专利总量的54.88%。

表 5.5　全球碳封存技术排名居前 10 位的专利申请人

排名	国家与组织	专利申请数量/件	百分比
1	美国	434	32.85%
2	世界知识产权组织	291	22.03%
3	中国	130	9.84%
4	加拿大	113	8.55%
5	英国	91	6.89%
6	欧洲专利局	79	5.98%
7	澳大利亚	69	5.22%
8	法国	23	1.74%
8	韩国	23	1.74%
9	墨西哥	20	1.51%

根据年度建立与跳汰选技术相关的专利申请数量和相应的专利申请人数量的数据，见表5.6。

表 5.6　我国碳封存技术专利数据

年份	专利申请数量/件	申请人数量/个	年份	专利申请数量/件	申请人数量/个
1944 年	1	1	1957 年	3	2
1953 年	2	1	1958 年	2	2
1954 年	4	4	1960 年	2	2
1955 年	3	3	1961 年	3	3

续表

年份	专利申请数量/件	申请人数量/个	年份	专利申请数量/件	申请人数量/个
1962 年	12	2	1992 年	4	4
1963 年	4	4	1993 年	5	4
1964 年	4	2	1994 年	2	4
1965 年	3	3	1995 年	3	4
1967 年	2	2	1996 年	6	13
1968 年	7	3	1997 年	10	7
1969 年	7	4	1998 年	24	14
1970 年	3	3	1999 年	9	10
1971 年	22	6	2000 年	21	16
1972 年	10	6	2001 年	17	11
1973 年	9	7	2002 年	21	9
1974 年	2	2	2003 年	48	36
1975 年	3	3	2004 年	42	30
1976 年	4	3	2005 年	41	28
1978 年	2	1	2006 年	74	48
1979 年	4	2	2007 年	80	45
1980 年	4	2	2008 年	170	109
1982 年	4	2	2009 年	218	126
1983 年	4	4	2010 年	214	159
1986 年	3	3	2011 年	188	144
1988 年	2	2	2012 年	132	130
1989 年	3	2	2013 年	126	86
1990 年	3	2	2014 年	55	47
1991 年	2	2	合计	1653	1174

以年度申请量为横坐标，年度申请人数量为纵坐标，绘制出专利技术生命周期图，如图 5.13。

从图 5.13 可以看出，世界碳封存技术相关专利已经度过技术引入期，进入发展期，技术发展推陈出新，有了突破性进展，市场扩大，专利申请数量和专利申请人数量急剧上升。1944—2007 年，碳捕集技术专利申请人数量和专利件数均偏低；2008—2014 年，专利申请人数量和专利件数急剧增多，显示出市场的活跃和技术创新的发展。

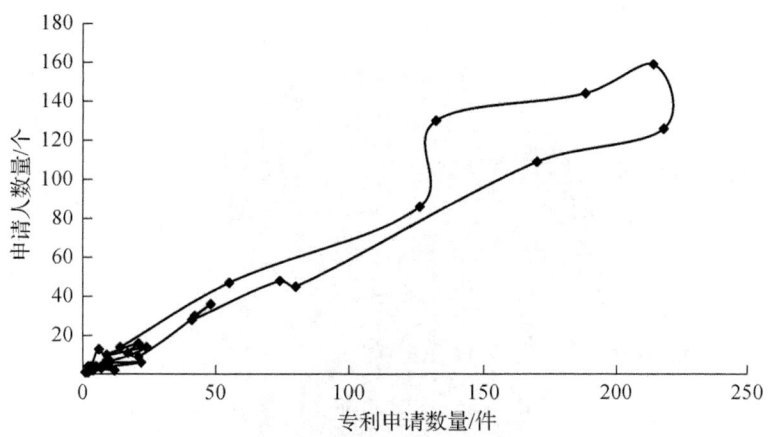

图 5.13　我国碳封存技术专利生命周期图

5.3.2　全国及山西省碳封存技术专利分析

截至 2015 年 4 月 28 日,以"碳封存"为关键词,在佰腾专利数据库中检索,得到全国在碳封存技术方面的专利具有 22 件。

从图 5.14 可以看出,2007 年开始,我国拥有了第 1 件关于碳封存的相关专利,一直到 2010 年,每年专利数量不多,但是逐年增长。2010 年后,专利数量降低,2013 年有所反弹,达到最高点,有 6 项专利。碳封存发展比较晚,专利数量还很少,由于全球温室效应加重,二氧化碳的处理变得越来越迫切,碳封存技术发展潜力巨大。

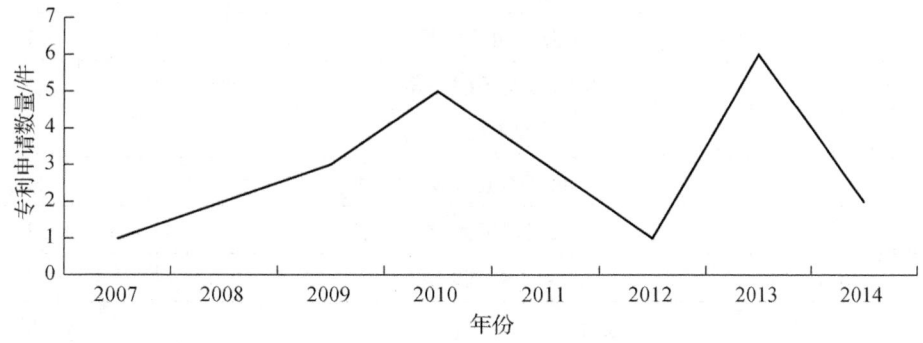

图 5.14　2007—2014 年我国碳封存技术相关专利的总体趋势

碳封存技术专利排名居前 10 位省、直辖市拥有全国 36% 的专利。具体情况如图 5.15 所示。

从图 5.15 可以看出,在碳封存技术领域居前列的省份和直辖市,如湖南、辽宁与上海等,这些省份或是直辖市主要从技术需求的角度从事该技术领域的研发。

我国碳封存技术领域企业拥有的专利数量最多,占总数的 41%;其中,卡勒拉公司、斯凯约尼克公司、C12 能源公司、R 源公司安维科、伊内奥斯美国公司和巴斯夫欧洲公司为排在前 10 位的企业,拥有较强的研发实力(表 5.7)。

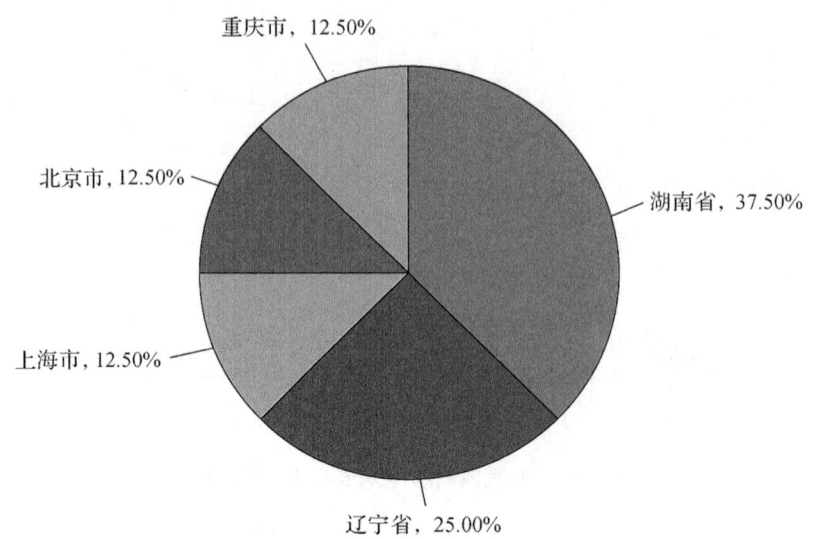

图 5.15 我国碳封存技术专利的区域分布

表 5.7 我国申请碳封存技术专利排名居前 10 位的专利申请人

序号	申请人	专利申请数量/件
1	卡勒拉公司	3
2	雷学军	3
3	斯凯约尼克公司	2
4	C12 能源公司	1
5	R 源公司安维科	1
6	伊内奥斯美国公司	1
7	刘平清	1
8	北京师范大学	1
9	大连理工大学	1
10	巴斯夫欧洲公司	1
	总计	15

山西省在碳封存技术方面尚无专利。

5.4 本章小结

通过对全球、全国及山西省富碳农业和碳捕集及封存的专利分析，可以发现：山西作为产煤大省，但并不是二氧化碳的排放大省，所以在富碳农业和碳捕集及封存方面的专利并不多，在碳封存技术方面没有专利。

在富碳农业领域，全球年专利申请数量很少，到目前为止只有 3 件专利，中国在该项技术中拥有 2 件专利，专利持有单位皆为高等院校，虽然该项技术在全球和国内仍处于萌芽时期，但是拥有巨大潜力，而且在该技术领域，我国走在世界前列，更应重视其发展。山西省作为产煤大省，在富碳农业方面尚无专利，但是依旧不能忽视其发展前景。

通过对碳捕集和封存技术专利分析，发现我国在碳捕集和封存方面研究走在世界前列，碳捕集和封存技术专利拥有量中国皆位于世界第 3 位，碳捕集方面拥有 504 件专利，碳封存方面拥有 130 件专利。山西在碳捕集和封存技术方面只拥有 1 件专利；未来山西应重视碳捕集和封存技术的发展。

6 煤基新材料专利

煤基新材料产业相关的技术领域主要有煤基活性炭、碳分子筛、碳纤维、富勒烯、碳纳米管及石墨烯。课题组于2015年4月13日分别在SooPAT专利数据库与佰腾专利数据库对这6个技术领域的专利进行了检索，以下以检索结果为依据展开分析。一种技术的生命周期通常由萌芽（产生）、成长（发展）、成熟、瓶颈（衰退）几个阶段构成。通过分析一种技术的专利申请数量及专利申请人数量的年度变化趋势，可以分析该技术处于生命周期的何种阶段，进而可为研发、生产、投资等提供决策参考。因此，课题组也结合技术生命周期图进一步分析各项技术领域发展现状，从而提出相关发展建议。

6.1 煤基活性炭技术专利分析

对全球专利的分析可以了解煤基活性炭技术的发展趋势，为全国及区域煤炭企业确定技术发展方向提供依据。对我国煤基活性炭专利进行分析，可以将山西省煤基活性炭技术与其他省份进行对比分析，总结山西省在煤基活性炭技术领域的地位，为政府确定支持其技术创新方向提供依据。本次专利分析通过SooPAT专利搜索和佰腾专利搜索两个网站，每个网站各有优点，SooPAT专利数据库搜索到的专利数比较全面，但不能进行区域分析，并且最多只能分析专利10 000件，相反佰腾专利数据库搜索到的专利数不太全面，但可以进行区域分析，故以下内容是结合两个网站各自的优点进行的专利分析。

6.1.1 煤基活性炭世界专利

截至2015年4月25日，以"Coal-based activated carbon"为关键词在SooPAT专利网检索世界专利，统计专利总数143件。结合全球新材料发展趋势，大致可以分成两个时间段来对煤基活性炭的技术专利申请数量趋势进行分析。

① 1956—1999年。可以说是煤基活性炭专利申请的萌芽到初步发展阶段，这个阶段专利总数28件。世界各国从20世纪50年代左右开始煤基活性炭研究，但是发展缓慢，专利申请数量较少，年平均申请量不超过3件；由于对新材料的研究处于探索阶段，技术水平的突破性发展不是很明显，应用领域处于开发阶段，技术专利申请数量较少且增幅不明显（图6.1）。

② 2000—2013年。进入21世纪以后，专利申请数量增长趋势明显，随着以煤作为原料的活性炭生产技术受到越来越普遍的人的重视，煤制活性炭技术取得了很大发展，炭产品性能不断提高，广泛应用于国防、航天、医药卫生、环境保护及人们日常生活等各个领域。近年来，随着工业生产的发展，煤基活性炭在环境保护领域发挥着越来越重要的作用，国内外

6 煤基新材料专利

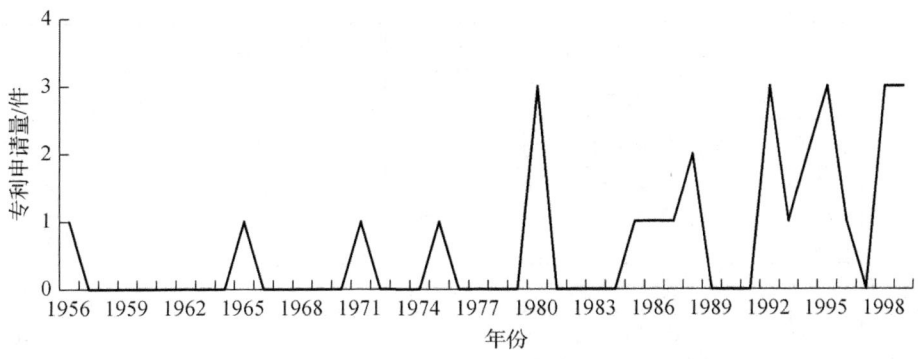

图 6.1 1956—1999 年全球煤基活性炭专利变化趋势

市场的需求量越来越大，成为人类改善自身生存环境不可缺少的吸附材料。应用领域的不断拓展和人们生活水平的提高促使煤基活性炭的技术研究进入一个迅速发展阶段，相关专利申请数量也随之逐年增长，分别在 2002 年、2006 年、2010 年达到 3 个高峰值，专利数分别为 14 件、13 件和 16 件，总体来看，2000 年以来专利申请数量呈上升态势（图 6.2）。

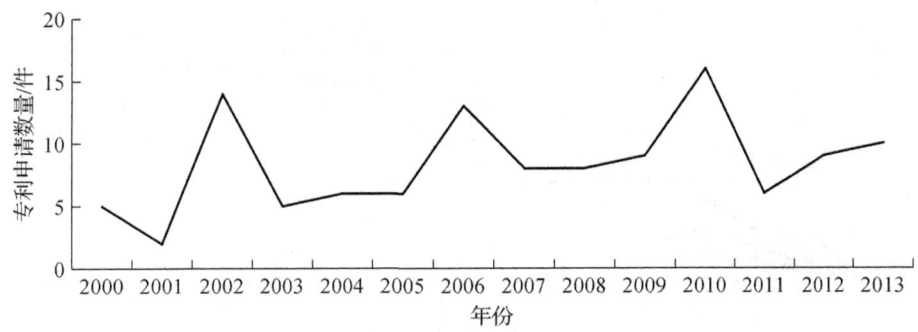

图 6.2 2000—2013 年世界煤基活性炭专利变化趋势

从国家与组织分布来看，中国的煤基活性炭专利申请数量居首位，专利数为 64 件，占全球煤基活性炭专利申请数量的 44.76%。由于得天独厚的煤炭资源优势和产品价格优势，我国煤基活性炭产品在国际市场上的竞争力很强，目前国内 80% 左右的煤基活性炭产品出口，是世界最大的煤基活性炭生产国。我国煤基活性炭行业的生产工艺技术已较为成熟，技术专利申请数量也领先世界，远超过日、美等发达国家。日本与美国紧随其后，分别为 21 件和 20 件，占比 14.69% 和 13.99%，美国 Calgon 公司是世界上最大的煤基活性炭企业之一，生产规模大、产能高，其技术研发水平也较高（表 6.1）。

表 6.1 世界煤基活性炭专利申请数量排名居前 10 位的国家与组织

排名	国家与组织	专利申请数量/件	百分比
1	中国	64	44.76%
2	日本	21	14.69%

续表

排名	国家与组织	专利申请数量/件	百分比
3	美国	20	13.99%
4	世界知识产权组织	11	7.69%
5	韩国	8	5.59%
6	英国	6	4.20%
7	俄罗斯联邦	3	2.10%
7	欧洲专利局	3	2.10%
9	加拿大	2	1.40%
9	墨西哥	2	1.40%

根据世界煤基活性炭每年相关的专利申请数量和相应专利申请人数量的数据，以年度申请量为横坐标，年度申请人数量为纵坐标，绘制出世界煤基活性炭技术生命周期图，见图6.3。

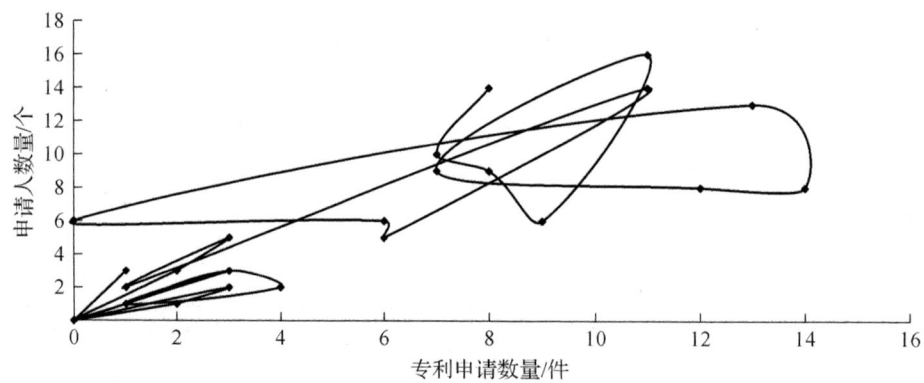

图6.3 世界煤基活性炭技术专利生命周期图

由图6.3可看出，结果是杂乱无章的，无法进行分析。为解决该问题，通过改变统计时间段，以2年时间为统计时间段，来统计专利申请数量和申请人数量，结果见表6.2和图6.4。

表6.2 修正后的世界煤基活性炭技术专利统计数据

年份	专利申请数量/件	申请人数量/个	年份	专利申请数量/件	申请人数量/个
1956—1960年	1	1	1986—1990年	4	7
1961—1965年	1	1	1991—1995年	9	11
1966—1970年	0	0	1996—2000年	12	8
1971—1975年	2	2	2001—2005年	33	24
1976—1980年	3	1	2006—2010年	54	57
1981—1985年	1	2	2011—2014年	39	32

根据修正后的统计表数据得到第 1 次修正后的专利技术生命周期图，结果见图 6.4。

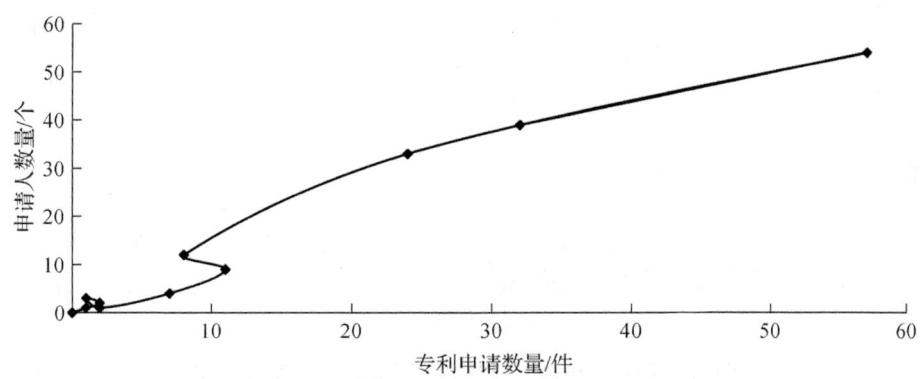

图 6.4　修正后的世界煤基活性炭技术生命周期图

由图 6.4 可知，世界煤基活性炭技术在 1956—2000 年处于萌芽期。在该阶段，研究和开发主要集中在少数几个公司，专利申请数量与专利申请人数量都不多，集中度较高；2000 年以后，该技术开始进入发展期。在该阶段，技术有了突破性的进展，市场扩大，介入的企业增多，专利申请数量与专利申请人数量也呈急剧呈上升趋势。

6.1.2　全国及山西省煤基活性炭专利

截至 2015 年 4 月 25 日，以 "煤基活性炭" 为关键词在佰腾专利网检索中国专利，统计专利总数 38 件，发明专利 33 件，实用新型 5 件，外观设计 0 件。

我国进行煤基活性炭生产是从 20 世纪 50 年代就开始的，但发展很缓慢，技术专利申请还没有得到重视；改革开放以后，随着经济不断发展，人民生活水平不断提高，活性炭的应用越来越受到人们的重视，尤其是近年来环保力度的不断加大，对煤基活性炭的应用领域拓展提出了新的要求，国内开始加快进行煤基活性炭相关研究，专利申请数量总体呈逐年增加；在 2002 年达到第 1 个峰值，与世界煤基活性炭专利申请趋势相一致；2009 年，由于受煤基活性炭的主要生产省份山西省政府实施 "煤炭开采产能集中" 政策、宁夏回族自治区政府实施 "节能减排" 政策的影响，一些规模较小、产能不高的企业停产，全国煤基活性炭产业实际产量大幅下降，因此，煤基活性炭的技术专利申请数量也有所下降；2010 年之后，随着国内水处理市场的快速启动，以及国际金融局势的逐渐趋稳，煤基活性炭市场处于重新复苏的开端，市场采购量增大，全球每年活性炭需求量以年均 3.6% 的幅度增长，市场容量不断增加，我国作为最大的煤基活性炭生产国和出口国，相关专利研发和专利申请数量也呈逐年迅速增加趋势（图 6.5）。

从国内煤基活性炭专利申请区域分布（图 6.6）来看，煤基活性炭专利申请数量较多的省份是新疆维吾尔自治区、陕西省，这与其丰富的原煤资源有关，具备绝对的资源优势；北京专利申请数量居第 1 位，主要受益于高校与科研院所的集聚，如中国矿业大学与煤炭科学研究院等，具有较高的科研技术水平和人才资源优势；山西省不在全国前 10 名内，虽然山西省拥有丰富的煤炭资源，适合生产制备煤基活性炭的企业有大同煤矿集团公司，但煤基活

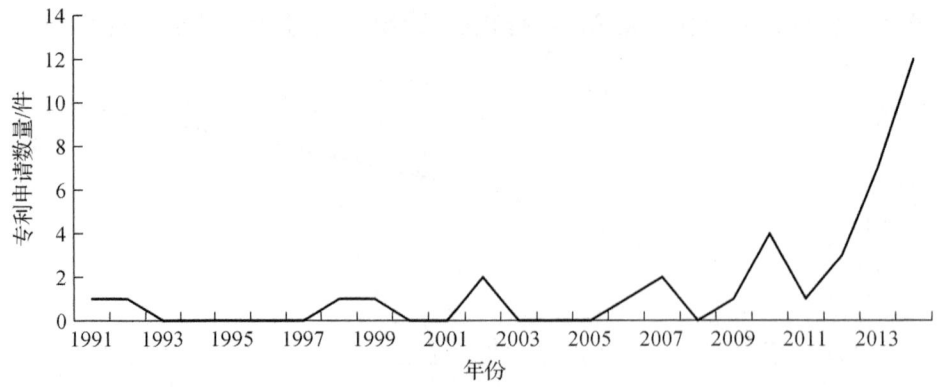

图 6.5　1991—2014 年中国煤基活性炭专利变化趋势

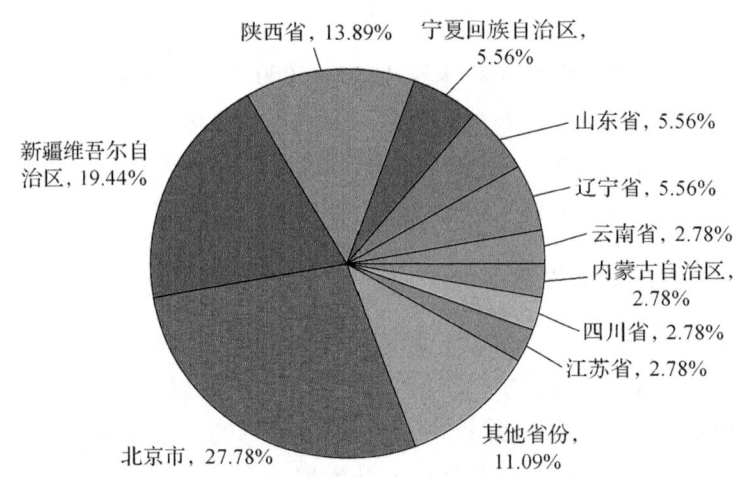

图 6.6　我国煤基活性炭专利申请区域分布

性炭的技术专利申请数量较少，只集中在少数科研院所或企业、高校。

从申请人排名可以看出，山西煤化所在该领域的专利申请数量排在第 36 位，表明在技术研发方面山西省煤化所有一定的优势。山西是煤基活性炭生产销售大省，但山西省的专利申请人较少，可能相关企业使用的技术依然大部分依赖进口或外省的技术引进，相关专利技术产业化情况有待提高。

根据煤基活性炭技术每年专利申请数量和相应专利申请人数量的数据，以年度申请量为横坐标，年度申请人数量为纵坐标，绘制我国煤基活性炭自 1991—2014 年的技术生命周期图（图 6.7）。

从专利申请人数量与专利数量的相关关系可以很明显地看出，我国煤基活性炭技术研发开始进入发展阶段，仍有很多技术和应用领域的开发前景。

2000 年以后，世界煤基活性炭技术开始进入发展期。在该阶段，技术有了突破性的进展，我国从 20 世纪 90 年代开始进入该技术领域，随着市场的扩大，我国介入的企业随之增多，专利申请数量与专利申请人数量也呈急剧上升趋势，与世界专利技术生命周期发展趋势

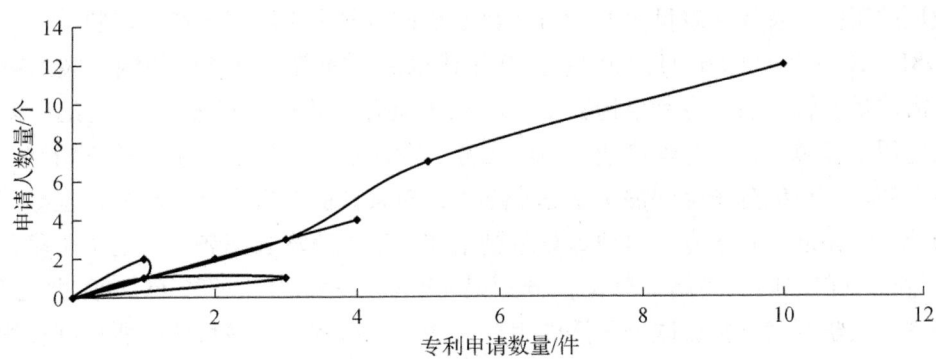

图 6.7 我国煤基活性炭技术专利生命周期图

相一致，我国煤基活性炭技术也开始进入发展阶段。

6.2 碳分子筛的技术专利分析

6.2.1 碳分子筛世界专利

截至 2015 年 4 月 25 日，以"Carbon molecular sieve"为关键词在 SooPAT 专利网检索世界专利，专利总数 3395 件。

①从时间趋势图（图 6.8）可以看出，20 世纪 20 年代，新材料尚且属于探索研究，开始零星出现少量的技术专利，申请量非常少，只有一两件；20 世纪 50 年代，代艾米特发现热解 Sarancopolymer 的炭化物具有筛分作用，碳分子筛的研究开始发展，技术专利申请数量有突破性增长；

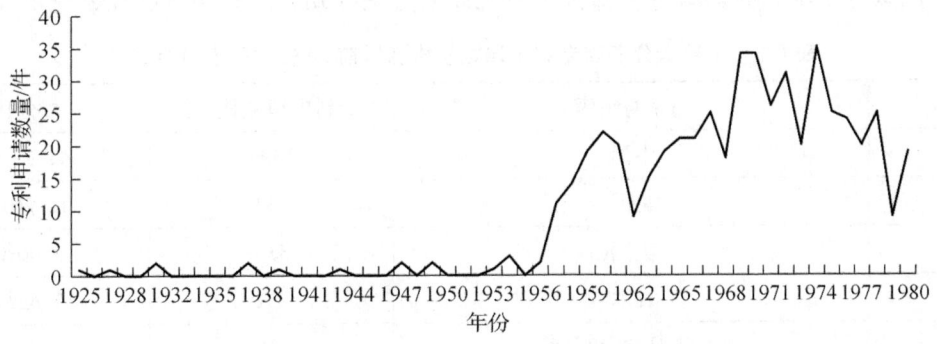

图 6.8 1925—1980 年世界碳分子筛技术专利变化趋势

随着对碳分子筛的研究进展，其孔隙结构、表面性质、机械特性、化学稳定性决定了它在气体分离提纯、废水除杂净化、催化剂及催化载体等方面有广泛的应用，20 世纪 70 年代初，BF 公司（现为 DMT 公司）成为第 1 个成功研究出用于变压吸附制氮的碳分子筛的公司，该阶段国际上碳分子筛的技术研究集中在德国、日本、美国等发达国家，中国则刚开始进入该领域的研究。总体来看世界专利申请数量在该阶段出现跨越式增长态势。

② 1981—2014 年（图 6.9）。20 世纪 80 年代以后，随着碳分子筛的制备技术越来越完备，市场需求量急剧增长，专利申请数量也呈稳步上升趋势；尤其进入 21 世纪以来，碳分子筛广泛应用于环境保护、化学工业、石油工业、食品加工、湿法冶金、药物精制、军事化防护等各个领域，对碳分子筛的需求量越来越大，对其性能要求也越来越高，全球碳分子筛的研究领域不断拓展，技术专利申请数量急剧增加，呈迅速增长态势。在这个阶段，世界专利申请数量集中在中国、美国、英国，分别是 1396 件、552 件、336 件。20 世纪 80 年代初，大连理工大学开发出空分碳分子筛的生产方法，之后我国众多科研院所和高校积极研究碳分子筛，随着碳分子筛应用领域拓展，国家对新材料产业政策倾斜，中国碳分子筛专利申请数量以绝对优势领先世界，远超过英、美发达国家。

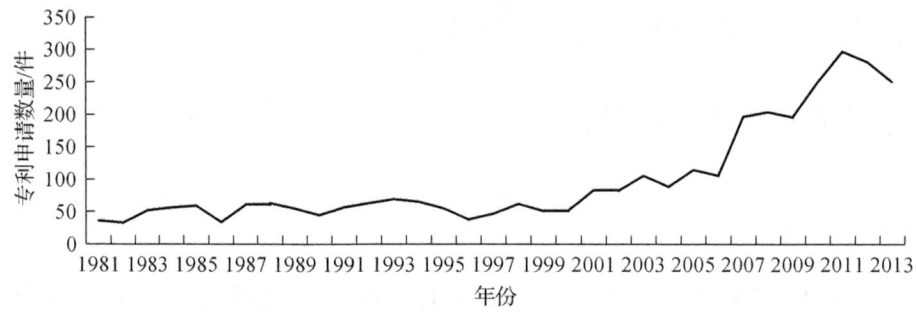

图 6.9　1981—2014 年世界碳分子筛技术专利变化趋势

从国家与组织分布（表 6.3）来看，中国碳分子筛的专利申请数量位居世界第 1 位，申请量为 1396 件，占全球碳分子筛专利申请数量的 41.12%，远超过美国（552 件）、英国（336 件）和日本（252 件）。我国研究碳分子筛已经有 30 多年，在 20 世纪 80 年代就成功制备空分用碳分子筛，我国碳分子筛技术研究发展势头强劲，某些领域已经领先世界。

表 6.3　世界碳分子筛专利申请数量排名居前 10 位的国家与组织

排名	国家与组织	专利申请数量/件	百分比
1	中国	1396	41.12%
2	美国	552	16.26%
3	英国	336	9.90%
4	日本	252	7.42%
5	世界知识产权组织	229	6.75%
6	欧洲专利局	172	5.07%
7	加拿大	140	4.12%
8	韩国	88	2.59%
9	德国	51	1.50%
10	俄罗斯联邦	34	1.00%

根据世界碳分子筛每年相关的专利申请数量和相应专利申请人数量的数据，以年度申请量为横坐标，年度申请人数量为纵坐标，绘制出技术生命周期图，见图6.10。

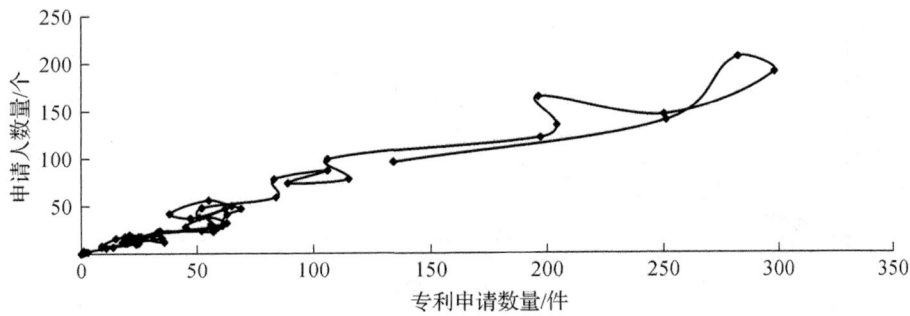

图6.10 世界碳分子筛专利生命周期图

图6.10可以看出，结果是杂乱无章的，无法进行分析。通过仔细对建立的分析用专利数据库进行核对，在筛选和申请人合并时都没有问题。那么考虑干扰因素可能是：实际申请量和申请人数量按照1年的时间来统计，每年变化波动比较大，造成专利生命周期曲线不平滑。为解决该问题，通过改变统计时间段，以3年时间为统计时间段来统计专利申请数量和申请人数量，结果见表6.4和图6.11。

表6.4 修正后的世界碳分子筛专利统计数据

年份	专利申请数量/件	申请人数量/个	年份	专利申请数量/件	申请人数量/个
1925—1927年	2	4	1970—1972年	77	49
1928—1930年	2	2	1973—1975年	84	39
1931—1933年	0	0	1976—1978年	54	30
1934—1936年	2	2	1979—1981年	88	53
1937—1939年	1	1	1982—1984年	167	82
1940—1942年	1	1	1985—1987年	158	83
1943—1945年	0	0	1988—1990年	157	89
1946—1948年	4	4	1991—1993年	197	138
1949—1951年	0	0	1994—1996年	140	135
1952—1954年	4	3	1997—1999年	165	133
1955—1957年	27	15	2000—2002年	273	224
1958—1960年	61	40	2003—2005年	310	251
1961—1963年	43	41	2006—2008年	597	422
1964—1966年	67	53	2009—2011年	830	544
1967—1969年	86	60	2012—2014年	385	236

根据修正后的统计表数据得到第 1 次修正后的专利技术生命周期图，结果见图 6.11。

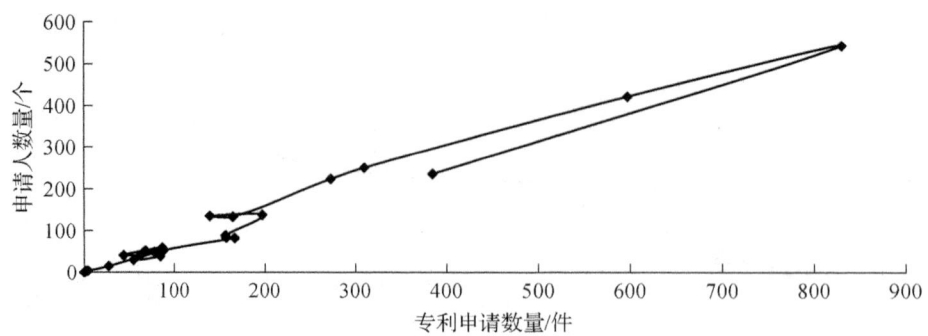

图 6.11　修正后的世界碳分子筛专利技术生命周期图

从图 6.11 可以看出，迄今为止，碳分子筛技术经历了萌芽期，正在进入发展期（由于 2014 年数据不完整，最后一个时间段总数出现回落）。其中，1925—1981 年，为碳分子筛技术的萌芽期，专利数量较少，研究单位较少。1982—2014 年为碳分子筛技术的发展期，在此期间专利申请数量和申请人数大幅增加，碳分子筛的制备技术也越来越完备，市场需求量急剧增长，迎来了快速发展的成长期。在这段时期，各国许多企业相继开始投入研发。专利申请数量和专利申请人数量有了大幅上升。

6.2.2　全国及山西省碳分子筛专利

1. 我国碳分子筛专利

截至 2015 年 4 月 25 日，以"碳分子筛"为关键词在佰腾专利网检索中国专利，统计专利总数 228 件，发明专利 148 件，实用新型 80 件，外观设计 0 件。

由图 6.12 可以看出改革开放以来，随着世界碳分子筛的研究热潮，我国也较早开始碳分子筛的研究，但是处于起步阶段，专利申请数量较少；进入 21 世纪以后，新材料产业蓬勃发展，应用领域不断拓展，相关技术专利申请数量呈逐年增长趋势；2005 年山西、四川等产煤大省电煤供应异常紧张，碳分子筛的专利申请数量在 2006 年下降；2010 年以后，随着碳分子筛研究趋势迅速，航天、医药、环境等应用领域不断扩展，我国"十二五"规划提出要加快培育发展战略性新兴产业，以加快材料工业升级换代为主攻方向，以提高新材料自主创新能力为核心，以新型功能材料、高性能结构材料和先进复合材料为发展重点，促进了碳分子筛的专利申请数量迅速增长，呈跨越式增长趋势。

在碳分子筛专利申请的区域分布见图 6.13，浙江省位居第 1 位；江浙两省是进行碳分子筛研究较早的省份，而且浙江是我国最早实现工业化生产 CMS（Carbon molecular sieve）的省份，具有较深的产业化基础，技术研发也处于全国前列；北京、天津、上海科研院所聚集，科研水平比其他省份有明显优势；山西省排名不在全国前 10 位。

全国碳分子筛专利申请人排行中，中科院山西煤炭化学研究所在全国碳分子筛专利申请

6　煤基新材料专利　　141

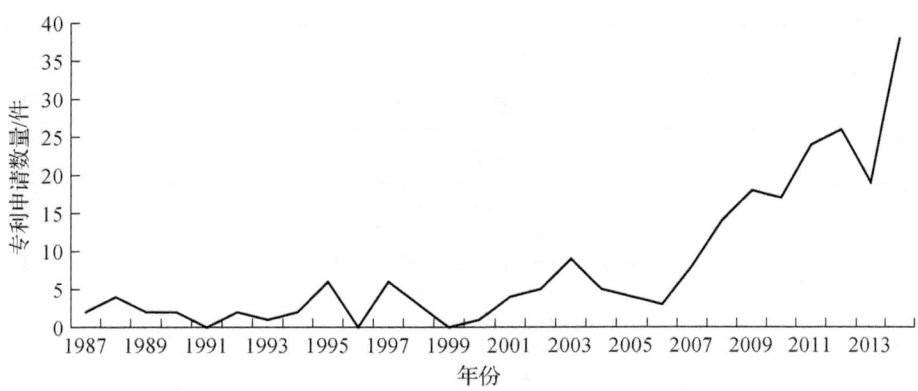

图 6.12　1987—2014 年我国碳分子筛技术专利变化趋势

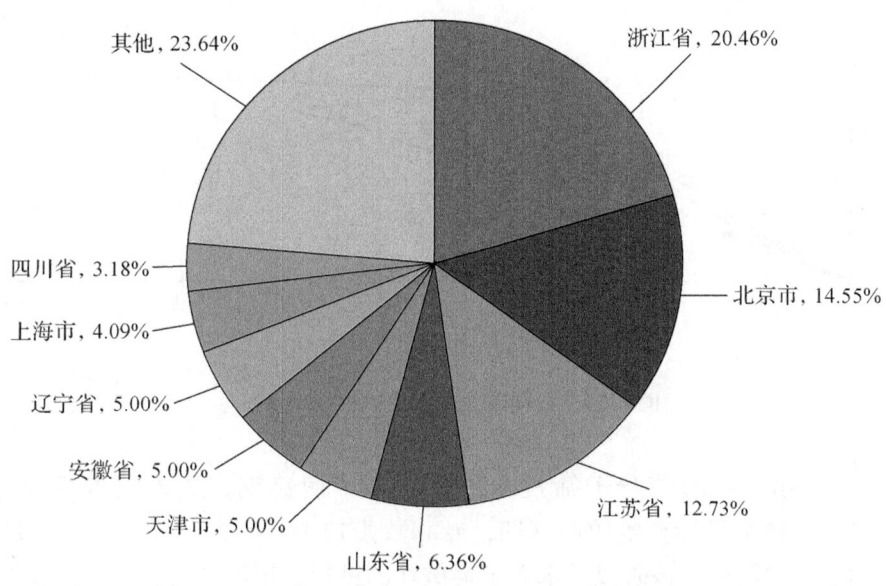

图 6.13　我国碳分子筛专利的区域分布

人排名居第 4 位（表 6.5），拥有专利 4 件，表明山西省碳分子筛的技术专利水平在全国处于较为领先的地位。

表 6.5　全国碳分子筛排名居前 10 位的专利申请人与专利申请数量

排名	申请人	专利申请数量/件
1	湖州强马分子筛有限公司	14
2	长兴山立化工材料科技有限公司	7
3	江苏南极机械有限责任公司	5
4	中科院山西煤炭化学研究所	4

续表

排名	申请人	专利申请数量/件
4	佐治亚科技研究公司	4
4	朱海良	4
4	煤炭科学研究总院	4
8	中国科学院大连化学物理研究所	3
8	众地食品有限公司	3
8	刘立群	3

根据碳分子筛技术每年专利申请数量和相应专利申请人数量的数据，以年度申请量为横坐标，年度申请人数量为纵坐标，绘制出我国碳分子筛技术生命周期图，见图 6.14。

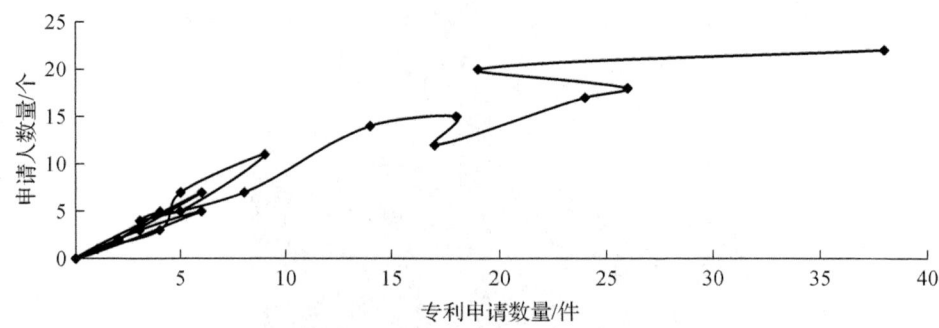

图 6.14 我国碳分子筛技术生命周期图

从图 6.14 看出，我国碳分子筛技术研发经历了萌芽期，进入技术发展期。其中，1987—2007 年，为碳分子筛技术的萌芽期，专利数量较少，研究单位较少。2008—2013 年碳分子筛开始进入发展期，该阶段技术有了突破性的进展，市场扩大，介入的企业增多，专利申请数量与专利申请人数量也开始迅速增加。山西省具有一定的科研基础，政府可以进行扶持。

2. 山西省碳分子筛专利

检索山西碳分子筛专利，山西省有 7 件专利。结合趋势图 6.15 可以看出，山西省在 20 世纪 80 年代就开始碳分子筛的研究，但技术增长缓慢。

检索山西省碳分子筛专利申请人排行，发现中科院山西煤化所排名居第 1 位（表 6.6），专利申请数量 4 件，山西汾西机电有限公司拥有专利 2 件，表明山西的碳分子筛技术专利研究主要集中在科研院所，企业专利技术研发存在一定的薄弱之处，政府应该积极建设产学研合作的相关平台，促进科研院所的技术成果实现产业化。

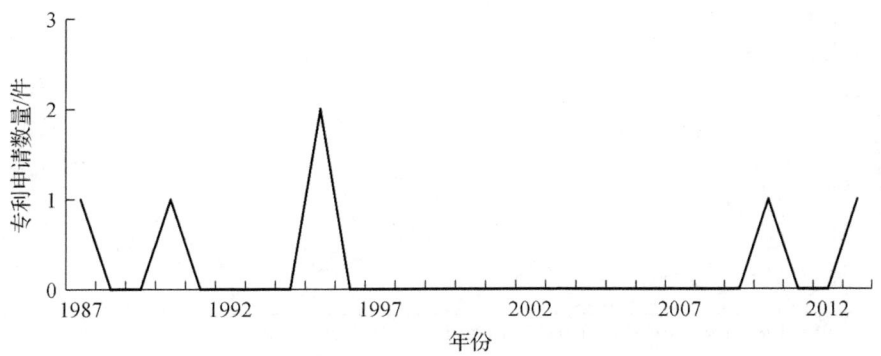

图 6.15 1987—2013 年山西省碳分子筛技术专利变化趋势

表 6.6 山西省碳分子筛专利申请排名居前 3 位的申请人

排名	申请人	专利申请数量/件
1	中科院山西煤炭化学研究所	4
2	山西汾西机电有限公司	2
3	任勇谦	1

6.3 PAN 基碳纤维技术专利分析

6.3.1 PAN 基碳纤维世界专利

截至 2015 年 4 月 25 日,以 "PAN-based carbon fiber" 为关键词在 SooPAT 专利网检索世界专利,统计专利总数 186 件。

从图 6.16 可以看出,20 世纪 80 年代开始,由于宇航工业对耐烧蚀和轻质高强材料的迫切需求,拉伸强度为 4.9 GPa 的新一代高强型碳纤维和高强中模碳纤维制备技术取得突破,PAN 基碳纤维专利申请逐年增长;20 世纪 90 年代,以超高压气瓶应用为主的需求牵引下,拉伸强度高达 7.06 GPa 的新一代高强中模碳纤维实现规模化生产,并相继研发出拉伸模 450 GPa、拉伸强度 4.0 GPa 以上的高性能碳纤维,专利申请数量增长趋势明显。

进入 21 世纪以来,随着交通运输、工程机械、建筑工程和能源等领域对碳纤维复合材料需求的增加,世界各国对高性能碳纤维技术与市场竞争加剧,专利申请数量呈迅速增长态势。在这个阶段,日本由于其自主创新的先进技术,专利申请数量和产品性能保持世界领先地位。中国也加入到高性能碳纤维的技术研发与产品生产中,申请量仅次于日本。2013 年以后,专利申请数量有所下降,优势高性能碳纤维生产企业集中在日本、美国,依托其技术实力进行产能的扩充以满足全球市场需求,技术研发进入比较成熟的阶段,对技术性能要求不断提高,技术创新进入成熟期,专利申请数量的年增幅不大。

在 PAN 基碳纤维技术专利拥有的国家(地区)与组织排名中(表 6.7),日本排名居第

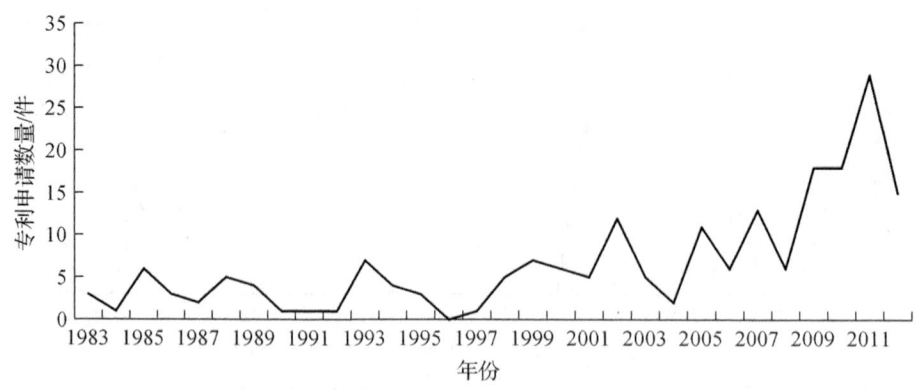

图 6.16　1983—2012 年世界 PAN 基碳纤维技术专利变化趋势

1 位，专利总数 64 件，中国次之，专利总数 54 件；韩国、美国专利申请数量分别是 25 件、21 件。可见 PAN 基碳纤维技术方面的专利主要集中在日本和中国，两国专利数总和超过世界相关专利总量的 60%。日本研究生产 PAN 基碳纤维时间较早，而且不断创新制备技术，自主创新能力领先世界；美国依托日本的原丝技术发展本国碳纤维工业，同时也进行自主创新，产品性能较好；我国高校和科研院所积极进行高性能碳纤维的相关研究，国家也出台相关政策规划扶持碳纤维行业迅速发展。

表 6.7　世界 PAN 基碳纤维专利申请数量排名居前 10 位的国家（地区）与组织

排名	国家与组织	专利申请数量/件	百分比
1	日本	64	44.76%
2	中国	54	14.69%
3	韩国	25	13.99%
4	美国	21	7.69%
5	世界知识产权组织	11	5.59%
6	欧洲专利局	4	4.20%
7	中国台湾	2	2.10%
8	加拿大	2	2.10%
9	英国	1	1.40%
9	联邦德国	1	1.40%

根据世界 PAN 基碳纤维每年相关的专利申请数量和相应专利申请人数量的数据，以年度申请数量为横坐标，年度申请人数量为纵坐标，绘制出技术生命周期图，见图 6.17。

通过改变统计时间段，以 2 年时间为统计时间段来统计专利申请数量和申请人数量，结果见表 6.8 和图 6.18。

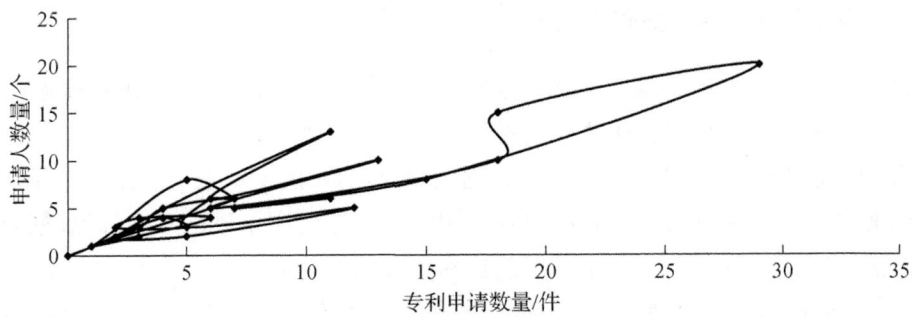

图 6.17 世界 PAN 基碳纤维技术专利生命周期图

表 6.8 修正后的世界 PAN 基碳纤维技术专利统计数据

年份	专利申请数量/件	申请人数量/个	年份	专利申请数量/件	申请人数量/个
1983—1984 年	4	3	1999—2000 年	13	12
1985—1986 年	9	8	2001—2002 年	17	8
1987—1988 年	7	6	2003—2004 年	7	4
1989—1990 年	5	5	2005—2006 年	17	19
1991—1992 年	2	2	2007—2008 年	19	15
1993—1994 年	11	11	2009—2010 年	36	25
1995—1996 年	3	3	2011—2012 年	44	28
1997—1998 年	6	9	2013—2014 年	18	11

根据修正后的统计表数据得到第 1 次修正后的专利技术生命周期图,结果见图 6.18。

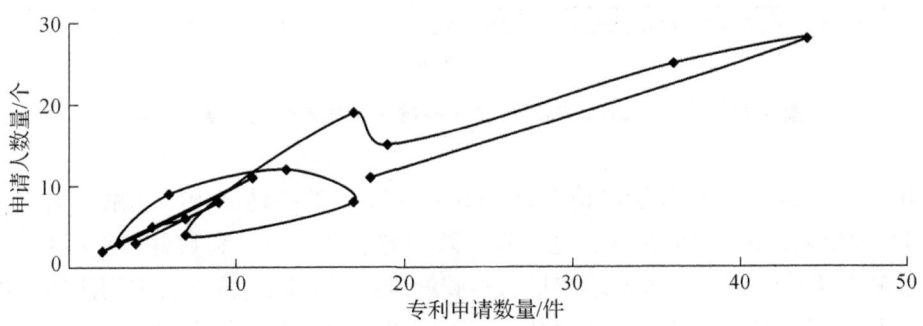

图 6.18 修正后的世界 PAN 基碳纤维专利技术生命周期图

由图 6.18 可以看出,PAN 基碳纤维技术研发在 2000 年之前处于萌芽期,专利数量较少,研究单位较少。从 2000 年开始,专利申请数量和申请人数迅速增加,PAN 基碳纤维进入快速发展期,该阶段技术有了突破性的进展,市场不断扩大,介入的企业增多。

6.3.2 全国及山西省 PAN 基碳纤维专利

截至 2015 年 4 月 25 日,以"PAN 基碳纤维"为关键词在佰腾专利网检索中国专利,统计专利总数 42 件,发明专利 40 件,实用新型 2 件,外观设计 0 件。

1975 年第一次全国碳纤维会议后,碳纤维正式被纳入国家科技攻关计划,碳纤维的研发和生产全面启动,但在较长一段时期内发展缓慢;当时建立了硝酸法、硫氰酸钠法、二甲基亚砜法等多种原丝制备工艺,在制备工艺技术研究领域开始有专利申请;从申请量时间趋势图 6.19 可以看出,20 世纪 90 年代后期,北京化工大学在原化学工业部和科技部立项支持下,实现了有机溶剂体系制备具有圆形截面高强碳纤维原丝技术的突破。吉林石化以此为依据开始了工程化技术研究,原有的硝酸法技术被替代,国产碳纤维制备技术成功实施转型。由于技术领域的突破进展,进入 21 世纪,PAN 基碳纤维专利申请数量总体呈逐年增长趋势。

"十二五"规划大力扶持新材料产业,随着碳纤维市场需求量的持续上升,专利申请数量也逐年增长,2011 年专利申请数量达到顶峰值。2013 年 10 月,国家工业和信息化部发布《加快推进碳纤维行业发展行动计划》,未来发展将着力突破关键共性技术和装备,加强现有生产工艺装置的技术改造,培育碳纤维及其复合材料下游市场。预计未来 PAN 基碳纤维市场需求量将持续增长。

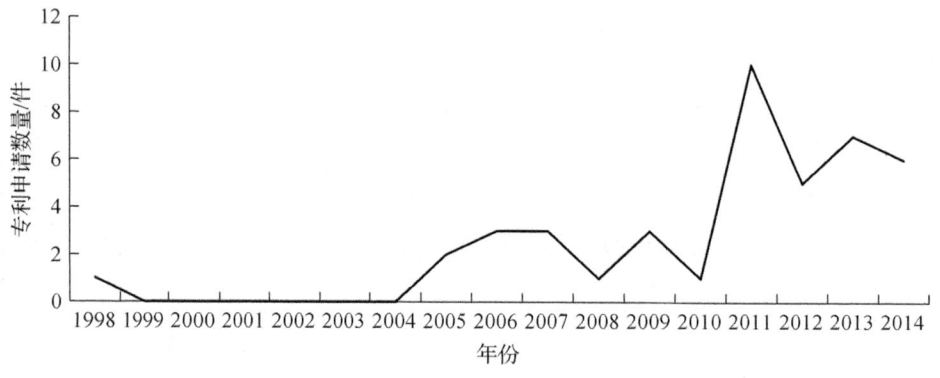

图 6.19　1998—2014 年我国 PAN 基碳纤维技术专利的变化趋势

从图 6.20 可以看出,在我国申请 PAN 基碳纤维专利的各地区中,北京市居于首位,累计申请了 16 件专利,占比 38.10%;辽宁省、陕西省、江苏省专利数量相差不大,分居第 2 位、第 3 位和第 4 位,这 3 个省份均较早从事碳纤维技术领域研究,且取得阶段性的进展成果,占比分别为 9.52%、9.52%、7.14%;山西省、山东省、浙江省专利数一样,占比 4.76%,并列第 5 位。

山西省在全国排名第 5 位,主要缘于山西省开展 PAN 基碳纤维的研究也较早,"十五"期间中科院山西煤化所在"863"计划项目支持下,开展了干湿法纺丝工艺制备高强碳纤维原丝技术研发。目前我国已全面启动千吨级 T800 碳纤维生产线建设工作,太原钢铁集团等企业已实现 T800 碳纤维量产。为了开展碳纤维以及专用复合材料的研制及产业化工作,满足战略性新兴产业的需要,省政府出台了相关政策支持技术研发,专利申请数量也随之增加,总体来看,山西省在 PAN 基碳纤维领域具有一定的技术优势。

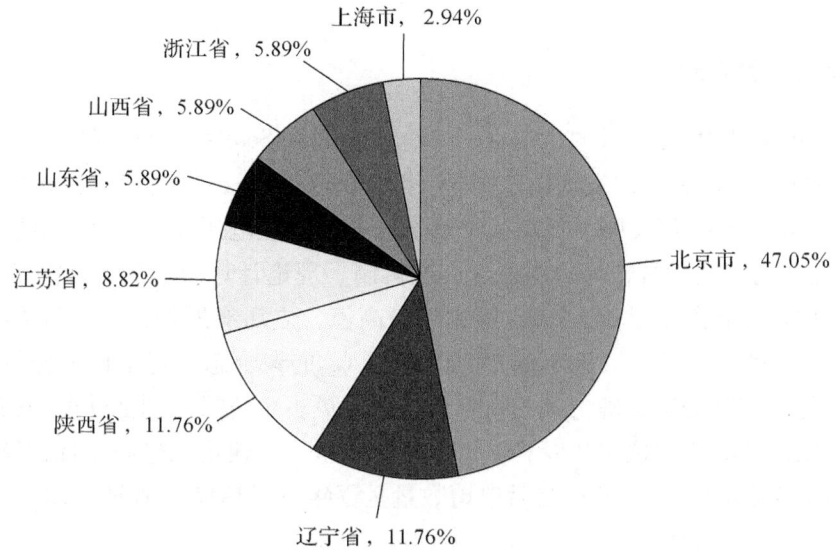

图 6.20　我国 PAN 基碳纤维区域专利量分布

根据 PAN 基碳纤维技术每年专利申请数量和相应专利申请人数量的数据,以年度申请量为横坐标,年度申请人数量为纵坐标,绘制出我国 PAN 基碳纤维技术生命周期图,见图 6.21。

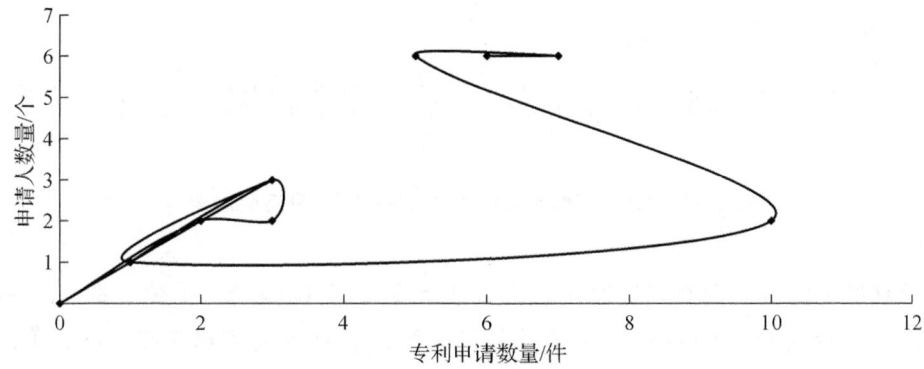

图 6.21　我国 PAN 基碳纤维技术专利生命周期图

从图 6.21 可以看出,我国 PAN 基碳纤维技术研发于 20 世纪 90 年代处于萌芽期,在该阶段,研究和开发主要集中在少数几个公司,专利申请数量与专利申请人数量都不多。2000 年以后,进入快速发展期,随着技术的不断发展,市场扩大,专利申请数量和专利申请人数量开始急剧增长。2011 年以后,PAN 基碳纤维技术开始进入成熟期,该阶段专利增长的速度变慢,申请人数基本维持不变,专利申请数量开始减少。

6.4 富勒烯技术专利分析

6.4.1 富勒烯世界专利

截至 2015 年 4 月 25 日，以 "Fullerene" 为关键词在 SooPAT 专利网检索世界专利，统计专利总数 5647 件。富勒烯的发现始于 1985 年 Kroto 等在高真空环境下激光溅射石墨的研究。1990 年，Krastchmer 等发明了低压氦气环境下石墨电极电弧放电法合成富勒烯，能够得到克量级的 C_{60} 产物，之后富勒烯的制备、形成机制、理论计算及应用等相关研究工作迅速展开，专利申请也开始急剧增长，1993 年达到最高值，之后有所回落，1997 年专利申请数量少于 100 件；1998 年，Blank 和 Buga 等对高压下 C_{60} 的聚合态进行了详细分析研究，这为富勒烯制备条件的控制提供了理论上的指导，各国有更多企业投入到富勒烯的相关合成与分离研究以及生物医学的应用领域，专利申请数量重新呈现迅速增长趋势，且数量上呈突破性增加，2004 年达到顶峰为 477 件；之后申请数量呈逐年下降趋势，见图 6.22。

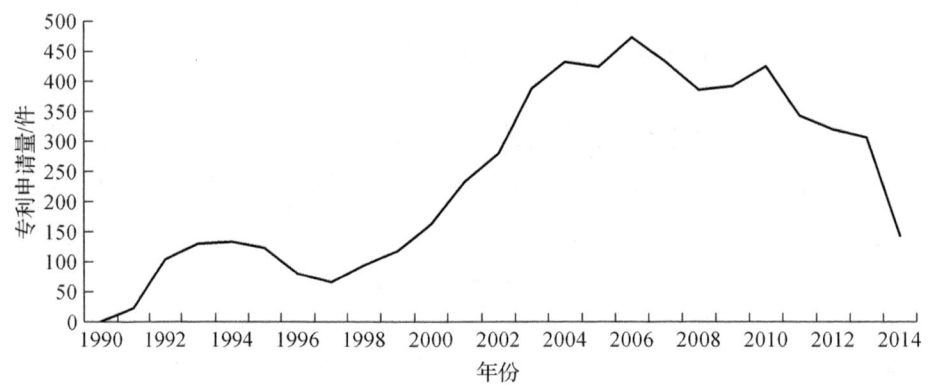

图 6.22　1990—2014 年世界富勒烯技术专利变化趋势

在全球富勒烯的专利拥有量国家排名中（表 6.9），美国位居第 1 位，拥有专利数 1394 件，日本次之，专利数为 1063 件，中国排名第 4 位，拥有专利数 603 件，不到美国专利申请量的 1/2。由表 6.9 可见，世界富勒烯的专利主要集中在美国和日本，我国与美国和日本在富勒烯专利技术方面仍有一定差距。

表 6.9　世界富勒烯专利申请数量排名居前 10 名的国家与组织

排名	国家与组织	专利申请数量/件	百分比
1	美国	1394	24.69%
2	日本	1063	18.82%
3	世界知识产权组织	882	15.62%
4	中国	603	10.68%

续表

排名	国家与组织	专利申请数量/件	百分比
5	欧洲专利局	409	7.24%
6	俄罗斯联邦	330	5.84%
7	韩国	298	5.28%
8	加拿大	165	2.92%
9	德国	131	2.32%
10	澳大利亚	120	2.13%

根据世界富勒烯每年相关的专利申请数量和相应专利申请人数量的数据，以年度申请量为横坐标，年度申请人数量为纵坐标，绘制出技术生命周期图，见图6.23。

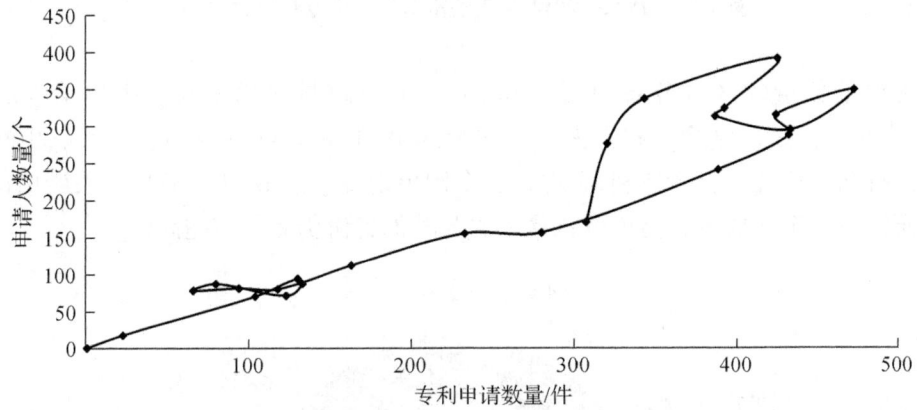

图6.23　世界富勒烯技术专利生命周期图

由图6.23可知，世界富勒烯技术在1990—2000年处于萌芽期。在该阶段，研究和开发主要集中在少数几个公司，专利申请数量与专利申请人数量都不多，集中度较高；2000年以后，该技术进入快速发展期。在该阶段，技术有了突破性的进展，市场不断扩大，专利申请数量与专利申请人数量也呈急剧上升趋势。经过几年的快速增长，2008年以后，专利申请数量和申请人数开始呈现下降趋势，该技术开始进入技术成熟期，关键技术的突破是这个阶段的主要趋势。

6.4.2　全国及山西省富勒烯专利

截至2015年4月25日，以"富勒烯"为关键词在佰腾专利网检索中国专利，统计专利总数747件，发明708件，实用新型38件，外观设计1件。从时间趋势图（图6.24）来看，由于富勒烯良好的超导、磁性、光学等性能，应用前景广阔，世界各国纷纷开始富勒烯的技术研究。我国富勒烯专利申请始于20世纪80年代，2008年之前专利申请数量较少，且增长幅度不大，这是由于国际富勒烯市场主要由日本、美国、欧盟国家和俄罗斯控制，中国占有率几乎为零，专利申请数量较少。2008年以后，我国在富勒烯和金属富勒烯类功能材料研究方面取得长足进步，多家科研机构在新结构富勒烯研究、富勒烯衍生物研究等方面取得系列创新成果，且在国际上具有较大影响，专利申请数量呈迅速增长趋势。

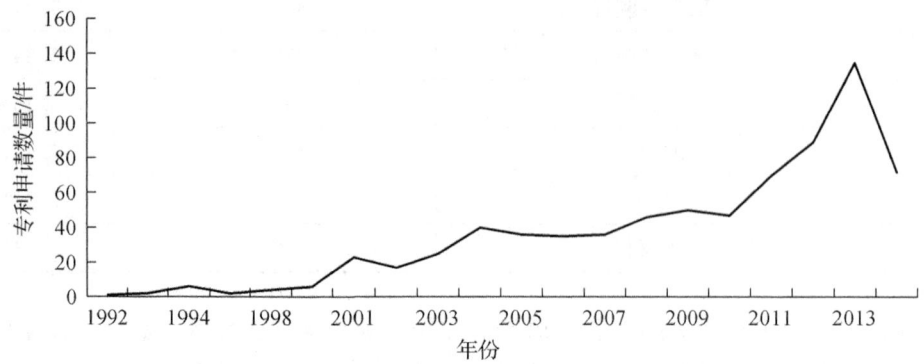

图 6.24　1992—2014 年我国富勒烯技术专利变化趋势

在专利申请数量的区域分布中（图 6.25），北京市排名第 1 位，占申请专利总量的 25.66%，广东省次之，申请专利量占总申请量的 19.13%，江苏省、上海市、山东省依次排序，山西排名第 7 位，申请专利 22 件，占全国申请专利总数的 5.82%，表明山西省富勒烯的技术研究有一定的成就，但申请数量来看与其他省份仍有一定差距。

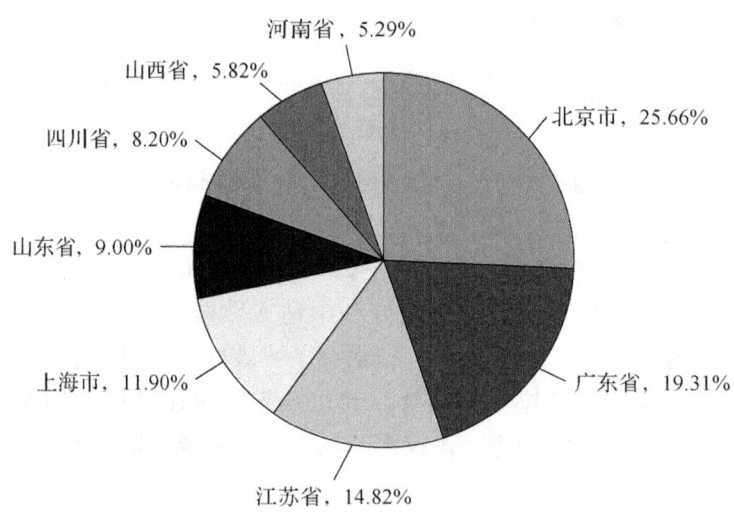

图 6.25　我国富勒烯专利申请数量的区域分布

表 6.10 为国内富勒烯专利申请人排行，其中太原理工大学申请专利 22 件，排名第 6 位，前 5 位中有四个企业，且都在深圳市，表明深圳的富勒烯的下游应用市场开发较超前，山西省的富勒烯专利申请仍以高等院校和科研院所为主，企业技术专利申请较少。这表明山西省富勒烯处于研究实验阶段，技术方面有一定优势，但应用领域有待开发。

表 6.10　我国富勒烯领域专利排名居前 10 位的申请人及专利申请数量

排名	申请人	专利申请数量/件	百分比
1	海洋王照明科技股份有限公司	50	3.52%
2	深圳市海洋王照明技术有限公司	49	3.45%
3	中科院化学研究所	43	3.03%
4	深圳市海洋王照明工程有限公司	41	2.89%
5	三星 SDI 株式会社	24	1.69%
6	太原理工大学	22	1.55%
7	住友化学株式会社	19	1.34%
8	中科院长春应用化学研究所	19	1.34%
8	索尼公司	17	1.20%
10	郑州大学	16	1.13%

根据富勒烯技术每年专利申请数量和相应专利申请人数量的数据，以年度申请量为横坐标，年度申请人数量为纵坐标，绘制出我国富勒烯技术生命周期图，见图 6.26。

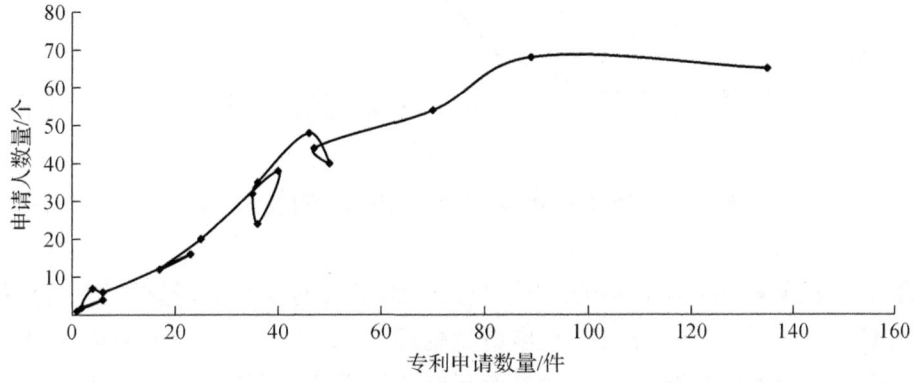

图 6.26　我国富勒烯技术专利生命周期图

从图 6.26 可以看到，20 世纪 80 年代，我国富勒烯技术研发处于萌芽期，专利申请数量和专利申请人数量均较少。2000 年以后，富勒烯进入技术发展期，在此阶段，许多企业、高校和科研院所投入研发，技术分布范围逐渐扩大，专利申请数量和专利申请人数量急剧增长。2010 年，专利数量呈现继续增长趋势，专利申请人数有略微的回落，但是总体来看，我国的富勒烯技术研究仍在发展阶段。

6.5　碳纳米管技术专利分析

6.5.1　碳纳米管世界专利

截至 2015 年 4 月 25 日，以"Carbon nanotubes"为关键词在 SooPAT 专利网检索世界专

利,专利总数 10 000 件。日本 NEC 公司的 Iijima 教授 1991 年于 Nature 上发表关于碳纳米管独特的一维管状结构,引发了学术界对这种 sp^2 共价键高化学稳定性碳纳米管的研究热潮。从时间趋势图 6.27 来看,碳纳米管专利申请也是从 20 世纪 90 年代初开始,但初期申请量较少,1999 年仅 87 件。进入 21 世纪以后,对碳纳米管生产工艺技术研究不断取得突破,因碳纳米管具有良好的导电性、导热性,陶瓷材料的耐热性和耐腐蚀性,纺织纤维的可编织性及高分子材料的易加工性等,碳纳米管在超级电容器电极、静电喷涂、高温超导、锂离子电池电极、新型电子探针、电磁屏蔽等领域均具有巨大的应用潜力,专利申请增长趋势非常明显。2003 年,已迅速增长到突破千件,且呈持续增长态势。石墨烯的出现分流了不少碳纳米管的研究关注度,2008 年开始,专利申请数量明显减少。但碳纳米管仍然是目前研究最为充分、关注度最高的新型纳米材料,其关注的热点也逐渐从可控制备、结构表征过渡到性能发挥及应用研究。

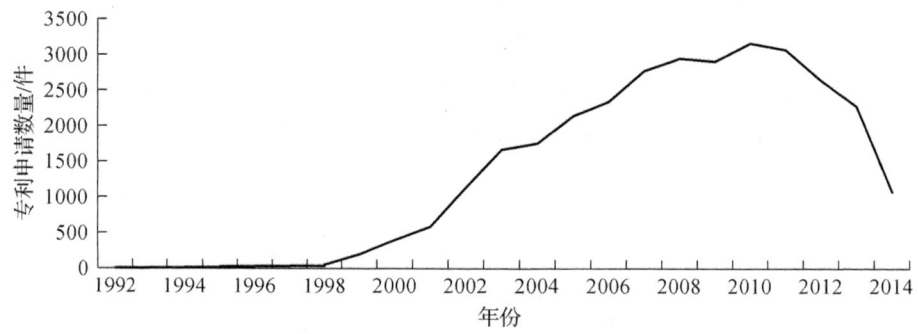

图 6.27 1992—2014 年世界碳纳米管专利变化趋势

从全球专利申请数量的国家排行来看,美国碳纳米管的专利申请数量位居世界第 1 位,申请量为 4515 件,占全球碳分子筛专利申请量的近 1/2;中国次之,申请量为 1887 件;韩国位居第 3 位,申请量为 1639 件,占世界专利申请量不超过 20%,表明美国碳纳米管的技术水平在全世界处于领先地位,我国虽然排名第 2 位,但与美国申请的专利总数相差 2628 件,差距较明显(表 6.11)。

表 6.11 世界碳纳米管专利申请数量排名居前 10 位的国家与组织

排名	国家与组织	专利申请数量/件	百分比
1	美国	4515	45.15%
2	中国	1887	18.87%
3	韩国	1639	16.39%
4	欧洲专利局	1089	10.89%
5	加拿大	313	3.13%
6	法国	187	1.87%
7	德国	77	0.77%

续表

排名	国家与组织	专利申请数量/件	百分比
8	俄罗斯联邦	72	0.72%
9	英国	58	0.58%
10	墨西哥	43	0.43%

根据世界碳纳米管每年相关的专利申请数量和相应专利申请人数量的数据，以年度申请量为横坐标，年度申请人数量为纵坐标，绘制出技术生命周期图，见图6.28。

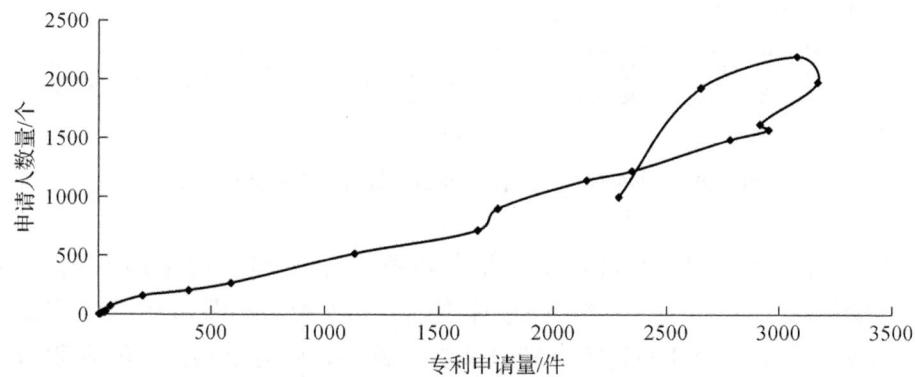

图6.28 世界碳纳米管专利技术生命周期图

由图6.28可知，世界碳纳米管技术在2000年以前处于萌芽期。在该阶段，研究和开发主要集中在少数几个公司，专利申请数量与专利申请人数量都不多，集中度较高；2000年以后，该技术进入快速发展期。在该阶段，技术有了突破性的进展，市场不断扩大，专利申请数量与专利申请人数量也呈急剧上升趋势。经过几年的快速增长，专利申请数量和申请人数量开始呈下降趋势，该技术开始进入技术成熟期，进入该领域的企业也有所减少。

6.5.2 全国及山西省碳纳米管专利

1. 全国碳纳米管专利

截至2015年4月25日，以"碳纳米管"为关键词在佰腾专利数据库检索中国专利，统计专利总数8212件，发明7927件，实用新型282件，外观3件。从时间趋势图来看，随着世界纳米材料研究应用的热潮，我国碳纳米管的相关技术专利申请始于20世纪90年代，国家在政策上给予了大力支持，极大地促进了新材料产业的发展。"十一五"期间，国家将新材料作为高技术产业工程重大专项，重点发展特种功能材料、高性能结构材料、纳米材料、复合材料、环保节能材料等产业群，我国纳米技术实现了跨越式发展，纳米研究水平大幅提升，进入国际先进行列，2000年以后，申请量逐年增长且呈直线上升的趋势见图6.29。目前，我国新材料产业正处于强劲发展阶段，新材料产业约占国内生产总值的15%，预计年增长速度保持在20%以上。航空航天、能源资源、交通运输、重大装备等应用领域的不断扩大，对纳米碳材料的技术研发提出了新的要求，专利申请数量急剧增长。综上所述，碳纳米管作为新型纳米材料，其应用领域广阔且国家政策导向支持，因此，技术研发非常必要，相关技术专利申请仍是热点研发领域。

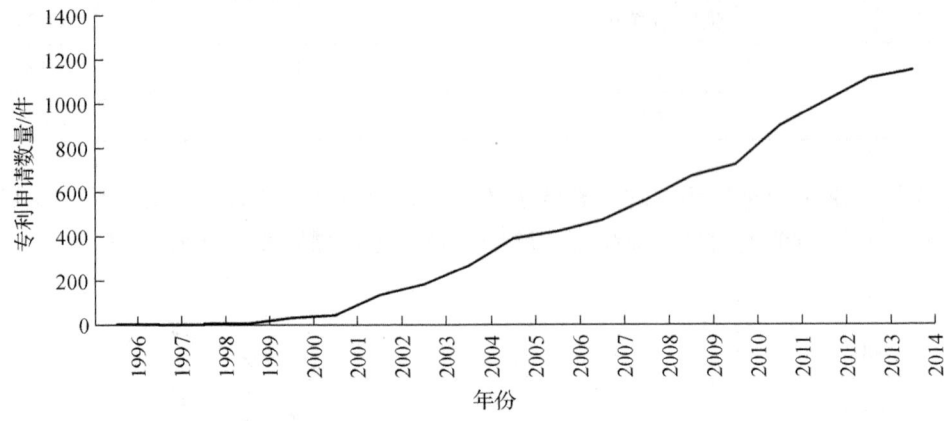

图 6.29 1996—2014 年我国碳纳米管技术专利变化趋势

从国内区域分布图 6.30 可以看出，北京市排名第 1 位，占全国专利申请数量的 32.19%，上海市次之，江苏省、广东省分别排第 3、第 4 位。从图 6.30 可以看出，市场经济发达的省市和科研水平较高的省市专利申请数量较多，得益于其众多的企业和广阔的市场，以及科研院所和高等院校的聚集。山西省未进入碳纳米管专利排名前 10 名。

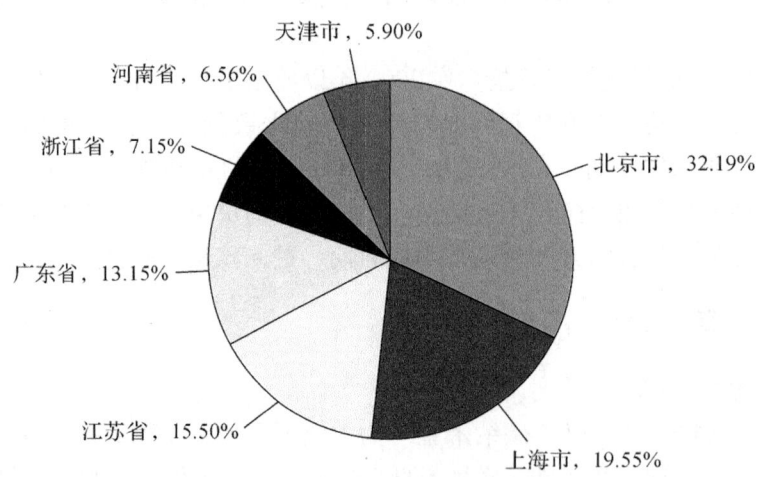

图 6.30 我国碳纳米管专利申请数量的区域分布

根据碳纳米管技术每年专利申请数量和相应专利申请人数量的数据，以年度申请量为横坐标，年度申请人数量为纵坐标，绘制出我国碳纳米管技术生命周期图，见图 6.31。

由图 6.31 可以看出，我国碳纳米管研究在 20 世纪 90 年代处于萌芽期，该阶段研究和开发主要集中在少数几个公司或研发机构，专利申请数量与专利申请人数量都不多。2000 年以后，碳纳米管技术进入快速发展期，专利申请数量和专利申请人数量均呈急剧增长态势。

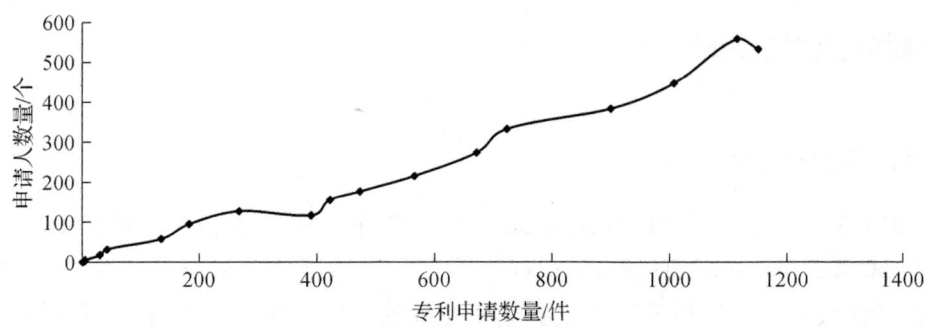

图 6.31　我国碳纳米管技术专利生命周期图

2. 山西省碳纳米管专利

以"碳纳米管 山西省"为关键词，检索结果为 50 件，发明 48 件，实用新型 2 件，外观设计 0 件。具体分布见图 6.32。

从图 6.32 来看，随着我国碳纳米管技术专利呈增长趋势，山西省也展了开始相关技术研究。2010 年之前，专利申请数量一直趋于平稳，增长幅度不明显；2010 年以后，随着"十二五"规划对新型纳米材料的重视，山西省出台相应的政策文件促进纳米材料的发展，专利申请数量迅速增加。

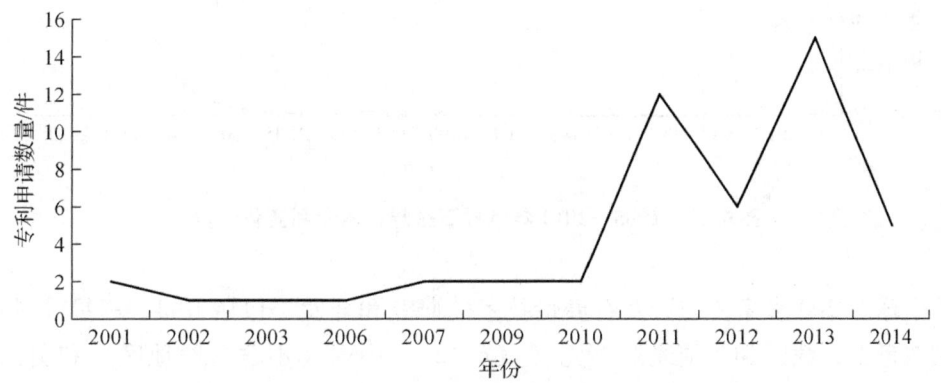

图 6.32　2001—2014 年山西省碳纳米管专利申请数量变化趋势

对国内申请人进行检索，得到太原理工大学专利申请数量为 31 件，占全国专利申请总量的 0.24%，在全国排名第 54 位。

检索山西省碳纳米管申请人，太原理工大学排第 1 位；煤化所、山西大学次之，专利申请数量 7 件；中北大学专利申请数量 2 件，可以看出山西省碳纳米管专利技术研究较少，且集中在科研院所和少数高校。

6.6 石墨烯技术专利分析

6.6.1 石墨烯世界专利

截至2015年4月25日，以"Graphene"为关键词在SooPAT专利网检索世界专利，统计专利总数10 000件。从时间趋势图6.33来看，石墨烯相关专利的申请在1985年就已出现，但发展较为缓慢，而且相关研究主要集中在理论方面。2004年以来，石墨烯不仅在理论科学上受到了极大关注，并且以其特殊的纳米结构及优异的物理化学性能在电子学、光学、磁学、生物医学、催化、储能和传感器等诸多领域展现出巨大的应用潜能，引起了科学界和产业界的高度关注。2006年以后，专利申请数量开始出现实质性的大幅增长，从2006年的69件跨越式增长到2012年的2952件，表明石墨烯相关专利技术进入快速发展的轨道。可以认为：2008年之前，为石墨烯相关专利技术的萌芽阶段。2009年之后，石墨烯相关专利技术开发进入快速成长阶段。

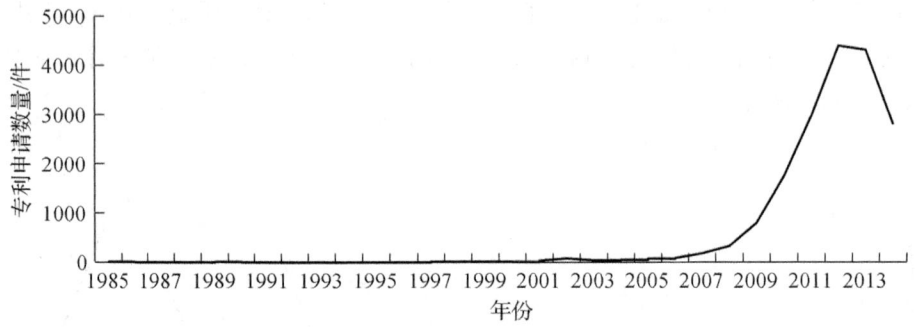

图6.33　1985—2014年世界石墨烯技术专利变化趋势

目前全球有200多家公司涉及石墨烯技术的研究和开发，包括IBM、三星等科技巨头。而在专利数量上，我国和美国遥遥领先（表6.12）。中国（不含台湾地区）和美国石墨烯相关专利族分别为4129件和2010件，韩国以1361件紧随其后。与美国、韩国、欧盟等相比，中国对石墨烯的研究起步较晚，但近两年来开始进入了研究活跃期，随着石墨烯产业化进程的推进，市场对其关注度日趋升温。

表6.12　石墨烯专利申请数量排名居前10位的国家与组织

序号	国家（地区）与组织	专利申请数量/件	百分比
1	中国	4129	41.29%
2	美国	2010	20.10%
3	韩国	1361	13.61%
4	世界知识产权组织	1317	13.17%

续表

序号	国家（地区）与组织	专利申请数量/件	百分比
5	欧洲专利局	395	3.95%
6	中国台湾	236	2.36%
7	联邦德国	186	1.86%
8	日本	95	0.95%
9	加拿大	56	0.56%
10	英国	39	0.39%

根据世界石墨烯技术每年专利申请量和相应专利申请人数量的数据，以年度专利申请数量为横坐标，年度申请人数量为纵坐标，绘制出技术生命周期图，见图6.34。

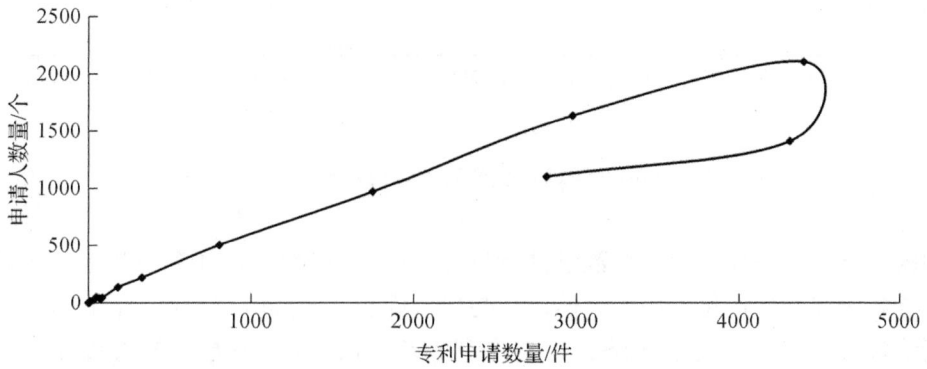

图6.34 世界石墨烯专利技术生命周期图

由图6.34可知，世界石墨烯技术在1985—2007年处于萌芽期。在该阶段，研究和开发主要集中在少数几个公司，专利申请数量与专利申请人数量都不多，集中度较高；2008年以后，该技术进入快速发展期。在该阶段，技术有了突破性的进展，市场扩大，介入的企业增多，专利申请数量与专利申请人数量也呈急剧增加。近两年略有回落趋势（但部分专利数据尚未公示），总体趋势表明，石墨烯专利技术处于快速发展阶段。

6.6.2 全国及山西省石墨烯技术专利

1. 我国石墨烯专利分析

截至2015年4月25日，以"石墨烯"为关键词在佰腾专利网检索中国专利，统计专利总数9000件，发明8461件，实用新型538件，外观1件。从变化趋势来看，2004年，英国曼彻斯特大学物理学家安德烈·海姆和康斯坦丁·诺沃肖洛夫在实验中成功地从石墨中分离出石墨烯并获得诺贝尔奖，世界兴起了石墨烯研究的热潮。石墨烯作为近几年飞速发展起来的一种碳纳米材料，是迄今为止世界上强度最大的材料，也是世界上导电性最好的材料。它具有超薄、强韧、稳定、导电性好等诸多现有材料无法比拟的优点，可被广泛用于军事、计算机、微电子等领域。我国在石墨烯领域的研究起步较晚，2008年以前，专利申请数量较少;从2009年开始,我国专利申请数量开始进入迅速增长阶段,2012年以来,《新材料产业"十二五"发展规划》、国家科技重大专项、国家"973"计划等围绕"石墨烯宏量的可控制备""石墨烯基电路制造设备工艺和材料创新"等方向部署了一批重大项目,取得了一批创新成果;国家自然科学基金委也启动了多项重大研究计划。专利申请数量逐年增长且呈直线上升趋势见图6.35,2014年迅速增长到3626件,石墨烯技术专利申请数量已居世界首位,显示出我国石墨烯研发的强劲实力。未来我国石墨烯的专利技术研发仍将是新的热点研究领域。

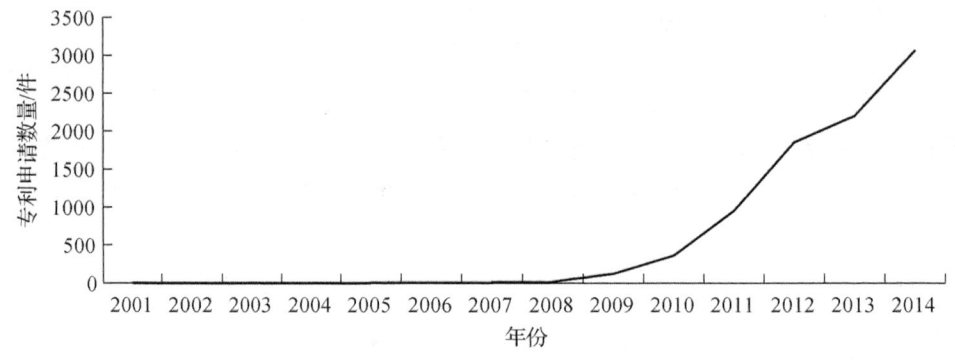

图6.35 2001—2014年我国石墨烯技术专利的变化趋势

从国内各省份石墨烯专利申请数量排行见图6.36可以看出,江苏省排名第1位,是较早从事石墨烯研究与产业化应用的省份,且初步形成了科研院所与企业合作的新模式,相关专利申请量较其他省份有明显优势,申请专利1652件,占全国专利申请数量的18.36%;广东省以896件专利申请数量居第2位,占比9.96%;北京市和上海市专利数量与广东省相差不大,凭借其发达的经济和较高的科研水平,分列第3位、第4位,占比分别为9.90%、9.80%;山西省不在区域排名前十。

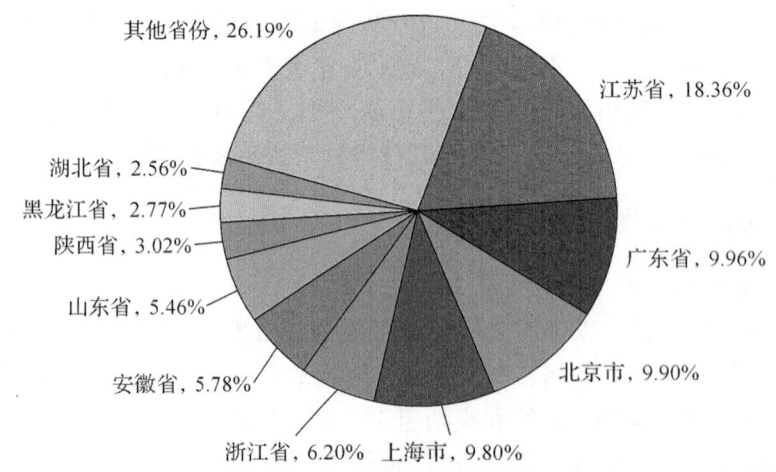

图6.36 我国石墨烯专利的区域分布

检索国内石墨烯专利申请人(表6.13),中科院山西煤化所排名70(总数100)。

表 6.13 我国石墨烯专利申请人排名（截取 60~70 名，总数 100）

排名	申请人	专利申请数量/件	百分比
60	中科院半导体研究所	35	0.31%
60	厦门大学	35	0.31%
60	中国科学技术大学	35	0.31%
60	武汉大学	35	0.31%
64	南开大学	34	0.30%
65	南京中储新能源有限公司	33	0.29%
65	陕西科技大学	33	0.29%
67	无锡同春新能源科技有限公司	32	0.28%
67	山东大学	32	0.28%
67	南京邮电大学	32	0.28%
77	中科院山西煤炭化学研究所	32	0.28%

2. 山西省石墨烯专利分析

截至 2015 年 4 月 25 日，以"石墨烯 山西省"为关键词在佰腾专利网检索，统计专利总数 78 件，统计发明专利 78 件，实用新型 0 件，外观设计 0 件。从专利申请总量的时间趋势图 6.37 来看，与全国专利量申请量相一致（石墨烯研究开始进入快速发展阶段）。2009 年，山西省开始石墨烯技术专利申请，近几年随着我省产业结构调整转型，"十二五"规划提出要大力发展新型材料，对高性能、结构可控石墨烯超级电容器材料的技术需求增加，石墨烯专利申请数量呈迅速发展态势。

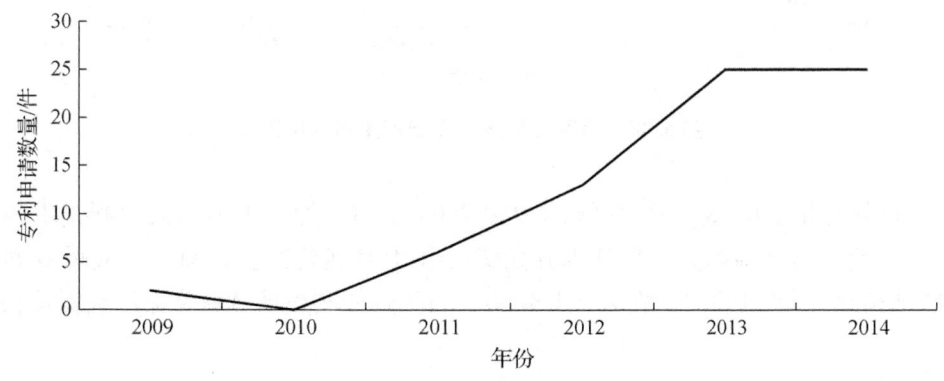

图 6.37 2009—2014 年山西省石墨烯技术专利的变化趋势

由表 6.14 可以看出，山西省申请石墨烯相关专利数量最多的是中科院山西煤化所，申请专利 23 件，太原理工大学申请专利 9 件，山西大同大学申请专利 7 件，中北大学申请专利 5 件，从排名前十的申请人可以看出，石墨烯专利申请主要集中在科研院所和高校，表明石墨烯技术在我省仍处于技术研究实验阶段，产业化道路尚未打通。

表 6.14　山西省石墨烯专利申请数量排名居前 10 位的申请人

排名	申请人	专利申请数量/件	百分比
1	中科院山西煤炭化学研究所	23	43.40%
2	太原理工大学	9	16.98%
3	山西大同大学	7	13.21%
4	中北大学	5	9.43%
5	山西大学	4	7.55%
6	山西煤炭运销集团有限公司	1	1.89%
6	山西省交通科学研究院	1	1.89%
6	山西交科公路勘察设计院	1	1.89%
6	国网山西省电力公司晋城供电公司	1	1.89%
6	国家电网山西省电力公司	1	1.89%

根据石墨烯技术每年专利申请数量和相应专利申请人数量的数据，以年度专利申请数量为横坐标，年度申请人数量为纵坐标，绘制我国石墨烯 2001—2014 年的技术生命周期图（图 6.38）。

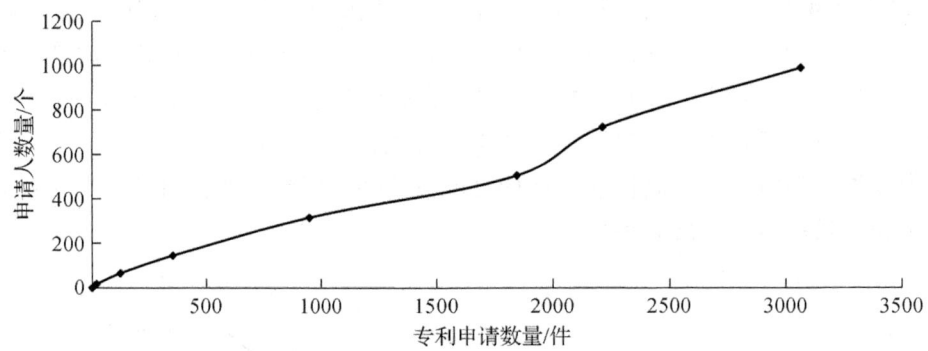

图 6.38　我国石墨烯技术专利生命周期图

结合专利分析和图 6.38，我们可以认为：2004 年前，为石墨烯相关专利技术的萌芽阶段；2008 年之后，石墨烯相关专利技术开始进入技术发展阶段。目前，石墨烯专利技术正处于快速成长阶段。可以预测，在未来几年中，石墨烯专利申请数量将会继续保持快速增长态势。

6.7　本章小结

本章对世界及中国的几种煤基新材料（其中包括煤基活性炭、碳分子筛、PAN 基碳纤维、富勒烯、碳纳米管及石墨烯）的专利进行了检索，发现我国在煤基活性炭、碳分子筛和石墨烯的专利数量排名居全球第 1 位，PAN 基碳纤维和碳纳米管的申请数量排名居全球第 2 位，表明我国在新材料相关技术领域取得一定的新成果。

煤基活性炭在我国仍处于发展阶段，结合生命周期图和山西省相关专利申请情况，山西省作为煤炭大省，发展煤基活性炭有着得天独厚的资源优势，而且具有较深厚的产业基础，应该加大相关技术的改进，增强自主创新能力推进煤基活性炭的快速持续发展；我国碳分子筛处于发展成熟阶段，相关技术已经较完善，而且山西省在我国是较早开始进行碳分子筛研究的省份，技术储备已经具备，中科院煤化所专利技术储备较多，应该进一步促进技术成果的产业化；我国 PAN 基碳纤维已经实现产业化，山西省关于高性能碳纤维具有较丰富的技术储备，也有科研院所与企业合作的成功实践，应继续支持发展关键技术的突破发展。富勒烯专利申请量最近几年热度逐渐退去，我国关于富勒烯的研究比发达国家较晚，但发展趋势明显，山西省富勒烯专利申请数量在全国排名居第 9 位，表明相关技术研究较多。我国碳纳米管技术处于发展阶段，山西省"十二五"规划重视纳米新材料产业发展，山西省的相关技术专利申请数量在全国排名没进前十，发展相关产业需引进相关技术；石墨烯 2008 年至今均处于快速发展的阶段，山西省煤化所和一些高等院校也进行了一些研究，但总体来看技术储备薄弱，产业化尚需时日。

7 煤基低碳技术成熟度分析

7.1 煤基低碳技术专利分析

以山西省 2014 年颁布的煤基低碳 7 条创新链为基础，课题组重点挑选了超临界发电、循环流化床、煤液化、煤气化、煤焦化、煤层气、综采 7 个煤基低碳技术领域进行相关专利与技术成熟度研究。有关专利数据来源于中国知识产权局专利检索与分析系统、佰腾专利数据库、Soopat 专利搜索平台。

7.1.1 煤基低碳技术专利申请数量

本部分主要通过分析美国与我国煤基低碳技术领域的专利申请情况，并将我国煤基低碳技术领域的专利申请情况与美国的申请情况进行对比分析，从而总结出煤基低碳技术专利申请的特点。其中，一方面考虑到要与美国在该领域的专利情况做对比；另一方面专利在提出申请后需要经过审查程序才能公开，如发明专利从申请日开始一般需要 18 个月才能公开，因此，在进行煤基低碳技术专利申请数量分析时，选取了 1995—2014 年中美相关技术领域的专利数据。

1. 美国煤基低碳技术专利

针对超临界发电、循环流化床、煤液化、煤气化、煤焦化、煤层气、综采 7 个煤基低碳技术领域，在 Soopat 专利搜索平台根据专题二中各技术领域检索词检索，获得各技术领域美国专利情况见表 7.1。

表 7.1 1995—2014 年美国煤基低碳技术领域专利量

单位：件

年份	超临界发电	循环流化床	煤液化	煤气化	煤焦化	煤层气	综采
1995 年	3	22	2	15	11	16	0
1996 年	0	26	0	10	8	10	0
1997 年	3	18	2	10	8	8	0
1998 年	1	22	0	9	12	14	2
1999 年	9	16	1	6	10	11	0
2000 年	6	17	2	3	10	4	0

续表

年份	超临界发电	循环流化床	煤液化	煤气化	煤焦化	煤层气	综采
2001 年	11	26	0	16	17	21	0
2002 年	9	11	1	13	11	20	0
2003 年	20	29	0	9	29	33	1
2004 年	19	28	2	7	11	28	4
2005 年	18	28	3	10	25	37	0
2006 年	9	23	2	44	34	37	0
2007 年	24	30	0	43	30	34	2
2008 年	13	25	5	56	45	28	0
2009 年	20	50	12	66	35	38	0
2010 年	30	22	11	38	27	28	0
2011 年	29	20	26	37	30	32	0
2012 年	26	17	8	23	26	20	4
2013 年	23	14	6	35	22	35	1
2014 年	14	6	5	5	18	10	0

从表 7.1 的数据可以看出，整体来看煤基低碳 7 个技术领域在美国的创新活动并不活跃。除煤气化技术以外，其他 6 个技术领域的年度专利申请数量均低于 50 件。从各技术领域专利总量来看，煤层气、煤气化、循环液化床与煤焦化技术领域的专利总量均在 400 件以上，而综采技术的专利总量仅为 14 件。从年均专利数量来看，煤层气技术年均专利数量在 7 个领域中最高，为 23.2 件；煤气化、循环流化床、煤焦化技术的年均专利数量分别为 22.75 件、22.5 件、20.95 件；而超临界发电、煤液化、综采技术的年均专利数量均低于 15 件，分别为 14.35 件、4.4 件、0.7 件。

为了分析美国煤基低碳技术领域专利的时间变化趋势，绘制了 1995—2014 年美国煤基低碳技术领域专利的变化趋势（图 7.1）。

从图 7.1 可以看出，除综采技术之外，其他 6 个煤基低碳技术领域在美国的创新活动呈先升后降的演化趋势。循环液化床、煤气化、煤焦化与煤层气技术领域的专利数量均在 2009 年达到 20 年间的专利高峰，之后呈现出显著的下降趋势。超临界发电技术专利在 2010 年达到最高，为 30 件；煤液化技术专利在 2011 年达到最高，为 26 件；随后几年均呈下降趋势。综采技术专利没有明显的时间演化趋势，20 年间仅有 6 年有专利，最高的专利量为 4 件；其他 14 年的专利量均为 0 件。

在静态及动态层面的分析结果都说明了煤基低碳技术创新活动在美国处于低谷，这些技术领域创新活动在美国基本处于零星而量少的状态。专利的布局结构及时间纵向的创新演进模式与该区域产业结构及发展动态有密切关系。作为世界的重要创新源头，有关煤基低碳的

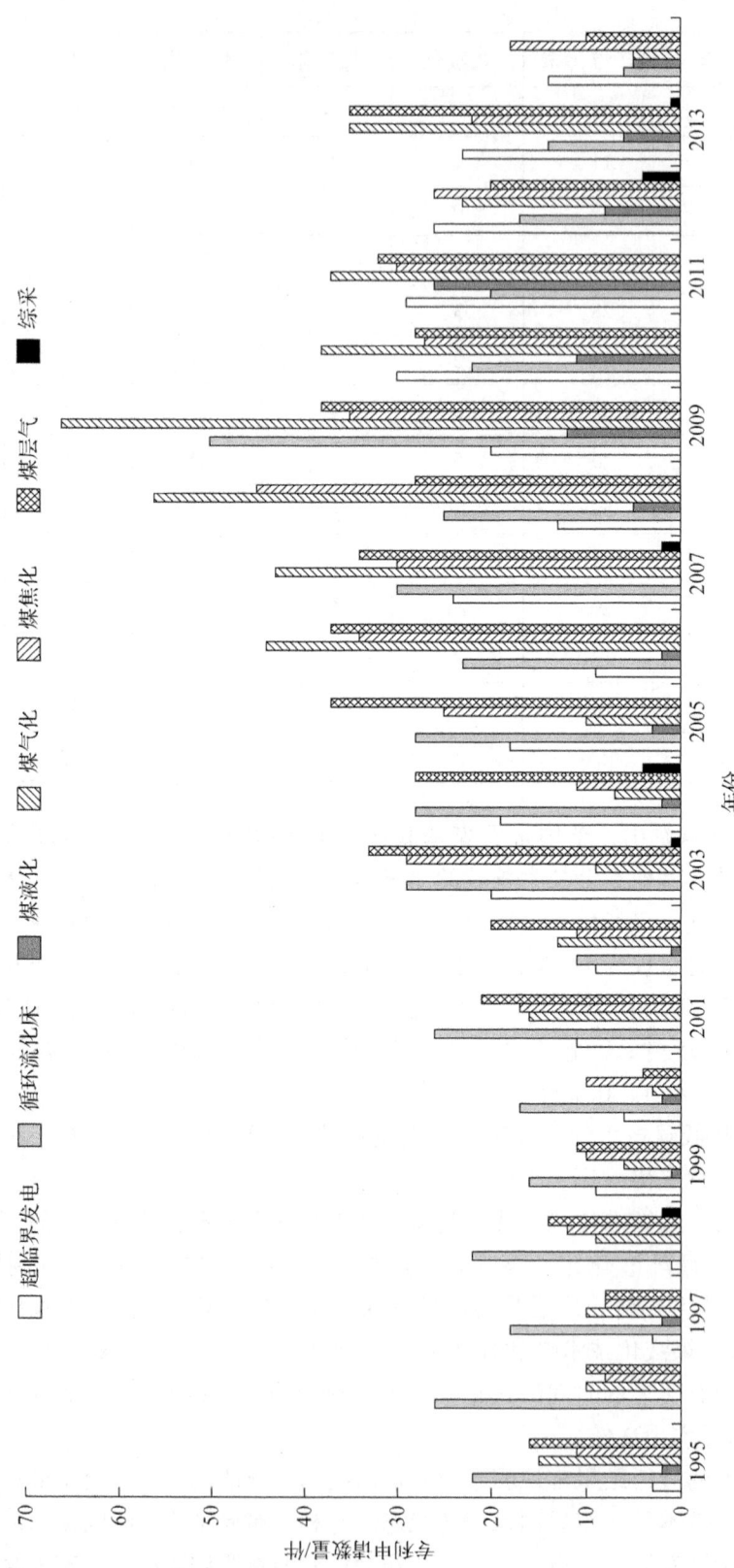

图 7.1 1995—2014 年美国煤基低碳技术专利的变化趋势

技术早已经脱离了美国的技术布局及产业结构需求聚焦范畴。通过检索其他发达国家专利数据库，也可以得到类似的结论。

2. 中国煤基低碳技术专利

通过 Soopat 专利数据库获得中国在超临界发电、循环流化床、煤液化、煤气化、煤焦化、煤层气、综采领域的1995—2014年度专利数据（表7.2）。

表7.2　1995—2014年中国煤基低碳技术领域专利数据

单位：件

年份	超临界发电	循环流化床	煤液化	煤气化	煤焦化	煤层气	综采
1995 年	4	17	35	46	8	3	4
1996 年	4	22	32	29	4	2	3
1997 年	2	17	29	41	8	0	5
1998 年	5	20	33	48	5	0	3
1999 年	10	21	29	41	4	2	3
2000 年	18	32	28	48	13	4	1
2001 年	19	50	34	81	18	4	4
2002 年	32	44	43	105	18	7	6
2003 年	55	47	51	106	15	4	10
2004 年	45	71	41	104	20	5	20
2005 年	80	95	54	151	24	11	22
2006 年	62	111	96	192	25	30	40
2007 年	65	116	83	185	37	46	62
2008 年	66	172	71	324	51	48	80
2009 年	99	248	83	343	75	58	92
2010 年	115	234	141	424	96	221	130
2011 年	149	308	146	484	79	169	201
2012 年	162	378	132	473	111	189	224
2013 年	250	440	176	616	140	298	257
2014 年	207	333	113	631	95	256	237

从表7.2可以看出，我国在煤液化、煤气化、循环流化床技术领域具有较活跃的研发活动，1995年这3个领域的专利数量就分别为：35件、46件、17件。其他4个技术领域研发活动较少，1995—2000年尚处于起步阶段。

根据1995—2014年中国煤基低碳技术领域专利数据，绘制中国煤基低碳技术领域专利变化趋势（图7.2）。

图 7.2　1995—2014 年中国煤基低碳技术领域专利的变化趋势

从图7.2可以看出，1995—2000年我国煤基低碳技术处于起步阶段，技术发明与产品生产活动才刚刚开始，只有少数几个企业参与到新技术研发活动之中，专利数量少。分析该阶段专利的内容可以发现，这些专利往往质量很高，大多数是基础性专利。

"十五"及"十一五"期间，煤炭领域相关技术开始逐步进入发展阶段，增长幅度远远高于前期，尤其是煤气化技术的专利申请数量的增幅最为显著，其次是循环流化床技术。其他相关技术的专利数量虽然并不多，但增长速度之快也显而易见。该阶段的发展趋势足以说明该类技术经过起步期的实践验证具有可行性，这样其他企业陆续加入进来，使该技术得到不断的发展，产品市场不断扩大。

进入"十二五"后，相关技术日益成熟。这些技术领域的企业数不断增加，竞争日益加剧，而市场又是有限的，使得进入该行业的企业不断减少，相关专利申请数量增长速度开始变得缓慢。

3. 中美煤基低碳技术专利对比分析

通过对美国与中国在煤基低碳技术领域专利数据的对比分析，可以得到美国与中国在煤基低碳技术领域研发投入与专利布局的差异。整体来看，近20年间，我国在7个煤基低碳技术领域进行了大量的研究，各个领域的专利年度趋势都呈上升趋势。而美国在这些领域的专利数量增长幅度不明显，有的领域专利数量近几年甚至呈减少趋势。

（1）超临界发电技术领域

根据1995—2014年美国与中国煤基低碳技术领域专利数据，绘制美国与中国超临界发电专利变化趋势（图7.3）。

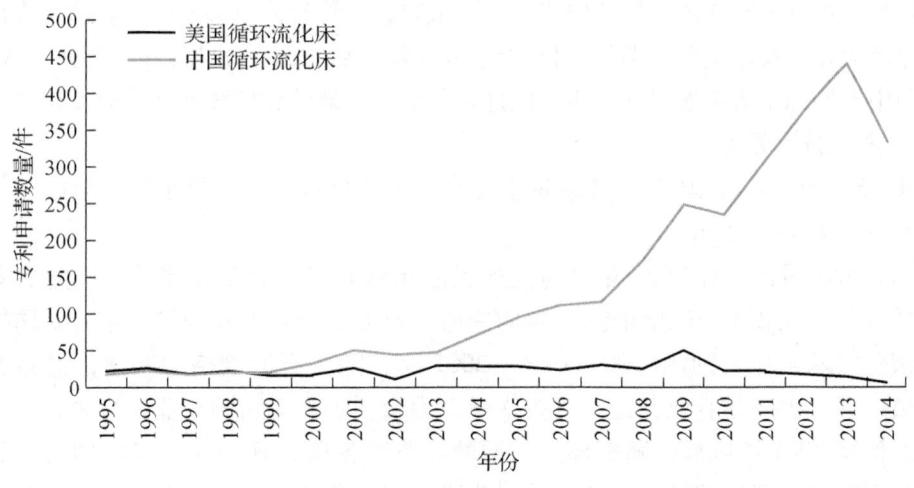

图7.3 1995—2014年中美两国超临界发电技术领域专利的变化趋势

从图7.3可以看到，2010年之前，美国超临界发电专利整体呈稳定增长阶段，但2010年后整体专利呈缓慢下降趋势，这与专题报告二中对世界超临界发电技术生命周期的分析"2011—2013年，世界超临界、超超临界发电技术进入成熟期。在此间技术趋于成熟，专利技术数量继续增加，但专利增长的速度变慢，申请人数量基本维持不变"相一致。我国在该领域的专利在2008年以后一直呈现快速增长趋势，与我国政府重视发展洁净煤技术，重视环保有关，是目前研究热点之一。

（2）循环流化床技术领域

根据1995—2014年美国与中国煤基低碳技术领域专利数据，绘制美国与中国循环流化床技术领域专利变化趋势（图7.4）。

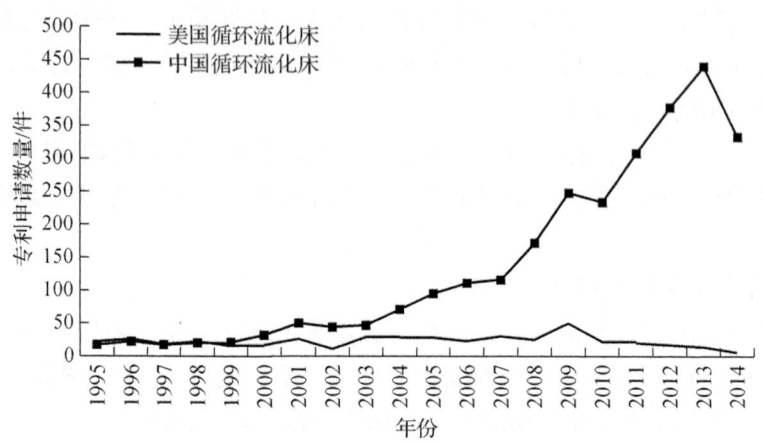

图7.4　1995—2014年中美两国循环流化床技术领域专利的变化趋势

从图7.4可以看出，在2009年之前，美国和中国的循环流化床专利都呈上升趋势，可见该领域都是两国重点研究的领域。2009年后，美国该领域专利数量开始下降，但中国的专利数量仍在增加，可见美国在该领域的研究已基本成熟，不再投入更多的研究。这与专题报告二中对世界循环流化床技术生命周期的分析"到2013年以后，循环流化床技术开始进入衰退期"相一致。但中国能源结构仍然以煤为主，因此，仍然将循环流化床技术作为研发热点。

（3）煤液化技术领域

根据1995—2014年美国与中国煤基低碳技术领域专利数据，绘制美国与中国煤液化技术领域专利变化趋势（图7.5）。

从图7.5可以看出，在2007年之前美国煤液化研究基本处于停滞状态，随后专利数量有了一定的增长，在2011年达到近20年的峰值，而近三年呈下降趋势。结合专题报告二中对世界煤液化技术生命周期的分析：1986—2005年，随着石油价格的回落，世界煤液化技术步入了衰退期，大多数企业已经不再投入研发力量，也没有新的企业愿意进入，专利数量开始减少。但是2005年以后，随着环保问题的加重，各国又开始注重煤炭的清洁利用，煤液化技术专利数量又开始回升，煤液化技术又进入了复苏期。可见，美国煤液化技术生命周期与世界煤液化技术生命周期基本一致，目前正在退出该领域的研究。我国虽然煤液化技术领域的专利数量在2006—2008年有所回落，但整体仍呈上升趋势，即我国仍旧关注煤液化领域的研发。

（4）煤气化技术领域

根据1995—2014年美国与中国煤基低碳技术领域专利数据，绘制美国与中国煤气化技术领域专利变化趋势（图7.6）。

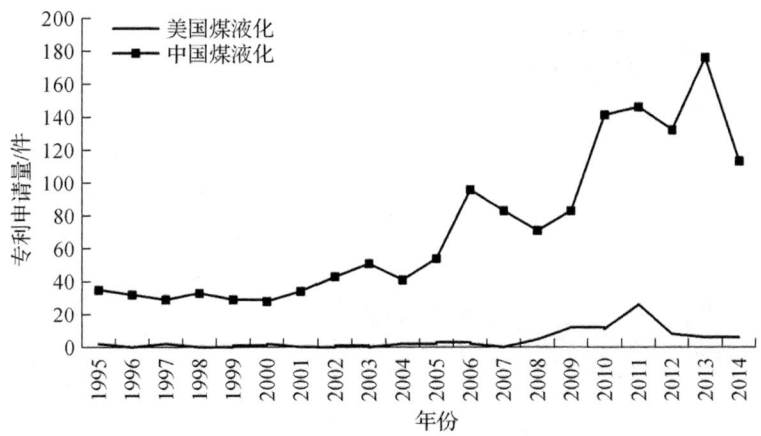

图 7.5　1995—2014 年中美两国煤液化技术领域专利的变化趋势

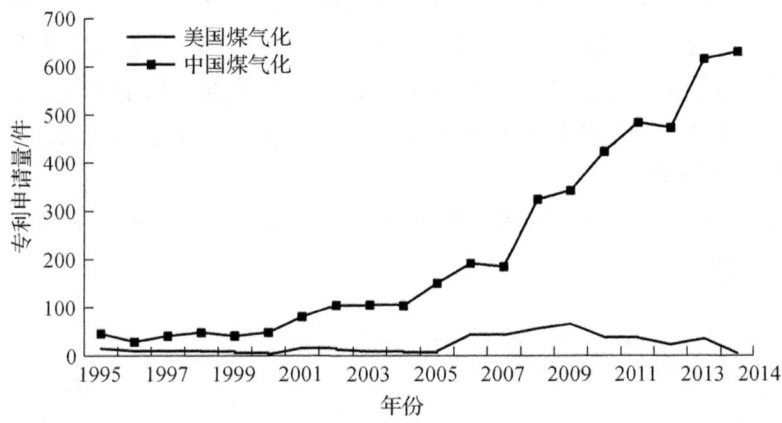

图 7.6　1995—2014 年中美两国煤气化技术领域专利的变化趋势

从图 7.6 可以看出，美国在煤气化领域的专利较少，仅在 2009 年达到近 20 年的申请量的峰值，之后专利数量呈下降趋势，可见美国在该领域的研究已基本成熟，不再投入更多的研究，这与专题报告二中提及的目前世界煤气化领域已经处于成熟阶段一致。中国在煤气化技术领域专利数量呈波浪式增长趋势，分析专利拥有人发现，我国有较多企业、高校、科研院从事煤气化技术领域的研发活动。

（5）煤焦化技术领域

根据 1995—2014 年美国与中国煤基低碳技术领域专利数据，绘制美国与中国煤焦化技术领域专利变化趋势（图 7.7）。

从图 7.7 可以看出，2008 年之前，美国煤焦化专利增长趋势与中国煤焦化专利增长趋势相同，且数量相近。2008 年之后，美国该领域专利数量锐减，可见美国已经开始退出污染较大的煤焦化技术领域。中国在煤焦化技术领域的专利数量与之前的增长速度相比，呈缓

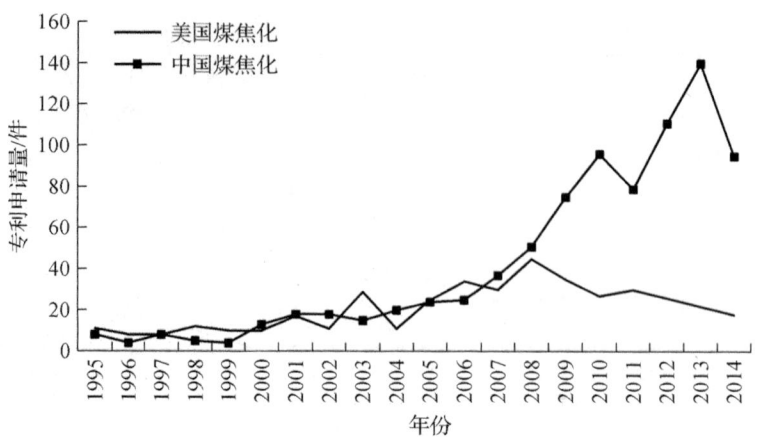

图 7.7　1995—2014 年中美两国煤焦化技术领域专利的变化趋势

慢递增趋势，这说明中国继续在该领域进行大量的研究。这与专题二中对世界煤焦化技术生命周期的分析"煤焦化技术现在整体上处于发展期的末端，即将进入成熟期。煤焦化技术专利申请数量仍保持较大的增长速度，但申请人数量增长速度以趋于平缓。此阶段的市场已经趋于稳定，大多数企业不愿再投入科研力量，也没有新的企业愿意进入"相一致。

（6）煤层气技术领域

根据 1995—2014 年美国与中国煤基低碳技术领域专利数据，绘制美国与中国煤层气技术领域专利变化趋势（图 7.8）。

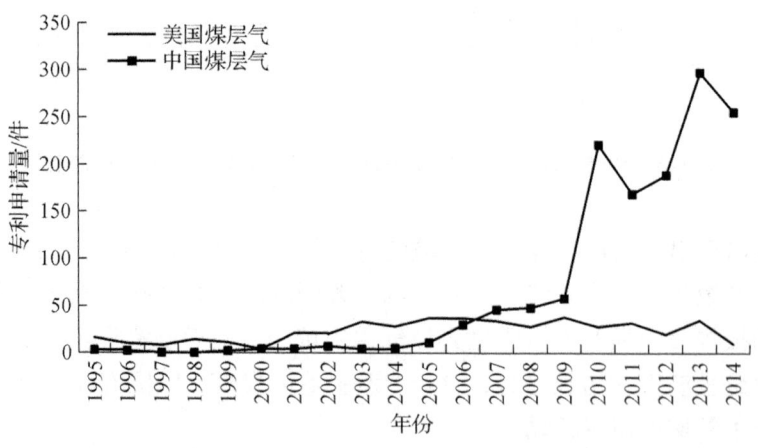

图 7.8　1995—2014 年中美两国煤层气技术领域专利的变化趋势

煤层气作为非常规绿色能源，是近 30 年提出利用的新型能源。从图 7.8 可以看出，在 2006 年之前，美国在煤层气领域的专利数量超过中国的专利数量。2006 年，我国政府出台了相关的政策指导支持煤层气开发利用。2006 之后，我国煤层气专利数量开始出现爆发式增长，专利数量远超过美国在该技术领域的专利数量。

整体来看，美国在煤层气技术领域的专利数量一直保持平稳的状态，即美国仍旧关注煤层气技术领域的研究。这与专题二中对世界煤层气技术生命周期分析的结果一致，目前世界煤层气技术处于发展期，专利申请数量和专利申请人数量呈现逐渐上升的趋势。

（7）综采技术领域

根据1995—2014年美国与中国煤基低碳技术领域专利数据，绘制美国与中国综采技术领域专利变化趋势（图7.9）。

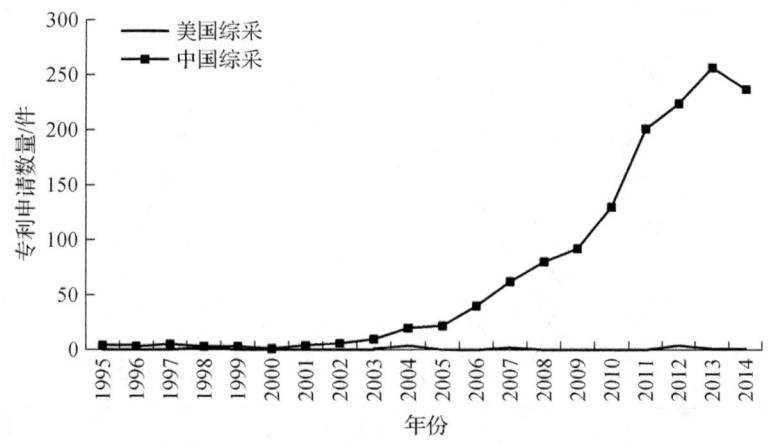

图7.9　1995—2014年中美两国综采技术领域专利的变化趋势

从图7.9可以看出，美国在1995—2014年每年的综采专利数量均为个位数，可以看出美国正逐渐退出该领域的研究。而我国对能源有着巨大的需求，一直在能源开采，如综采技术领域，进行大量的研究，专利数量呈递增趋势。

7.1.2　煤基低碳技术专利增长趋势

为了探究煤基低碳有关技术专利增长趋势，采用曲线拟合的方法定量分析煤基低碳领域技术发展状况。

课题组选取超临界发电、循环流化床、煤液化、煤气化、煤焦化、煤层气、综采领域专利，数据来源于我国专利数据库。

为了更好地分析专利数量随着时间的变化而变化的趋势，利用SPSS 14.0进行回归分析，经过曲线拟合尝试，发现专利数量变化都符合指数增长的趋势，具体结果见图7.10。

为了图形的直观性，图7.10中纵轴采用了对数变换，将原指数曲线变换为线性曲线，函数形式为$\log(y) = ax - b$，其中，变量x代表年份，y代表专利申请数量，a和b为常数，x每增长一年，专利申请数量的对数增长a。经过最小二乘法进行曲线拟合，可以得到系数a和b的值。如果某技术领域专利曲线拟合得到的系数a越大，则说明其专利增长速度越快。

为了比较不同技术专利增长速度，将拟合结果集中列举，见表7.3。

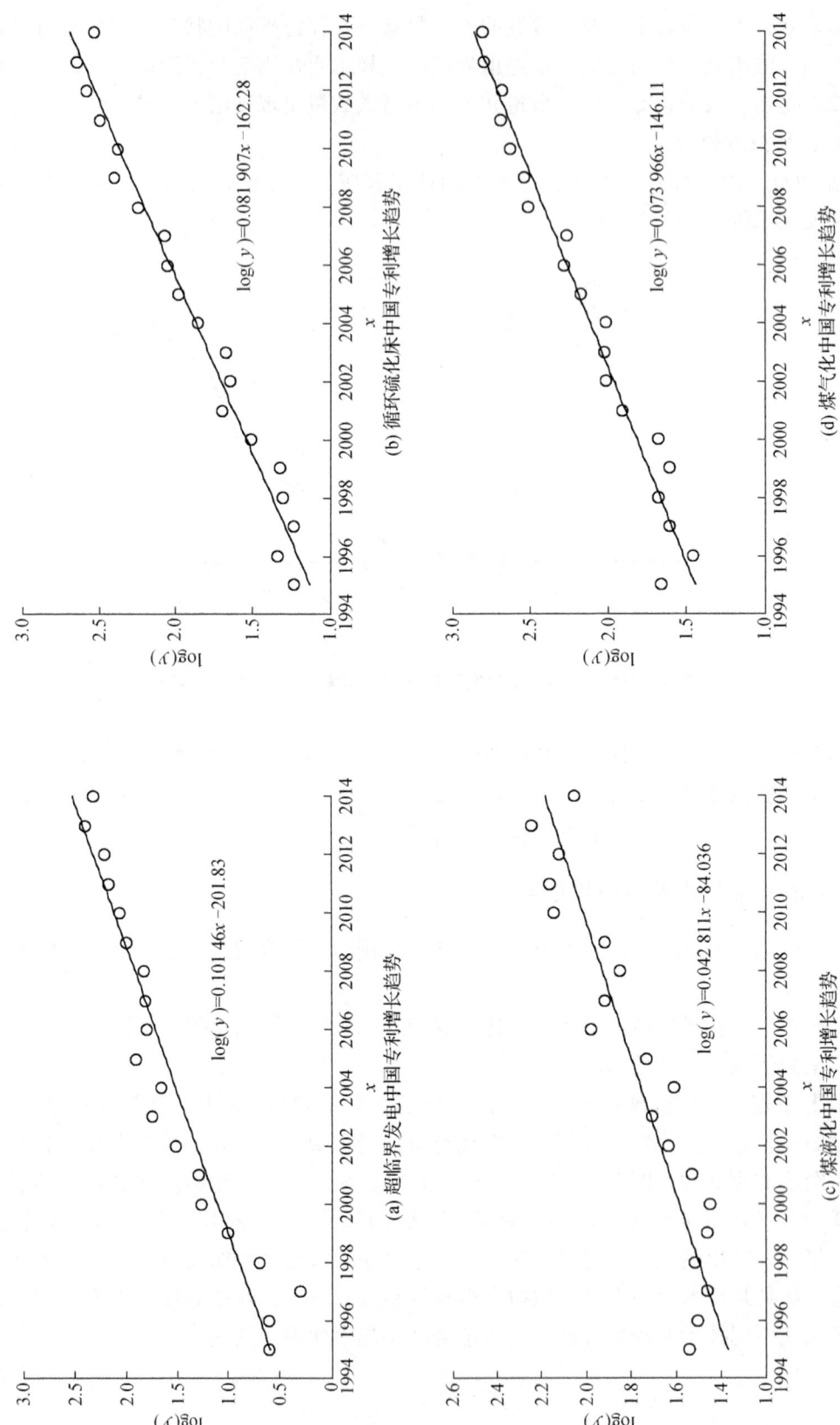

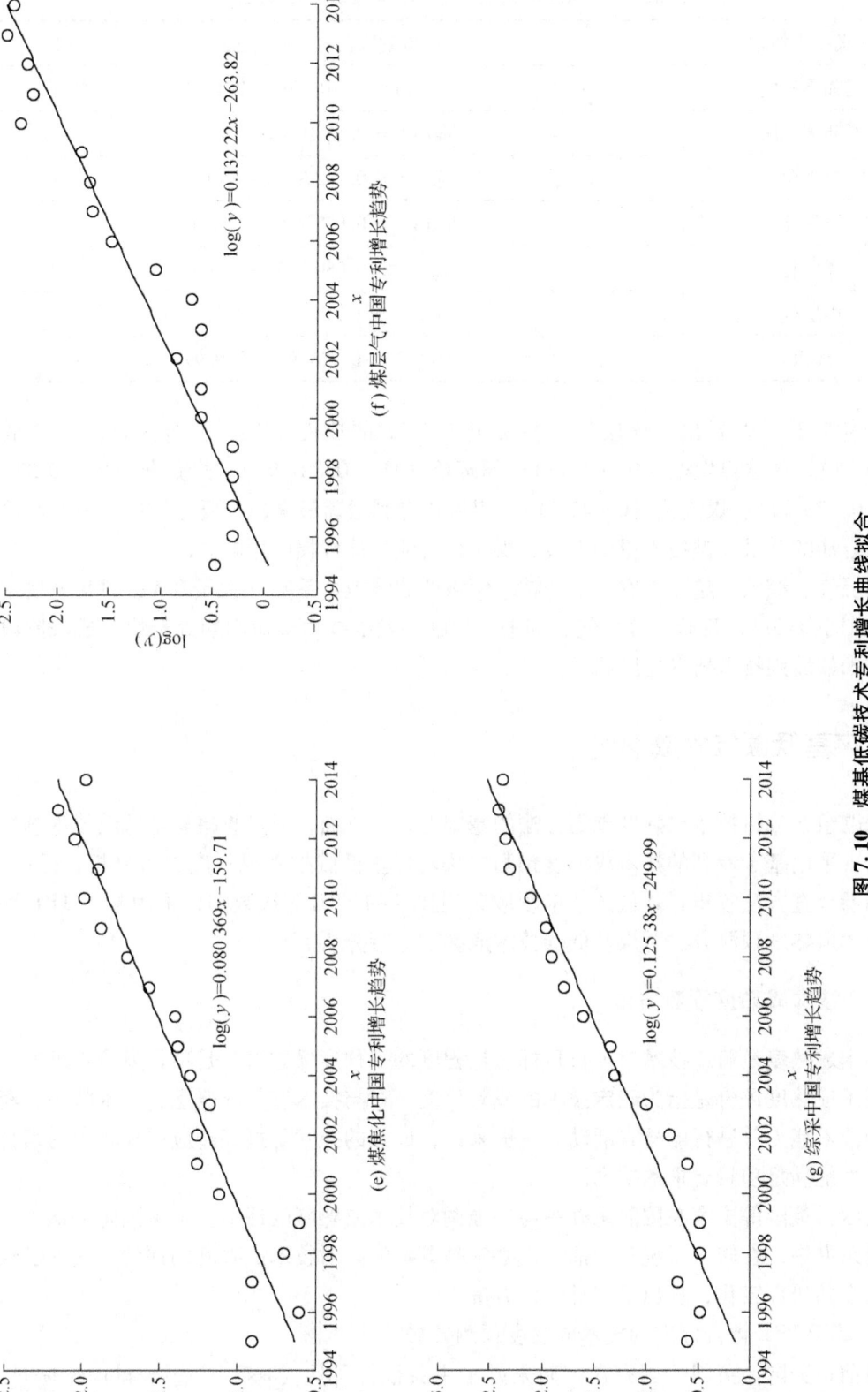

图 7.10 煤基低碳技术专利增长曲线拟合

表 7.3　煤基低碳技术专利增长曲线拟合表达式

煤炭技术领域	指数拟合的函数表达式
超临界发电	$\log(y) = 0.10146x - 201.83$
循环流化床	$\log(y) = 0.081907x - 162.28$
煤液化	$\log(y) = 0.042811x - 84.038$
煤气化	$\log(y) = 0.073966x - 146.11$
煤焦化	$\log(y) = 0.080369x - 159.71$
煤层气	$\log(y) = 0.13222x - 263.82$
综采	$\log(y) = 0.12538x - 249.99$

从表 7.3 可以看出，煤层气以指数 0.13222 的速度增长，位居榜首；其次是综采（0.12538）、超临界发电（0.10146）、循环流化床（0.08191）、煤焦化（0.08037）、煤气化（0.07397）、煤液化（0.04281）。煤液化专利增速最慢，主要是受近年来石油价格下跌、页岩油的开采关键技术得到突破、煤液化行业整体亏损的影响。

煤层气、综采、超临界发电 3 个技术领域的曲线拟合系数 a 大于 0.1，而其他技术领域的系数则小于 0.1，反映了煤层气、综采、超临界发电技术生命周期处于快速成长阶段，而其他技术领域则技术研发速度趋缓。

7.2　煤基低碳技术成熟度

课题组在分析技术成熟度预测方法的基础上，一方面，通过收集煤基低碳技术领域的专利数据，采用基于专利的技术成熟度预测方法对煤基低碳技术成熟度进行分析；另一方面，通过问卷调查方法收集煤基低碳技术领域典型技术的 TRL 等级数据，采用基于 TRL 评价标准的技术成熟度预测方法对煤基低碳技术成熟度进行分析。

7.2.1　技术成熟度预测方法

技术成熟度是衡量技术对项目目标满足程度的一种度量方法，是项目风险管理的重要方面。技术成熟度评价是指为确定技术的成熟程度，对与技术有关的概念、技术状态、经演示验证的技术能力等进行的检查活动。一般来说，成熟的技术是指经过应用和相应的运行环境测试，性能满足项目要求的技术。

美国、英国等国家在国防采办中特别强调对技术成熟度的评估。美国国防部认为，在关键项目采办中，在转入系统开发前技术必须是成熟的。对技术成熟度的评价，国外已经开展了比较多的研究工作，提出了多种评价方法。

1. 基于 TRL 评价标准的技术成熟度预测方法

目前，美国、英国等国家在国防采办中主要推行 TRL（Technology readiness level），它是一种比较系统的技术成熟度评价标准，由美国航空航天局（NASA）于 1995 年首先提出并应用于航天领域。2001 年，美国国防部（DOD）开始采纳 TRL，并颁发 TRL 军标指南草案，现在美军要求将 TRL 应用于所有重要采办计划中。英国国防部在国防采办中也应用了 TRL。许多国际技术组织自美军颁发 TRL 军标指南草案后，也开始评估 TRL 在项目管理中的适用性并推广应用。TRL 方法将技术成熟度划分为 9 个等级，见表 7.4。

表 7.4 技术成熟度等级

技术成熟度等级		描述
TRL1	发现或报道的基本原理	技术成熟度的最低等级。科学研究开始转向军事应用研究。局限于书面研究
TRL2	技术概念/应用模型	创新活动开始。通过基本原理，提出实际应用设想，但没有证据或者详细的分析来支持这一应用设想。仍然局限于书面研究
TRL3	通过实验验证关键功能模块或概念	通过分析、实验室研究，对应用设想进行物理验证
TRL4	实验室环境下验证的部件或分系统	进行了基本部件集成。与最终系统相比，这不是真正的集成
TRL5	模拟环境下验证的部件或分系统	分系统的可用性显著提高。部件集成已考虑到现实因素，在模拟环境中得到验证
TRL6	模拟环境下验证的系统模型或原型	比 TRL5 更加完善的典型系统模型或原型，通过模拟环境测试
TRL7	实际运行环境下验证的系统原型	系统原型接近实际系统，在实际运行环境下进行实际系统原型的演示验证
TRL8	完全通过测试和验证的实际系统	实际系统在实际运行环境中得到试验验证
TRL9	通过实际应用的系统	实际系统在实际应用环境中得到应用验证

从技术可行性的角度，技术成熟度（TRL）的九个等级可以进一步划分为 4 个阶段：TRL1～TRL3 级表示该技术处于在科学意义上的可行性，TRL4～6 级表示该技术处于在工程意义上的可行性，TRL7～TRL8 级表示该技术处于在使用意义上的可行性，TRL9 级表示该技术处于按照任务要求演示阶段。整个技术成熟度是一个不断演化的过程，由低级别到高级别不断推进。一项技术所处的技术成熟度越高，则说明该技术距离实际应用越近。

TRL 评价方法主要针对科技项目的成熟度，通过标准化地分解评价指标，进而确定科技项目的级别。涉及的评价指标包括硬件、软件、专利、标准、服务及论文等，需要通过专家调查对相关技术的成熟度进行分析与预测。

2. 基于 TRIZ 理论的技术成熟度预测方法

理论界提出了多种技术成熟度分析的方法，其中，具有代表性的是苏联 G. S. Altshuler 教授提出的基于 TRIZ 理论的预测方法。TRIZ 理论认为任何产品都是由核心技术支撑的技术系统，当前产品在技术系统进化过程中的位置就是其技术成熟度。

Altshuler 提出采用性能、专利数量、专利级别和利润率 4 个尺度变量来评估系统所处 S 曲线的位置（图 7.11）。产品技术成熟度预测即确定产品在 S 曲线上的位置，从而为产品的 R&D 决策提供依据。

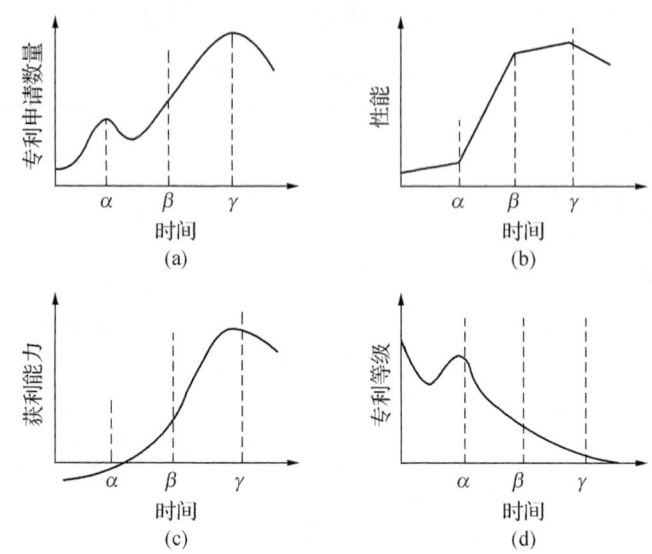

图 7.11 技术成熟度预测曲线

在图 7.11 中，用 3 条虚线把横坐标划分为婴儿期、成长期、成熟期、退出期 4 个阶段，α、β、γ 分别代表技术的婴儿期—成长期—成熟期—退出期的转折点。这 4 个阶段组成了产品的"技术生命周期"，S 曲线又称为技术系统的"寿命曲线"或"产品进化过程曲线"。

因此，根据 TRIZ 理论一种技术的生命周期通常由萌芽（产生）、成长（发展）、成熟、瓶颈（衰退）几个阶段构成。通过分析一种技术的专利申请数量及专利申请人数量的年度变化趋势，可以分析该技术处于生命周期的何种阶段，进而可为研发、生产、投资等提供决策参考。专题二即采用此标准绘制各类技术的生命周期图。

基于 TRIZ 理论的技术成熟度预测方法主要利用专利数量、性能、获得能力与专利等级等客观指标进行分析，可以减少通过专家调查法中人为因素的影响。

3. 基于专利的技术成熟度预测方法

基于专利的技术成熟度预测方法主要利用技术专利相对增长率作为评价技术成熟度的有效指标，采用这种方法可以消除外部环境因素的影响，从而提示技术创新自身的发展特征。

基于专利的技术成熟度预测方法的基本原理为：

首先，计算某技术领域第 t 年专利增长率 G_t：

$$G_t = \frac{P_t - P_{t-1}}{P_{t-1}} \tag{7.1}$$

其中，t 代表年份，P_t 代表第 t 年专利数量。

其次，计算某技术领域专利第 t 年相对增长率 R_t：

$$R_t = \frac{G_t}{A_t} \tag{7.2}$$

其中，A_t 为第 t 年度中国整体专利增长率，本数据来源于中国专利年报的中国年度专利平均增长率，G_t 为第 t 年度中国某技术领域的专利增长率。

再次，根据相对增长率 R_t 的值判断该技术领域的成熟程度。当 $R_t < 0$ 时，表示该领域的专利出现负增长（开始减少），R_t 的值越小，专利减少的速度越快，说明研究机构或研究者正快速退出该领域的研究；当 $0 < R_t \leq 1$ 时，表示该领域的专利增长速度较慢，低于或等于中国整体专利的增长速度（专利平均增长速度）；当 $R_t > 1$ 时，表示该领域的专利增长速度较快，超过了中国整体专利的增长速度（专利平均增长速度），R_t 的值越大，专利增长速度越快，说明该领域发展潜力大。

7.2.2 基于专利的煤基低碳技术成熟度

由煤基低碳技术专利增长趋势分析结果，可以发现所有的技术专利都呈现相同的指数式高增长态势。但是，我国专利高增长的影响因素是多方面的，除了技术创新自身的驱动力，可能还包含了其他的复杂因素，如来自于各级政府的专利补贴政策。

因此，一方面，考虑到数据的可获得性与有效性；另一方面，为了消除外部环境影响因素，揭示煤基低碳技术创新特征，课题组采用基于专利的技术成熟度预测方法对煤基低碳技术成熟度进行分析。利用式 7.2 计算得到煤基低碳技术 7 个领域的专利相对增长率，见表 7.5。

表 7.5 煤基低碳技术专利相对增长率

年份	超临界发电	循环流化床	煤液化	煤气化	煤焦化	煤层气	综采
1996 年	0.000	1.240	-0.362	-1.559	-2.109	-1.406	-1.054
1997 年	-4.477	-2.035	-0.839	3.705	8.955	-8.955	5.970
1998 年	22.017	2.590	2.025	2.506	-5.504	0.000	-5.871
1999 年	9.958	0.498	-1.207	-1.452	-1.992	0.000	0.000
2000 年	2.947	1.929	-0.127	0.629	8.288	3.684	-2.456
2001 年	0.288	2.919	1.112	3.568	1.996	0.000	15.568
2002 年	2.839	-0.498	1.098	1.230	0.000	3.112	2.075
2003 年	3.251	0.308	0.841	0.043	-0.754	-1.938	3.015
2004 年	-1.238	3.476	-1.335	-0.128	2.269	1.702	6.807
2005 年	2.247	0.977	0.916	1.306	0.578	3.467	0.289
2006 年	-1.106	0.828	3.822	1.334	0.205	8.488	4.021
2007 年	0.230	0.214	-0.643	-0.173	2.279	2.532	2.611
2008 年	0.079	2.492	-0.746	3.879	1.953	0.224	1.499
2009 年	2.792	2.467	0.944	0.327	2.627	1.163	0.837
2010 年	0.643	-0.224	2.779	0.939	1.113	11.176	1.643

续表

年份	超临界发电	循环流化床	煤液化	煤气化	煤焦化	煤层气	综采
2011年	0.879	0.940	0.105	0.421	-0.527	-0.700	1.624
2012年	0.341	0.890	-0.375	-0.089	1.585	0.463	0.448
2013年	3.413	1.030	2.094	1.899	1.641	3.623	0.926
均值	2.506	1.113	0.561	1.021	1.256	1.480	2.108

从表7.5可以看出，专利相对增长率均值最高的技术领域为：超临界发电，相对增长率2.506，其次是综采（2.108），其余技术领域专利相对增长率的均值都低于2。

在7个煤基低碳技术领域中，只有煤液化技术领域专利相对增长率的均值小于1（0.561），说明该领域的技术创新发展低于其他6个煤基低碳技术领域。整体来看，除了煤液化技术领域，其他6个领域专利基本都呈较高增长态势。

为了深入揭示煤基低碳技术发展的动态变化，将时间划分为4个区间阶段，即1996—1999年、2000—2004年、2005—2009年、2010—2013年。4个阶段煤基低碳技术领域专利相对增长率，见图7.12。

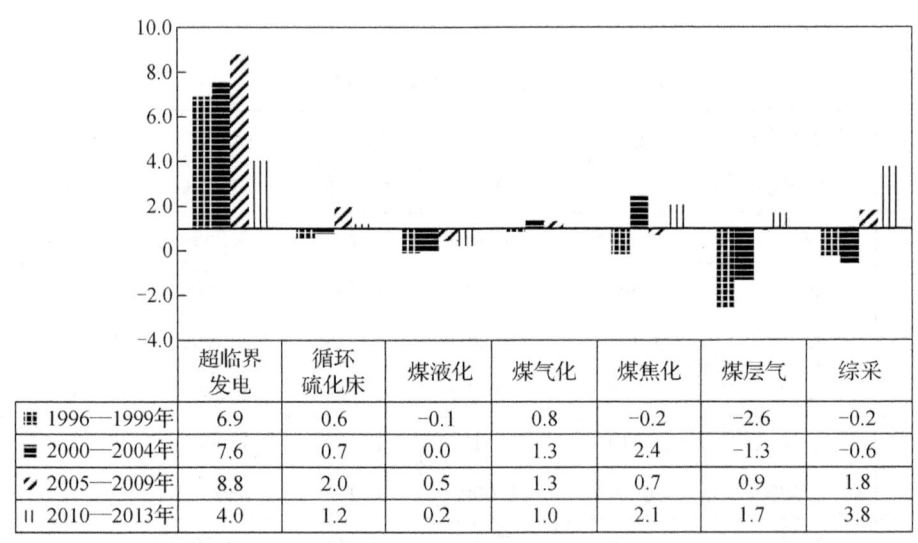

图7.12 分阶段煤基低碳技术专利相对增长率

（1）超临界发电领域

整体保持了快速的增长，尤其是1996—1999年、2000—2004年、2005—2009这3个阶段，都保持了相当快的增长速度。2005—2009年，超临界发电技术专利的相对增长率更是达到了8.8，这与国家开始重视节能减排问题，开始注重开发高效、清洁和二氧化碳近零排放的化石能源开发利用技术有关。受国家多次发布相关政策的影响，我国超临界、超超临界发电技术一直处于快速增长阶段。可见，超临界发电方面的研究非常有前景。

（2）循环流化床领域

1996—1999年、2000—2004这两个时间段里，相对增长速度缓慢，2005—2009年开始有了快速的增长，说明了国家对循环流化床技术开始重视。这与国家开始重视节能减排有关。而循环流化床锅炉具有高可靠性、高稳定性、高可利用率、最佳的环保特性及广泛的燃料适应性，特别是对劣质燃料的适应性，越来越受到广泛关注，完全适合我国国情及发展趋势。国家发布的多项政策也推动了循环流化床技术的发展。2010—2013年，循环流化床专利仍保持着1.2的相对增长速度，快速增长。

（3）煤液化领域

1996—1999，曾一度出现负增长，但此后几年的相对增长率转而正向增长，但增长率偏低。我国开展煤液化技术研发投入较早，煤液化技术已经较为成熟，因此，其专利数量增长率较低。

（4）煤气化领域

该技术专利相对增长率在1996—1999年低于1，专利增长速度低于中国专利的平均增长速度。但在2000—2014，其专利相对增长率一直保持在1以上，表明该领域逐步受到重视，具有一定发展潜力。

（5）煤焦化领域

2000—2004年呈大幅度增长，而之后相对增长率低于1。受到经济周期变化和国家能源政策的影响，该领域技术专利波动幅度较大。

（6）煤层气领域

1996—1999年、2000—2004年这两个时间段里，煤层气专利处于负增长阶段；随着国家对煤层气资源的重视，到2005年以后，煤层气领域的专利数量开始大幅增长。

（7）综采领域

1996—1999、2000—2004这两个时间段，专利相对增长率为负。随着国家注重煤炭资源充分开采利用，2005—2013年，该领域的专利数量开始大幅正向增长。从增长趋势看，该领域专利未来依旧会以较高的速率增长，有助于提高我国煤炭综合开采技术水平和行业效率。

7.2.3 基于TRL评价标准的煤基低碳技术成熟度

根据TRL评价标准的技术成熟度预测方法，选取超临界发电、循环流化床、煤液化、煤气化、煤焦化、煤层气、综采与新材料领域的有关典型技术，开展问卷调查。问卷的发放对象为高校科研人员、研究所科研人员、企业研发人员、企业研发负责人。

由于问题的专业性，各技术领域所收回的有效问卷数量有限，但是这些问卷对象都是有关领域的专家或具有一定经验的技术人员，所以得到的调研结果具有较高的可信性和参考价值，结合深度访谈及文献调研能够较好地提高分析结果的可靠性。

由于煤焦化领域技术调查问卷缺乏有效样本，因此，后续分析中未列出该领域技术。

在附录A中详细给出了每个领域所选取的典型技术和技术成熟度调查问卷结果，表中的数字代表了认为某技术处于某技术成熟度等级的人数。

1. 传统煤基领域技术成熟度阶梯

结合调研结果,绘制煤炭领域有关典型技术成熟度阶梯图,见图 7.13 和图 7.14。

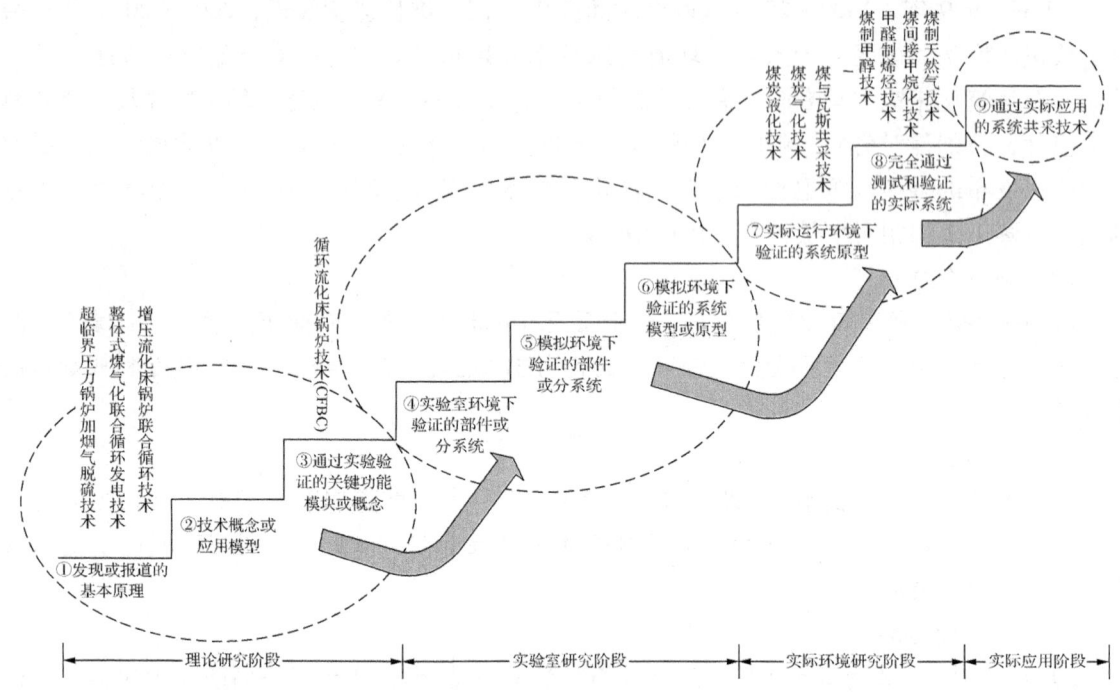

图 7.13 超临界发电、循环流化床、煤液化、煤气化、煤层气领域技术成熟度阶梯

每项技术的成熟度等级主要根据调查问卷数据分析而来,针对某技术,如果选择成熟度等级 i 的人数比例最高,则初步判断该技术成熟度为第 i 级,然后结合专家访谈、资料调研结果最终验证和确定该技术的成熟度等级。

(1) 超临界发电

超临界发电领域选取超临界压力锅炉加烟气脱硫技术和整体式煤气化联合循环发电技术这两项技术。分别有 15 人针对这两项技术填写了问卷。根据问卷调查的结果并对相关专家进行访谈,得出超临界发电领域的两项技术成熟度为发现或报道的基本原理(TRL1)等级,处于理论研究阶段。

(2) 循环流化床

循环流化床领域选取循环流化床锅炉技术(CFBC)和增压流化床锅炉联合循环技术这两项技术。分别有 15 人对这两项技术填写了问卷。根据问卷调查的结果并对相关专家进行访谈,得出循环流化床锅炉(CFBC)技术的成熟度为通过实验验证的关键功能模块或概念(TRL3)等级,增压流化床锅炉联合循环技术的成熟度为发现或报道的基本原理(TRL1)等级,均处于理论研究阶段。

(3) 煤液化

煤液化领域选取煤炭液化技术和煤制甲醇技术这两项技术。分别有 41 人对这两项技术填写了问卷。根据问卷调查的结果并对相关专家进行访谈,得出煤炭液化技术的成熟度为实

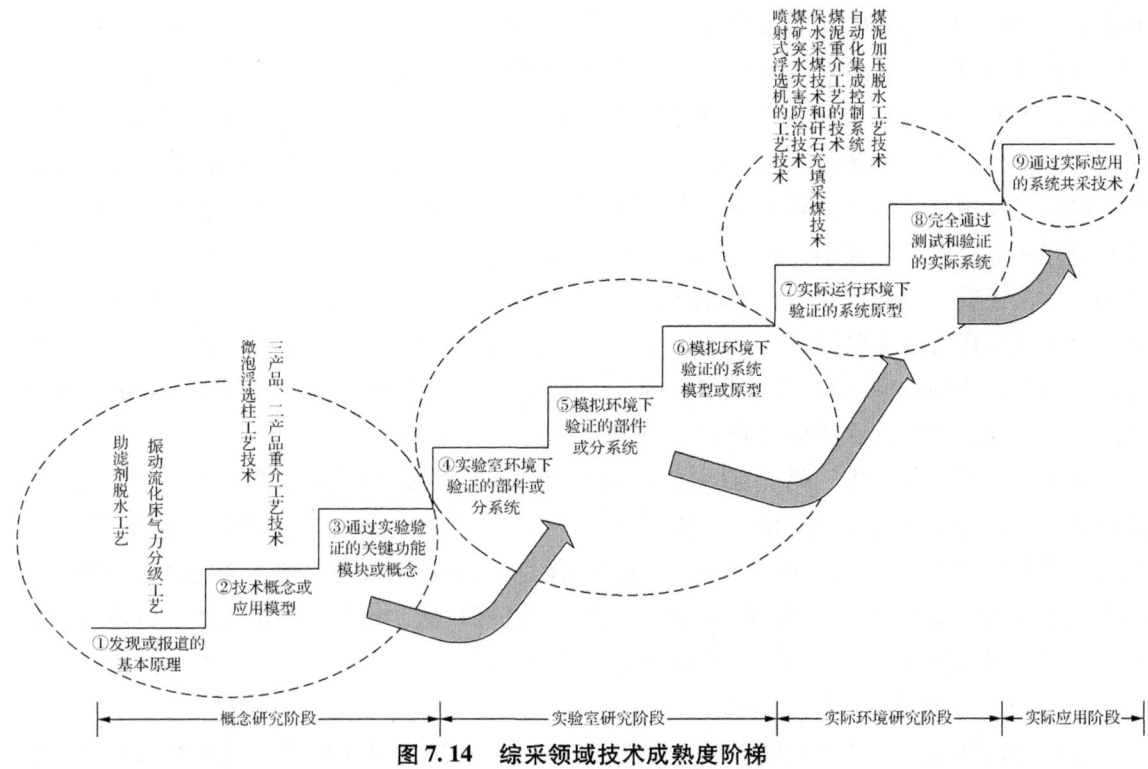

图 7.14 综采领域技术成熟度阶梯

际运行环境下验证的系统原型（TRL7）等级，煤制甲醇技术的成熟度为完全通过测试和验证的实际系统（TRL8）等级，均处于实际环境研究阶段。

（4）煤气化

煤气化领域选取了煤炭气化技术、甲醇制烯烃技术、煤间接甲烷化技术和煤制天然气技术这 4 项技术。分别有 41 人对这 4 项技术填写了问卷。根据问卷调查的结果并对相关专家进行访谈，得出煤炭气化技术的成熟度为实际运行环境下验证的系统原型（TRL7）等级，甲醇制烯烃技术、煤间接甲烷化技术和煤制天然气技术这 3 项技术的成熟度为完全通过测试和验证的实际系统（TRL8）等级，均处于实际环境研究阶段。

（5）煤焦化

由于在对煤焦化领域技术的调查过程中并没有得到有效的数据，所以并未列出煤焦化领域的相关技术，所以在图 7.13 和图 7.14 中并未列出。

（6）煤层气

煤层气领域选取了煤与瓦斯共采技术。有 87 人填写了问卷调查。根据问卷调查的结果并对相关专家进行访谈，得出煤与瓦斯共采技术的成熟度为实际运行环境下验证的系统原型（TRL7）等级，处于实际环境研究阶段。

（7）煤综采

煤综采领域选取了煤矿突水灾害防治技术，保水采煤技术和矸石填充采煤技术，三产品、二产品重介工艺技术，煤泥加压脱水工艺技术，喷射式浮选机的工艺技术，微泡浮选柱工艺技术，煤泥重介工艺的技术，助滤剂脱水工艺，振动流化床气分级工艺和自动化集成控制系统 10 项技术。分别有 87 人填写了煤与瓦斯共采技术、煤矿突水灾害防治技术、保水采煤技术和矸石填充采煤技术的问卷调查；同时，分别有 44 人填写了三产品，二产品重介工艺技术，煤泥加压脱水工艺技术，喷射式浮选机的工艺技术，微泡浮选柱工艺技术，煤泥重介工艺的技术，助滤剂脱水工艺，振动流化床气分级工艺和自动化集成控制系统的问卷调查。根据问卷调查的结果并对相关专家进行访谈，煤矿突水灾害防治技术、保水采煤技术和矸石填充采煤技术、煤泥加压脱水工艺技术、喷射式浮选机的工艺技术、煤泥重介工艺的技术和自动化集成控制系统 6 项技术的成熟度为实际运行环境下验证的系统原型（TRL7）等级，处于实际环境研究阶段。三产品、二产品重介工艺技术和微泡浮选柱工艺技术的成熟度为技术概念或应用模型（TRL2）等级；助滤剂脱水工艺和振动流化床气分级工艺的技术成熟度为发现或报道的基本原理（TRL1）等级，均处于理论研究阶段。

整体上，煤液化、煤气化、煤层气和煤综采领域的技术成熟度比较高，该技术领域内的技术具备较快地投入到实际应用中的技术条件。企业应该加大这些技术的转化和推广应用。大力发展和应用这些技术，能够给企业带来显著的技术进步，并且带来相应的经济回报。超临界发电技术领域和循环流化床技术领域的技术成熟度较低，还存在技术瓶颈，政府应该加大对于该领域的技术投入，推动该领域的技术完善。

2. 新材料领域技术成熟度阶梯

在新材料领域技术的调查问卷中，有 22 人填写了多孔炭材料技术、纳米炭材料技术和石墨烯技术成熟度等级的问卷。

结合调研结果，绘制新材料领域有关典型技术成熟度阶梯，见图 7.15。

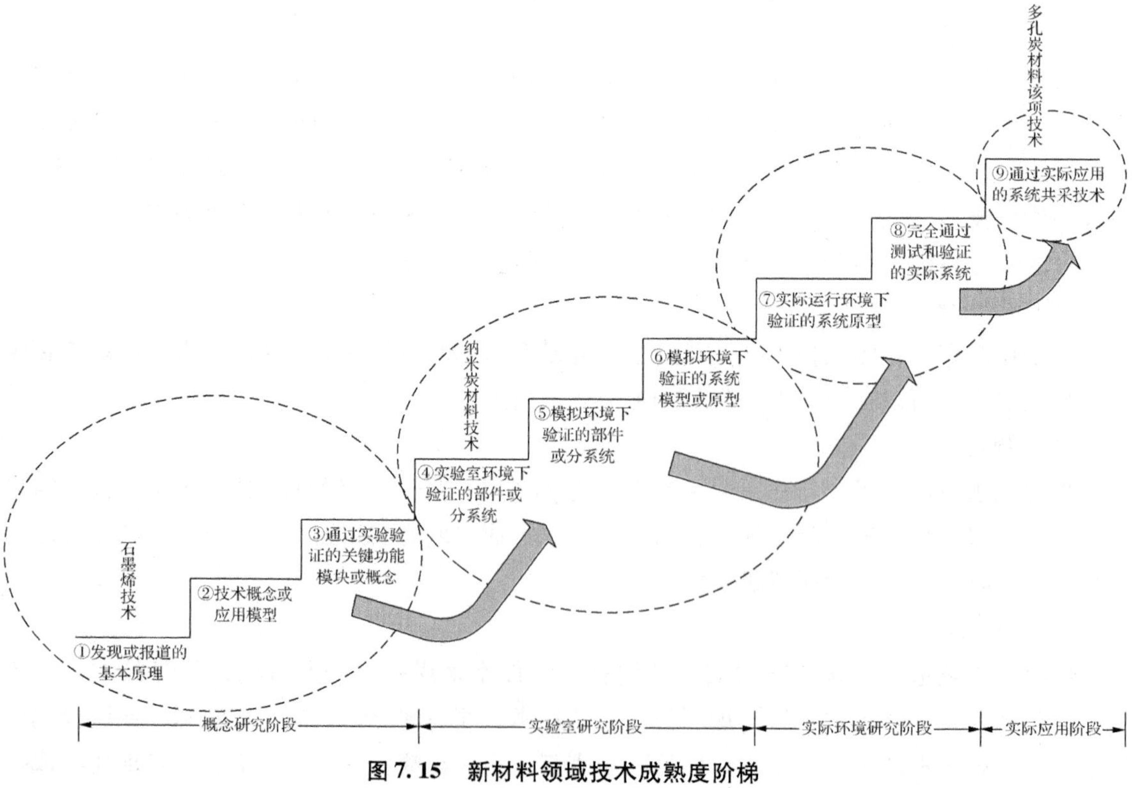

图 7.15　新材料领域技术成熟度阶梯

从图7.15可以看出，多孔炭材料技术属于通过实际应用的系统共采技术（TRL9），处于该技术符合任务要求进行演示阶段。纳米炭材料技术属于实验室环境下验证的部件或分系统（TRL4），处于该技术在工程意义上的可行性进行演示阶段。石墨烯技术属于发现或报道的基本原理（TRL1），处于该技术在科学上的可行性进行演示阶段。

根据以上调研结果及文献分析，可以得到：多孔炭材料技术已经处于技术成熟度最高的阶段，应该大力推广应用多孔炭材料技术；纳米炭材料技术和石墨烯技术产尚处于理论研究阶段，政府应充分发挥政策引导的作用。增加纳米炭材料技术和石墨烯技术研发投入，鼓励高校及科研院所积极开展这两个技术领域的研发活动，以获得这两个技术领域的创新先发优势，成为该技术领域的领跑者。

7.3 山西省煤基低碳技术优势

结合基于专利的煤基低碳技术成熟度分析结果，绘制了山西省煤基低碳技术领域相对技术优势图（图7.16）。

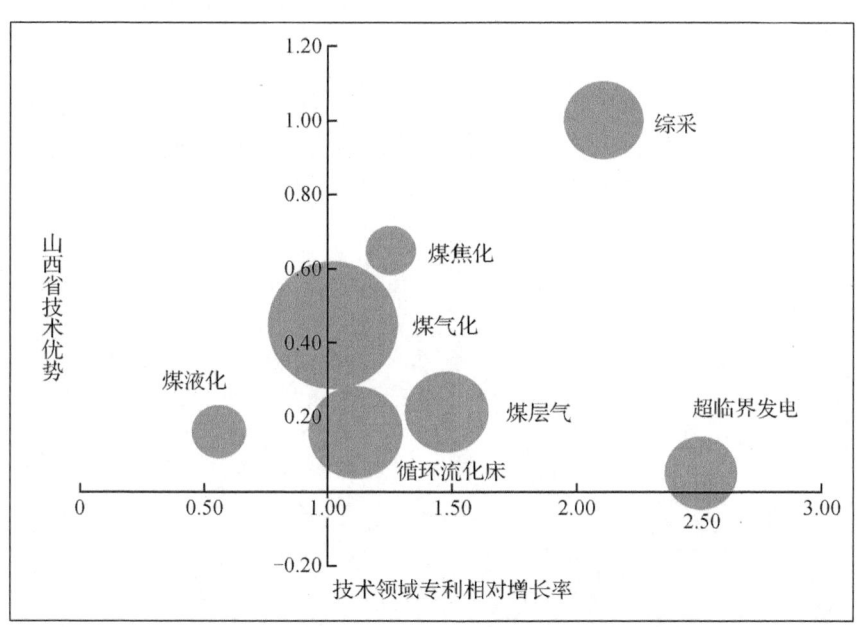

图7.16 山西省煤基低碳技术领域相对技术优势

图7.16中横坐标轴表示该技术领域的专利相对增长率。相对增长率$R_t > 1$时，表示该领域专利增长速度高于我国专利平均增长速度，R_t的值越大，专利增长速度越快，说明该领域发展潜力越大，越值得投入研发资源，而$0 < R_t \leqslant 1$时，表示该领域的专利增长速度较慢，低于或等于中国专利平均增长速度。纵坐标表示山西省的相对技术优势，该指标数值为山西省某技术专利数量与该技术专利排名居第1位的省或直辖市的专利数量的比值，该比值越大，山西省在全国的相对优势越大；气泡大小代表我国该技术领域的专利数量多少。

图 7.16 中气泡直径越大说明该技术领域的专利数量越多，因此，可以看出煤气化技术专利数量最多，其次是循环流化床、煤层气、综采、煤液化、煤焦化。

图 7.16 中气泡对应横轴的值越大，则该技术领域越有发展潜力。因此，可以看出超临界发电、综采对应的横轴值最大，即专利相对增长率超过 2，最有发展潜力；其次是煤层气、煤焦化、循环流化床、煤气化领域，这 4 个技术领域的专利增长速度均超过我国专利平均增长率；而煤液化领域专利相对增长率低于我国专利平均增长速度，增长缓慢。

图 7.16 中气泡对应纵轴的值越大，则表明山西省在该技术领域拥有相对技术优势。因此，可以看出山西省在综采、煤焦化方面具有较明显的技术优势，其次是煤气化、煤层气、煤液化、循环流化床领域，而在超临界发电技术方面几乎没有优势。

综合以上分析，山西省应重点支持有研发基础且有发展潜力的煤基低碳技术领域，如煤层气、综采；大力支持高校、科研院所、企业对煤基低碳技术领域最有发展潜力技术－超临界发电技术的研发。

8　煤基低碳技术专利研究结论

专利作为科技发展的载体，有效地记录了技术发展的历程，因此，专利分析被认为是一种科学、有效的技术评价方法。本报告借助专利数据，在现有专利分析方法的基础上，综合运用专利图表分析法、专利管理地图分析法与其他分析方法的结合等方法分析技术发展现状与发展趋势，为政府了解煤炭行业相关技术发展脉络和制定战略决策提供参考依据。

本专利报告首先从专利数据库中采集与研究对象相关的该技术领域专利，根据专利申请日期、专利申请数量、专利申请机构等专利资讯信息，对这些信息以结构化的方式进行整理、统计加工；然后，针对该技术的特点，从时间序列、生命周期、高产机构等几个方面初步了解该项技术的发展概况。通过技术生命周期曲线，我们可以知道技术目前处在哪一个阶段，了解技术领域内的研发热点和高产机构。

煤炭的开采环节通过对开采装备、地下气化技术及煤层气技术进行专利分析，发现开采技术与煤层气技术目前正处在快速发展期，而地下气化技术仍旧处于萌芽期。从专利分析结果可以看出，山西省作为产煤大省，煤炭开采相关技术专利出现较晚。对于该技术领域的3种技术，山西省煤炭地下气化技术专利几乎空白，有待突破；山西省在煤炭开采及煤层气技术领域专利申请数量排名居全国前10位，说明山西在此领域做得还是比较好地。从研发机构来看，山西晋城无烟煤矿业集团有限责任公司、大同煤矿集团有限责任公司与山西潞安环保能源开发股份有限公司等是山西省煤开采行业内领头羊；太原理工大学与煤炭科学研究总院太原分院是山西省主要从事煤炭开采与综采技术领域研发的高校与科研院所。这些研发单位无论在专利申请数量还是专利被引频次上都处在领先地位。建议山西省政府制定相关政策来鼓励各大企业、科研院所和高校的研发，如项目引领、加大补贴和开发利用等优惠扶持政策。

煤炭的洗选环节对跳汰选、重介质选及浮选3种关键技术进行了专利分析，发现我国跳汰选技术已处于快速发展期，重介质选技术仅仅处于技术初步发展期，而浮选技术已逐步趋于技术成熟期。从专利分析结果可以看到，山西省作为产煤大省，重介质选专利出现最晚，专利数也最少；浮选和跳汰选专利出现较早，且浮选技术成熟度已近乎达到饱和状态。选煤领域的3种技术中，跳汰选煤工艺方面，山西省有6件发明专利，其中3件已在世界申请同族专利，且太原理工大学申请同族专利2件，由此看出山西省在该技术领域的研发质量水平尚可，但研发数量相对欠缺；重介质选煤工艺上，山西省在全国并无优势，一直处于跟随地位，重大工艺及设备仍主要靠进口，自主研发实力较弱，但因重介质选越发明显的主导地位使得山西省在该技术领域有待进一步加强；浮选工艺上，山西省在该技术领域申请发明专利35件，其中12件在世界申请了同族专利，且2/3的核心重要专利出自太原理工大学，说明山西省在浮选技术领域占据一定技术优势地位。

煤化工产业涉及的范围较广、技术种类多，本报告在进行分析时选取了煤液化、煤气化和煤焦化3种技术进行分析。煤炭的气化、液化和焦化是整个煤化工产业的基础性技术，是进行其他化工合成的前提，故这3种技术有一定的代表性，能够反映当前煤化工技术的发展水平。对这3种技术在世界范围内进行分析可以发现，我国在煤气化、液化和焦化技术领域在世界都处于领先地位，拥有一定的技术优势。这3种技术中只有液化技术尚处于技术发展期，而煤气化和煤焦化技术已经逐步趋于技术成熟期。对3种煤化工技术的国内分析，发现山西省的煤化工技术水平在全国一直处于领先地位，特别是在煤炭的气化和焦化方面。在煤气化领域，山西省的专利数量在全国排名居第2位，其中，中科院山西煤炭研究所和太原煤气化股份有限公司的专利数量在全国专利申请人中排在前10位；在煤焦化领域，山西省在全国排名第一，其中，太原煤气化股份有限公司焦化厂和太原理工大学的专利数量在全国专利申请人中均排在了前10位。作为煤炭资源大省，山西省要充分利用自己在煤气化和焦化领域的技术优势，依托现有的煤化工企业和科研院所，大力发展高端精细化工。

煤炭发电环节对超临界和超超临界发电技术、循环流化床技术（CFBC）、整体煤气化联合循环发电技术（IGCC）、加压流化床燃烧循环发电技术（PFBC）4种先进的洁净煤发电技术进行专利分析，发现我国超临界和超超临界发电技术、循环流化床技术（CFBC）这两个领域刚刚进入成熟阶段，还有发展潜力；整体煤气化联合循环发电技术（IGCC）、加压流化床燃烧循环发电技术（PFBC）刚进入发展阶段。从专利分析结果可以看到，山西省作为煤、电大省，对这4种洁净煤发电技术都有涉及：山西省在超临界、超超临界发电技术方面具有7件专利，主要集中在特殊钢材奥氏钢方面；在整体煤气化联合循环发电技术方面具有7件专利，主要集中在脱硫剂方面；在循环流化床技术方面具有106件专利，循环流化床是山西省4个发电领域里研发实力最雄厚的领域；在加压循环流化床技术方面具有12件专利，排名居第6位。这说明山西省在先进的煤炭发电技术方面，已经有了一定的研究基础，循环流化床技术是山西省的优势领域，而整体煤气化联合循环发电技术（IGCC）、加压流化床燃烧循环发电技术（PFBC）山西省都未曾涉及核心关键技术，如果选择发展，需引进相关技术。建议山西省政府制定相关政策，来鼓励各大企业、科研院所和高校的研发、合作，同时进行某些先进发电技术的示范项目。

对富碳农业、碳捕集与封存技术的专利分析发现：在富碳农业领域，该技术的专利数量和申请人数量都比较少，技术尚处于萌芽期；在碳捕集与封存领域，世界范围内该技术现正处于快速增长期，其专利申请人和专利数量每年都以较大的速度增长，而我国对碳捕捉与封存技术的研究尚处于萌芽期，专利申请人和专利数量都比较少。作为消除温室气体的根本技术途径，富碳农业和二氧化碳的捕集与封存技术具有很大的发展潜力，符合低碳、绿色发展的要求，因此，山西省应加以重视，加大此方面的技术研究，为未来的低碳产业发展做好技术储备。

煤基新材料方面，结合生命周期图和山西省相关专利申请情况，对煤基活性炭、碳分子筛、PAN基碳纤维、富勒烯、碳纳米管及石墨烯这些新材料技术进行专利分析。可以看出，煤基活性炭技术在我国仍处于发展阶段。山西省作为煤炭大省，发展煤基活性炭有着得天独厚的资源优势，而且具有较深厚的产业基础，应该加大相关技术的改进，增强自主创新能力推进煤基活性炭的快速持续发展。我国碳分子筛技术处于发展成熟阶段，相关技术已经较完善，而且山西省在我国是较早开始进行碳分子筛研究的省份，技术储备已经具备，中科院煤化所专利较多，应该进一步促进技术成果的产业化。我国 PAN 基碳纤维已经实现产业化，山西省关于高性能碳纤维具有较丰富的技术储备，也有科研院所与企业合作的成功实践，应继续支持发展关键技术的突破发展。富勒烯专利申请数量最近几年热度退去，我国关于富勒烯的研究比发达国家较晚，但发展趋势明显，山西省富勒烯专利申请数量在全国排在第 9 位，表明相关技术研究较多。我国碳纳米管技术处于发展阶段，山西省的相关技术专利申请量在全国排名没进前十，发展相关产业需引进相关技术。石墨烯从 2008 年起一直处于快速发展阶段，山西省煤化所和一些高等院校也进行了一些研究，但总体来看技术储备薄弱，产业化尚需时日。

煤基低碳科技创新活动：
影响因素及推进措施

创新活动可以使组织保持持续的发展能力与强大的竞争力,提升国家自主创新能力,促进创新型国家的建设。创新活动包括知识创新与技术创新两类。知识创新为技术创新提供所需要的原理、方法等理论支撑,以高校与科研院所为创新主体。技术创新是以企业为创新主体,运用现有的知识与资源改进现有或创造新的产品、生产过程或服务方式的技术活动。创新活动受许多因素的影响,如个体创新动机、团队因素、组织创新环境、组织间合作创新活动以及宏观环境政策的影响;产业化活动的影响因素更加复杂。

　　山西煤基低碳创新战略实施和科技创新城建设作为煤基大省向煤技大省转型的重要举措,了解各创新主体的创新活动规律、动机、影响因素,对制定山西煤基低碳科技创新政策,建立完善的煤基低碳创新体制、机制有重要的意义。

　　2015年6—8月,课题组以深度访谈与问卷调查方法,对山西省多家煤基低碳领域创新型企业进行调研。在系统分析调研资料与问卷数据的基础上,剖析创新主体创新活动与产业化活动的影响因素,为制定相关政策提供参考依据。

9 创新活动的基础理论

关于创新的大量理论成果出现在不同学术领域，组织社会学领域研究创新产生过程中创新与组织之间的关系；心理学领域则探讨个人创新态度、管理者特质、成员的性格特征等对创造性行为的影响；创新的经济学模型则侧重于规模、市场竞争、资源与组织冗余等要素对创新的影响；系统理论将创新看作是多个组织互动、协作的结果。

9.1 创新系统理论

创新系统理论将创新视为不同行动者之间的互动过程，认为创新行为并不是孤立存在的，是多种要素互动的关系，强调学习是创新过程中的关键要素。在创新过程中，企业不仅要和其他企业互动，更需要与非市场组织，如大学、科研院所、政府机构和金融机构等密切合作[①]。

创新系统理论重在研究与创新相关的制度，它把一系列与技术创新的生成、扩散与应用有关的行动者所构成的网络作为主要考察对象，研究各个子系统之间（包括产学研合作系统、官产学研系统等），如何互动协调而促进创新，或者如何因不协调而阻碍创新等问题[②]。创新系统理论提出创新发展所需要的技术、市场和制度协调配置问题，系统中的各种要素，如大学、研究院所、企业和政府等都是嵌入在特定的经济社会制度环境中的[③]，并非建立一系列的制度就能自发地促进创新，而是需要以创新为导向，建立和培育促进创新的制度环境，努力促进各子系统的协调才能促进创新。

因此，根据创新系统理论，在分析各创新主体内创新人员（技术开发人员、科研人员）的创新行为时，需要考虑各创新主体间（产学研合作）的合作创新方式、频率、密切程度等对创新人员创新行为的影响。

9.2 社会技术系统理论

社会技术系统理论是将组织创新与技术创新列入同一个框架下进行研究的理论。该理论

---

① Malerba F, Orsenigo L. Schumpeterian patterns of innovation are technology-specific [J]. Research Policy, 1996, 25 (3): 451–478.

② Freeman C. Continental, national and sub-national innovation systems complimentarily and economic growth [J]. Research Policy, 2002, 32 (2): 191–211.

③ Freeman C. The national system of innovation in historical perspective [J]. Cambridge Journal of Economics, 1995, 19 (1): 5–24.

认为一个企业同时包括两个系统,一个是面向社会的系统,另一个是面向技术的系统。企业为了实现产出最优化,其技术系统的变革应该与其社会或管理系统的变革相适应[①]。社会结构的变化为技术系统创新的修正或引入提供了刺激因素;而技术系统的创新也促进了社会结构的调整[②]。因此,技术创新和社会组织领域创新的协同是持续创新的保证[③]。

组织创新是组织变革以寻找适合本企业需要的行之有效、运转灵活及推动技术创新的过程。不适应技术创新的组织文化不仅会造成许多创新项目失败[④],而且会造成企业具有较高的死亡率[⑤]。

组织创新往往更易于引发随后的技术创新,从长期视角来看,组织创新对企业整体绩效的影响力要大于技术创新[①]。研究发现企业间开发新产品效率的差异不是由研发资源的投入,而是由是否有效利用研发资源决定的[⑥]。组织创新与技术创新的协同是技术创新效率的保证。

在技术创新与组织创新协同发展过程中,会产生一个与其相称的新动力机制,以及相应的能力、组织结构与战略等。技术创新与组织创新的协同作用体现在组织结构以及由此形成的交流机制与技术创新的协同效应上,组织结构决定企业的责任和权力分配、交流机制、管理制度和运作工艺,从而在创新决策、运作机制和效率上影响技术创新。同时技术创新也是不断调整组织结构的过程[⑦],企业技术创新的构思应与组织结构发展相适应[⑧];企业会优先进行组织创新,进而确定技术创新的方式与机制[⑨]。

根据社会技术系统理论,社会结构变革会促进技术创新。因此,在组织层面需要考察管理体制、组织管理制度,如创新成果收益分配制度与创新激励制度等,对创新主体创新行为的影响。

9.3 多层次要素理论

多层次要素理论强调个人创新态度、管理者特征及组织规模与环境等多种要素对组织创

---

① Damanpour F, Evan W M. Organizational innovation and performance: The problem of "Organizational Lag" [J]. Administrative Science Quarterly, 1984, 29 (3): 392 – 409.

② Damanpour F, Szabat K A. The relationship between types of innovation and organizational performance[J]. Journal of Management Studies, 1989, 26 (6): 587 – 601.

③ Gells F W. Technological transitions as evolutionary reconfiguration processes: a multi level perspective and a case study [J]. Research Policy, 2002, 31 (8): 1257 – 1274.

④ 许庆瑞, 刘景江, 赵晓庆. 技术创新的组合及其与组织、文化的集成[J]. 科研管理, 2002, 23 (6): 38 – 44.

⑤ Barnett W P. The organizational ecology of a technological system[J]. Administrative Science Quarterly, 1990, 35 (1): 31 – 60.

⑥ Fujimoto T. The evolution of a manufacturing system at Toyota[M]. New York: Oxford University Press, 1999.

⑦ Vickery S, Droge C. Germain R. The relationship between product customization and organizational structure[J]. Journal of Operations Management, 1999, 17 (4): 377 – 391.

⑧ Lei D, Hitt M A, Goldhar J D. Advanced manufacturing technology: Organizational design and strategic flexibility [J]. Organization Studies, 1996, 17 (3): 501 – 523.

⑨ Wooldridge B, Schmid T, Floyd S W. The middle management perspective on strategy process: Contributions, synthesis, and future research[J]. Journal of management, 2008, 34 (6): 1190 – 1221.

新与技术创新的影响[1]。例如，知识资源与组织规模对创新的影响比较显著[2]，领导者特质对创新行为具有引领与推动作用[3]。

Damanpour[4]认为组织层次独特性、专业化、功能分化、中央集权化、对创新的管理态度、技术知识资源、管理强度、组织冗余和内外部沟通等因素，均会对创新产生影响。Drazin等[5]提出工作环境、财务管理等也会对企业创新产生影响。Pretorius等[6]认为管理者的民族与性别、管理经验以及创业规模与企业所处的生命周期阶段等要素会对企业创新行为产生一定的调节作用。

除了微观因素对创新的影响之外，一些宏观因素也会对创新产生作用。Becheikh等[7]提出企业所在的行业、区域及政府规制等要素均会对企业创新行为产生影响。

因此，根据多层次要素理论，在分析影响创新主体创新行为环境因素时，不仅需要考虑组织微观环境因素（如组织结构、管理者特征和组织支持等），还需要考虑宏观环境因素（如政府的支持与限制政策等）。

9.4 ERG 理论

ERG 理论是克雷顿·奥尔德弗在马斯洛提出的需要层次理论的基础上，提出的新的人本主义需要理论。该理论认为，人们存在 3 种核心的需要，即生存的需要、相互关系的需要和成长发展的需要。其中，生存的需要与人们基本的物质生存需要有关，即生理和安全需求（如衣、食、住、行等），关系到人的存在或生存；相互关系的需要指人们对于保持重要的人际关系的要求，这种社会和地位需要的满足是在与其他需要相互作用中达成的；成长发展的需要表示个人谋求发展的内在愿望，即个人自我发展和自我完善的需求，这种需求通过创造性地发展个人的潜力和才能、完成挑战性的工作得到满足。

ERG 理论表明，在同一时间可能有不止一种需要对人的行为起作用；如果较高层次需要的满足受到抑制的话，那么人们对较低层次需要的渴望会变得更加强烈；若人的某种需要在得到基本满足后，其强烈程度不仅不会减弱，还可能会增强。

根据 ERG 理论，可以将创新人员的创新动机划分为两类：内在动机与外在动机。内在

---

[1] Kimberly J R. Issues in the creation of organizations: Initiation, innovation, and institutionalization[J]. Academy of Management Journal, 1979, 22 (3): 437-457.

[2] Dewar R D, Dutton J E. The adoption of radical and incremental innovations: An empirical analysis[J]. Management Science, 1986, 32 (11): 1422-1433.

[3] Mokhber M, Ismal W K. The impact of transformational leadership on organizational innovation moderated by organizational culture[J]. Australian Journal of Basic & Applied Sciences, 2011, 5 (6): 504-508.

[4] Damanpour F. Organizational innovation: A Meta-analysis of effects of determinants and moderators[J]. Academy of Management Journal, 1991, 34 (3): 555-590.

[5] Drazin R, Schoonhoven C B. Community, population and organization effects on innovation: A multilevel perspective[J]. Academy of Management Journal, 1996, 39 (5): 1065-1083.

[6] Pretorius M, Millard S M. Creativity, innovation and implementation: Management experience, venture size, life cycle stage, race and gender as moderators[J]. South African Journal of Business Management, 2005, 36 (4): 55-68.

[7] Becheikh N, Landry R. Lessons from innovation empirical studies in the manufacturing sector: A systematic review of the literature from 1993-2003[J]. Technovation, 2006, 26 (5): 644-664.

动机是从事创新活动使个体产生有趣、愉悦的感觉,即由个体内心产生的驱动力;外在动机是从事创新活动可以获得的外部好处,如奖励、社会认可、关系需求和职业发展等。

内在动机对创新行为会产生正向影响的作用,Sternberg等提出内在动机是产生创造力不可缺少的因素之一[1]。科研人员的内在动机越强烈,则工作中会越积极,产生的创新行为会越多[2]。

外在动机也会对创新行为产生有利影响,Drazin[3]认为外在动机会增强、激发内在动机。外在动机高的员工相对于外在动机低的员工来说,其创新意愿更容易被诱发,更容易产生较多的创新行为[4]。

环境因素会对创新人员的内外动机产生作用,进而影响创新活动。Amabile等[5]人认为组织鼓励、主管鼓励、工作团队支持、自由度、充足的资源、挑战性工作、工作压力和组织障碍等因素是影响创新人员创新动机的组织微观环境因素。Shalley等[6]认为工作复杂性、与主管关系、与同事关系、评估、奖励、组织及工作目标、工作环境状况等因素也是影响创新人员创新动机的微观环境因素。后续的研究者对组织微观环境因素进行了进一步的归纳,提出组织特性(如组织文化、组织结构、奖励机制和反馈机制等)[7,8]、任务特性(如工作自主性、挑战性工作和决策权等)[9,10]、团队协作与领导特征(如同事友谊、团队合作、团队领导、团队风格等)[11]会对创新人员的创新动机产生影响。

国内一些研究者也对影响研发人员创新动机的环境因素进行了研究。朱苏丽等[12]认为组织文化的创新学习导向越鲜明,研发人员的创新动机越强烈、创新行为会越有价值。刘云

---

[1] Sternberg R J. The nature of creativity[J]. Creativity Research Journal, 2006, 18 (1): 87-98.

[2] 孙锐,张文勤,陈许亚. R&D 员工领导创新期望、内部动机与创新行为研究[J]. 管理工程学报, 2012, 26 (2): 12-20.

[3] Drazin R, Glynn M A, Kazanjian R K. Multilevel theorizing about creativity in organizations: A sense making perspective [J]. Academy of Management Review, 1999, 24 (2): 286-307.

[4] 卢小君,张国梁. 工作动机对个人创新行为的影响研究[J]. 软科学, 2007, 21 (6): 124-127.

[5] Amabile T M, Conti R, Coon H, et al. Assessing the work environment for creativity[J]. Academy of Management Journal, 1996, 39 (5): 1154-1184.

[6] Shalley C E, Zhou J, Oldham G R. The effects of personal and contextual characteristics on creativity: Where should we go from here? [J]. Journal of Management, 2004, 30 (6): 933-958.

[7] George J M, Zhou J. Dual tuning in a supportive context: Joint contributions of positive mood, negative mood, and supervisory behaviors to employee creativity[J]. Academy of Management Journal, 2007, 50 (3): 605-622.

[8] Burroughs J E, Dahl D W, Moreau C P, et al. Facilitating and rewarding creativity during new product development [J]. Journal of Marketing, 2011, 75 (4): 53-67.

[9] Zhou J. Feedback valence, feedback style, task autonomy, and achievement orientation: Interactive effects on creative performance[J]. Journal of Applied Psychology, 1998, 83 (2): 261.

[10] Collins R. Collaborative Circles: Friendship Dynamics and Creative Work (review) [J]. Social forces, 2004, 83 (1): 433-436.

[11] Eisenbei S A, Boerner S. Transformational leadership and R&D innovation: Taking a curvilinear approach[J]. Creativity and Innovation Management, 2010, 19 (4): 364-372.

[12] 朱苏丽,龙立荣. 组织文化导向对研发人员创新行为影响的实证研究:以积极情感为中介变量[J]. 科技进步与对策, 2010, 27 (18): 141-144.

等[1]研究表明组织创新氛围对员工创新行为有正向影响。杨倚奇等[2]提出影响我国技术研发人员研发动机的环境因素主要有：收入分配、职业保障、尊重与地位、工作特征、资源获取与组织支持。

根据以上对创新人员创新行为研究的相关结论，本研究分别从个体创新动机、团队因素与组织创新环境三个层面，设计了进行研发的原因、促成现有成就的因素、影响研发人员创新积极性的因素、影响研发效率的关键因素、组织内部影响研发兴趣的因素、研发过程中哪些条件最重要、决定单位对研发支持力度的因素、组织内部的微观创新环境比外部宏观环境更重要等问题来了解创新人员（技术研发人员）的创新政策需求情况。

9.5 相关理论对研究设计的启示

结合创新系统理论、社会技术系统理论、多层次要素理论及ERG理论，科技创新问卷设计时需要涉及以下内容：

①了解山西省煤基低碳科技创新绩效制约因素与政策需求，应以科技创新主体为调查对象，即企业、高校和科研机构。

②应首先调研煤基低碳领域科技创新现状，为判断现有科技政策的支持效果提供依据。

③调研重点应集中于创新主体创新行为的影响因素。

④发现政策需求是问卷调查的终极目的。政府作为环境的缔造者，其出台的引导、激励政策，以及所营造的创新氛围均会影响科技创新主体的行为，进而影响科技创新效果。因此，在研究内容中设计科技创新主体创新过程中所需要的政策条目，可为后期出台相关的政策措施提供依据。

---

[1] 刘云，石金涛. 组织创新气氛对员工创新行为的影响过程研究：基于心理授权的中介效应分析[J]. 中国软科学，2010（3）：133-144.

[2] 杨倚奇，孙剑平，周小虎. 创造力工作环境缺失及建构路径研究：基于我国技术研发人员需求偏好的视角[J]. 科技进步与对策，2015，32（14）：151-155.

10 煤基低碳创新活动：研究框架与研究方法

调查科技创新主体创新行为的影响因素及政策需求，需要从以下几个方面展开工作：第一，要明确调查的目的；第二，要确定调查的对象，选择合适的调查对象能够保证调查结果的有效性；第三，设计研究内容，研究内容不要求面面俱到，但力求能够涵盖关键内容；第四，进行问卷结构设计，合理的问卷结构有利于进行后期的数据分析；第五，选定调查方法，不同的调查方法所获得的数据量有很大的差别，需要考虑结合多种调查方法来获取数据。

10.1 研究框架

根据研究目的，本研究分别讨论影响科技创新主体创新活动的因素与影响科技创新主体产业化活动的因素。

10.1.1 创新活动的影响因素

影响创新活动的因素主要有研发个体创新动机、团队因素、组织创新环境、组织合作创新活动与宏观政策环境。根据各影响因素间关系提出影响各主体创新活动因素的研究框架（图 10.1）。

①个体创新动机。按照 ERG 理论，个体行为涉及满足三方面的需求：生存的需要、关系的需要与成长发展的需要。了解个体创新动机，明确研发人员的创新需求，可以为组织制订有效的创新激励措施提供依据。

②团队因素。按照贝尔宾团队角色理论，利用个人的行为优势创造一个和谐的团队，可以极大地提升团队和个人绩效。高效的团队工作有赖于团队成员清楚自己及他人所扮演的角色，了解如何相互弥补不足、发挥优势、默契协作。因此，要提高科技创新活动绩效，需要建立有效的研发团队。其中，团队环境、团队领导的能力、团队成员能力互补及团队凝聚力等因素对研发团队和人员的创新效率有重要的影响。

③组织创新环境。根据多层次要素理论，组织微观创新环境如领导者特质、组织创新氛围等因素会对组织创新行为产生影响；根据社会技术系统理论，组织管理创新，如创新成果收益分配制度与创新激励制度等因素也会对组织创新行为产生影响。

④组织合作创新活动。根据创新系统理论，在创新过程中组织与其他组织间的互动，特别是企业、大学科研院所之间的合作创新，对组织创新能力提升以及创新效率提高有重要的影响。

⑤宏观环境政策。根据创新系统理论，政府机构、金融机构以及科技中介机构等非企业

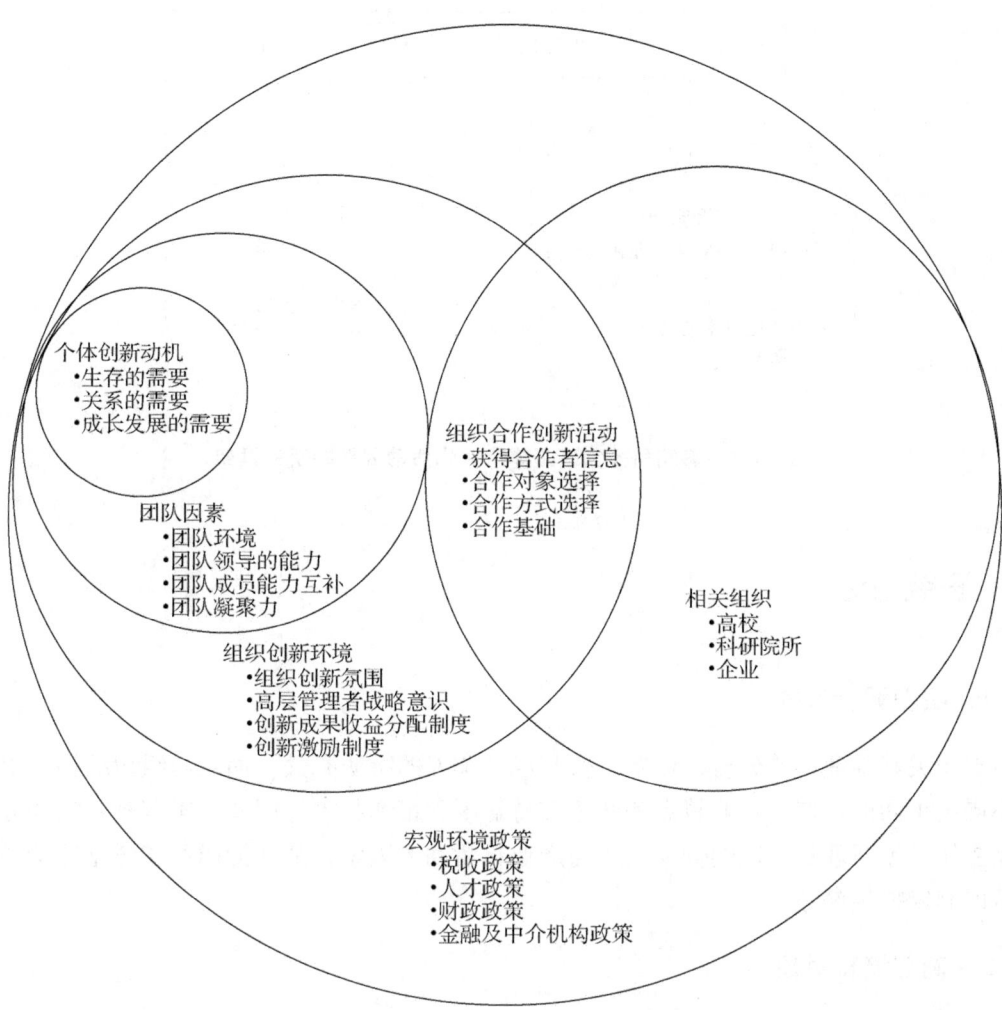

图 10.1 影响科技创新主体创新活动因素的研究框架

组织对创新行为有显著影响。特别地，政府出台的财税政策、人才政策、资金政策，以及金融与中介机构的服务水平等与企业创新行为有密切关系。

10.1.2 创新主体产业化活动的影响因素

影响创新成果产业化活动的因素可以归为内部驱动因素与外部推动因素（图 10.2）。

影响科技创新主体产业化活动的内部驱动因素主要包括：组织内 R&D 人员对于创新成果产业化的态度、组织所拥有的产业资金、组织所拥有的产业化人才、科技创新成果的市场化应用前景及组织对于市场的开发程度等。

影响科技创新主体产业化活动的外部推动因素主要包括科技创新成果产业化推广所需要的配套技术及基础设施、政府推动科技创新成果产业化的支持政策、金融机构可以为科技创新成果产业化提供的资金支持，以及科技中介机构对科技创新成果产业化的支持等。

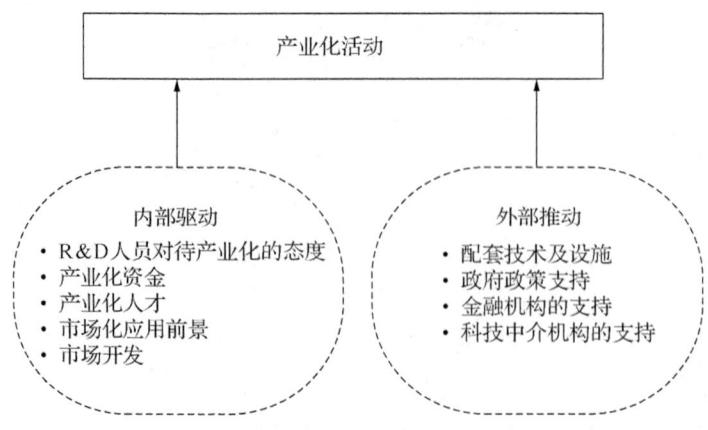

图 10.2　影响科技创新主体产业化活动因素的研究框架

10.2　研究方法

10.2.1　明确调查目的

根据相关基础理论的分析，创新不仅与成员个人的特质有关，而且与组织结构、组织文化、不同组织间的合作、行业特点和政策支持等因素密切相关。因此，本调查收集并分析了各创新主体的创新现状、影响创新活动与产业化活动的因素，从而为山西省煤基低碳科技创新政策的制定提供参考。

10.2.2　确定调查对象

企业是技术创新主体，明确影响企业技术创新活动的关键因素，对提高企业技术创新效率有非常重要的作用。因此，根据调查目的，课题组选择煤基低碳领域创新活动比较活跃的企业作为主要的调查对象，主要包括以下 4 类企业：①前期专利研究得到的典型煤基低碳创新企业；②山西煤基产业创新链七大链条中涉及的典型企业；③煤资源（而非能源）型利用典型企业；④创新活动非常集中的高新技术企业。调研人员主要为企业的研发负责人、一线技术人员和科研人员等。

高校与科研机构是知识创新的主体，提高高校与科研院所知识创新的效率与水平，可以为企业技术创新提供更好的理论支撑依据。因此，课题组选择山西省内技术创新活动比较活跃的高校与科研院所进行调查，调研的人员为高校与科研机构研发负责人、科研团队核心成员等。

10.2.3　设计调查问卷

问卷分为四部分：第一部分为组织（包括企业、高校与科研院所）和个人的基本情况，包括所属行业、单位性质、R&D 投入情况等；第二部分为组织与研发人员创新现状，包括企业技术创新现状（公司对技术创新的重视程度、R&D 经费投入、技术研发资金来源、研发投入的方向、公司技术中心类型、主营产品的技术来源和专利的产业化情况等）、研发人员个人技术创新现状（从事研发的年限、申请专利情况、获得专利情况、所在研发团队的规模、合作申请和获得专利人数、研发过程是否重视成果的产业化应用以及科研成果是否被企业采用等）；第三部分为在创新活动中存在的问题以及影响组织或个人创新活动的因素，包括组织内部微观创新环境、组织内部影响研发兴趣的因素、研发过程中最重要的条件和决定单位对研发支持力度的因素等；第四部分为组织合作创新情况，包括不同主体间的合作形式、合作期望与合作效果等；第五部分为组织创新过程的政策需求，包括政府在技术创新中的角色、企业技术创新最需要的条件、能够提高企业创新积极性的政策、制约成果产业化的因素和产业化过程中科技中介的作用等。

10.2.4 选择调查方法

2015 年 6—8 月，在山西省科技厅的大力支持下，课题组展开了历时 3 个月的实地调研，分别采取了问卷调查与深度访谈的方法，获取了大量的一手资料。

（1）问卷调查法

为了保证所获得问卷的有效性与及时性以及问卷调研对象的客观性，课题组将科技创新人员与研发负责人员问卷发布于"问卷星"上，然后委托科技厅组织省内的相关高新技术企业、民营科技型企业、高等院校与科研院所在线回答相关问卷。最终获得有效问卷 419 份，利用统计分析方法对问卷所获得的数据进行整理与分析，以验证研究框架下所提出的观点。

（2）深度访谈法

为了能够了解管理层对影响科技创新活动与产业化活动因素的看法，课题组选择深度访谈的方法对煤基低碳领域企业的研发负责人员进行了调研。具体调研过程如下：

首先，在前述界定的四大类受访企业中，选定具备 5 年以上的技术研发或创新管理经验的研发人员，他们熟悉研发和创新流程以及企业进行技术创新活动的动机和行为。根据 Fassinger[①] 的研究成果，为使研究结果满足理论饱和原则，样本数选取 20~30 个为宜。课题组借鉴扎根理论研究的成熟经验，在保证样本理论饱和原则的前提下，选取 23 个样本。样本涵盖煤基低碳的 5 个领域，其中，煤机装备制造 5 人，电子及通信设备制造 1 人，煤基新材料 4 人，煤炭液化 9 人，煤层气开采 4 人。从职位结构看，总经理 2 人，研发部门主管 9 人，技术部门主管 5 人，高级技术研发人员 4 人，中级技术研发人员 3 人。

其次，实施多人参与的深度访谈。访谈内容（访谈提纲见附录 B 所示）主要包括企业促进技术创新的方法、阻碍企业技术创新的因素、企业在技术创新过程中需要的最重要的条件、企业技术创新以及产业化过程中对政策的需求情况等，如"企业是否重视技术创新？""企业设立的技术创新激励制度有哪些？""政府对企业技术创新的支持形式有哪些？"和

---

① Fassinger R E. Paradigms, praxis, problems and promise: grounded theory in counseling psychology research [J]. Journal of Counseling Psychology, 2005, 52 (2): 156-166.

"进行技术创新的关键条件有哪些"等。为保证获取翔实的一手资料,除根据访谈提纲进行提问外,还根据受访者的回答情况进行追问。

再次,对访谈资料进行整理。访谈过程中,有专人进行访谈结果记录,访谈结束后即时整理访谈记录,并由参加人员进行核实,确保访谈记录能够真实反映企业技术创新行为,获得一手数据资料。

最后,采取案例扎根分析法(图10.3)对获取的一手资料进行开放式编码、主轴式编码与选择式编码,进行数据分析。为保证研究的信度和效度,编码过程中严格遵循扎根理论范畴归纳和模型构建步骤,对访谈资料进行概念化和范畴化。对存在争议的概念和范畴,由课题组核心成员组成讨论小组,进行修订和删减,以避免编码者主观意见对编码结果造成的影响,提高编码的客观性。在编码的基础上,阐述影响科技创新活动与产业化活动的因素,进而完善研究框架。

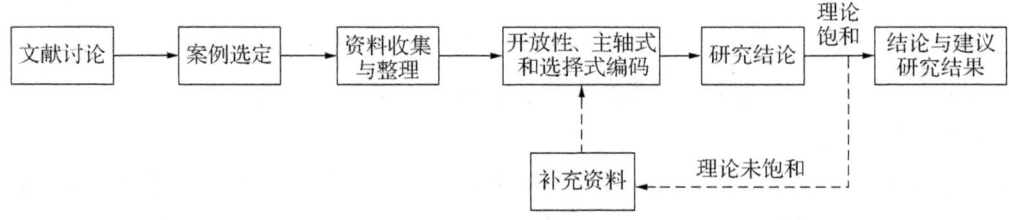

图 10.3　扎根理论研究流程

11 调查基本情况

本次调查主要针对科技创新三类主体，面向高校、科研院所、企业分别设计调查问卷，深度访谈主要针对企业，以下就调查对象的基本情况进行说明。

11.1 调查对象概况

11.1.1 高校

通过对太原理工大学、中北大学和太原科技大学等多家高校的科技人员发放创新行为影响因素与政策需求调查表，获得影响高校科技人员创新活动因素的基础数据。课题组共发放问卷90份，剔除掉无效问卷，回收有效问卷69份，有效回收率76.67%。从被调查人员所从事的领域来看，86.96%属于非煤产业，13.04%属于煤炭产业；从被调查人员的教育程度来看，博士占65.22%，硕士占28.99%，本科占4.35%；从被调查人员从事研发的年限来看，10年以上的占30.43%，5~10年的占34.78%，3~5年的占15.94%，1~3年的占17.39%；从被调查人员的专业技术水平来看，具有高级职称的占50.72%，具有中级职称的占49.28%；从被调查人员在团队中的角色来看，11.59%为团队领导者，44.93%为团队核心成员，42.03%为团队骨干成员（问卷结果见附录C）。

11.1.2 科研院所

对中科院山西煤炭化学研究所、中国煤炭科学研究总院太原分院、中国电子科技集团公司第二研究所等多家科研院所的科技人员发放创新行为影响因素与政策需求调查表，获得影响科研院所科技人员创新活动的基础数据。课题组共发放问卷40份，剔除掉无效问卷，回收有效问卷36份，有效回收率90%。从被调查人员所从事的领域来看，83.33%属于非煤产业，16.67%属于煤炭产业；从被调查人员的教育程度来看，博士占13.89%，硕士占2.78%，本科占69.44%；从被调查人员从事研发的年限来看，10年以上的占55.56%，5~10年的占25%，3~5年的占8.33%，1~3年的占2.78%；从被调查人员的专业技术水平来看，具有高级职称的占50%，具有中级职称的占36.11%；从被调查人员在团队中的角色来看，19.44%为团队领导者，19.44%为团队核心成员，44.44%为团队骨干成员（问卷结果见附录C）。

11.1.3 企业

首先，向晋煤集团、潞安集团、山西焦煤集团、阳煤集团、太重集团、太钢集团等多家煤炭及相关行业的企业和部分高新技术企业的科研人员发放创新行为影响因素与政策需求调查表，获得影响企业科研人员创新活动因素的基础数据。课题组针对企业科研人员共发放问卷220份，剔除掉无效问卷，回收有效问卷213份，有效回收率96.82%。从被调查人员所从事的领域来看，69.95%属于非煤产业，30.05%属于煤炭产业；从被调查人员所属企业的性质来看，国有企业占60.09%，私营企业占39.91%；从被调查人员所属企业的类型来看，82.16%为高新技术企业，27.7%为民营科技型企业；从企业规模来看，大型企业占32.39%，中小企业占53.05%，转制科研院所占13.62%；从被调查人员的教育程度来看，博士占1.41%，硕士占21.6%，本科占61.5%；从被调查人员从事研发的年限来看，10年以上的占23.94%，5~10年的占23.94%，3~5年的占18.78%，1~3年的占25.35%；从被调查人员的专业技术水平来看，具有高级职称的占24.88%，具有中级职称的占35.21%，具有初级职称的占39.91%；从被调查人员在团队中的角色来看，11.27%为团队领导者，40.38%为团队核心成员，48.36%为团队骨干成员（问卷结果见附录B所示）。

其次，向晋煤集团、潞安集团、山西焦煤集团、阳煤集团、太重集团、太钢集团等多家煤炭及相关行业的企业和部分高新技术企业的研发负责人发放企业创新现状与政策需求调查表，获得企业研发负责人员在科研活动过程中所了解的企业创新现状、制约因素以及政策需求情况的相关数据。课题组针对研发负责人共发放问卷110份，剔除掉无效问卷，回收有效问卷101份，有效回收率91.82%。从被调查人员所从事的领域来看，74.26%属于非煤产业，25.74%属于煤炭产业；从被调查人员所属企业的性质来看，国有企业占47.52%，民营企业占52.48%；从被调查人员所属企业的类型来看，25.74%为高新技术企业，74.26%为民营科技型企业；从企业规模来看，大型企业占35.64%，中小企业占61.38%，转制科研院所占0.99%（问卷结果见附录C）。

11.2 深度访谈企业概况及选择依据

课题组分别于2015年4月23日、4月29日、6月4日、6月15日与6月16日对山西新华化工有限责任公司、山西国营大众机械厂、山西天地煤机装备有限公司、晋煤集团与潞安集团进行了访谈。各单位的访谈对象均为企业研发的核心成员或部门负责人，有10年以上从事研发活动的经验，具有高级工程师及以上职称。

11.2.1 深度访谈企业概况

根据前期专利研究得到的典型煤基低碳创新企业，山西煤基产业创新链七大链条中涉及的典型企业以及煤资源（而非能源）型利用典型企业，结合企业专利情况、创新方面的业绩等因素，课题组选择了晋煤集团、潞安集团、山西天地煤机装备有限公司、山西新华化工有限责任公司与山西国营大众机械厂作为访谈对象，开展调研活动。

五家访谈企业基本创新情况如表11.1所示。

表 11.1　五家访谈企业基本创新情况

项目 \ 企业名称	晋煤集团	潞安集团	山西天地煤机装备有限公司	山西新华化工有限公司	大众机械厂
规模	大型	大型	大型	大型	大型
行业	采掘业+制造业	采掘业+制造业	科学研究和技术服务业	制造业	制造业
类型	国有企业	国有企业	转制科研院所	国有企业	国有企业
技术创新方式	自主创新+引进消化吸收创新+模仿创新	自主创新+引进消化吸收创新+模仿创新	自主创新+引进消化吸收创新+模仿创新	自主创新+引进消化吸收创新+模仿创新	自主创新+引进消化吸收创新+模仿创新
技术创新机构	国家重点实验室 中国煤炭工业协会煤炭行业工程研究中心 省级重点实验室 省级工程中心 省级产业创新联盟	国家工程技术中心 中科院重点实验室 省级重点实验室	国家工程实验室	省级企业技术中心	企业研究所
研发经费	3.5亿元	3亿元	—	2000万元	—
专利数量(件)①	640	137	270	121	4

注：由于访谈对象为企业的技术负责人员，这些人员未掌握企业研发经费投入数据。因此，用"—"表示未获得对应企业的相关数据。

11.2.2　深度访谈企业选择依据

第一，晋煤集团在全国煤炭企业中有较强的技术创新能力，拥有两家国家级技术创新机构、三家省级技术创新机构，年研发经费投入约 3.5 亿元，累计获得专利数量 640 件。获得 40 多项省部级以上的奖项，承担了多项国家科技重大专项课题、"863"计划专项课题、国家"十二五"科技支撑计划和重点课题。

晋煤集团是山西省煤炭综合开采、发电产业链的典型制造企业，涉及煤机制造、煤炭开采、煤层气抽采、煤化工以及瓦斯发电等生产活动。同时，晋煤集团也是山西省煤层气产业创新链与山西煤机装备产业创新链中涉及的重点企业。

因此，对晋煤集团进行访谈，可以了解煤炭资源综合开采、利用企业的技术创新特点与技术创新需求。

---

① 专利数据是在佰腾专利数据库以 5 家企业名称作为申请人检索得到。

第二，潞安集团在全国煤化工企业中有较强的技术创新能力，拥有一家国家工程技术中心、一家中科院重点实验室与一家省级重点实验室，年研发经费投入约3亿元，累计获得专利数量137件。获得省级以上科技进步奖185项，其中国家科技进步奖8项，省级行业科技进步奖177项。拥有国内第一个具有自主知识产权的煤基合成油示范项目。

潞安集团每年知识产权成果产生的经济效益在数十亿元以上，是技术创新成果快速实现产业化的典型企业。

潞安集团是煤炭向下游产业延伸的典型制造企业，形成了煤—电—化、煤—焦—化与煤—油—化三条主产业链。同时，潞安集团是山西省煤化工产业创新链与山西煤焦化产业创新链中涉及的重点企业。

因此，对潞安集团进行访谈可以了解延长煤炭产业链类型企业的技术创新特点与技术创新需求；了解促进技术创新成果产业化的条件与政策保障。

第三，山西天地煤机装备有限公司隶属于中国煤炭科工集团，属于转制科研院所，在煤机装备领域有较强的研发能力，拥有一家国家工程实验室，累计获得专利数量270件。在煤机装备领域，创造了多个国内第一，如第一台悬臂式掘进机、第一台薄煤层采煤机、第一套综采液压支架、第一台可弯曲刮板输送机和第一台连续采煤机等。

山西天地煤机装备有限公司是煤矿开采、掘进、运输、支护技术与装备领域的典型研发企业。同时，山西天地煤机装备有限公司也是山西省煤机装备产业创新链中的重点企业。

因此，对山西天地煤机装备有限公司进行访谈可以了解煤机装备领域研发型企业的技术创新特点与技术创新需求。

第四，山西新华化工有限责任公司为军转民企业，在炭材料领域有较强的技术创新能力，拥有一家省级企业技术中心，年研发经费投入约2000万元，累计拥有专利121件。

山西新华化工有限责任公司是对煤进行资源化（非能源）利用的典型高新技术企业，主要生产活性炭、防护器材，产品被自来水、石油、化工、环保与劳保等行业广泛采用，产销规模居全国第一。

因此，对山西新华化工有限责任公司进行访谈可以了解煤资源化（非能源化）利用的高新技术企业的技术创新特点与需求。

第五，山西国营大众机械厂（国营785厂）属国家大型军转民电子工业企业，拥有一定的技术创新能力，建立了企业研究所，累计拥有专利4件。

山西国营大众机械厂于我国第一个五年计划期间在山西建厂，缘于对山西能源、钢材以及重工业装备基础的依赖。选择山西国营大众机械厂为访谈对象，可以了解设立于山西、不属于煤基领域，且对山西的能源、重工业装备基础有资源、能源依赖的企业的技术创新特点与技术创新需求。

12 科研人员从事科技创新活动的影响因素

按照研究框架，科技创新活动的影响因素涉及五个层面：个体创新动机、团队因素、组织创新环境、组织合作创新活动与宏观政策环境。本部分分析高校、科研院所与企业科研人员从事科技创新活动的影响因素。

12.1 个体创新动机

调查发现，成长发展的需要是个体创新的关键动机，是影响科研人员创新积极性的重要因素，关系的需要也会对科研人员的创新积极性产生影响。总体上，科研人员的需要层次处于较高层次的精神性需求和个体成长需求。

12.1.1 关系需要与成长发展需要是个体创新的关键动机

为了考察科研人员创新的动机，以 ERG 理论为依据在问卷中设置了影响科研人员研发行为关键因素的题项，其中"研发过程让我觉得快乐"用来表征科研人员成长发展的需要；"研发行为能带来一定的经济收入"用来表征科研人员的生存需要；"研发成果使我得到社会尊重"与"研发成果对我个人发展有好处"（属于尊重需求，是马斯洛需求层次理论中精神性需求的较高层次，可以归为 ERG 理论中的关系需求），用来表征科研人员关系的需要。

从全部被调查人员的数据来看，41.83% 的科研人员是考虑个人社会尊重和地位的需要而从事研发活动的（研发成果使我得到社会尊重 + 研发成果对我个人发展有好处）；33.65% 的科研人员是出于个人的兴趣而从事研发活动（研发过程让我觉得快乐）；而仅有 20.44% 的科研人员是出于基本的物质生存需要而从事研发活动（图 12.1）。因此，可以认为关系需要与成长发展的需要是个体创新的关键动机。

从图 12.1 可以看出，对于高校科研人员来说，关系需求与成长发展需求是影响其从事创新活动同等重要的因素。高校中有 40.58% 的受访人员是出于个人的兴趣而从事研发活动，即研发过程能给自己带来快乐；有 40.57% 的受访人员是出于社会尊重与地位的需要而从事研发活动，即研发成果使自己得到社会尊重、对自己个人发展有好处。

对于企业科研人员来说，关系需求对其从事创新活动的影响程度略高于成长发展需求的影响。企业中有 38.97% 的受访人员是出于社会尊重与地位的需要而从事研发活动，即研发成果使自己得到社会尊重、对自己个人发展有好处；有 33.33% 的受访人员是出于个人的兴趣而从事研发活动，即研发过程能给自己带来快乐。

而对于科研院所的科技人员来说，关系需求对其从事创新活动的影响程度绝对地高于成长发展需求的影响。科研院所中有 61.11% 的受访人员是出于社会尊重与地位的需要而从事

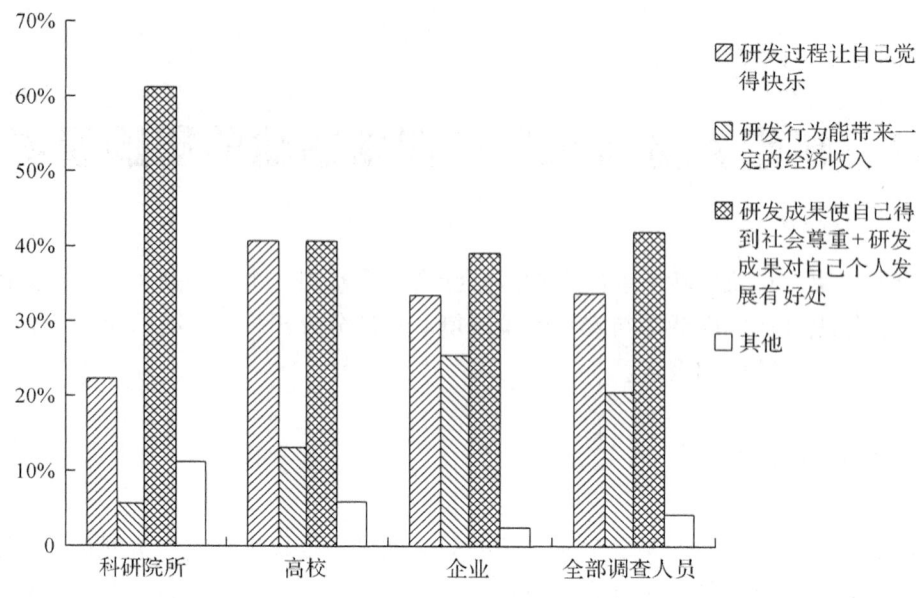

图 12.1 影响科研人员研发行为的关键因素

研发活动,即研发成果使自己得到社会尊重、对自己个人发展有好处;有 22.22% 的受访人员是出于个人的兴趣而从事研发活动,即研发过程能给自己带来快乐。是哪些因素导致科研院所研发人员更重视关系需求尚不清楚。

因此,相对于高校来说,科研院所与企业的科技人员在从事科技创新活动时,更加关注社会地位和所能获得的尊重,即关系的需要更强烈。

12.1.2 成长发展的需要对科研人员取得成就有重要的作用

为了提高科研人员创新动机分析的信度,问卷中设置了促成现有成就因素的题项。从所获得的全部调查人员数据来看,能够表征成长发展需要的"个人兴趣与爱好"在六个指标中排名第三,重要性程度较高。

在图 12.2 中列示了不同创新主体认为个人兴趣与爱好是促成现有成就的关键因素占受调查者的比例。

全部被调查的科研人员中有 33.65% 认为个人兴趣与爱好是促成现有成就的关键因素;在三个创新主体中,高校科研人员对个人兴趣与爱好促成现有成就的作用认可程度最高,占 57.97%;而科研院所与企业的比例相对较低,分别为 30.56% 与 26.29%。这可能与高校相对自由、宽松的创新环境,倡导自主选择研发与创新方向有比较密切的关系。因此,个人兴趣与爱好对促进研发人员从事创新活动确实具有非常重要的影响。

为了进一步验证成长发展的需要对研发人员创新积极性的影响,问卷中设置了"影响研发人员创新积极性的因素"题项,分别用"创新成果对个人职业发展和升迁有积极影响"与"创新成果能够带来成就感"来衡量成长发展的需要。从所获得的数据来看,分别有 44.03% 的研发人员认为创新成果对个人职业发展和升迁的积极影响、创新成果能够带来成

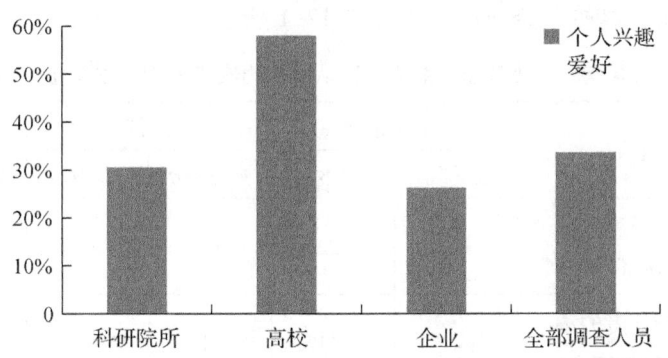

图 12.2　认为个人兴趣与爱好是促成现有成就的关键因素的比例

就感会调动其创新的积极性（图 12.3）；其中，企业研发人员对"创新成果对个人职业发展和升迁有积极影响"这一因素的认可程度最高，比例为 44.60%；高校与科研院所研发人员的比例分别为 43.48% 与 41.67%；科研院所研发人员对"创新成果能够带来成就感"这一因素的认可程度最高，比例为 38.89%；高校与企业的这一比例分别为 34.78% 与 31.29%。

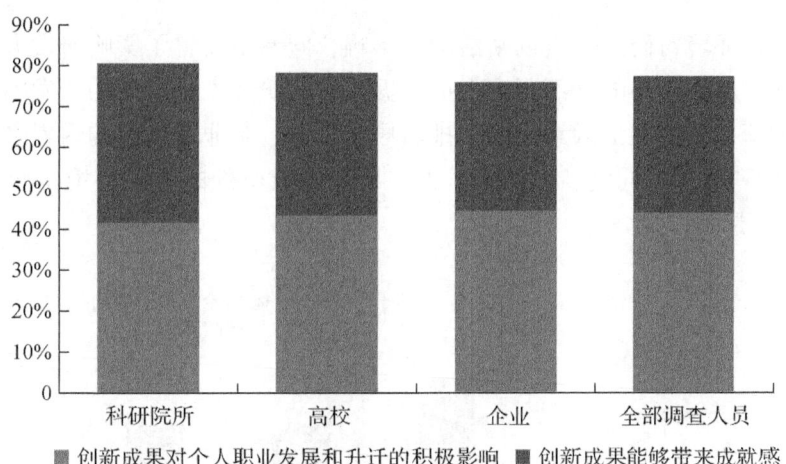

图 12.3　认为创新成果对个人职业发展和升迁有积极
影响是影响创新积极性的关键因素的比例

可以发现，不论是从促成科研人员成就方面，还是影响科研人员创新积极性方面，成长发展的需要是促成科研人员从事创新活动的关键因素。

12.2　团队因素

团队是研发活动的重要组织形式。调查发现，近七成（66.67%）的被调查科研人员身处稳定的研发团队，以相对独立的方式进行研发。其中，科研院所科研人员的 44.44%、高校科研人员的 73.91% 及企业科研人员的 68.08% 处于稳定的科研团队。因此，团队氛围、团队领导能力和团队凝聚力等因素，对科研人员创新活动的影响不容忽视。这三个因素的影响认同度在科研院所、高校与企业的比例如表 12.1 所示。

表 12.1　团队氛围、团队领导能力、团队凝聚力在不同创新主体中的认同比例

因素	题项	科研院所		高校		企业	
		数量/份	比例	数量/份	比例	数量/份	比例
团队氛围	研发人员所处的团队环境	8	22.22%	17	24.64%	51	23.94%
团队领导能力	团队领导者的沟通和领导能力	4	11.11%	11	15.94%	70	32.86%
	团队领导对研发方向的把控	7	19.44%	13	18.84%	53	24.88%
团队凝聚力	团队的群策群力	9	25%	21	30.43%	53	24.88%

12.2.1　团队氛围

为了衡量团队环境对研发人员创新活动的影响，问卷中设置了影响研发人员创新效率的关键因素的题项。从所获得的全部调查人员数据来看，研发人员所处的研发团队环境在 6 个影响研发人员创新效率的关键因素选项中排名居第 2 位，是非常重要的因素之一。

在图 12.4 中列示了不同创新主体中认为"研发人员所处的团队环境是影响创新效率的关键因素"占受调查者的比例。

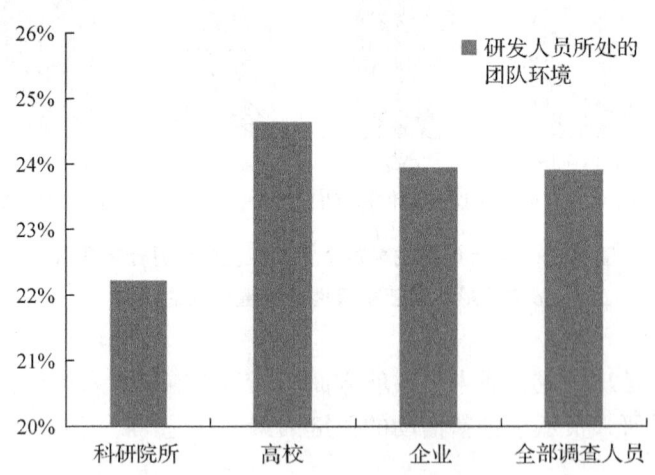

图 12.4　认为研发人员所处的团队环境是影响创新效率的关键因素的比例

可以看出，全部被调查的科研人员中有 23.9% 的人认为研发人员所处的团队环境是影响创新效率的关键因素。其中，高校科研人员中持此观点的比例为 24.64%；科研院所与企业中持此观点的比例分别为 23.94% 与 22.22%。不同创新主体对研发环境的认识基本一致，验证了研究框架中所提出的团队环境会影响研发人员的创新活动的假设。

12.2.2 团队领导能力

问卷中分别用"团队领导者的沟通和领导能力""团队领导对研发方向的把控"来表征团队领导者应具备的领导、沟通、协调以及专业技术能力。"研发过程中哪些条件最重要"的题项中,选择表征团队领导能力的这两个指标的研发人员占被调查人员总数的49.69%。

在图12.5中列示了不同创新主体认为团队领导能力是研发过程中最重要的条件占受调查者的比例。

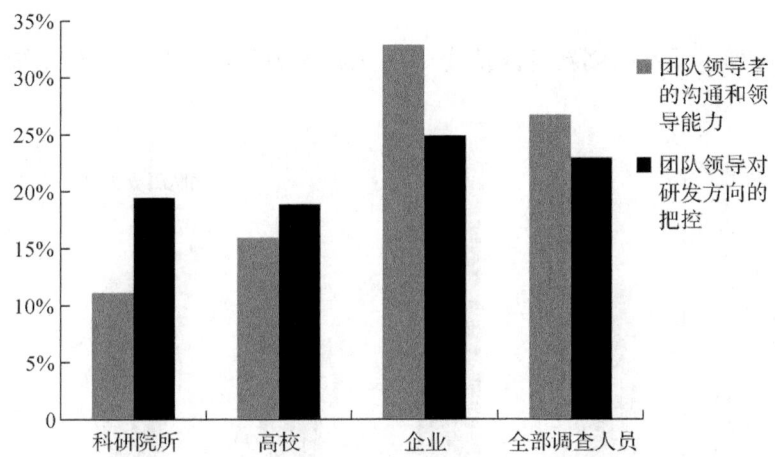

图12.5 认为"团队领导能力是研发过程中最重要的条件"的研发人员占比

可以看出,在三类创新主体中,企业受调查人员中认为团队领导能力是影响研发活动关键因素的比例远高于高校和科研院所,占被调查人数的57.74%,表明企业研发过程中团队负责人有非常重要的作用;高校与科研院所的比例相对较低,分别为34.78%与30.55%。可见,由于企业要同时面向应对长远战略竞争的科技创新和应对市场的产品创新,团队领导者的决策能力和沟通能力的重要性远高于高校和科研院所。

企业科研人员更加关注团队领导能力对于技术创新的作用,这可能与企业研发项目的规模大、团队的人数多及研发项目的经费自主投入数额高相关。一方面,当团队的规模增加时,团队内人员沟通和合作的问题会呈几何级数增加,团队凝聚力和相互信任会下降,社会惰性增加。因此,对团队领导的能力要求会更高。

另一方面,研发项目成功与否直接影响到企业未来的收益与竞争能力,从而与研发人员的收入及未来发展息息相关。大规模、高投入的研发项目要实现成功,不仅需要研发团队的科研实力,更加需要研发领导者对研发方向的把控和研发项目的决策,这决定了研发投入带来的产出可能性[①]。

高校和科研院所的研发项目与企业相比,更重视基础性创新,应对市场需求的约束较弱,协调工作量较少,研发活动通常有外部经费支持,由于学科专业限制,团队成员相对稳

---

① 本调查未就项目来源进行讨论,如项目是政府支持还是企业自选,只讨论了团队领导对研发方向的影响。

12.2.3 团队凝聚力

团队凝聚力是指团队对成员的吸引力、成员对团队的向心力,以及团队成员之间的相互吸引。以此为基础,问卷中用"团队的群策群力"来表征团队凝聚力。所有被调查人员中 26.1% 认为团队的群策群力是研发过程中最重要的条件。在关于研发条件的所有备选项中排名第 3 位。

在图 12.6 中列示了不同创新主体认为"团队凝聚力是研发过程中最重要的条件"占受调查者的比例。

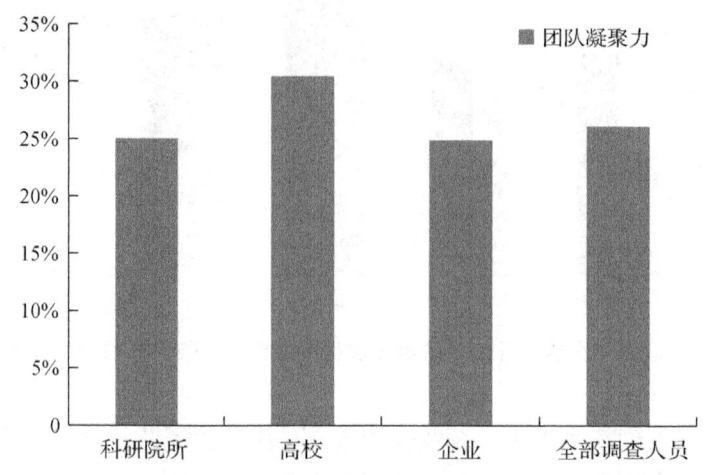

图 12.6　认为团队凝聚力是研发过程中最重要的条件的研发人员比例

在三类创新主体中,高校科研人员对团队凝聚力在研发过程中发挥作用的认可程度最高,为 30.43%,这与前文分析的高校研发团队成员稳定、合作时间较长、行政化程度低和以自由探索为主等相吻合;科研院所与企业对团队凝聚力的认可程度基本一致,分别为 25% 与 24.88%。创新项目通常需要跨学科、跨专业协同攻关,成员间的协作程度、沟通程度必然对团队创新绩效(效率和效果)造成直接影响。

12.3　组织创新环境

在创新过程中,组织内部的微观创新环境比外部宏观环境更重要。分析调查资料得到,80.19% 的被访人员认为在促进创新活动、提高研发效率等方面,组织内部的微观创新环境比外部宏观环境更重要;其中,企业的研发人员对组织微观创新环境作用的认可程度最高,为 81.69%;高校与科研院所的比例分别为 78.26% 与 75%。

12.3.1 组织的研发及创新激励制度

首先,组织发展需求与科研人员的成就息息相关。在题项"促成现有成就的因素"下设"单位发展需要"选项,衡量组织发展过程中提出的研发需求对科研人员取得成就的影响(图12.7)。在所有的被调查科研人员中,39.31%的人员认为是由于组织发展需要促成了其现有的成就。其中,企业受访者中的比例为41.78%;科研院所受访者中的比例为38.89%;高校受访者中的比例为31.88%。

可以发现,和高校相比,科研院所与企业的科研人员更加关注组织发展需要。这可能与科研院所及企业均采取市场化运作机制有关。这些组织基于市场竞争需求对技术研发提出明确指向,科研人员顺应组织发展需求、开展科研攻关的同时,个人得以成长。

其次,组织系统化的研发管理制度与创新激励制度对科研人员取得成就有重要作用。在题项"促成现有成就的因素"下设置"组织研发管理制度与创新激励制度"的选项,衡量组织制度设计对科研人员取得成就的作用(图12.7)。在所有的被调查的科研人员中,35.53%的人员认为是由于组织有系统化的科研管理制度特别是创新激励制度促成其现有的成就。其中:高校被调查科研人员中的比例为40.58%;科研院所与企业中的比例分别为16.67%与37.09%。这表明科研人员的创新动力除了创新主体的内生力量之外,外在激励的力量也是必不可少的。组织内部环境、激发员工创新的制度体系都是重要的环境影响因素。

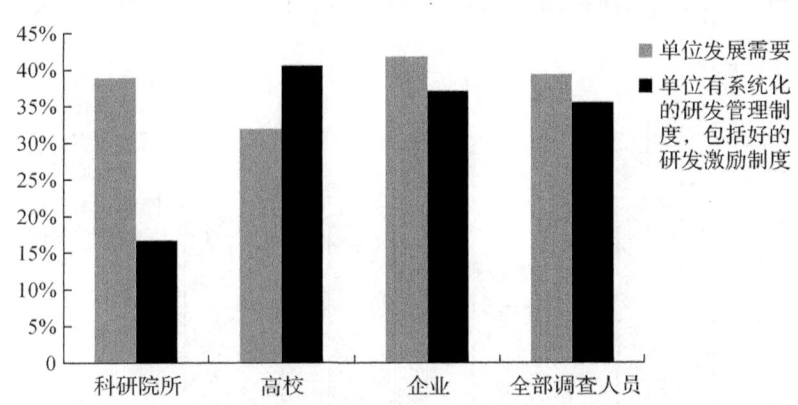

图 12.7 认为单位发展需要与组织制度对研发人员取得成就有积极作用的比例

12.3.2 组织创新氛围与创新制度

在"影响研发人员创新效率的关键因素"题项下,有42.77%的人员认为组织创新氛围与创新制度是影响研发人员创新效率的关键因素;高校、企业与科研院所的这一比例分别为43.48%、42.72%与41.67%(图12.8)。

因此,提高研发人员的研发创新效率,要改善组织内的微观创新环境,包括组织创新制度的设计、允许失败和鼓励创新的组织氛围等。

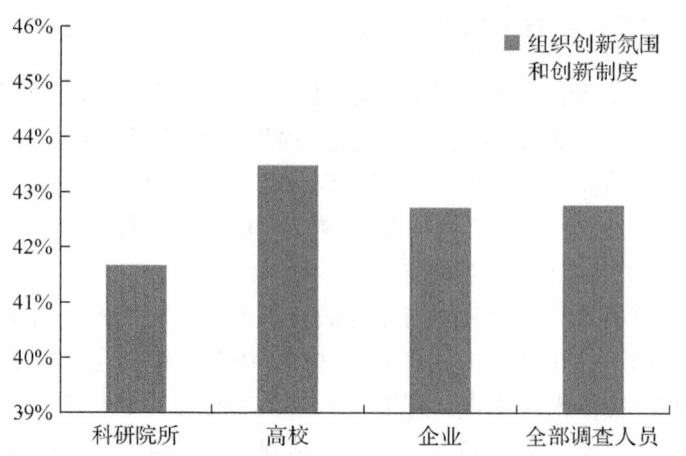

图 12.8 认为"组织创新氛围和创新制度是影响研发人员创新效率的关键因素"的占比

为了进一步考察组织创新氛围与创新制度在科研人员创新活动中的作用,问卷中设置了组织内部影响研发兴趣的因素的题项。问卷中用"单位有好的奖励制度"与"单位舍得对研发投入"来度量组织创新制度,用"单位有积极向上的氛围"来度量组织创新氛围。在所有的受访者中,48.11%的科研人员认为组织的创新制度是影响科研人员创新兴趣的关键因素;24.21%的科研人员认为组织有积极向上的氛围是影响科研人员创新兴趣的关键因素(图 12.9)。这表明,组织创新氛围与创新制度对激发科研人员的创新兴趣有显著影响。

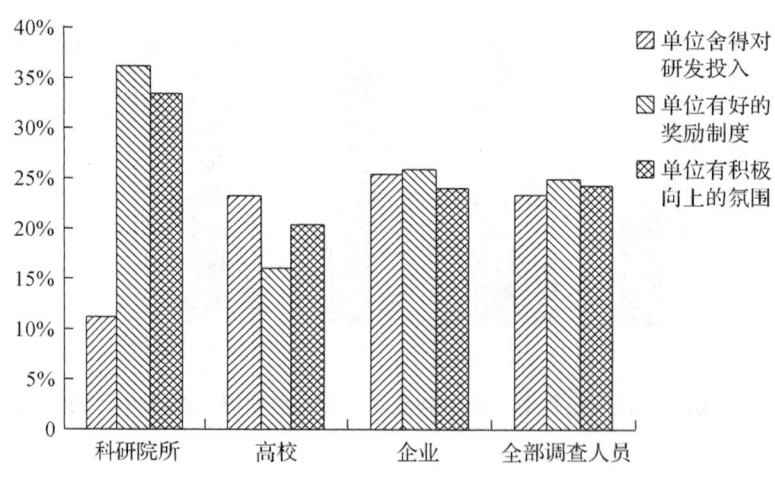

图 12.9 组织内部影响研发兴趣的因素

从高校科研人员的调研结果来看,在激发科研人员研发兴趣的因素方面,23.19% 的受访者认为是"单位的大量科研投入";20.29% 的受访者认为是"单位积极向上的氛围";15.94% 的受访者认为是"单位的奖励制度";11.59% 的受访者认为是"单位的晋升制度";13.04% 的受访者认为和志趣相投的朋友在一起可以影响研发兴趣。总体上,84.05% 的受访者认为组织环境与组织制度的变革、非正式组织的归属感均可以激发科研人员的研发兴趣。

科研院所中可以激发科研人员研发兴趣的因素，有36.11%的受访者认为是"单位有好的奖励制度"；33.33%的受访者认为是"单位积极向上的氛围"；11.11%的受访者认为是"单位的大量科研投入"；11.11%的受访者认为是"和一群志趣相投的朋友在一起"；8.33%的受访者认为是"单位的晋升制度"。可以看出，没有受访者认为研发兴趣只是个人的事情，所有的科研院所受访者都认为组织环境与组织制度的变革、非正式组织的归属感可以激发科研人员的研发兴趣。

企业中可以激发科研人员研发兴趣的因素，有25.82%的受访者认为是"单位有好的奖励制度"；25.35%的受访者认为是"单位的大量科研投入"；23.94%的受访者认为是"单位积极向上的氛围"；12.68%的受访者认为是"和一群志趣相投的朋友在一起"；6.57%的受访者认为是"单位的晋升制度"。总体上，94.37%的受访者认为组织制度与组织氛围以及非正式组织的归属感均可以起到激发研发人员创新兴趣的作用。这一结果与高校、科研院所科研人员的调查结果非常接近。可以认为，组织积极营造创新环境、变革组织管理制度及发挥非正式组织的作用可以极大地激发科研人员的创新兴趣。

12.3.3 高层管理者的战略意识

为了衡量高层管理者战略意识对科研人员创新行为的作用，问卷中设置了决定组织研发支持力度的关键因素的题项，包括四个选项，分别是：单位领导的技术背景、单位领导的战略意识、外部环境的形势逼迫和其他因素。从所获得的调查数据看（图12.10），72.96%的被调查人员认为高层管理者的战略意识是决定组织研发支持力度的关键因素。其中，高校受访者中的68.12%、科研院所受访者中的83.33%与企业受访者中的72.77%分别选择了"单位领导的战略意识"是影响组织研发支持力度的关键因素。

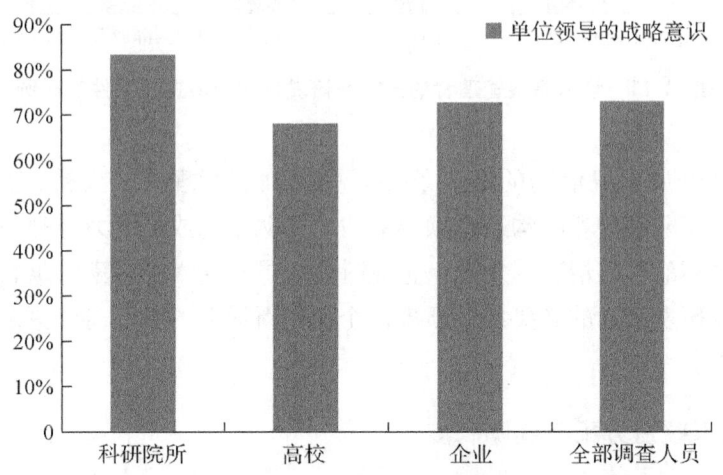

图12.10 认为高层管理者的战略意识是决定组织研发支持力度的关键因素的比例

可以发现，不论是企业、科研院所还是高校的科研人员都认为，领导者的战略意识决定了组织创新制度和研发投入水平。这充分说明了组织创新活动的开展需要有高瞻远瞩的领导者。组织若想在激烈的竞争中占有一席之地，就需要领导者具有高度的战略意识与快速应对外部环境变化的能力。

课题组从组织开展研发活动所必备的条件方面考察了高层管理者战略意识对科研人员创新活动的作用,问卷中用高层管理者的支持来度量高层管理者的战略意识(图 12.11)。在所有的受访者中,32.08% 的科研人员认为高层管理者的支持是科研人员在研发活动中所需要的最重要的条件。其中,企业受访者中的 38.5%、科研院所受访者中的 30.56%、高校科研人员中的 13.04% 持此观点。可以看出,高校受访者中持此观点的比例明显低于企业和科研院所。这应该与高校研发项目更多属于自由探索密切相关。教书育人是高校的基本职能,科研活动只是这一基本职能的补充。高校的科研人员在从事科研活动方面有很强的自主权,可以根据自己的兴趣与爱好进行科研活动,而不需要征得管理者的认同与支持。而科研院所与企业开展研发创新活动的目的是提高市场竞争能力。因此,科研院所与企业开展研发活动一定是在高层管理者或管理团队的规划或允诺之下展开的,即研发活动离不开高层管理者的认可与支持。

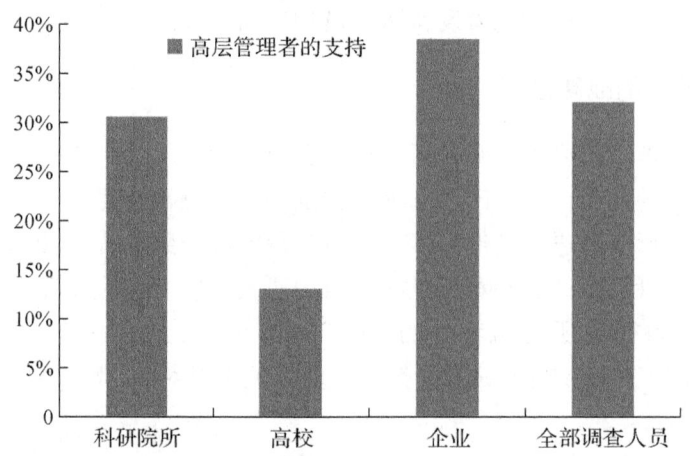

图 12.11　认为高层管理者的支持是研发过程中最重要条件的比例

结合问卷中"开展研发活动的重要条件"中的高层管理者的支持、直接上司的支持、团队的群策群力、团队领导者的沟通和领导能力、团队里的成员能力互补与团队领导对研发方向的把控六个选项的作答情况,发现:企业科研人员对这六个因素的重要性认可程度都较为接近。企业开发研发活动的必要条件颇多,企业创新活动的展开需要更系统、更全面的制度支撑和环境塑造。

12.3.4　创新成果收益分配与奖励制度

为了衡量创新收益分配与奖励制度对科研人员创新行为的作用,问卷中设置了影响研发人员创新积极性因素的题项。在所有的被调查人员中,62.26% 的受访者认为创新成果收益分配与奖励制度是影响科研人员创新积极性的重要因素。其中,高校、企业与科研院所对创新成果收益分配与奖励制度是影响科研人员创新积极性的重要因素认可程度的比例分别为 63.77%、63.38% 与 52.78%(图 12.12)。

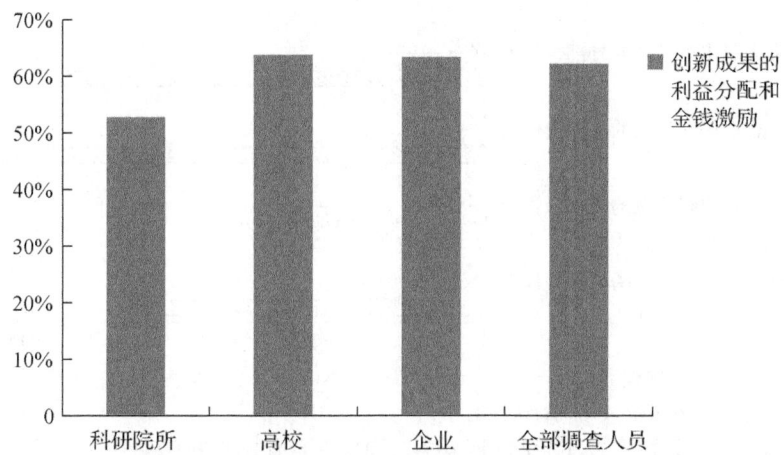

图 12.12　认为"创新成果的利益分配和金钱激励是影响科研人员创新积极性的重要因素"的占比

可以发现，物质收益、未来职业发展的机会等与个人收益直接相关的因素是影响创新积极性的重要因素。制定公平合理的科研成果利益分配制度、明确的科技成果利益分享机制非常必要。

12.4　组织间合作创新活动

根据创新系统理论，不同组织间的合作创新活动，对增加创新产出、提高创新效率有非常重要的作用。本研究从合作创新信息获取、合作期望和研发合作现状等角度对煤基低碳研发领域产学研合作创新情况进行调查。

12.4.1　获得合作者信息的渠道有限

为了分析获得合作者信息对组织间合作创新活动的影响，问卷中分别用"没有正规和方便的渠道与企业（高校、科研院所）取得联系"和"高校相对封闭不了解高校能为企业提供哪些支撑"来度量各创新主体获得合作者信息的可能性。

在对高校和科研院所人员的调查中，高校受访者中有24.24%、科研院所受访者中有30.56%及企业受访者中有34.27%，认为是由于无法获得合作者信息或对合作者不了解，造成了没有与企业（科研院所、高校）进行合作。因此，畅通产学研合作渠道，要考虑以各种方式传递合作意愿与合作信息。

从获得合作者信息的方式来看，组织的正式渠道与个人关系是科研人员获得合作者信息的主要渠道。在有稳定外部合作者的被访科研人员中（图12.13），82.04%的科研人员是通过组织的正式渠道（即所在单位与合作者单位有合作关系或开会、培训时认识的）获得合作者信息的；16.77%的科研人员是通过个人关系获得合作者信息的。

有稳定外部合作者的受访科研人员中，通过组织正式渠道获得合作者信息的比例分别为：高校66.67%、科研院所61.76%与企业89.26%；通过个人关系获得合作者信息的比例

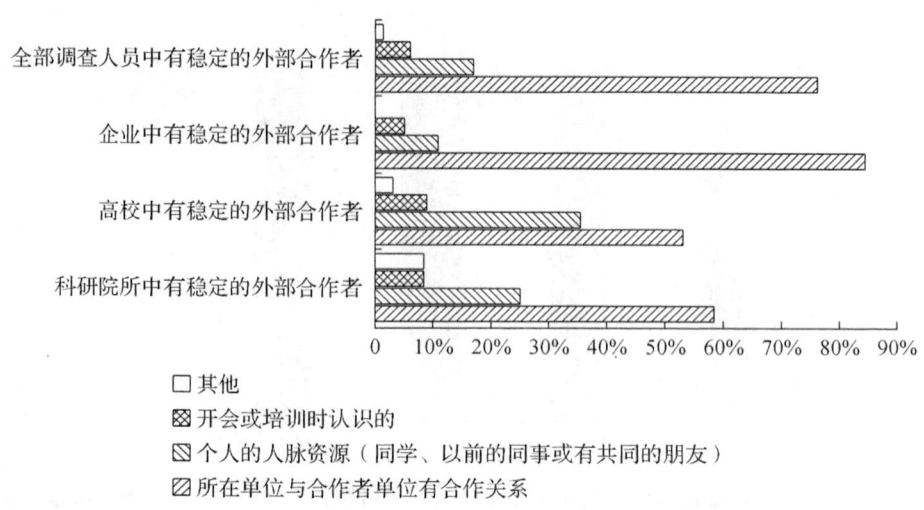

图 12.13 有稳定外部合作者的科研人员通过不同渠道获得合作者信息的比例

分别为：25%、35.29% 与 10.74%。

通过科技中介机构、政府的信息化服务平台等其他渠道获得合作者信息的比例非常低，科研院所与高校的比例分别为 8.33% 与 2.94%；而企业被访人员中没有人通过科技中介机构等渠道获得合作者信息。高校与科研院所由于获得财政支持的需求或其他原因，与政府联系更紧密，而企业更重视市场，更愿意与有预期合作成果的组织达成合作意向。

建立有效的信息平台，及时发布高校与科研院所的技术研发优势领域；或者向高校与科研院所发布企业的技术研发需求，引导有技术优势的高校与科研院所加入到企业技术研发过程中，可以降低双方的搜寻成本，提高合作的频率。

12.4.2 合作期望一致性影响合作对象的选择

首先，能够获得不同类型的专业技术人员、从应用技术角度改进研发活动以及提供市场需求信息，是科研院所与高校选择企业为合作对象，展开合作创新活动的基础。

在受访的科研院所科技人员中，55.56% 的受访者期望合作企业能够有不同类型的专业技术人员，发挥各类技术的协同支撑作用；52.78% 期望合作企业能够帮助科研院所从应用技术角度改进研究活动；50% 希望合作企业能够提供市场需求信息。

在受访的高校科研人员中，52.17% 的受访者希望合作企业能够提供市场需求信息；43.48% 希望合作企业能够有不同类型的专业技术人员，发挥各类技术的协同支撑作用；39.13% 期望合作企业能够帮助高校从应用技术角度改进研究活动。

这说明，高校与科研院所的研发人员在选择合作对象时，越来越注重研发成果的实际应用与市场化需求，有很强的动力与企业开展市场导向的应用型研发活动。

其次，能够提供研发过程中所需要的理论支撑、获得不同类型的专业技术人员与帮助企业确定研发方向，是企业选择高校作为合作对象，展开合作创新活动的基础。

企业科研人员中，44.13% 的受访者期望合作高校能够提供研发过程所需要的理论支撑；

39.91%期望合作高校能够有不同类型的专业技术人员，发挥技术的协同支撑作用；38.97%期望合作高校能够提供国际最领先的研发信息，帮助企业确定研发方向。

这说明，企业在选择与高校进行合作时，最关注的因素是高校是否可以提供研发活动所需要的理论基础、最新的研发方向等。

12.4.3 共建研发团队是产学研开展实质性合作的理想方式

在"企业与科研院所/高校的最好合作方式"题项下，47.17%的被访人员认为应由企业提供技术研发需求、高校或科研院所提供科学理论建立团队共同研发，其中，科研院所被访人员的41.67%、高校被访人员的43.48%与企业被访人员的49.3%持此观点。20.75%的被访人员认为应由企业与科研院所或高校共建实验室、企业孵化中心和技术转移中心等，其中科研院所被访人员的22.22%、高校被访人员的28.99%与企业被访人员的49.3%持此观点（图12.14）。

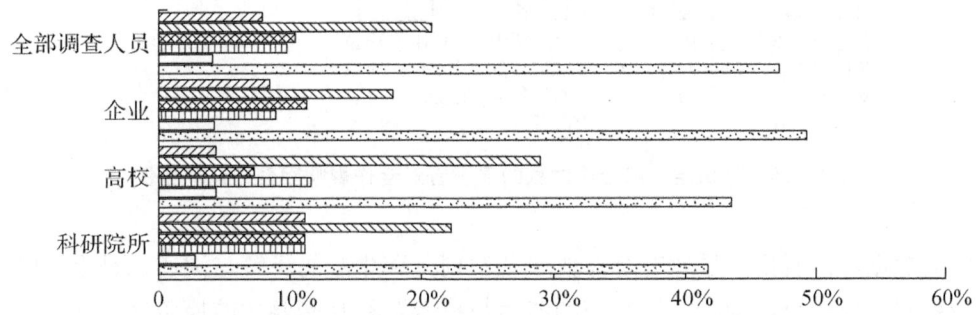

进行国家级、省级科研项目的合作研究
企业与科研院所/高校共建实验室、企业孵化中心和技术转移中心等
由政府出面将有实力的科研院所/高校和企业进行结合，降低搜寻成本
由科技中介向双方提供合作信息，以市场化行为对双方进行激励约束
企业向科研院所/高校购买适用的知识产权（如发明专利等）
企业提供技术研发需求，科研院所/高校提供科学理论，建立团队共同研发

图12.14 认为企业与科研院所/高校应采取不同合作方式的比例

可以看出，不论企业的科研人员还是科研院所与高校的科研人员，均认为共建研发团队与共建研发实体的实质性合作是组织间合作创新活动的最佳方式。这也说明，只有实质性合作才能充分发挥合作各方的资源与技术优势，进而调动合作各方的积极性，实现优势互补，提高创新效率、增加创新成果产出。

12.4.4 共同的研发领域与技术支撑是组织间合作创新的基础

为了解组织间形成合作创新的机制，问卷中设置了"与外部合作者长期合作的关键因素"题项。在有稳定外部合作者的受访者中，42.51%的人员认为能够互相提供技术支撑是实现长期合作的关键因素，其中企业被访人员的44.63%、高校被访人员的41.18%与科研院所被访人员的58.33%持此观点。25.75%的人员认为有共同感兴趣的研究领域是实现长期合作的关键因素，其中企业被访人员的 22.31%、高校被访人员的 26.47% 与科研院所被访人员的 25% 持此观点（图 12.15）。

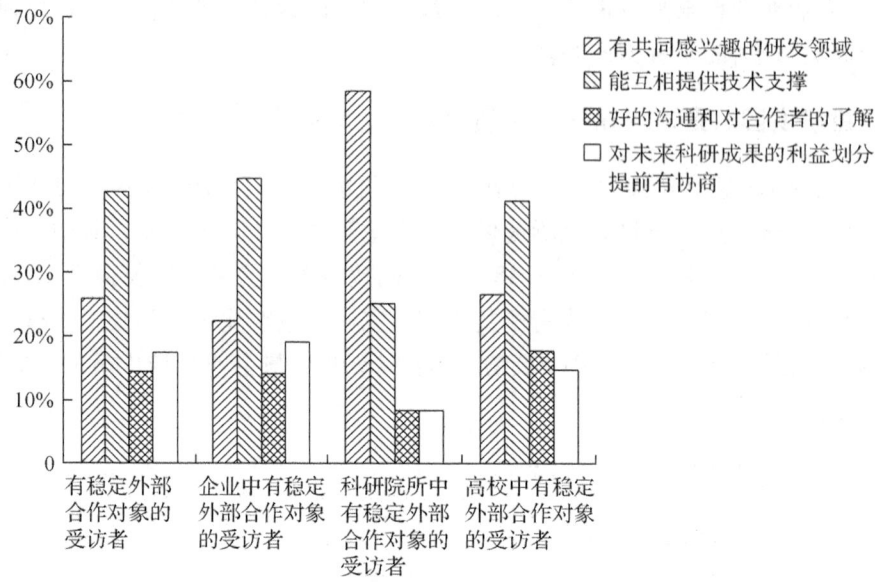

图 12.15　有稳定外部合作对象的受访者对合作影响因素的认同比例

从以上数据可以看出，虽然对合作成果利益划分和相互的了解与沟通也是重要的影响因素，但组织间要形成合作创新，组织间的能力与技术互补是必要的前提条件；共同的研发兴趣是组织长期合作的基础。产学研合作，最关键的因素还是在于组织自身的合作意愿，而政府应充分发挥环境的缔造者、信息的提供者与合作的推动者等角色的作用。

12.4.5　研发团队沟通情况影响组织间合作创新效率

为了考察组织合作创新效率的影响因素，问卷中设置了"影响企业与高校/科研院所合作创新效率的关键因素"题项。在给出的 8 类关键因素中，排前三位的因素分别是：企业与科研院所/高校共同组建的研发团队的沟通情况（38.68%）、企业领导对产学研合作的支持程度（33.33%）、大家对研发项目所想达到目标的共识（32.08%）。不同创新主体对影响因素的认同占比见图 12.16。

在企业的被访人员中，认为企业与科研院所/高校共同组建的研发团队的沟通情况是影响合作创新效率的关键因素的科研人员比例也是最高的，为 38.03%；认为企业领导对产学研合作的支持程度、大家对研发项目所想达到目标的共识为影响合作创新效率的关键因素的科研人员的比例分别为：34.27% 与 33.33%。这一结果与所有被访人员的结果一致。

在高校的被访人员中，认为企业与科研院所/高校共同组建的研发团队的沟通情况是影响合作创新效率的关键因素的科研人员比例也是最高的，为 40.58%；而排在第 2 位的关键因素为研发团队领导者的能力，其比例为 37.68%；认为大家对研发项目所想达到目标的共识为影响合作创新效率的关键因素的科研人员的比例为 36.23%。可以发现高校调研的结果

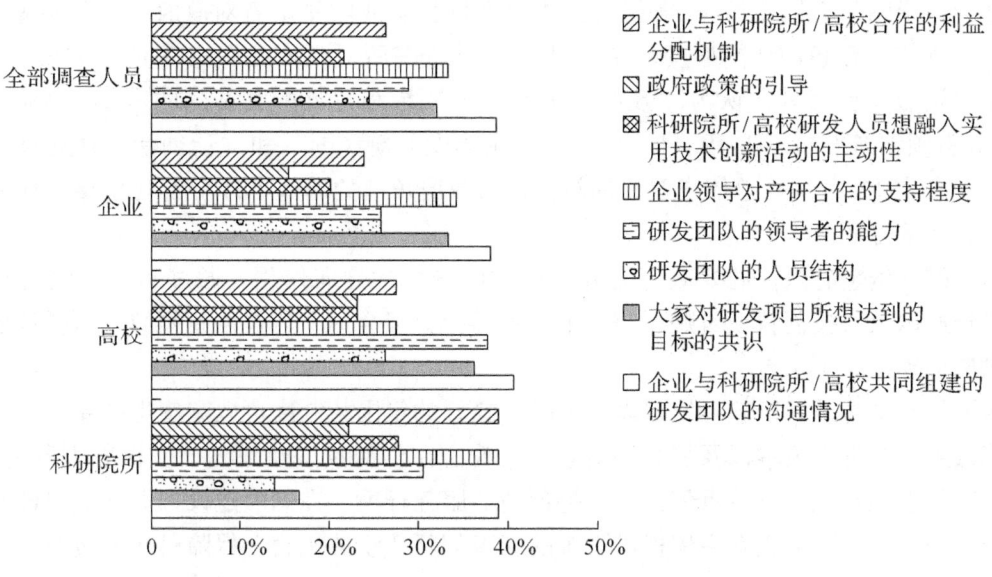

图 12.16　不同创新主体对合作创新效率影响因素的认同占比

与企业有差异,即高校科研人员更加关注研发团队领导者的能力。这主要是由于高校并不限制科研人员的科研活动方向与形式,高校科研人员在从事合作创新研发活动过程中有很大的自主权。因此,创新研发团队领导者的能力,如号召力、领导能力与协调沟通能力等会直接影响高校科研人员创新的积极性与创新效率。

在科研院所的被访人员中,认为企业与科研院所/高校共同组建的研发团队的沟通情况、企业领导对产学研合作的支持程度、企业与科研院所/高校合作的利益分配机制这3个因素是影响合作创新效率的关键因素的科研人员比例相同,均为 38.89%;而排在第 4 位的关键因素为研发团队领导者的能力,其比例为 30.56%;而认为大家对研发项目所想达到目标的共识为影响合作创新效率的关键因素的科研人员的比例仅为 16.67%。可以看到,对于科研院所的科研人员来说,合作利益分配机制与研发团队领导者能力也是在合作创新过程中非常重要的因素,对其创新效率有非常重要的影响。这可能与科研院所的市场化运作、科研院所科研人员收入分配的公司化方式有关系。

提高产学研合作创新效率,需满足产学研各方在合作创新中的不同需求。一方面,要建立研发团队成员间良好沟通机制,公平的合作利益分配机制,保证研发团队成员对所要完成的目标有共同一致的认识;另一方面,需要推选出有较强凝聚力、协调沟通能力的团队领导者,并获得企业领导对产学研合作的支持。

12.5　宏观环境政策

科研人员对"政府在技术创新研发过程中应承担的角色",有 33.65% 的受访者认为是"政府应建设创新氛围,让人人都觉得创新是有前途的",有 34.28% 的受访者认为是"政府应该给创新的人和团队资金支持",有 13.21% 的受访者认为是"政府应该让创新者感觉自已有社会自豪感和成就感"。三类创新主体中高校与企业的受访者对政府"建设创新氛围"和"资金支持"角色的认同程度基本一致。而科研院所对政府角色的定位呈多元化特征。除关注"资金支持"外,认为"政府应出台关于成果利益分配意见"的占22.22%,认为"政府应引领创新方向"占19.44%,认为"应建设创新氛围"和"让创新者建立自豪感和成就感"各占16.67%。总体来看,创新主体对政府角色的期望不外乎宏观指导、环境建设和资金支持等方面。

由于财政资金有限,需要政府充分发挥财政资金的导向作用,通过制定财政科技信贷通、科贷通以及科技创新项目贴息等政策,引导社会资金进入科技创新领域,为科技创新活动提供资金支持。

氛围与制度建设属于软环境建设的范畴,良好的氛围与制度可以聚集生产要素、吸引人才、降低生产与创新成本以及提高创新效益。政府在创新氛围建设方面应该着力营造开放、容忍失败的思想环境,营造重创新、支持创新的服务环境;在制度建设方面,应保证制度的公平与合理,为不同的创新主体提供平等的从事创新活动的机会,保障科研人员获得公平的创新收益的权利。

13 影响科技创新活动的因素分析
——研发负责人的调研

企业研发负责人承担着企业技术创新活动的计划、组织、领导和控制职能。课题组通过深度访谈与问卷调查相结合的方式对企业研发负责人进行调研，了解企业技术创新研发活动的投入、产出的实际情况、企业微观环境、合作创新活动以及宏观环境政策等较全面的信息，以更加全面地反映组织层面对科技创新活动因素的影响。

按照研究框架，以下分别从团队因素、组织创新环境、组织合作创新活动与宏观政策环境等层面，结合深度访谈与问卷调查情况进行讨论。

13.1 研发负责人深度访谈分析

13.1.1 基于扎根理论的研发负责人深度访谈数据处理

按照扎根理论访谈数据分析方法，课题组首先对收集到的一手资料进行开放式编码。按照开放式编码的步骤，重新整合分析资料，实现访谈内容的概念化和范畴化。编码时，为了避免编码者的主观影响，尽量使用被访者的原话作为标签从中发掘初始概念，一共得到264条原始语句及相应的初始概念。由于初始概念的层次相对较低，且数量繁多和存在交叉，需要对其进一步分解、剖析和提炼以将相关的概念聚集在一起，实现概念范畴化。经过多次整理分析，剔除出现频次低于两次的初始概念，最终从资料中抽象出17个范畴，表13.1为开放式编码得到的若干范畴及其初始概念。

表 13.1 开放式编码范畴及初始概念

范畴	原始资料语句（初始概念）
组织创新激励制度	公司层面有制度，对申请专利的员工进行奖励，这些奖励由公司出。例如，申请专利1件，给予不低于2000元的奖励；授权1项，给予不低于3000元的奖励等。（物质激励措施） 每年召开科技大会，在科技大会中选出有突出贡献的科研人员，授予名誉称号并给予高额度奖金。（物质与精神激励） 评职称时候需要，而且专利部分占很大比重。（职称评定标准） 设立首席工程师、首席技师，可以获得与处级相同的待遇，同时还有科技奖励。（研发人员职业生涯规划）

续表

范畴	原始资料语句（初始概念）
组织创新制度与氛围	技术委员会决定项目方向，由专家委员会论证项目可行性，继而转到技术中心进行任务布置，由各个研发小组逐一完成。（组织研发制度） 每年的十月份公司内部征集科研项目，然后由专家进行综合评审。（组织内部研发项目） 企业内部形成了创新意识。（组织创新环境） 一个研究院下设3个分院（煤层气、煤化工、煤机）和7个所（和内部生产过程有关的）。（研发组织架构） 公司规定了项目负责人不能多项担任，科技带头人当长不能当师。（项目支持不受职位影响）
高层管理者战略意识	领导对于创新有较高的重视程度，支持科技人员表述自己的新观点。（领导者创新意识）
合作对象	上海高研院合作建设重点实验室；与中科合成油公司合作开发具有自主知识产权的铁基浆态F-T合成技术；与山西煤化所、河南能化集团联合组建了中科潞安能源科技有限公司。（科研院所、企业合作） 成功合作的高校有太原科技大学、太原理工大学，共同承担相关项目以及进行硕士生培养。（高校合作）
合作方式	合作建设重点实验室。（共建实验室） 主要是以项目合作科研方式，合作过程中是团队和团队合作的模式，合作开发具有自主知识产权技术。（合作开发） 采用合同制的方式委托高校或科研院所开发。（委托开发） 与高校联合申请政府项目。（政府项目合作）
获得合作者信息	通过个人人脉关系、学术会议、展览会和工作会议等方式来取得联系。（获得合作者信息的渠道） 合作者主要是自己根据研发需要去找，或者是其他企业主动来找。（寻找合作者的方式）
合作基础	与高校合作可以充分利用高校科研成果。（与高校合作的优势） 高校可以提供广阔的思路，以及新颖的理论观点。（与高校合作的期望） 与公司的经营业务联系紧密，内部交流与需求较多。（与企业形成合作的基础） 企业与科研院所愿意进行合作，同时愿意进行技术共享。（合作精神）
体制限制企业创新	国有企业有许多技术，但由于涉及国有资产流失的问题，无法实现技术的对外转让。（体制限制技术转让与推广） 受体制的限制，国有企业很难实现与其他单位采取技术入股的合作方式。（体制限制新的合作方式） 由于国企的体制导致外部资金无法进入。（体制限制资金来源） 由于现行制度的约束，国有企业技术中心不具有独立的法人资格，同时其经营范围也不涉及对外承接技术研发业务。（技术中心的明确定位）

续表

范畴	原始资料语句（初始概念）
企业与领导的考核制度	国资委对企业考核时，主要以专利指标作为技术创新的考核标准。（企业技术创新考核） 对于创新型企业要增加一些考核制度，将技术创新列入考核制度之内。（设立创新型企业的考核制度） 国有企业的领导任期制，导致领导在任期内急功近利，忽视企业的长远发展能力。（领导任期制度） 对领导倾向于用经济数据，如收入、利税等进行考核。（领导业绩考核标准）
人才制度	职务与职称的能上不能下，也极大地影响了科技人员的创新积极性。（职称与职务制度） 国家鼓励技术人员下海，但山西省尚未出台对应的政策与制度。（科技人员创业政策） 国家鼓励技术入股，但山西省尚未出台对应的政策与制度。（技术入股政策）
成果分配制度	虽然国家在《专利法实施细则》中明确设立了专利"一奖两酬"，但在企业实践中只是对科技人员兑现了奖励，而并没有兑现"两酬"，即专利的技术含量如何、市场前景好坏对科技人员的创新活动没有任何影响（即专利是否能够转化并不会影响科技人员的切身利益）。这就极大地影响了科技人员开发更有市场前景技术的积极性。（支持技术转化力度） 政府应创造一个宽松的创新环境，落实支持创新的激励政策，特别是落实科研人员的收益与其创新成果挂钩。（收益与成果分配制度）
政府财政资金支持	政府在审批项目时，忽视了民营企业，而民营企业往往比国有大型企业更有创新的意愿。政府的资金应该用于支持市场无法发挥作用的基础技术领域研发，重点支持高校、科研院所。（资金支持对象） 政府支持区域有技术优势的研发，不具有优势的再做研发只会造成资金、人员的重复投入，如由于电机研发在晋煤并不具有研发优势，所以，研发出来的永磁电机成本很高，在市场中并不具备竞争力。（资金支持的领域） 在项目研发阶段，政府部门应予以资金补贴。（在研发初期给予资金支持） 政府主要提供专利申请补贴，潞安集团的专利补贴资金主要来自省、市，每年至少有一半的专利申请补贴来自长治市。（政府专利申请支持） 省里专利补贴很难争取，同样金额很少，起不到实质作用。（专利补贴数额） 长治市要求专利必须独立完成，不能由两个企业共同完成。（申请专利补贴条件） 省里也给予专利成果转化资金，但数额太少，对于煤基领域的专利成果转化基本是没有什么作用的。（成果转化资金数额） 制定一些激励政策，鼓励企业进行有实质性创新的发明专利申请，减少实用新型与外观设计方面的专利。（重点支持实质性创新）

续表

范畴	原始资料语句（初始概念）
引导性政策	发挥政策的引导功能，如淘汰落后技术，支持新技术的应用。（强制淘汰落后技术） 政府引导并推动技术的扩散，可以缩短技术推广所需要的时间。（引导有市场前景的技术推广） 政府资金对企业应用研究的支持只是杯水车薪，政府应建立相关制度允许外部资金进入国有企业的应用研究。（引导社会资金介入应用研究） 煤炭领域要想实现转型、创新，需要引入竞争机制。需要鼓励有研发实力的企业做"搅局者"（非盈利者），不断开发出新产品、降低成本，以低价销售产品，增加煤炭行业的竞争。（建立行业竞争机制）
协调、配套与信息化服务	技术推广也是在集团内部推广。（技术推广对象） 外部推广的情况通常是由于私人关系进行技术交流，无偿研究学习企业所拥有的技术。（技术推广渠道） 不同的矿井其煤层的特点不同，就需要不同的工艺。所以，在推广过程中就需要到具体的矿井实践再对功率、工艺进行调整。（配套技术） 政府在其中可以扮演一个协调者的身份。政府应该发挥组织的功能，协调新技术推广过程中需要的一系列条件（如新能源汽车的推广，汽车改造标准、加油站与加气站的一体化设立等）。（技术产业化配套服务） 为技术创新过程中的各方合作提供平台。（综合信息服务）
支持金融、科技中介服务机构建设	研发与产业化资金主要来自企业自己投入（占主要部分）、国家和省里的项目资金，很难筹集到外部资金。（拓宽资金来源渠道） 可以设立专门的技术评估机构，对企业所拥有的技术做客观的估价。（支持技术评估机构） 尚未与中介公司进行过合作，主要原因是现有中介公司良莠不齐，集团公司很难从中鉴别出优质公司。（规范中介机构认证与服务）
政府主导研发项目	政府想要的项目是那些高科技的、带有"创新""高新""智能"字眼的项目，而真正的技术重大创新是一个漫长的过程，不是短时间内能够取得的。企业主要以市场为导向，通常很难实现技术的领先，到最后是政府花钱做了支持，但所做的课题纯粹是为了结题而没有实际的市场效果。（政府设立项目的目的） 由企业申请，但最后也只是落到了某个技术人员头上，缺少技术的前瞻性。有技术实力的专家通常已有行政职务，很少参与到项目的研发之中，只是在项目申报时作为核心成员。使这种项目根本没有市场，资金支持无法真正促进技术进步。（政府项目申请成员要求） 许多技术负责人把时间都用来做项目的申报与考核工作，真正做研发的时间却很少。（项目申报与考核制度） 由不同领域专家组对项目进行评审，没有一致的评价标准。只注重创新成果，如专利、获奖等，忽视了创新的内在规律性。（项目评审标准） 项目中期与结题，只是由项目组汇报相关的材料，而且必须能够完成申请书中的相关内容。而技术创新并不是能够保证创新一定能够实现，因此，造成了项目组即使创新失败也会采取各种方法完成申请书的内容。结果便是项目造假，没有实际应用的可能。（项目的科学管理）

其次,将开放编码中被分割的资料通过聚类分析,在不同范畴之间建立关联,从而进行轴心编码。在建立关联时,需要分析各个范畴在概念层次上是否存在潜在的联结关系,从而寻找一定的线索。为此,将开放编码中能呈现不同范畴之间联系的访谈资料逐一分析,试图解析出其中潜在的脉络或者因果关系[①]。

根据不同范畴之间的相互关系,归纳出3个轴心编码,各轴心编码对应的开放式编码范畴如表13.2所示。

表13.2 轴心编码及对应的开放式编码范畴

轴心编码	开放式编码范畴	关系内涵
组织创新环境	组织创新激励制度	组织内部创新激励制度的完善程度会影响组织创新环境
	组织创新制度与氛围	组织制定的创新制度与创新氛围的营造会影响组织创新环境
	高层管理者战略意识	高层管理者是否具有战略意识会影响组织创新环境
	体制、制度因素	体制限制企业技术创新:国有企业无法将技术创新成果有偿转让、无法采取技术入股的合作方式,外部资金无法进入国有企业从事研发活动。国有体制极大地限制了企业技术创新活动。 企业与领导的考核制度:领导任期制的弊端、考核内容及指标的不完善造成领导缺乏从战略高度来规划企业的长远发展;创新型企业考核的专利成果导向,造成企业只注重专利而忽视创新成果转化
组织合作创新活动	获得合作者信息	多途径获得合作者信息,有利于企业更加全面地了解合作者,更快地形成合作
	合作基础	原有的合作经历、合作者的知识与技术优势及合作的态度等合作基础有利于提高合作创新效率
	合作对象	根据研发内容选择不同的合作者,如高校、科研院所或企业,有利于研发项目的成功开展
	合作方式	合作方式不同则合作创新效率有差异,有效的合作方式为组建项目团队合作开发、共建实验室
宏观环境政策	财政资金支持	合适的支持对象、优势的支持领域、恰当的支持阶段与合理的支持数额,可以有效发挥财政资金引导技术创新的作用
	引导性政策	通过制定引导性政策限制落后技术、倡导有市场前景的新技术、吸引社会资本进入技术创新领域以及鼓励市场竞争,激发企业技术创新的潜力
	协调、配套与信息化服务	政府要做好协调员角色,为技术研发以及产业化提供配套技术、配套基础设施以及信息化服务

---

① 李燕萍,贺欢,张海雯. 基于扎根理论的金融国企高管薪酬影响因素研究[J]. 管理学报,2010,7(10):1477-1483.

续表

轴心编码	开放式编码范畴	关系内涵
宏观环境政策	支持金融、科技中介服务机构建设与发展	通过支持金融、科技中介服务机构发展,可以拓宽企业融资渠道,使企业获得科技增值服务
	政府研发项目支持	设立市场需求导向的科研项目、降低项目申报要求、简化项目申报与考核手续及流程、统一规范的项目评审标准和科学的项目进度管理,才可以使政府科研项目真正发挥促进技术创新的作用
	人才政策	职称、职务评聘制度,未明确的科研人员创业及科研成果入股制度极大地限制了人才的创新积极性
	成果分配政策	公正的、科学的成果分配制度,包括企业与团队、团队与个人间的分配制度,可以有效地激发科研团队与科研人员的创新积极性

最后,按照选择式编码的步骤,选择核心范畴,分析核心范畴和其他范畴之间的联系,并以典型关系结构的形式将整个行为现象表现出来,完善课题的研究框架。典型关系结构如表 13.3 所示。

表 13.3　轴心编码的典型关系结构

典型关系结构	关系结构的内涵
组织创新环境——→技术创新活动	组织创新环境是企业技术创新活动的直接驱动因素,它直接决定了企业实施技术创新活动的动力
组织合作创新活动——→技术创新活动	组织合作创新活动是企业技术创新活动的直接驱动因素,它直接决定了企业开展产学研合作创新的动力
体制、制度因素——→组织微观环境——→技术创新活动	体制、制度因素是企业技术创新活动的间接驱动因素,它通过影响组织创新环境进而间接影响企业技术创新活动
宏观环境政策——→技术创新活动	宏观环境政策,如财政资金支持、项目支持、支持金融及科技中介机构建设等支持型政策,与限期淘汰落后技术等限制性、引导性政策,会直接影响企业技术创新活动

以此典型关系结构为基础,对本课题的研究框架进行了完善,添加通过深度访谈而获得的新的影响因素,但这些因素并未包括在文献分析析出的影响因素之内。完善后的创新活动驱动因素研究模型框架如图 13.1 所示。

13.1.2　研发负责人深度访谈结果

利用扎根理论对研发负责人深度访谈的数据进行整理与分析,可以得到以下几个方面的结论:

(1) 研究框架中所提出的组织创新环境、组织合作创新活动与宏观环境政策等创新活

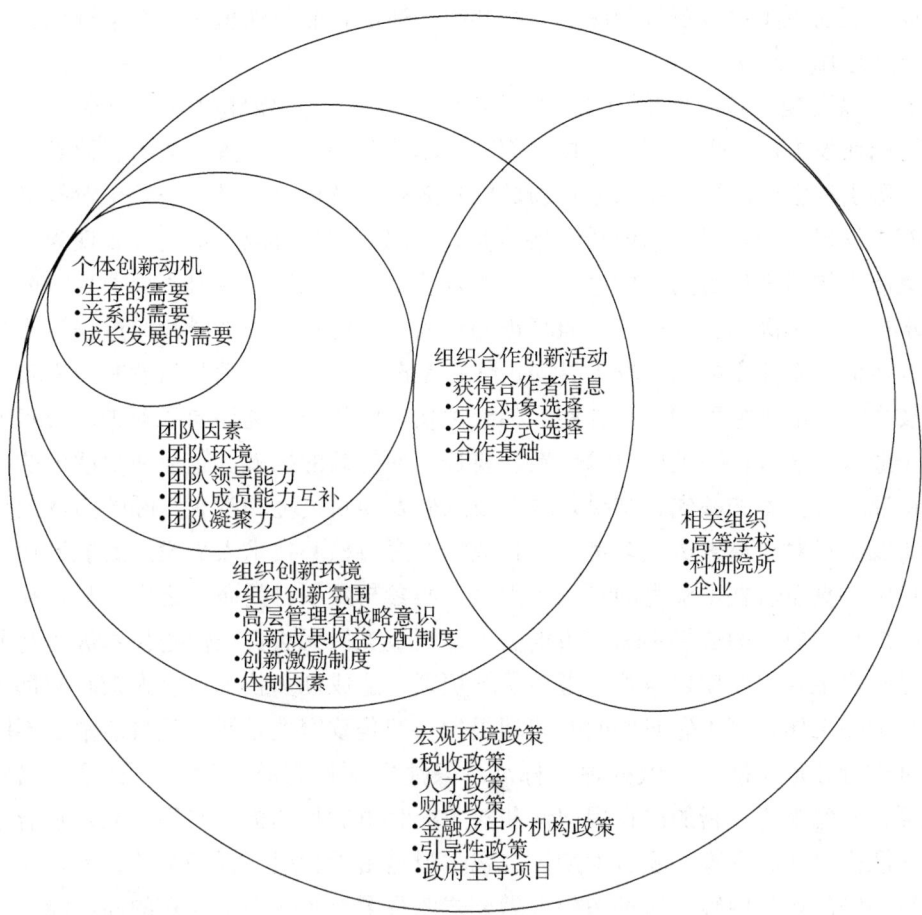

图 13.1　完善后的影响科技创新主体创新活动因素研究框架

动影响因素得到了验证。利用扎根理论对深度访谈所获得数据的分析，可以发现原来研究框架中所提出的组织创新环境中的组织创新氛围、组织创新激励制度与组织科研管理制度等因素均得到了验证；组织合作创新活动层面的获得合作者信息、合作对象、合作方式以及合作基础等因素也出现在了深度访谈的分析结果中；宏观环境政策层面的财政资金支持政策、税收政策、人才政策以及金融机构与科技中介机构建设等因素也被深度访谈证实。

（2）在组织创新环境层面增加了体制因素对创新活动的影响。体制因素对创新活动的影响主要包括两个方面：首先，体制限制企业技术创新活动。主要表现为：①体制限制技术转让与推广：因涉及国有资产流失的问题，国有企业无法将技术创新成果有偿转让；②体制限制新的合作方式：因国有企业内技术中心不具有法人资格，无法采取技术入股的合作方式与其他组织合作；③体制限制资金来源：因外部资金无法进入国有企业从事研发活动。

其次，对国有企业与国企高管的考核制度也会限制企业技术创新活动。主要表现为：国企高管任期制导致高管在任期内急功近利，忽视企业的长远发展能力建设与技术创新活动；国企高管业绩考核标准不完善，即用企业经营业绩数据，如收入、利税等指标作为高管业绩的考核标准，导致企业高层管理者缺乏从战略高度来规划企业的长远发展，不利于技术创新活动的开展；创新型企业考核过分注重专利导向，造成企业只注重专利而忽视创新成果的产业化与市场化应用。

（3）在宏观环境政策层面增加了政府主导研发项目与引导性政策等因素。引导性政策帮助企业寻求研发方向，促进了企业技术创新活动的开展，限制落后技术、倡导有市场前景的新技术、吸引社会资本进入技术创新领域以及鼓励市场竞争，进而激发企业技术创新的潜力。但政府主导研发项目对技术创新活动的促进作用却非常有限，这主要表现为：

一是政府主导研发项目的目标过高，不符合技术创新规律。政府主导项目一般都有比较高的理论水准要求和高的创新程度，但真正的重大技术创新是一个漫长的过程，不是短时间内就能够取得的。企业主要以市场为导向，往往是渐进的小的技术革新就能带来较大的市场利益。从技术创新的规律可知，基础性、突破性技术创新与市场导向的渐进性技术创新是一对矛盾，企业很难兼顾。突破性技术创新需要长期的持续的投入。企业在短期内的攻关行为通常很难快速实现技术的领先，结果是政府投入研发项目资金却没有实际的市场效果。二是政府主导研发项目对申请人员缺乏考核，企业更愿意将核心技术人员投入到能迅速产生经济效益的项目中，真正有技术实力的专家很少全身心参与到项目的研发之中，只是在项目申报时作为核心成员。研发的成果不适应市场需求，资金支持无法真正促进技术进步和取得市场效益。三是政府主导研发项目申报与考核手续烦琐，造成许多技术负责人把时间都用来做项目的申报与考核工作，真正做研发的时间却很少。四是政府主导研发项目通常由不同领域专家组对项目进行评审，缺乏一致的评价标准。只注重项目完成以后可以取得的成果，如专利、获奖等，而忽视了创新的内在规律性和对企业竞争优势的提升作用。五是政府主导研发项目的实施缺少科学的管理，项目中期与结题，只是由项目组汇报相关的材料，而且必须能够完成申请书中的相关内容。这种考核管理方式忽视了技术创新所存在的高风险性，即技术创新不是百分之百能够成功。因此，造成了项目组即使创新失败也会采取各种方法完成申请书的内容，导致项目成果造假，缺乏实际应用的可能。

13.2 研发负责人问卷调查结果分析

13.2.1 被调查企业技术创新现状

整理问卷数据，得到煤基低碳领域企业技术创新现状如下：

第一，九成以上的企业对技术创新都非常重视，R&D 经费投入强度较高且呈逐年上升趋势，主要的研发投入方向为新产品开发、技术改造与新技术开发。在被调查的企业中，非常重视技术创新的企业占总数的 70.30%，比较重视技术创新的企业占 21.78%，即九成以上的企业都重视技术创新。

从 R&D 经费投入强度来看，81.19% 的企业 R&D 经费占当年销售收入比例的均值在 3% 以上，且该比例呈逐年上升趋势。这反映出企业已经认识到创新的重要性，越来越重视研发活动。

从研发投入方向来看，主要的三个研发投入方向为：新产品开发（70.3%）、技术改造

（53.47%）与新技术开发（51.49%）；而用于研发活动的专家咨询费用最少（1.98%）。这反映出企业将研发的重点放在增强企业技术水平、提高企业竞争能力等方面，尚未将外部智力资源作为企业技术创新的主要资源。

第二，内部积累是企业研发资金的主要来源，企业技术研发中心以市级及其他级别居多，企业技术创新能力较低。在被调查的企业中，有85.15%的企业，研发资金主要来源于企业内部积累；有4.95%的企业，其研发资金的主要来源是商业银行贷款；有个别企业采取外商投资、民间小额借贷、政府资助与企业间融资的方式获得研发资金（图13.2）；受调研企业中尚未有企业能够吸引风险投资进入研发活动。

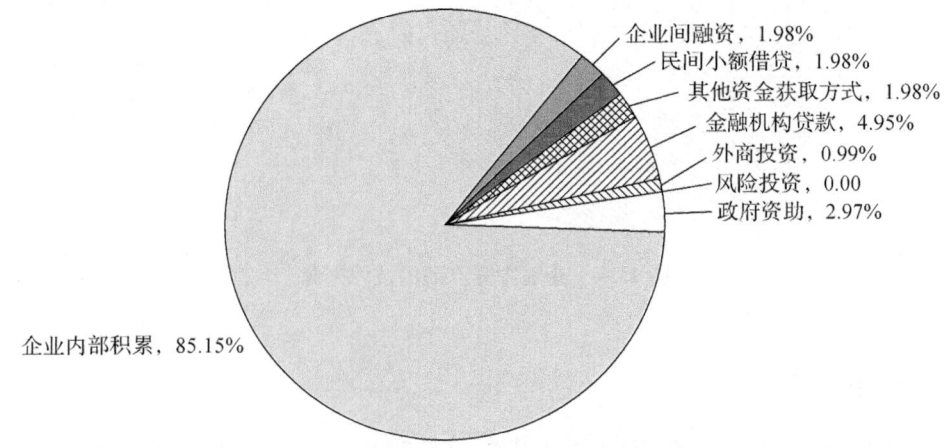

图 13.2　企业技术研发资金的资金来源

被调查的企业整体来看技术中心级别不高（图13.3）。有47.52%的企业技术中心为市级及其他级别的技术中心；有27.72%的企业技术中心为省级技术中心；仅24.75%的企业拥有国家级技术中心。

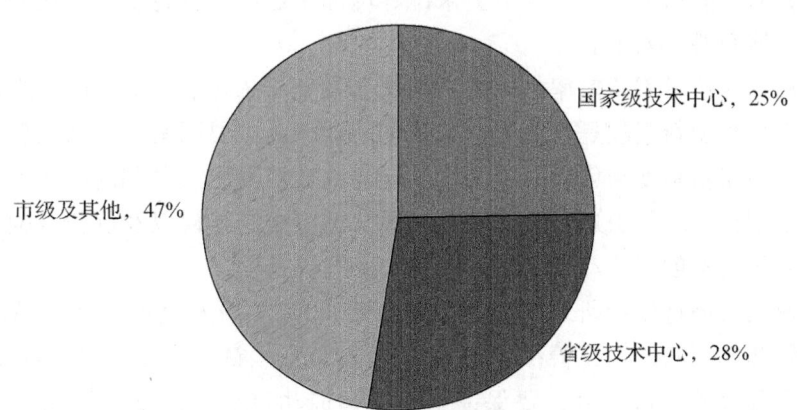

图 13.3　企业技术中心类型

第三，企业主营产品的主要技术来源是自主开发与合作开发。调研发现，66.34%的企业主营产品技术是通过自主开发获得的；21.78%的企业，其主营产品技术是通过合作开发获得的（图13.4）。这反映出企业为了保持其在市场中的竞争优势，非常重视核心产品的自主创新能力。

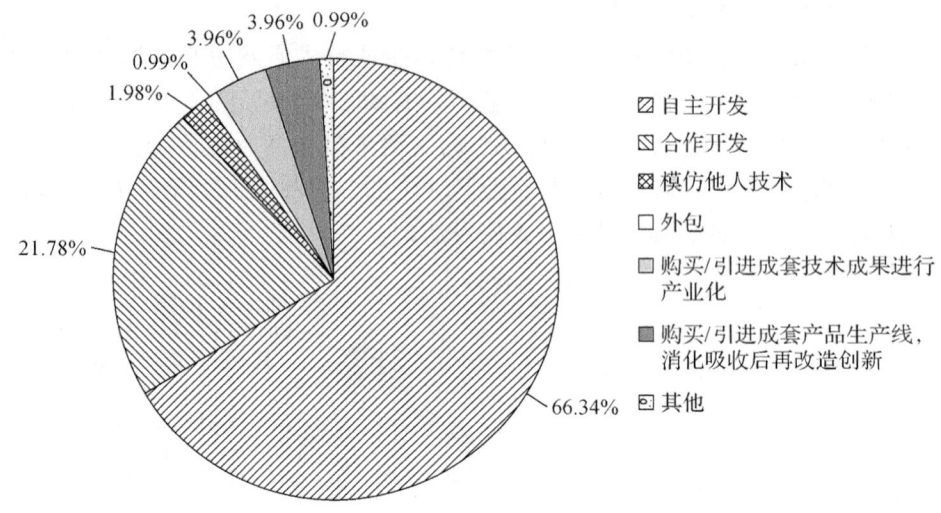

图13.4　企业主营产品的技术来源

13.2.2　组织创新环境

第一，影响企业开展自主创新的主要因素。66.34%的研发负责人认为由于技术创新项目成本太高、周期太长造成企业开展自主创新的积极性不高；60.40%的研发负责人认为是由于资金和科技人才的缺乏等企业实力有限造成企业开展自主创新积极性不高。因此，提高企业自主创新的积极性，一方面，需要从化解、分散技术创新风险，如鼓励多组织合作开发、支持风险投资或社会资本进入研发领域，提高研发能力、缩短技术创新研发周期等方面做文章；另一方面，应拓宽企业研发资金来源、增加企业研发资金量，优化人才政策、鼓励企业吸引或引进核心科技人才。

第二，影响企业技术创新效率的因素。被访研发负责人中，有51.49%的研发负责人认为企业的创新制度和创新氛围是影响企业技术创新效率的主要因素，同时创新人才与创新团队也包含在企业的创新制度与创新氛围之中。这与前文对科研人员调研的结果一致：企业创新制度的完善、创新人才的引进与培养、创新团队的组成与建设以及创新氛围的营造等组织微观层面的因素对技术创新活动的开展至关重要。

第三，企业成功进行创新研发的主要经验。49.50%的研发负责人认为是由于公司制定了创新远景规划并且不断进行完善；45.54%的研发负责人认为是由于公司有奖励员工（或团队）创新的具体措施。这说明，要保证企业能够成功进行研发创新活动，不仅需要有明确的企业创新战略方向与发展规划，而且需要有具体的促进科研人员创新积极性的奖励措施做保障。

从调研数据也可以看到，研发创新活动的开展应该遵循市场的需求，研发创新的目的是能够满足市场需求或者引领新的市场需求。在所有的受访研发负责人中，49.50%的人认为公司进行研发创新的主要成功经验为重视销售渠道建设、关注重点客户需求；35.64%的研发负责人认为主要的成功经验为研发部门与市场部门进行经常性的协调与联系。也就是说，以满足市场需求或开发新的市场需求为导向的研发创新活动更容易成功。

13.2.3 组织合作创新活动

从选择合作的动机、形成合作的条件以及影响合作创新效率的因素等三个方面，对组织合作创新活动进行调查。在所有被访的研发负责人中，66.34%的研发负责人表示在技术研发过程中有长期合作的高等院校及科研院所。

第一，获得科技人才是企业选择合作创新的主要动因。在公司进行技术研发最迫切需要的条件是哪些的题项中，62.38%的研发负责人认为科技人才是企业进行技术研发最迫切需要的条件；另外，他们认为与其他企业、高校以及科研院所进行合作，可以充分利用这些组织中的科技人才，进而提高企业的研发创新效率。

第二，组织间形成合作的条件有获得合作者信息、高校提供理论支撑以及选择实质性合作方式：①获得合作者信息渠道有限，限制了企业与高校、科研院所的合作创新活动。未与高校进行合作的受访研发负责人中，有64.71%的研发负责人认为是由于没有正规和方便的渠道与高校取得联系、高校相对封闭不了解高校能为企业提供哪些支撑等；有70.59%的研发负责人认为是没有找到合适的科研院所进行合作、对科研院所不了解且搜寻成本太高。②高校能够提供最新技术动态与研发活动所需要的理论支撑是企业与高校开展合作创新活动的基础。问卷中分别用"能够提供国际最领先的研发信息帮助把握企业的研发方向""帮助企业从各个角度找出解决技术难题的思路与提供研发过程中所需要的理论支撑"等选项来度量企业对高校在理论方面的合作期望。在所有的受访研发负责人中，40.59%的研发负责人认为"提供国际最领先的研发信息帮助把握企业的研发方向"是企业与高校合作的期望；40.59%的研发负责人认为"帮助企业从各个角度找出解决技术难题的思路"是企业与高校合作的期望；33.63%的研发负责人认为"提供研发过程中所需要的理论支撑"是企业与高校合作的期望。③组建研发团队、共建实验室等实质性合作是企业与高校开展合作创新的最佳方式。这与针对科研人员的调研结论一致。在所有受访的研发负责人中，47.52%的研发负责人认为"由企业提供技术研发需求、学校提供科学理论，双方共同建立团队"是企业和高校进行合作创新的最好方式；17.82%的研发负责人认为"与高校共建实验室、企业孵化中心和技术转移中心"等是企业和高校进行合作创新的最好方式。可以看出，要真正发挥产学研合作促进创新效率与增加创新成果的作用，引导企业、高校与科研院所进行实质性合作非常必要。

第三，影响产学研合作创新效率的因素有研发团队沟通情况、研发团队成员互补性、研发团队领导者能力以及组织创新环境等。

①研发团队沟通情况是影响产学研合作创新效率的首要因素。在问卷中设置了研发团队沟通情况与对研发项目目标的共识选项，度量研发团队沟通情况对产学研合作创新效率的影响。在所有受访的研发负责人中，37.62%的人认为产学研合作研发团队的沟通情况是影响合作研发效率的关键因素；28.71%的人认为合作者对研发项目所欲达到的目标的共识是影

响合作研发效率的关键因素。这一结论与针对研发人员的调研结论相同，即研发团队的良好沟通、建立正确的沟通方式、畅通的沟通渠道以及共同合作目标的协商与达成等要素，对于保证产学研合作创新活动高效率运作有非常重要的作用。

②研发团队成员互补性对提高产学研合作创新效率有积极作用。问卷中用研发团队的人员结构如专业技术方面的异质性，来度量研发团队成员的互补性。24.75%的研发负责人认为团队成员结构上的异质性是影响产学研合作研发效率的关键因素，而且能力方面的互补性、职位背景的互补性也会对产学研合作效率产生积极影响。

③研发团队领导者能力对产学研合作创新效率的影响。29.70%的研发负责人认为研发团队领导者的能力，如号召力、凝聚力、领导能力与协调沟通能力等会影响产学研合作创新效率。研发团队领导者的能力越强，越有利于提高产学研合作创新效率。在组建产学研研发团队时，选择合适的研发团队领导者是非常重要的。

④高层管理者战略意识与利益分配机制也是影响产学研合作研发效率的重要因素。课题组用企业领导对产学研合作的支持程度度量高层管理者的战略意识。在所有受访的研发负责人中，29.7%的研发负责人认为企业领导对产学研合作的支持程度是影响产学研合作创新效率的关键因素。因此，高层管理者是否能够从企业发展战略的层面出发，鼓励、赞成和支持企业与高校、科研院所合作，直接影响产学研合作是否能顺利进行，进而影响产学研合作创新效率。25.74%的研发负责人认为企业与高校、科研院所合作的利益分配机制是影响产学研合作创新效率的关键因素。设置科学、合理、公平的产学研合作利益分配机制对提高产学研合作创新效率有积极作用。

13.2.4 宏观环境政策

首先，建立完备的研发服务平台可以有效提高企业技术创新的积极性。在哪些政策能够提高企业技术创新积极性的题项下，47.52%的研发负责人认为是建立完备的研发服务平台，由市场主导研发方向是提高企业技术创新积极性最有效的政策。山西现阶段还非常欠缺研发服务平台方面的政策。30.69%的研发负责人认为企业进行技术研发最迫切需要的条件是科技成果交易平台，为企业提供所需要的技术、帮助企业转让创新成果等。因此，发布研发信息、整合研发设备与设立市场化运作的研发服务中心，为技术创新企业提供完整的研发服务应是政策支持的重点。

其次，政府各类优惠政策不仅是企业研发活动中迫切需要的条件，而且可以调动企业技术创新的积极性。55.45%的受访研发负责人认为政府各类优惠政策的支持是企业技术研发过程中迫切需要的条件，特别是政府提供引导资金、研发后补助与创新产品政府采购等形式会极大地提升企业技术创新的热情。45.54%的研发负责人认为政府的各类优惠政策可以提高企业技术创新的积极性，其中，他们认为效果最好的优惠政策是"提供研发成果的后补助与高新技术企业所得税减免"；而"对创新收益实施税收减免、技术开发费用计入成本以及对创新产品实施政府采购"等优惠政策的效果一般；"免征技术转让的营业税与中试设备加速折旧"等优惠政策效果最差。因此，未来财税政策的支持重点应该以支持研发活动为主，可以采取研发后补助、投入研发引导资金和所得税减免等方式。

最后，政府主导科研项目对提高企业技术创新的积极性也有一定的作用。35.64%的受访研发负责人认为政府发布引导性科技攻关项目，由企业承担可以提高企业技术创新积极性。但结合访谈的结果可知，政府主导科研项目有其积极的作用，可以引导企业进入新的技术研究方向或新的研究领域，提升企业技术创新的高度；若政府主导科研项目设置不合理、管理不科学往往会造成实际执行效果很难实现预期目标。因此，政府主导科研项目的作用是肯定的，但是如何有效地发挥政府主导科研项目对提高企业技术创新积极性的作用，还需要从项目设置、管理方式与考核方式等方面予以完善。

14 影响产业化活动的因素

按照研究框架，影响产业化活动的因素包括内部驱动因素与外部推动因素，下面分别从这两个方面，结合高校、科研院所与企业科研人员以及企业研发负责人的调研情况进行讨论。有92.45%的受访者认为在组织的研发过程中非常重视研发成果的未来产业化应用前景；有76.1%的人认为科研成果已被企业采用，其中40.57%认为是由于研发活动是以企业实际应用为目标开展的，35.53%认为科研成果虽被企业采用但还需要进行配套技术的研发。可见，创新成果实现产业化是组织创新活动的重要目标。

14.1 内部驱动因素

14.1.1 充足的产业化资金

首先，产业化资金不足，制约了组织创新成果的产业化。一方面，从研发人员的调查数据来看，26.1%的受访研发人员认为产业化资金不足，造成了组织创新成果无法实现产业化，是7个制约因素中认同度最高的因素；赞同该观点的企业、高校与科研院所研发人员的比例分别为：29.58%、21.74%与13.89%。另一方面，从研发负责人的调查数据来看，19.8%的受访研发负责人认为产业化资金不足制约企业创新成果的产业化，是6个制约因素中认同度最高的因素。

其次，筹资困难，产业化资金筹资渠道有限，限制创新成果产业化。受访的研发负责人表示，企业的产业化资金主要来源于企业内部积累，其次为获得政府资金，这两种产业化资金来源占了总资金的近75%；而风险投资、天使投资、金融机构贷款以及关联企业投资等社会资本进入有限，极大地限制了创新成果的产业化。这一方面是由于社会经济环境的制约，另一方面与企业经营者的观念有关。

14.1.2 R&D 人员的积极性

R&D 人员创新成果产业化的积极性越高，科研创新成果的市场化应用需求导向会越明显，那么科研创新成果实现产业化的可能性就越大。一方面，从研发人员的调查数据来看，16.04%的研发人员认为技术研发人员对产业化积极性不高，造成了组织创新成果无法实现产业化，在7个制约因素中排第3位；赞同该观点的企业、高校与科研院所研发人员的比例分别为：16.9%、20.29%与2.78%。另一方面，从研发负责人的调查数据来看，8.91%的受访研发负责人认为技术研发人员的产业化积极性不高制约企业创新成果的产业化，在6个制约因素中排第3位。结合访谈的数据，造成R&D 人员创新成果产业化积极性不高的主要原因在于技术创新成果产业化的收益分配机制不健全，R&D 人员无法从创新成果产业化中获得利益。

14.1.3　市场开发能力

问卷中用"积极与客户联系沟通、开拓市场"来度量市场开发因素。通过整理调研数据得到，被调研的企业中有 80 家企业已经或正在着手将绝大部分知识产权产业化，占调研企业总数的 79.21%。其中，已经实现知识产权产业化并有经济效益的企业有 55 家，占总数的 54.46%；有 25 家企业（占总数的 20.79%）正在着手将知识产权向实际经济效益转化。另外有 15 家企业认为其知识产权产业化还需要研发配套技术或产业化条件尚未成熟。

有 57.43% 的企业认为积极与客户联系沟通、开拓市场是创新成果成功进行产业化的主要经验；23.76% 的企业认为充足的产业化资金也是保证创新成果产业化的充分条件，其中企业内部积累、政府资金、金融机构贷款与风险投资是产业化资金的主要来源。这一定程度上说明，企业已经意识到金融机构融资与吸引风险投资是未来企业获得产业化资金的渠道。

14.2　外部推动因素

14.2.1　完善的配套技术与设施

通过整理调研数据得到，被调研的企业中有 15 家企业的技术创新成果无法实现产业化，其根本原因是产业化所需要的配套技术尚未研发出来、产业化所需要的市场与基础设施条件尚未成熟。

问卷中用"完善的配套设施与技术、良好的产业化环境"来度量配套设施与技术。49.5% 的企业认为完善的配套设施与技术为创新成果成功实现产业化提供了必要的条件；32.67% 的企业认为良好的产业化环境是创新成果成功产业化的基础，其中功能完备的产业化平台与产业化示范项目是产业化环境的重要组成部分。另外，有 24.75% 的企业认为山西省以煤炭产业为主，其他技术成果产业化条件不足，即煤炭技术领域之外的创新成果的产业化环境较差。因此，政府需要鼓励配套技术的研发、支持基础设施建设及建立功能完备的产业化平台。

14.2.2　财税支持政策

财税支持政策对组织创新成果实现产业化有重要的推动作用，特别是财政资金的支持。在受访的研发负责人中，有 38.61% 认为技术创新成果产业化扶持政策，如产业化引导资金等，是政府最应该为组织创新提供的支持；同时，有 38.61% 的研发负责人认为政府对产业化的引导和补助资金不足制约了创新成果的产业化。

在受访的研发人员中，有 8.18% 认为政府对产业化的引导和补助资金不足是制约创新成果实现产业化的主要因素；企业、高校与科研院所受访者的比例分别为：6.57%、10.14% 与 13.89%。

因此，应充分发挥财政资金的引导作用，吸引民间社会资本参与创新成果产业化，解决成果产业化资金不足的问题。

14.2.3 科技中介机构支持

现阶段，山西省科技中介机构存在业务水平落后、专业性不强和运作不规范等问题，无法起到推动创新成果产业化的作用。在受访的科研人员中，有77.04%认为科技中介机构未能很好地发挥促进创新成果产业化的作用；其中，27.99%的人员对科技中介机构不了解，产业化过程中需要的服务主要通过个人社会关系来解决；16.04%的科研人员认为科技中介机构不够专业，无法提供组织需要的服务；5.80%的人员感觉科技中介机构不内行，无法准确理解其技术的价值；10.06%的科研人员认为科技中介机构的人员不是技术内行，科技中介机构的运作机制不透明，可信度不高；9.75%的科研人员认为科技中介机构价格太高，与提供的服务性价比不匹配。

发达地区的经验表明，规范的、专业化的科技中介机构对促进创新成果产业化有积极的作用。因此，政府需要将支持科技中介机构发展作为重点，完善科技中介机构功能进而推动科技创新成果产业化。

14.2.4 金融机构支持

发达的金融体系可以拓宽创新成果产业化的融资渠道。问卷中分别用"提供产业化引导资金""帮助组织获得银行信贷以及帮助组织寻找风险投资"等选项来度量金融体系支持因素。在受访的研发负责人中，22.77%的研发负责人认为金融机构的支持对推进创新成果产业化有积极的作用。

而在调研中发现，仅有7.92%的企业曾通过金融机构贷款与风险投资的方式得到部分产业化资金。

因此，金融机构发展缓慢、业务范围窄，造成对科技创新成果产业化的支持能力不足，无法有效地促进创新成果实现产业化。

15 促进科技创新主体创新活动与产业化活动的策略建议

15.1 促进科技创新主体创新活动的策略

结合影响科技创新主体创新活动因素的分析，分别从高层管理者、团队、组织创新环境、组织间创新合作活动与宏观环境政策方面，讨论促进科技创新主体创新活动的策略。

15.1.1 增加高层管理者胜任特征评价

根据前面的调研可知，高层管理者对创新活动的重视、高层管理者对研发活动的直接支持以及高层管理者的战略意识等因素对组织创新活动的开展与创新效率的提高有非常重要的影响。一个组织的兴衰与存亡根本上取决于组织一把手即高层管理者的能力。因此，为了促进创新主体创新活动的开展，需要完善高层管理者的绩效考核标准，增加对高层管理者胜任特征评价的内容。

胜任特征是指能将某一工作或组织中表现优异者与表现平平者区分开来的个人的潜在的、深层次特征。它可以是动机、物质、自我形象、态度或价值观、某领域的知识以及认知或行为技能——能显著区分优秀绩效和一般绩效的个体特征[①]。根据胜任特征的内涵，对高层管理者的绩效考核不仅要考核高层管理者外显的能力与绩效，更加需要考核高层管理者内隐的能力与绩效。

首先，将创新意识列入高层管理者绩效考核的内容。在经济全球化、知识经济与网络经济快速发展的今天，组织必须具备持续不断的创新能力才能获得长久的生存与发展，如昔日的手机霸主诺基亚公司失败的直接原因便是创新不足。而组织创新能力的强弱与高层管理者创新意识的高低有直接的关系。可以考虑将制定创新制度、创新氛围营造、直接支持创新活动以及将创新列入组织的发展战略等方面作为对高层管理者创新意识考核的内容。

其次，领导能力也应是高层管理者绩效考核的内容。对于一个组织而言，高层管理者的领导能力格外重要，高层管理者领导能力的提升可以推动组织实现业绩增长与绩效改善。领导能力是指一系列行为的组合，而这些行为将会激励人们跟随领导去要去的地方，不是简单的服从。因此，可以将对下属的引导、组织人际关系、冲突管理、组织战略目标的制定和决策以及战略目标执行中的组织变革与创新等方面列为对高层管理者领导能力考核的内容。

---

① 时勘，王继承，李超平. 企业高层管理者胜任特征模型评价的研究[J]. 心理学报，2002，34（3）：306-311.

15.1.2 建设高效的研发团队

高效的创新研发团队对提高科技创新主体创新效率、增加创新成果有积极的作用。为建设高效的科技创新研发团队，可以从以下几个方面入手。

第一，建立科学的团队领导选拔任用标准。调研发现，团队领导的能力对团队开展研发活动、创新成果产出有重要影响。在选拔团队领导时需要确定科学规范的任用标准，需要将个性、思维能力、领导能力、人际能力以及专业技术能力列入任用选拔标准。其中，个性应包括自我知觉、自我管理、自我激励及换位思考等；思维能力应包括对事物的想象、洞察、分析、判断、抽象和概括；领导能力包括眼光、胸怀、胆识、用人与决策等；人际能力包括沟通与协调；专业技术能力要求团队领导掌握本专业的基础理论与相关技术、了解本专业的技术发展趋势。

第二，加强对科技创新研发团队建设的主动设计，发展"长寿团队"。现阶段，许多团队都是项目导向型，是项目负责人根据项目申请的需要临时"拉郎配"组建的，只注重短期行为。随着项目结束，团队便会解散，团队的各种资源包括团队文化也就此消失，造成极大的资源浪费。要建设"长寿团队"需要做好以下几个方面的工作：明确科技创新团队的研发方向；单位能够为团队提供较好的研发基础和条件；团队成员应具备合理的结构和较好的合作基础，成员应认同团队目标，具有勇于探索、敢于创新的进取精神和良好的团队精神，具备较强的凝聚力；团队领导应具备较高的学术造诣或技术水平和创新性思想，具有较强的组织协调能力、领导能力和合作精神；制定科技创新研发团队发展规划，引导团队内形成开放合作基础上的协作竞争氛围；建立相应的团队支持体系、明确创新团队所需要的配套措施；建立科学的团队管理制度与公平的科研奖励机制。

第三，完善科研创新团队的外部管理机制。明确科研创新团队的日常行政事务由团队所在单位负责管理，科研工作进度、科研目标的完成情况由单位职能部门负责管理，交叉事务协调解决。单位职能部门尤其是高校科技管理部门要改变传统的经费、项目和成果管理模式，建立相应的人才管理制度，对外充分发挥"公关联络"职能，积极与有关行政主管部门沟通信息，积极与企业交流，了解其需求，积极与其他高校、科研院所联系，为知识和技能的跨单位、跨部门交流沟通牵线搭桥；对内发挥"组织协调"的职能，积极加强对本单位人才的培养和挖掘，及时向科技创新人员提供各类信息，根据外部需求和内部创新人员的能力、水平、意愿，组织跨学科、跨学院的科研创新团队。

第四，注重精神奖励对科技创新研发团队的激励作用。通过调研发现，科技创新人员大部分为知识型人才，具有较高的个人素质与专业知识，出于强烈的成长需要即自我实现的需求与关系需求而从事创新活动。因此，科技创新人员非常注重成就激励和精神激励，关心团队成员的身心健康和生活品质，及时予以精神奖励，会有较强的激励作用。

第五，营造和谐的团队创新氛围。单位以及政府相关行政部门可以通过舆论宣传、表彰奖励等手段，强化研发团队文化建设。鼓励开放合作、鼓励学科间的交叉渗透，以形成良好的研发氛围；坚持学术自由与"百花齐放、百家争鸣"的原则，用学术标准来衡量和解决学术问题，营造有利于学术争鸣的氛围；增强成员之间的沟通能力，缓解内部冲突，促进相互信任、理解与尊重,营造科学探索与人性诉求并重、科学精神与人文精神相得益彰的氛围;创造敢为人先、崇尚成功及宽容失败的环境。

15.1.3 优化组织创新环境

①推动科研事业单位与国有企业体制改革可以从以下几方面入手。

第一,改革国企、科研事业单位领导人员任期制度。调研发现,国企管理人员任期制是导致企业注重眼前利益,持续研发投入不足的重要原因;科研事业单位领导人员的任期制也造成领导人员只关注其任期内的业绩与绩效,而创新活动产出的滞后性,使对创新活动的支持与投入很难在短期内见效。为了追求个人任期内的业绩,科研事业单位及国企的领导将更多的精力投入到市场开拓,而忽视组织的自主创新能力、长远发展能力的建设。因此,制定科研事业单位、国企领导人员管理暂行规定,规范领导人员任职资格、选拔任用与监督管理;积极探索委托相关机构遴选等方式选拔单位领导人员;对有条件的单位领导可以试行聘任制。

第二,完善国企、科研事业单位领导人员考核评价激励制度。通过调研发现,现阶段对国企、科研事业单位领导人员的考核评价,主要以该单位(组织)的经济收益、社会效益与政治素养作为考核标准,会造成领导只注重单位的经营获利能力,而缺少对单位创新能力、竞争能力等方面的培养与规划。另外,通过调研了解到单位领导的战略意识、组织领导能力等对组织创新活动的开展与创新氛围的营造有重要作用。因此,需要将企业、科研事业单位的创新能力以及可持续发展能力列入领导人员考核评价激励制度;扩大员工对领导人员的评价权重,增加管理者战略意识与组织能力方面的考核。

第三,完善国企、科研事业单位科研人员职称评聘制度。通过调研了解到,现阶段对科研人员职称评定仍旧是以科研论文、专利数量和科研项目等作为评审的标准,这容易造成部分科研人员单纯追求科研论文、专利以及科研项目的数量而忽视其质量的结果;另外,对高级职称科研人员聘用缺乏必要的考核标准,结果是许多科研人员拥有高级职称,但几乎不同从事科研创新活动。因此,将科研论文与专利质量列入科研人员职称评定制度,如明确权威期刊目录、必须为发明专利(不包括实用新型专利和外观设计专利)、专利的市场化应用以及科研项目的经济与社会效益等;建立高级职称科研人员聘任制度,对聘任的高级职称科研人员,明确其应该从事的科研活动及相应的科研成果等。

②支持组织建立系统化的创新制度。创新制度是影响研发人员创新效率最重要的因素,同时组织系统化的研发管理制度对科研人员取得成就也有重要作用。建立系统化的研发管理制度需要做好以下几个方面的工作:第一,设立研发资金投入制度,明确研发资金投入量与来源;第二,精简机构、放权管理,成立研发项目评估委员会,以规范研发项目的立项、内部招标、验收及效益评估;第三,建立与业务部门的协作研发制度,通过研究规划来确定组织的发展方向及协调与业务部门的合作;第四,建立项目来源制度,允许研发人员根据市场、技术发展趋势以及当前存在的技术问题,提出研发项目申请;第五,明确研发项目招标、评估的程序与方法;第六,建立研发项目过程管理制度,由研发项目评估委员会根据项目计划控制节点进行检查验收,评估其进展和效果;第七,建立技术孵化制度,鼓励、支持

与要求科技创新成果及时向现实产品转化。

③完善组织创新激励、奖励与分配制度。通过调研得到，不仅创新激励制度对科研人员取得成就有重要作用，同时创新成果奖励与收益分配制度也是影响科研人员创新积极性的重要因素。首先，完善研发人员薪酬与激励制度。应将企业研发人员的薪酬与其研发活动、产业化程度及市场收益等密切联系起来。薪酬与激励制度应该包括基本工资、日常考核奖、项目完成奖、项目市场效益奖以及福利等；其中，基本工资与福利可以按照研发人员技术级别（技术员、助理工程师、工程师、高级工程师以及专家级工程师等）确定；日常考核奖用于技术保障性和研发过程工作奖励；项目完成奖用于奖励研发人员在项目组的绩效表现；项目市场效益奖用于当研发项目推向市场后并产生收入与利润后对研发人员的奖励；在制定激励制度时，应强化项目市场效益奖，而弱化项目完成奖，以强调研发成果的市场导向功能。

其次，完善创新成果奖励与分配制度。根据 ERG 理论，某种需要在一定时间内对行为起作用，而当这种需要得到满足后，可能去追求更高层次的需要，也可能没有这种上升趋势；当较高级需要受到挫折时，可能会降而求其次；某种需要在得到基本满足后，其强烈程度不仅不会减弱，还可能会增强。因此，成功的创新不仅与物质财富的"利"相连，更与精神财富的"名"相关。即在设计创新成果奖励与分配制度时需要兼顾"名"与"利"，使科研人员能够实现"名利双收"。在奖励制度完善方面，可以给予各类创新人才荣誉称号；实施创新人才的评先、晋级与福利倾斜；直接给予奖金奖励等。

④建立完善的现代知识产权制度。围绕科技成果产业化的全过程，在科研成果产生之初、科研成果产业化、企业转制股份转让、企业上市和企业进行混合所有制改革五个关键环节，明确单位、科研团队与科技人员相应的处置权、使用权和收益权。在创新成果收益分配制度完善方面，若创新成果在技术交易市场转让，那么组织需要确定单位与研发团队间的收益分配方式、研发团队成员间的分配方式等；若创新成果实现了产业化形成了产品和服务进入市场并实现收入，那么组织需要确定研发团队可获得的创新成果市场收益分配比例、研发团队成员间的创新成果市场收益分配比例等。

⑤营造允许失败、鼓励创新的组织氛围。通过调研得到，组织创新氛围是影响科研人员创新效率的重要因素。有研究认为组织创新氛围对个体创新行为具有直接影响[1]，从其作用机制来看，组织创新氛围会影响创新自我效能感进而影响员工创新行为[2]。组织内部氛围越具有包容性和开放性，组织成员的创造能力就越强；组织的创新氛围越浓，组织成员越能从不同的角度来思考问题，更容易产生不同寻常的想法。要营造组织创新氛围，可以从以下几方面着手：

第一，对新观点、新想法给予公正、支持性的评估；员工提出新观点与新想法往往是在工作实践中辛苦探索得出的，组织管理人员需要慎重、仔细地从中选出可行性高，具有开发条件的创意构思和创新项目。

---

[1] 连欣, 杨百寅, 马月婷. 组织创新氛围对员工创新行为影响研究[J]. 管理学报, 2013, 10 (7)：985-992.

[2] 顾远东, 彭纪生. 组织创新氛围对员工创新行为的影响：创新自我效能感的中介作用[J]. 南开管理评论, 2010 (1)：30-41.

第二，支持创新、鼓励冒险及容忍失败。创新风险的存在和对未来收益的不确定性，会限制组织的创新行为。组织领导者应明确支持创新，恰当地处理鼓励冒险与审慎态度的关系。对于员工在探索和创新过程中出现的失误，应予以理解、信任和支持，共同找出问题的症结。同时，组织领导者应敢于承担责任。

第三，给予组织成员一定的工作自由和自主性。心理研究表明，只有在自由和心理安全的情况下，人们的创造性思维才会畅通无阻地得到发挥。当员工能够自主地根据情形采取行动时，往往会表现出更多的积极主动性。

第四，和谐的人际关系。组织成员间彼此的信任和尊重、愿意聆听、合作精神、友好的态度、正面冲突少、防御性心理弱等，均有助于组织成员坦诚沟通，消除偏见，加深理解，加强合作，释放创造潜力。但组织内过分强调一致性，也会阻碍组织成员创造力的发挥。

第五，开放式的沟通和交流。创新活动需要全体员工参与和贡献智慧，组织要建立畅通的横向和纵向沟通渠道，鼓励员工提供更多的建议和看法。不同部门员工之间、上下级之间的坦诚沟通、学习交流对员工的创造力的成长与发挥有重要作用。

15.1.4 支持组织间合作创新活动

①鼓励组织间开展组建研发团队、共建实验室等实质性合作。通过调研发现，有稳定外部合作者的比例较低。在所有的受访科研人员中，有稳定的外部合作者的比例为52.52%；企业、高校与科研院所的这一比例分别为：56.81%、49.28%与33.33%（图15.1）。

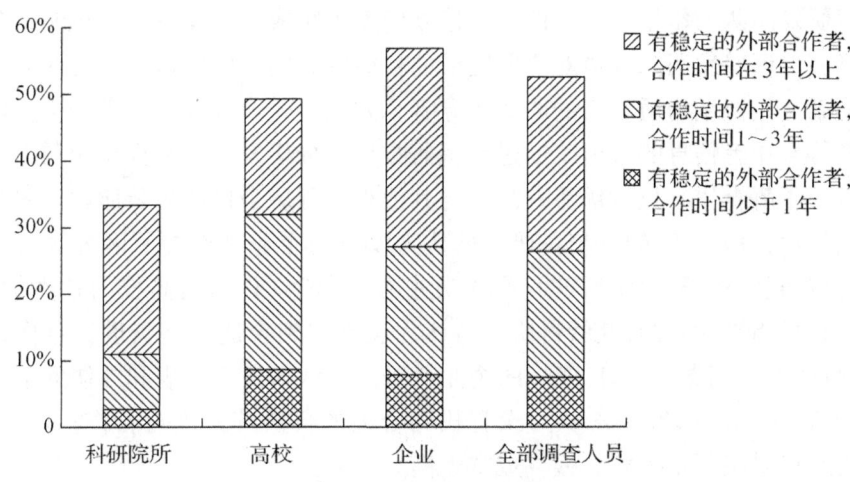

图 15.1 有稳定的外部合作者的比例

企业、高校与科研院所进行的实质性合作比例较低。从获得的调研数据来看，企业、科研院所与高校采取合作创新研发方式（即实质性的合作）的比例非常少；首先，科研院所与企业合作，应企业需求搞研发的比例为41.67%；而高校的比例仅为13.04%；其次，企业与高校合作的比例为13.15%；高校与科研院所合作的比例为10.14%，企业与科研院所合作的比例为7.51%。

这说明科研院所更注重研发的市场化应用，科研院所的研发通常为应用基础研究，许多科研院所为技术的中试基地,同时科研院所改制后其企业化的运作方式使其更加关注研发成果的收益情况,更加关注市场需求,更加有动力与企业进行合作。

而高校更加倾向于基础研究,高校内部更加倡导自由探索和个人研究的兴趣。长久以来高校科研人员的考核方式是以科研论文、科研项目数量、专利数量以及科研成果获奖等作为考核的标准,没有形成以技术应用或成果产业化为导向的考核方向。因此,高校的科研人员在与企业合作方面的积极性并不高。

从企业的角度来看,不论是与科研院所还是与高校的合作,其合作比例均不高,分别为7.51%与13.15%。通过前期的访谈发现,企业更多地会采取难题解决的方式或者咨询的方式向高校寻求帮助,而做实质性的合作研发较少;而与科研院所的合作更多利用研究机构的研发资源,比如检测设备、实验室,而共同组建研发团队的合作较少。另一方面,由于一些财政项目要求企业在申报时必须有合作的科研院所或高校,于是也会出现一些被动合作的情况,但这种合作方式的研发效果还是有待证实。

前期的调研显示,共建研发团队与共建研发实体的实质性合作方式是组织间合作创新活动的最佳合作方式,有利于提高合作效率。因此,可以通过政策引导跨学科、跨专业及跨单位创新研发团队的建设;市场导向明确的科技项目由企业牵头、政府引导,联合高校和科研院所实施;支持企业自主决策,联合高校与科研院所自主建设重点实验室、技术研发中心,开展重大产业关键共性技术、装备和标准的研发攻关。

在组建研发团队时,需要选择有共同研发领域,提供技术、理论支撑的对象为合作者。为了充分发挥研发团队的作用,一方面,要建立研发团队成员间良好沟通机制,公平的合作利益分配机制,保证研发团队成员对所要完成的目标有共同一致的认识;另一方面,需要推选出有较强凝聚力、协调沟通能力的团队领导者,并获得企业领导对产学研合作的支持。

②拓宽获得合作者信息的渠道。通过对调研数据的分析发现,缺少正规与方便的渠道获得合作者信息、了解合作者技术优势是没有与其他组织开展合作的主要原因。对高校科研人员的调研数据显示,15.15%的高校科研人员认为没有与企业合作的原因为没有正规和方便的渠道和企业取得联系;科研院所的科研人员中有16.67%认为对高校的技术优势不了解,搜寻成本太高;13.89%的科研院所科研人员认为没有找到合适的高校进行合作;在收集到的57份企业科研人员问卷中,21.05%的企业科研人员认为没有正规和方便的渠道和高校取得联系;高校科研人员的15.94%认为没有找到合适的科研院所进行合作;12.21%的高校科研人员认为对科研院所不了解,搜寻成本太高。

获得合作者信息渠道有限、缺乏了解合作者的信息服务平台与中介服务机构,极大地限制了组织间合作创新活动的开展。因此,建立有效的信息平台,及时发布高校与科研院所的技术研发优势领域;或者向高校与科研院所发布企业的技术研发需求,引导有技术优势的高校与科研院所加入到企业技术研发过程中,可以降低双方的搜寻成本,提高合作的频率。

15.1.5 完善宏观环境政策

①充分发挥政府主导科研项目的作用。第一,在项目研发方向设置方面,应多注重实用型技术的开发。现阶段,政府发布的科研项目往往要求有原创性,但在实际中对现在技术的

小的改造就可能产生很大的经济效益,发达国家一些著名企业的技术储备也是以小的技术改进加上强的市场营销能力实现市场效益的。在深度访谈过程中,一些研发人员提到政府主导科研项目应尊重科学技术研发的规律,不能总是要求原创性。特别地,在山西省经济与创新现状约束下,原创性项目通常很难完成,结果会造成承担单位为了结题而做假,无法发挥政府主导科研项目促进创新活动的作用。因此,在项目研发方向设置方面,应结合省域、高校、科研院所与企业的现实情况,考虑项目的可达性、实用性,注重实用型与补链、延链技术等方面的研发。

第二,改进项目评审程序和方式。通过调研发现,由于组织者自身认识、经费与精力等方面的限制,在评审专家的选择上存在"外行"评"内行"的现象;评审一般只使用"会议评审"方式,缺乏互动以及现场考察等方式,导致评审专家对评审对象的了解不深入,评价易出偏差。因此,在选择专家时,应尽可能邀请省内外同专业、高水平专家;在专家评审环节,除了采取会议评审等间接方式,还需增加答辩、实地考察等直接方式,增进专家对评审对象的了解和把握;除专家评审以外,还可以引入有关行政部门、合作方评价以及团队成员"背靠背测评"等方式,全方位评价项目申请团队及其依托单位的情况。

第三,改革项目考核标准与执行年限。通过调研发现,政府主导科研项目考核过程中,采用同一套评价考核指标,评价标准单一,无法体现不同学科、不同研究方向的特点;对科研项目执行情况的考核主要侧重于专利数、获奖数等数量上的考核,而对科研成果的质量、市场化应用前景等方面的考核较弱;项目执行年限一般为2~3年,未考虑不同学科、研究方向的研发规律。因此,在考核指标设置方面应综合考虑成果性、状态性与过程性评价指标;其中,成果性指标应重点评价项目的质量及产出效率,如获得自主知识产权的数量、质量与影响力,产生社会、经济效益等;状态性指标应考察项目实施过程中资源配置的合理性,包括创新资源的齐备程度、互补程度和利用程度,如研究领域的专业水平、项目负责人的创新特质、研究所需要的硬件条件和团队成员结构及知识结构等;过程性指标主要考察科研项目执行过程的规划性的有效性,包括执行规划的情况、研发团队管理的规范程序、协作程度和可持续性,如研发团队规划制订与执行情况、研发团队领导创新能力、研发团队管理制度的规范性、研发团队共同的目标及愿景、研发团队的利益分配机制以及研发团队知识与信息沟通交流机制等。根据不同的学科、研发领域以及技术类型制订不同的项目实施年限计划;宽容失败,允许创新活动需要准备期与休眠期,关注研发过程即关注"在干什么"和"怎么干"。

②积极开展科技金融创新。通过对调研资料分析得到,企业收益水平与实力有限极大地限制了企业技术创新活动的开展,希望能够获得政府资金支持是企业技术创新过程中最需要的服务。因此,资金短缺是制约企业技术创新的关键因素。

第一,收益水平、实力水平与内部控制制度是影响企业创新积极性的重要因素。为了分析企业收益水平、实力水平与内部控制制度对企业创新活动的影响,问卷中设置了影响企业创新积极性的因素题项。其中,分别用企业利润水平、研发人员数量与财务控制制度来度量企业收益水平与内部控制制度。在所有的被访研发负责人中,41.58%的研发负责人认为是由于企业过低的利润水平是影响企业创新积极性的主要因素;37.62%的研发负责人认为是由于企业研发人员数量过低而影响企业创新积极性；33.66%的研发负责人认为是由于过于严格的财务控制制度影响了企业创新积极性。这一结论进一步说明，企业实力有限以及过于严格的企业内部管理制度不利于企业创新积极性的提高。

第二，企业实力有限是企业研发过程中存在的主要障碍。问卷中用资金、人才来度量企业实力状况，在所有的被访研发负责人中，28.71%的研发负责人认为技术人才短缺是企业研发过程中存在的主要障碍；23.76%的研发负责人认为筹资困难是企业研发过程中存在的主要障碍；19.80%的研发负责人认为创新研发需要高额的研发设备投入，经济风险较高是企业研发过程中存在的主要障碍。因此，如何解决企业筹资困难、研发人才短缺的状况，分散研发设备投入风险，应该是政府未来政策支持的重点。

第三，企业最希望得到政府的资金支持是在技术创新过程中最希望得到的政府服务。在所有的受访研发负责人中，有48.51%的研发负责人认为在技术创新过程中最希望得到政府的资金支持。

因此，通过开展科技金融创新能够有效地补充创新主体在创新过程中对资金的需求。一方面，强化资本市场对创新活动的支持，如支持符合条件的创新企业发行公司债券、支持符合条件的企业发行项目收益债，募集资金用于增加创新投入等；另一方面，拓宽创新活动间接融资渠道，如建立知识产权质押融资市场化风险补偿机制、开展专利保险试点、选择符合条件的银行业金融机构试点为创新活动提供股权和债权相结合的融资服务方式、引导政策性银行对符合条件的组织创新活动加大信贷支持力度、发展民营银行支持面向中小企业创新需求的金融产品创新等。

③大力发展科技中介机构。相关研究与实践活动表明，功能完备的信息化服务与中介机构对促进组织创新活动有非常重要的作用。而从调研的资料来看，山西省科技中介机构的作用非常有限。首先，企业主要根据市场或内部专门机构来获取关键技术信息和市场需求信息。通过调研企业获得关键技术信息和市场需求信息的主要途径，39.60%的受访企业设有专门的技术信息情报部门，搜集国际、国内信息；34.65%的受访企业通过用户或供应商跟踪调查来获取信息；还有36.63%的受访企业通过参加国内外会议及各种科技交流活动获得信息。其次，企业利用工作和个人渠道或有合作的高校和科研院所邀请相关专家合作解决技术创新过程中遇到的技术难题。通过调研企业获得的数据，解决遇到的技术难题的方式中，排在第1位与第2位的方式分别为：企业技术研发人员利用工作和个人渠道邀请相关专家合作解决；从有合作的高校和科研院所邀请专家合作解决。可以看出，企业处理技术难题的方式主要是利用外部资源，而获得外部资源的渠道则主要依赖个人渠道、工作渠道与产学研合作；而市场化中介发挥的作用则非常有限。

通过调研得到，企业最需要科技中介服务机构提供的前五位服务为：直接为企业技术创新过程提供服务、为技术创新成果实现产业化牵线搭桥、推荐科技人员与合作伙伴、技术推广以及技术创新成果市场前景评估。因此，结合科技中介机构的类型，建议现阶段应该着重建设直接参与服务对象技术创新过程的科技中介机构，如生产力促进中心、创业服务中心等；利用技术、管理和市场等方面的知识为创新主体提供咨询服务的中介机构，如科技评估中心（如提供技术成果估值、技术指导等服务）、科技招投标机构、情报信息中心和科技咨询机构（如提供专家技术咨询服务）等；能够为促进科技资源有效流动、合理配置提供服务的机构，如技术产权交易市场、人才市场（如提供人才信息、人才培训等服务）、科技条件市场（提供技术研发设施共享、信息咨询与贷款担保等服务）及第三方检验检测认证机构等。

④发挥财税政策的引导作用。通过调研可知，财税政策可以调动企业技术创新的积极性；其中，效果最好的优惠政策为提供研发成果的后补助与高新技术企业所得税减免；效果一般的优惠政策为对创新收益实施税收减免、技术开发费用计入成本以及对创新产品实施政府采购；效果最差的优惠政策为免征技术转让的营业税与中试设备加速折旧。

因此，未来财税政策的支持重点应该以支持研发活动为主，采取研发后补助、投入研发引导资金、所得税减免等方式；对投向种子期、初创期等创新活动的投资，出台相关的税收支持政策；扩大促进企业创新发展的税收优惠政策，在试点基础上享受投资政策；完善企业研发费用计核方法，扩大研发费用加计扣除政策适用范围。

15.2 促进科技创新主体产业化活动的策略

结合影响科技创新主体产业化活动因素的分析，分别从内部驱动因素与外部推动因素方面，讨论促进科技创新主体产业化活动的策略。

15.2.1 构建多元化融资渠道

首先，进一步扩大科技成果转化引导基金的规模，吸引优秀创业投资管理团队联合设立一批子基金，开展贷款风险补偿工作。其次，设立新兴产业创业投资引导基金，带动社会资本支持战略性新兴产业和高技术产业早期、初创期创新型企业的发展。再次，设立中小企业发展基金，着重扶持科技型中小企业的发展。最后，开展股权众筹融资试点，积极探索和规范发展服务创新的互联网金融。

15.2.2 调动 R&D 人员的产业化积极性

为调动 R&D 人员的产业化积极性，首先，需要完善科技成果使用、处置和收益管理制度，加大对科研人员转化科研成果的激励力度。如将职务发明成果转让收益在重要贡献人员、所属单位之间合理分配，对用于奖励研发负责人、骨干技术人员等重要贡献人员和团队的比例，可以从现行不低于 20% 提高到不低于 50%；将财政资金支持形成的，不涉及国防、国家安全、国家利益、重大社会公共利益的科技成果的使用权、处置权和收益权，全部下放给符合条件的项目承担单位。单位主管部门和财政部门对科技成果在境内的使用、处置不再审批或备案，科技成果转移转化所得收入全部留归单位，纳入单位预算，实行统一管理，处置收入不上缴国库；完善科技成果、知识产权归属和利益分享机制，提高骨干团队、主要发明人受益比例；推行股权和分红激励政策的办法，对高校和科研院所等事业单位以科技成果作价入股的企业，放宽股权奖励、股权出售对企业设立年限和盈利水平的限制；建立促进国有企业创新的激励制度，对在创新中做出重要贡献的技术人员实施股权和分红激励政策。

其次,完善技术转移机制,加速科技成果产业化。鼓励科技成果以许可方式对外扩散,鼓励以转让、作价入股等方式加强技术转移;建立信息化区域技术交易平台,制定促进技术交易和相关服务业发展的措施;鼓励产业技术创新战略联盟及学会、协会协调市场主体共同制定团体标准,加速创新成果市场化、产业化。

15.2.3 充分利用财税支持政策

通过调研发现,38.61%的企业在技术创新过程中最希望得到的是技术新成果产业化方面的扶持政策。应充分发挥财政资金引导政策的作用,设立产业化引导资金,鼓励社会资金进入科技创新成果产业化进程;对区域产业结构调整有重要作用的科技项目,运用财政资金、企业资金以及社会资金联合投入的方式,建设产业化示范项目;利用政府的行政权力,积极联络技术成果拥有方、科技中介服务机构、金融机构,搭建产业化服务平台。

加大科研成果转化税收优惠力度,对组织转让技术和研究成果取得的收入或技术市场化应用后一段时间内所获得的收入,给予减征或免征所得税的优惠。

制定有关天使投资、风险投资税收倾斜政策,鼓励社会资金以多种形式建立风险投资公司,采用加倍提取风险准备金、降低所得税税率、延期纳税、再投资退税等方式降低风险,支持科技创新成果转化与产业化。

15.2.4 支持配套技术研发与基础设施建设

通过前面的分析可知,完善的配套技术与基础设施是创新成果实现产业化的必要条件。在所有的受访科研人员中,有20.44%的科研人员认为创新成果配套技术不完善,缺少创新成果产业化应用的基础设施;其中,企业、高校与科研院所的这一比例分别为21.6%、15.94%与22.22%。配套技术不完备、缺少创新成果产业化应用的基础方向,极大地制约创新成果的产业化进程。

因此,借助政策措施支持区域特色产业补链技术的研发,积极支持创新成果产业化所需配套企业的发展,以形成完整的产业链;开展创新成果产业化发展所需要的配套基础设施建设,从应用终端拉动创新成果产业化进程。

附录 A 煤基低碳问卷调查

附表 A.1 问卷调查中选取的煤基低碳领域典型技术

技术领域	典型技术
超临界发电领域	超临界压力锅炉加烟气脱硫技术
	整体式煤气化联合循环发电技术
循环流化床领域	增压流化床锅炉联合循环技术
	循环流化床锅炉技术
煤液化技术领域	煤炭液化技术
	煤制甲醇技术
煤气化技术领域	甲醇制烯烃技术
	煤间接甲烷化技术
	煤制天然气技术
	煤炭气化技术
煤层气技术领域	煤与瓦斯共采技术
煤综采技术领域	煤矿突水灾害防治技术
	保水采煤技术和矸石填充采煤技术
	三产品、二产品重介工艺技术
	煤泥加压脱水工艺技术
	喷射式浮选机的工艺技术
	微泡浮选柱工艺技术
	煤泥重介工艺的技术
	助滤剂脱水工艺
	振动流化床气分级工艺
	自动化集成控制系统

附表 A.2 技术成熟度问卷调查结果——煤层气领域、综采领域

单位：人数

TRL 等级	煤与瓦斯共采技术	煤矿突水灾害防治技术	保水采煤技术和矸石充填采煤技术	三产品、二产品重介工艺技术	煤泥加压脱水工艺技术	喷射式浮选机的工艺技术	微泡浮选柱工艺技术	煤泥重介工艺技术	助滤剂脱水工艺	振动流化床气力分级工艺	自动化集成控制系统
①发现或报道的基本原理	8	8	8	5	5	5	5	7	9	1	4
②技术概念或应用模型	14	1	10	8	4	5	7	6	6	3	4
③通过实验验证的关键功能模块或概念	8	10	10	6	4	7	6	3	4	1	2
④实验室环境下验证的部件或分系统	7	0	0	0	5	4	5	1	3	6	1
⑤模拟环境下验证的部件或分系统	7	1	6	3	1	3	2	2	4	1	1
⑥模拟环境下验证的系统模型或原型	6	0	9	2	3	3	3	2	3	4	4
⑦实际运行环境下验证的系统原型	20	9	22	4	7	8	6	8	7	8	12
⑧完全通过测试和验证的实际系统	5	8	6	8	7	6	4	6	6	5	11
⑨通过实际应用的系统共采技术	12	1	6	5	6	3	6	7	5	2	5
合计	87	37	77	44	44	44	44	44	44	34	44

附表 A.3 技术成熟度问卷调查结果——超临界发电领域、循环流化床领域、煤液化领域、煤气化领域

单位：人数

TRL 等级	超临界压力锅炉加烟气脱硫技术	整体式煤气化联合循环发电技术	增压流化床锅炉联合循环技术	循环流化床锅炉技术	煤炭液化技术	煤制甲醇技术	甲醛制烯烃技术	煤间接制甲烷化技术	煤制天然气技术	煤炭气化技术
①发现或报道的基本原理	3	3	3	2	5	5	4	4	6	7
②技术概念或应用模型	2	1	1	0	7	6	3	8	5	
③通过实验验证的关键功能模块或概念	2	3	2	4	2	3	4	7	2	2

续表

TRL 等级	超临界压力锅炉加烟气脱硫技术	整体式煤气化联合循环发电技术	增压流化床锅炉联合循环技术	循环流化床锅炉技术	煤炭液化技术	煤制甲醇技术	甲醛制烯烃技术	煤间接甲烷化技术	煤制天然气技术	煤炭气化技术
④实验室环境下验证的部件或分系统	2	2	2	2	5	1	4	1	4	3
⑤模拟环境下验证的部件或分系统	0	1	1	1	2	2	3	4	1	2
⑥模拟环境下验证的系统模型或原型	0	1	1	1	1	5	1	2	2	2
⑦实际运行环境下验证的系统原型	2	0	0	1	8	5	7	6	2	7
⑧完全通过测试和验证的实际系统	1	2	3	3	4	7	8	10	10	7
⑨通过实际应用的系统共采技术	3	2	2	1	7	7	6	4	6	6
合计	15	15	15	15	41	41	41	41	41	41

附录 B 企业访谈提纲及访谈记录

B.1 企业访谈提纲

——访谈对象：有研发阅历、有技术研发管理的经历及产业化推广的核心成员；典型的高新技术的研发团队

——自有知识产权情况

——典型发明专利、典型产业化产品及典型的扩散效果好的技术分别需要什么样的实现条件？

——专利类（尤其是发明专利类）的创新是否主要取决于什么条件：企业微观环境？企业竞争情况？技术人员个人兴趣和能力？大环境氛围？

——煤基技术产业化的特征，经费需求，技术研发周期

——经费获取方式、渠道

——与其他组织有无合作？合作方式？产权分配方式？

——如何扩散？扩散的规律？周期？必要条件包括哪些？政府"拉郎配"的成功案例

——市场机制作用的成功案例。分析必要条件，必要条件不唯一，要分析尽可能全面的必要条件

——跟踪一个典型案例，研发过程、产业化过程及扩散过程。

——技术研发、扩散与产业化过程各环节中，官产学研资介的角色、作用，缺少哪些主体的支持？

——哪些属于有主体不作为？哪些属于主体缺位？哪些属于政策空白地带？哪些属于政策力度不够？

——企业内在的创新主动性主要来自哪里？如何促进煤企自觉地进行创新？煤企技术人员的创新积极性主要取决于企业的制度，还是直接管理者？

B.2 企业访谈记录

B.2.1 晋煤集团访谈记录

晋煤集团受访人员：
技术中心胡部长、牛东兰主任
晋煤铭石公司技术部李军明主任

金鼎公司研究院赵旭东主任

中北大学创新研究中心：

刘东霞：中北大学经济与管理学院副教授

李亚军：中北大学经济与管理学院研究生

周文超：中北大学经济与管理学院研究生

记录人员：

李亚军、周文超

访谈时间：

2015年6月15日15：00—18：20

晋煤集团简介

晋煤集团是由山西省国资委控股，国开金融公司、中国信达公司持股的有限责任公司，是我国优质无烟煤重要的生产企业、全国最大的煤层气抽采利用企业集团、全国最大的煤化工企业集团、全国最大的瓦斯发电企业集团和山西最具活力的煤机制造集团。截至2014年底，有66个子公司、10个分公司和1个托管企业。2014年，实现营业收入1941亿元、利润13.63亿元，位列世界企业500强第386位、中国企业500强第78位。截至2014年底，企业资产总额2101.85亿元，省内外在岗员工16万余人。

晋煤集团依托优质无烟煤、煤层气两种资源优势，坚持"以煤为基、多元发展"，形成了煤炭、煤层气、电力、煤化工、煤机制造、多经六大产业互为支撑的产业格局。当前，企业正在紧紧围绕国家建设五大综合能源基地的总体部署，在全力推进煤炭亿吨基地建设的同时，加快构建以现代高端煤化工、煤层气、电力与能源服务业等综合能源为主的现代产业体系和独具特色的商业模式、核心技术与文化体系，努力打造国际一流晋煤特色综合能源企业集团。

1. 知识产权及科研项目方面的情况

拥有100多项具有国际领先水平的煤层气开发利用核心技术，获得国家专利601件，专利总量在全省排前五。

科研项目方面，省部级以上的奖项有40多项，主要是二等奖、三等奖或特等奖。项目主要来源于：中国煤炭工业协会（每年有十几项）、山西省科技厅（较多）、国家安全监管总局（有1~2项）、国家能源局。

承担了国家科技重大专项"采动区煤层气抽采技术完善和规模化试验"。

先后承担了国家科技重大专项课题、"863"计划专项课题、"十二五"国家科技支撑计划和重点课题。

2014年从省里拿到的项目资金1.3亿元，企业相应的配套资金有4~5亿元。从省里申请的项目都是经企业专家委员会论证之后，有可行性的才向省里申请。

2. 2015年计划投资技术创新经费情况

2015年计划投资R&D经费3.5亿元（不算子公司的资金投入），主要用于技术研发和改造。在煤炭开采板块，投资2.4亿元，主要用于开采、通风与机电方面。在煤化工方面计划投入1700万元，主要用于固定床升级等。煤层气方面，计划投入5000万元。煤机方面，以前投入不多，2015年计划投入4000多万元。

3. 项目研发与产业化经费来源

主要来自企业自有资金（占主要部分）、国家和省里的项目资金。由于国企的体制导致外部资金无法进入。

4. 项目研发形式

项目研发过程主要以组建项目团队的方式进行，不同的技术领域有固定的技术带头人与核心成员，根据具体研发项目的需求会抽取不同研究所与生产部门的技术人员加入项目研发。

5. 实验室及技术中心情况

国家重点实验室：国家能源煤与煤层气共采技术重点实验室（以晋煤集团为法人主体，联合中国矿业大学、中国石油大学共同组建的国家级科研机构）。

中国煤炭工业协会煤炭行业工程研究中心：山西省煤与煤层气一体化高效开采工程研究中心。

省级重点实验室：煤与煤层气共采山西省重点实验室、煤炭生物气化山西省重点实验室。

省级工程中心：山西省煤层气开采利用工程技术研究中心。

产业创新联盟：山西省煤与煤层气共采产业技术创新战略联盟。

6. 技术研发组织架构情况及运作机制

（1）组织架构

一个研究院下设三个分院（煤层气、煤化工与煤机）和七个所（和内部生产过程有关的）。研究院是自主法人，自主经营。

研究院的项目来源有两类：一类是引进外部好的项目；另一类是根据企业发展需要及生产过程中遇到的技术问题，选择攻关项目。

研究院的人员组成：一类是研究院的专职人员；另一类是生产岗位的技术人员，根据技术研发需要参与研究院项目，主要负责技术的现场转化部分。

（2）运作机制

技术中心统管晋煤集团各种技术研发。技术委员会（决策层）决定研发的方向。专家委员会为技术委员会的决策提供依据，为项目的实施进行论证。技术中心为实施层，负责组织决策层项目的实施，落实上级的政策。研究院将大的项目进行细化分解，将各项目分阶段落实。

7. 技术引进的项目主要有哪些？

省内外的都有，主要根据项目在企业落地的可能性和企业现有的研发人员情况来决定。

技术引进的项目主要有三类：①经专家委员会论证后有前途的；②和所在行业结合性较好的；③新领域的项目，战略性的。

8. 集团内部的创新制度情况

①专利申请补贴、专利获批后的小额奖励和专利转化后的科技奖励（5万元、3万元和

1万元,这些奖励政策均是在科技厅允许的奖励政策范围内操作)激励的力度太小,无法调动研发人员的积极性。

②企业内部激励缺乏政策、制度的支持(晋煤集团属于国有企业,没有政策、财政制度的规定企业无法自主进行创新激励。由于煤炭行业不景气,今年已取消了对技术创新的奖励)。

③国资委对企业考核时,技术创新重要的考核指标(要求:发明专利>25%;经费投入每千万1件专利;人员投入每千人1件专利)。

与会人员认为需要改进的地方:

①领导与实际科研贡献者利益的划分(在现有的制度下,往往领导会列在科研奖励的首位,而真正的科研贡献者却被忽略。不论是名誉还是物质利益分配,均缺乏公平性,造成创新者的积极性不高)。

②缺乏内部竞争机制(在利益分配方面仍旧是以职务、职称为主要的衡量标准,虽然创新对科技人员的收入有一定的影响,但从投入与产出的角度看,这种影响很小。职务与职称的能上不能下,也极大地影响了科技人员的创新积极性。引入淘汰机制、竞争机制才会让大家真正有危机感,激发个人的潜力)。

9. 技术的推广情况

主要用于集团内部的推广。

无法在外部进行技术推广主要是因为:①由于资金和成本问题,企业的技术要求和外部市场不同。②推广后产品的后续维护问题。

10. 技术外部推广做得好的有哪些?

L型井技术。从研发到产业化只需一年半到两年的时间。研发过程中与外部院校进行合作(中煤集团和重庆技术学院),合作方式主要是合同制,将技术外包。

政策引导与推进:山西省瓦斯抽采全覆盖工程(与省属大型煤炭企业同煤集团、焦煤集团、阳煤集团、潞安集团、晋能集团与山煤集团六家企业负责人,就全省煤矿区瓦斯抽采合作签署了框架协议,标志着全省瓦斯抽采全覆盖工程正式启动。一方面可以增加安全,另一方面可以获得更多的收益。所以,政府的行为只是缩短了技术推广所需要的时间)。

11. 与外单位的合作情况以及合作方式

省内与省外均有合作(太钢、太原理工大学和中国矿业大学等)。

合作方式:

①合同式。通过签订合同将技术进行外包。

②兴趣类的项目合作。这主要是学术类型的,不涉及利益。

项目合作者主要通过个人人脉关系、学术会议、展览会和工作会议等方式来取得联系。

受体制的限制,国有企业很难实现与其他单位采取技术入股的合作方式。

12. 典型项目研发——永磁电机项目的情况

永磁电机在其他领域已有应用,晋煤集团做的创新是将永磁电机应用于矿井。研发过程中与哈尔滨电机厂合作研发(合作者主要是自己根据研发需要去找,或者是其他企业主动来找)。

永磁电机现已投入1亿元的资金,在煤炭的皮带机上运用效果较好,正在研究如何有效地应用于割煤机上。

存在的问题:推广性较差(一方面,不同的矿井其煤层的特点不同,就需要不同的工艺。所以,在推广过程中就需要到具体的矿井实践再对功率、工艺进行调整。但往往应用单位不愿意提供这样的试验机会。另一方面,由于电机研发在晋煤集团并不具有研发优势,所以,研发出来的永磁电机成本很高,在市场中并不具备竞争力。赵旭东认为是投资失败的项目,即投入与产出不匹配)。

13. 政府行为

(1) 科研项目支持中存在的问题

第一,在立项阶段,立项的方向不对(虽然2014年科技厅采取的是企业申报项目的方式,但在企业实际操作中也只是按照级别层层下达,最后申报的任务只是落到了个人的头上。而企业内真正有技术实力的专家并未参与到项目的申请之中。因此,这种申报方式并不能保证所申报的项目有技术与市场优势。注:这些专家通常已有行政职务,很少参与到项目的研发之中,只是在项目申报时作为核心成员)。

第二,项目立项审查时,论证时间太短、论证专家选择缺乏标准(项目立项审查通常只用一天的时间完成,而且所选择的论证专家有很多并不是煤炭产业领域,因此,一些对煤炭产业有真正创新意义的项目会被淘汰掉)。

第三,项目立项时,缺乏客观的选择标准(项目是否立项,一方面,要看所写的申请书中是否能够完成硬性的指标,如专利、获奖等;另一方面,还要看项目是否为国内或国际前沿技术。但对于企业项目来说,主要以市场为导向,通常很难实现技术的领先。因此,到最后是政府花钱做了支持,但所做的课题纯粹是为了结题而没有实际的市场效果。注:科研项目要经过许多次的失败才能获得既想的成果,而政府支持的科研项目是不允许失败的。因此,当企业在研发过程中失败后,为了结题只好做假)。

(2) 政府可以做的工作

第一,煤炭领域要想实现转型、创新,需要引入竞争机制。需要鼓励有研发实力的企业做"搅局者"(非盈利者),不断开发出新产品、降低成本,以低价销售产品,增加煤炭行业的竞争。建立国有企业内部监管机制和内部竞争机制(山西省煤炭市场缺乏创新就是因为五大煤炭集团的垄断,缺乏竞争)。

第二,简化项目申报、考核的手续(许多技术负责人把时间都用来做项目的申报与考核工作,真正做研发的时间却很少)。

第三,国家鼓励技术人员下海、技术入股,但山西省尚未开展该项活动。(企业有许多技术,但受体制的限制无法实现技术的对外转让;技术入股也无法实现。如果通过具有独立法人资格的技术中心对外转让又涉及国有资产流失的问题,是否可以设立专门的技术评估机构,对企业所拥有的技术做客观的估价,这样可以帮助企业将技术转让给技术中心,不会引起国有资产流失)。

第四,政府应该发挥组织的功能,协调新技术推广过程中需要的一系列条件(如新能源汽车的推广、汽车改造标准、加油站与加气站的一体化设立等)。

第五,发挥政策的引导功能,如淘汰落后技术,支持新技术的应用(强制淘汰,比资金支持效果更好)。

第六,政府的资金应该用于支持基础技术的研发(如高校、科研院所。支持区域有技术优势的研发,不具有优势的再做研发只会造成资金、人员的重复投入)。

第七,政府资金对于企业应用研究的支持只是杯水车薪,政府应建立相关的制度,允许外部资金进入国有企业的应用研究,这样的效果会更好。

B.2.2 潞安集团访谈记录

潞安集团受访人员:
技术中心李文德主任、梁耀平、张玮
常村煤矿总工办赵怡清
余庄煤业总工办郝为
五阳煤矿总工办彭程芳
漳村煤矿总工办赵宝风、王芳
王庄煤矿总工办孙凯

中北大学创新研究中心:
刘东霞:中北大学经济与管理学院副教授
李亚军:中北大学经济与管理学院研究生
周文超:中北大学经济与管理学院研究生

记录人员:
李亚军、周文超

访谈时间:
2015年6月16日 09:00—11:30

潞安集团简介

山西潞安矿业(集团)有限责任公司,位于山西省长治市,是省属五大煤炭企业集团之一。其前身是成立于1959年1月的潞安矿务局;2000年8月,整体改制为潞安矿业(集团)有限责任公司。

截至2014年底,拥有二级子公司78个,其中控股子公司56个,参股子公司22个,拥有一家上市公司——潞安环保能源开发股份有限公司,在册职工近8万人,职工家属20多万人。2014年,煤炭产量9018万吨,营业收入2130亿元,实现利润6亿元;截至2014年底,资产总额1600亿元。

潞安集团是大型能源化工企业,发展煤化工产业约40年,是全国煤炭行业第1家和唯一一家国家高新技术企业,是山西煤炭行业第一家国家创新型企业;2013年科技研发投入近60亿元,年均保持在销售收入的3%左右。

潞安集团是国内唯一同时掌握铁基、钴基煤基合成技术的企业,拥有国内第1个具有自主知识产权的煤基合成油示范项目,2008年产出全国第1桶煤基合成油。潞安集团的180

万吨/年高硫煤清洁利用油化电热一体化项目是山西省重大转型标杆项目，是煤炭高端转化、深度转化示范项目。

潞安集团坚持建设创新型企业，全面推进科技创新、金融创新与人才创新，推进了企业由资源驱动型向创新驱动型、综合效益型转型。建成了国家级技术中心，创建了全省首家企业研究院，被确定为全国创新型试点企业。

1. 潞安集团的发展战略

潞安集团"十二五"的发展战略是："三地一新"，即建设亿吨煤炭新基地、打造产业发展新高地、开创幸福潞安新天地及全面建设既强又大国际化新潞安。按照国家转变经济增长方式的要求及山西转型跨越发展的战略部署，坚持"高端化、低碳化与国际化"和"循环型、创新型与效益型"的"三化三型"发展方针，着力推进"5+5"产业格局，即重点发展煤炭、煤基合成油、煤电一体化、硝基肥料和新型焦化五大主导产业，积极推进光伏产业、装备制造、建筑建材、物流贸易和金融服务五大辅助产业，深入推进战略引领向价值引领转型、资源依赖型向创新驱动型转型及高碳能源向低碳利用转型的"三大转型"。

2. 自有知识产权情况

潞安集团每年专利申请数量为100～150件，每年的获权量为50～100件，专利的成果转化率为70%～80%。

专利主要为工艺技术的改进，即将工艺生产过程中的改造申请为专利。专利合作对象基本为大专院校。

由于在工艺过程中进行改造所申请的专利简单易懂，所以专利很难被保护，很容易被其他企业模仿并深一步改造。

潞安集团发明专利很少，企业拥有的发明专利只有27件。企业的垃圾专利，问题专利很多，尤其是问题专利，这些专利成果并不完善，同时必要性不强，只有微小的细节改造，属于可有可无的专利，这类专利占专利总数量的80%。

企业建议：国家应该注重专利的质量，不能片面追求专利的数量，而降低专利审批的力度，应严格把关，制定完备的政策，提升专利的质量（实用新型与外观设计不应列入专利之内）。

3. 研发投入情况

潞安集团每年的科技投入资金约为50亿元（报发展改革委的数据），主要用于科技人员的工资、科技调研、大型设备的购买与项目的研发等。

R&D 经费投入为3亿元左右，其中1亿元用于技术改造支出；年 R&D 投入增长率为15%左右。

4. 技术创新机构

国家工程技术中心：国家煤基合成工程技术研究中心（以潞安集团为企业主体与依托单位，中科院山西煤化所为共建单位。山西煤化所从事煤基合成技术研发有60年历史，是基地型研究所，长期主要从事煤炭能源化工与环境、先进材料领域应用基础与高技术研究；拥有煤转化国家重点实验室、煤炭间接液化国家工程实验室和山西煤化工技术国家研发中心等四个国家级研发单元；建有多个煤基合成中试平台，形成多项国内外具有重要影响力的煤基合成技术)。

山西省重点实验室：煤基多联产山西省企业重点实验室。

中科院重点实验室：低碳转化科学与工程重点实验室（与上海高研院合作建设）。

5. 技术研发中心的主要架构

技术委员会决定项目的方向，由专家委员会论证项目的可行性，继而转到技术中心进行任务的布置，由各个研发小组逐一完成（国家级企业技术中心采用的是相同的组织架构，同晋煤集团的相同）。

6. 科研项目的经费来源及项目团队的组成

项目研发经费主要为企业自有资金投入，国家没有支持。

一些产业化项目引入了财团公司（180万吨煤基合成油项目）。

项目主要都是被动的，领导分配的，很少有自己主动申请的。集团内的项目研发主要采用项目制，以项目来组团，由项目的核心成员在集团内的各个部门选择其团队的成员。

7. 与其他单位合作情况

深度合作单位：与上海高研院合作建设重点实验室；与中科合成油公司合作开发具有自主知识产权的铁基浆态F-T合成技术；与山西煤化所、河南能化集团联合组建了中科潞安能源科技有限公司。

还与一些高校与科研院所采用合同制的方式合作（与外部科研院所之间的合作主要靠个人关系）。

8. 企业内技术创新激励制度

①企业支持专利的申请，为专利申请提供资金支持；

②专利转化的激励。根据专利转化后对企业产生经济效益的高低，企业对专利发明人给予奖赏，金额不等（如5万元、2万元或1万元），但大额奖励数量很少，300元、500元小额奖励比较多，具有普惠性。

9. 政府对企业技术创新的支持

政府主要提供专利申请补贴，潞安集团的专利补贴资金主要来自省、市，每年至少有一半的专利申请补贴来自长治市（长治市要求专利必须独立完成，不能由两个企业共同完成。省里专利补贴很难争取，同样金额很少，起不到实质作用）。

省里也给予专利成果转化资金，但数额太少，对于煤基领域的专利成果转化基本是没有什么作用（潞安集团只在省里申请到一次专利成果转化资金5万元）。

企业的建议：山西省应将专利成果转化资金集中于重大的项目，进行集中支持（将资金分散化支持所有的项目，效果会很差）。同时制定一些激励政策，鼓励企业进行有实质性创新的发明专利申请，减少实用新型与外观设计方面的专利；对于创新型企业要增加一些考核制度，将技术创新列入考核制度之内（要注重专利的质量，如发明专利的数量、专利的成果化率等）。

10. 技术创新所需要的条件

企业外部：国家的创新环境（要突破体制的限制）；企业、科研院所之间的合作精神（企业、科研院所很难进行技术共享，造成了一种技术的重复投入）；企业创新的连续性。

企业内部：技术创新主要来自企业的激励机制（物质与精神激励，如设立首席工程师、首席技师，可以获得与处级相同的待遇，同时还有科技奖励）；领导对于创新的重视程度；企业内部形成的创新意识。

11. 典型的项目——煤基合成油项目

煤基合成油有专门的研发团队，中试有3000人，16万吨+5万吨（21万吨）（该项目已于2008年出油）。企业资金投入1000万元，省科技厅支持了100万元的引导资金。

16万吨煤基合成油项目规划建设资金18.9亿元，后期又增加了资源循环利用、低碳减排等装置，实际项目建设资金为40亿元。

在项目研发阶段，潞安集团与山西煤化所和上海高研院合作（采用合同制，购买技术）。

研发后期，与上海高研院合作成立国家技术研究中心（各占50%的股份）。

180万吨煤基合成油项目主要为企业投资并引入了国内财团公司入股。

12. 技术推广情况

潞安集团技术研发以满足集团内部需求为目标，技术推广也是在集团内部推广。

技术外部推广有一些但很少，外部推广的情况通常是由于私人关系进行技术交流，无偿研究学习企业所拥有的技术（膨松煤，青海有企业找到集团技术中心希望能够为其提供技术支持，并愿意支付相关的技术开发费用。但集团技术中心受体制的限制，无法为对方提供技术开发费用的发票。最后，技术中心无偿为该企业进行了膨松煤技术的开发。）。

由于现行制度的约束，技术中心并不具有独立的法人资格，同时其经营范围也不涉及对外承接技术研发业务。因此，集团没有权力将现有的技术或专利出售。将现有技术进行技术入股也缺少对应的政策与制度。

企业建议：企业技术中心设立为独立法人；明确技术中心的经营范围；政府出台技术入股的政策或制度；设立有权威的技术评估机构（对企业拥有的技术进行估价）。

13. 典型技术的推广

20世纪80年代综采放顶煤技术在全国推广。

推广方式：政府出台的相关的制度，要求煤炭企业必须采取新的开采技术，否则予以关停。政府组织兖州矿业集团参观，其他企业慕名前来参观学习，实现了全国煤炭企业的快速推广（体制的限制集团没有技术转让权；另外煤炭开采企业的技术创新与高技术企业的技术创新不同，通常一些专业人员通过参观便可以掌握创新的基本原理，然后就可以实现在现有技术的基础上的进一步改进。很难实现核心技术的保密与保护）。

14. 技术研发、扩散与产业化过程的各环节中，官产学研资介的角色

研发阶段，政府应增加资金投入；政府资金应重点支持基础研究。

对于产业化项目，政府应相应减少投入，靠市场的作用实现项目的产业化（真正有市场的项目，肯定会有资金投入。对于煤基领域的项目，政府投入的产业化资金根本没有实质效果。如果一些项目无法吸引社会资金投入，那么这些项目肯定缺少市场）。

政府资金的支持重点应该是高新技术企业与民营科技型企业的项目研发。

应重点支持产学研合作，将现有的合同制合作方式转为入股合建研发机构等深层次的合

作方式。

集团公司尚未与中介公司进行过合作,主要的原因为现有的中介公司良莠不齐,许多公司缺乏诚信,集团公司很难从中鉴别出优质公司（因此,中介公司的建立还是需要政府主导,要有相应的监督机制。特别是,金融中介公司至少应该具备银监会资质、交纳一定的备用金或其他资产作保证等）。

与科研院所主要通过个人关系取得联系,然后进行后续合作。

15. 政府行为

政府设立项目存在的问题:

①项目申请（由企业申请,但最后也只是落到了某个技术人员头上,缺少技术的前瞻性。使这种项目根本没有市场,资金支持无法真正促进技术进步）。

②项目评审缺少定量评价方法（由不同领域的专家组对项目进行评审,没有一致的评价标准）。

③项目下达后缺少科学的管理（项目中期与结题,只是由项目组汇报相关的材料,而且必须能够完成申请书中的相关内容。而技术创新并不是能够保证创新一定能够实现,因此,造成了项目组即使创新失败也会采取各种方法完成申请书的内容。结果便是项目造假,没有实际应用的可能）。

16. 影响技术转化的因素

有法不依,支持技术转化的力度太小,科技人员研发有市场前景技术的积极性低。

虽然国家在《专利法实施细则》中明确设立了专利"一奖两酬",但在企业实践中只是对科技人员兑现了奖励,而并没有兑现"两酬",即专利的技术含量如何、市场前景好坏对科技人员的创新活动没有任何影响（即专利是否能够转化并不会影响科技人员的切身利益）。这就极大地影响了科技人员开发更有市场前景技术的积极性。

17. 除煤制油以外公司的其他业务板块

多晶硅、聚氯乙烯、太阳能（主要是关于电池板方面）和油用牡丹等,其中油用牡丹与北京林业大学合作（购买北京林业大学的技术,建设了潞安集团油用牡丹生态产业一体化开发项目）。

2015年4月3日,潞安集团50MW光伏农业科技大棚电站项目成功并网发电（潞安集团与中节能集团共同投资,项目建设所用的光伏板及双玻组件全部来自潞安集团太阳能公司）。

18. 对政府部门的期望

在项目研发阶段,政府部门应予以资金补贴；项目产业化阶段,政府应减少参与,由市场机制调节,企业自行发展。

政府应创造一个宽松的创新环境,落实支持创新的激励政策,特别是落实科研人员的收益与其创新成果挂钩。

B.2.3 山西天地煤机装备有限公司访谈记录

山西天地煤机装备有限公司受访人员：

中国煤炭科工集团太原研究院输送机械研究所王赟所长

中国煤炭科工集团太原研究院短壁装备研发中心白桂文（高级工程师）

运输支护装备研发中心杨喜

运输支护装备研发中心刘伟

运输支护装备研发中心周廷

中北大学创新研究中心：

陈红：中北大学经济与管理学院副院长、创新研究中心负责人、教授

刘东霞：中北大学经济与管理学院副教授

李亚军：中北大学经济与管理学院研究生

赵振霞：中北大学经济与管理学院研究生

记录人员：

李亚军、赵振霞

访谈时间：

2015年6月4日09：00——11：00

山西天地煤机装备有限公司简介

中国煤炭科工集团太原研究院（山西天地煤机装备有限公司）成立于1964年，1999年转制为中央直属科技型企业。主要从事煤矿开采、掘进、运输、支护技术与装备的研究和开发，是国内专业配置最齐全的煤机装备供应商和服务商之一。

现有在职职工1603人，其中研究员及教授级高级工程师47人，高级职称人员110人，享受政府特殊津贴专家30人，其中包括多位国内煤炭行业知名专家和学术带头人。

1. 公司是否隶属山西省，受山西省相关政策的影响？

①公司不是隶属山西省的，是央属企业驻山西太原的分院。

②会受到山西省政策的影响，也享受政府相关政策优惠，如去年颁布的七个产业链中，关于煤机装备的产业链就是公司起草提交的，而且也承担省科技厅的一些科技攻关的项目。

2. 对科研团队来说，你认为外部政策与公司内部制度哪个对创新的作用更重要？

白桂文：作为技术人员，我认为创新是一个由量变到质变的长期过程，不能操之过急，也不可能一步到位，所以很多时候外部政策对创新的定位太高，事实上真正的创新很难，现在我们还只是在学习国外技术的过程中加上自己的一些东西，总的来说企业内部制度对促进研发人员进行创新的作用更明显。

3. 目前企业在行业所处的现状如何？

在煤机装备领域，可以说咱公司在山西省处于领头地位，而且产品市场很好。

4. 企业的研发计划、机制会如何确定？

①作为企业，进行技术研发计划时，主要考虑的还是市场需求、企业效益和生存发展，

结合企业自身的科技水平；计划一般以 5 年为一个周期，当然也会结合政府相关政策，如"十三五"规划。

②企业的生存发展以及企业内部制度是最主要的考虑因素，政策有一定影响，但不是最主要的导向。

5. 公司怎样把研发成果进行产业化？

①一般是内部成果转化，研究所将研发成果直接进行生产销售，但是研发团队会跟踪产业化过程，例如，在产业化过程中改进设计不合适的地方，解决一些技术问题。

②直接的技术转让非常少，会与一些企业进行技术合作。

6. 科研转生产，一般需要多长时间？

研究所的研究成果直接进行生产销售，一般来说，这个时间最快 6~7 个月，最长也只要 1 年就可以科研转产。因为大部分的产品不是原始创新，只是进行改进和改良创新。

7. 企业如何进行产学研合作，对合作单位和高校、科研院所有何期望？

①企业主要考虑的是市场需求、用户需求，市场化意识较强；

②与高校的科研合作首先是政府项目的要求，其次与高校合作可以充分利用高校科研成果；但高校科研注重理论知识，与现场实验结合不强。但是高校可以提供广阔的思路，以及新颖的理论观点。

8. 怎样选择产学研合作的高校，是通过个人途径还是其他渠道？

①成功合作的高校有太原科技大学、太原理工大学，共同承担相关项目以及进行硕士生培养；

②选择合作高校主要是根据行业性质，这两所高校相关的专业与公司的经营业务联系紧密，内部交流与需求较多，因此合作较成功。

9. 企业承担政府相关项目与企业间合作项目比较，研发过程中有哪些区别？

①承担政府相关项目的过程中，企业更多考虑的是项目的可行性，是否到期能够完成，真正说要创新的动机是几乎没有的。

②在与企业合作项目的过程中，如与潞安集团有技术委托与合作，企业考虑更多的是市场需求、企业双方的盈利等，相对来说企业的积极性更高。

10. 申报项目时，主要考虑哪些因素？

其实大部分项目申报时，考虑的主要是项目的可完成性，市场前景以及能否通过政府的审批。政府想要的项目是那些高科技的、带有"创新""高新""智能"字眼的项目，而真正的技术重大创新是一个漫长的过程，不是短时间内能够取得的。技术创新是一个水到渠成的过程，需要长时间的积累。而目前的项目评价机制存在问题，只注重创新成果，忽视了创新的内在规律性。

11. 在技术创新的过程中，您认为政府应该做些什么来促进创新？

技术创新必须顺势而为，政府最好的做法就是放手。政府在其中可以扮演一个协调者的身份，为技术创新过程中的各方合作提供平台。政府没有认识到科研活动的内在规律，忽视科研创新存在的风险，只注重成果，政府要健全项目的激励机制和评价机制。

12. 您认为政府的技术创新资金应该如何分配？

应该学习国外的技术创新模式，组织多个科研团队或企业联盟，共同进行技术研发，并按技术创新周期进行阶段性的资金投入和成果验收、比较，邀请相关领域的专家进行评价，不能把钱一次性拨给某个企业或科研院所，然后要求在一定期限内出成果，应该通过成果奖励等方式合理分配政府技术创新资金。政府在审批项目时，忽视了民营企业，而民营企业往往比国有大型企业更有创新的意愿。

13. 最近石油价格下跌对煤炭市场冲击很大，贵企业的市场是否受到影响？

当然会受到影响，公司的产品目前主要销往国内市场，有零星的销往国外，当然，未来会逐步增加出口量。

14. 贵公司所承担的项目从哪里获得？

主要来自科技厅和发展改革委，其中科技厅的主要为技术攻关项目，发展改革委的主要为产业化项目。

B.2.4 山西新华化工有限责任公司访谈记录

山西新华化工有限责任公司受访人员：
山西新华化工有限责任公司常总经理
技术中心秦牡丹主任、聂淑萍副主任
新华空气净化研究所赵立新所长
中北大学创新研究中心：
陈红：中北大学经济与管理学院副院长、创新研究中心负责人、教授
刘东霞：中北大学经济与管理学院副教授
李亚军：中北大学经济与管理学院研究生
李晋豫：中北大学经济与管理学院研究生
记录人员：
李晋豫、李亚军
访谈时间：
2015年4月23日15：00—18：00

山西新华化工有限责任公司简介

山西新华化工有限责任公司，其前身隶属于中国兵器工业集团的山西新华化工厂。是我国"一五"期间156项重点工程之一，是中国兵工学会活性炭专业委员会的挂靠单位和山西省活性炭行业协会会长单位，是我国煤质活性炭及其试验方法国家标准的起草单位。1997年通过ISO9001质量体系认证，2003年完成2000版的转换，具有外贸进出口经营权。

经过战略重组的山西新华化工有限责任公司，旗下拥有山西新华活性炭公司、山西新华防护器材公司、山西新华输送带公司、山西新华包装公司、太原环保器材厂和山西新华实业开发公司等。

山西新华化工有限责任公司致力于发展活性炭和以活性炭为基础的环保产业，"新华

牌"活性炭、防毒面具是中国知名品牌，山西省著名商标，其产品种类齐全，品质优良，已被自来水、石油、化工、环保和劳保等行业广泛采用，并远销世界各地。公司还先后开发了各种粗、中、高效空气净化滤器、净水机、自救器和输送带等。支持了诸如北京地铁、上海地铁及毛主席纪念堂等国家重点工程的建设，承揽了大同煤矿、华北制药厂、9634研究所、北大P3实验室、北京人防与厦门人防等几十个单位的空气净化工程和北京、广州、深圳、杭州、昆明等自来水集团的水源深度净化工程。在备受关注的2005年松花江水污染事件中，新华公司日夜兼程，运送活性炭，为哈尔滨人民早日饮用安全水奉献了应有的力量。2008年汶川特大地震发生后。新华公司夜以继日，加班奋战，为抗震前线及时送去防毒、防尘面具，被中华全国总工会授予抗震救灾、重建家园"工人先锋号"荣誉称号。特别是在中国首次载人航天工程中，成功地为宇航员提供了飞船生命保障系统的空气净化装置，为载人航天的成功做出了积极贡献。

经过多年的发展，活性炭、防护器材规模化经营成效显著，产销规模居全国第一。

截至2014年底，全厂2600多名员工，研究所有270多位员工，其中纯粹的研发人员有170多人（不包括分公司的技术人员），技术人员的招聘更重视技术，学历是其次的，外聘的技术人员几乎没有。

1. 科研项目的来源？

①外部争取。争取国家、地方、国防科工委的项目。

2015年公司争取到住房城乡建设部高效净水活性炭方面的项目，获得经费300余万元；在山西省科技厅得到一个重大立项项目，获得经费200余万元，实际到企业的有170万元。2015年总共获得将近700万元的经费。

2015年，在项目争取时候，政府要求一个公司只能上报一个项目，公司想办法报了3个：污水处理、脱硫脱硝脱汞等。

②军方委托。

③内部选拔。每年的十月份公司内部征集科研项目；然后由专家进行综合评审，这些专家包括了技术方面、财务方面、营销方面的以及公司领导；最后根据设计好的计算公式，评审出结果，进行立项。

2. 公司如何进行项目管理？

技术中心和内部的研发部门要签内部的合同，技术中心（企业）帮助研究所控制项目进度，同时对研究所的研发进行监督。

技术中心有一个人才库，每个月要对项目进行考核，10分为满分。该项考核中使用经济责任制，这与工资、津贴挂钩。

3. 项目团队的组建方式？

组建团队时候，要考虑专业需要，人员一般从研究所里选拔。选拔时，根据项目的类型、所需专业，先定项目负责人；然后项目负责人再选择自己的团队成员，选择的时候可以跨部门选择。A类项目团队不超过10人。

4. 跨部门的人会愿意参与么？

跨部门的人非常愿意参与，科研人员参加项目研发的意愿很高，同时参加就有津贴。

例如，A 类项目中，每月 5000 元的津贴。

5. 研发过程中，需要其他部门的帮助时，是怎么操作的？

厂内已经有研发时资源免费共享的政策。同时，研发过程中，缺某部门的知识时，厂内帮忙，不需费用。其他部门的人员在帮忙的时候，可以获得相关项目津贴。

6. 公司如何激励科研人员的科研热情？

科研活动与职称、津贴挂钩；科研人员可以有效益提成。

每年有一个科技大会，目前已经召开了 6 次，中间停止了三年，现在要恢复，在科技大会评选中科研人员可以获得额度较高的奖金。

目前筹备着"打造科研人员百万富翁"的活动。

7. 如何让科研人员的项目与市场相结合？

对科研人员的激励政策是结合他们的发明的市场效益考查的。

8. 公司怎样把研发成果进行产业化？

研究所将研发成果交给分厂负责，但是研发团队会跟踪产业化过程，例如，在产业化过程中改进设计不合适的地方，解决分厂提出的一些技术问题。

9. 科研转生产，需要多长时间？

研究所负责开发新产品，而在转生产过程中，工艺所主导，研究所起的是配合作用。一般来说，这个时间与产品设计和生产线的匹配程度相关，匹配程度越高，转生产越快。例如，空气净化器项目 2012 年结项，2013 年就开模具，2014 年就已经进行销售了。

10. 像那些做的好的典型的发明专利，除了内部制度因素的影响，有没有受到外部的积极影响？

做军品方面的研究，一般都有经费。而军方不给研究经费的项目，一般是军方订货（类似政府采购），只要研究出来，就会在我们这里订货，但是研究不出来的话，研发经费自己承担，这种模式有稳定需求，我们可以获得盈利。

11. 每年的产值里，有多少属于军方订货？

8 亿元的营业收入里，约有 3 亿元属于军方订货。军品部分的利润比民品的高。我们公司主营的其实还是军品。目前采取的军品民品结合的战略，主要是为了防止军品销售不稳定（降低经营风险）。

12. 目前，公司的专利情况是怎样的？

公司 2014 年要求申请专利 50 件，授权专利 15 件。实际申请了 50 件（实用新型、外观设计占了一半），授权专利 30 件（国防方面占了一半）。

13. 公司的专利申请有哪些方面的要求？

在公司内部签的项目合同中，有对专利申报数量的最低要求。课题组可以根据自己的需要，多项申报。

14. 公司是怎样激励员工申请专利的？

公司层面有制度，对申请专利的员工进行奖励，这些奖励由公司出。例如，申请专利 1 件，给予不低于 2000 元的奖励；授权 1 件，给予不低于 3000 元的奖励；专利受理了的，给予不低于 1000 元的奖励；实用新型、外观设计方面的专利，给予不低于 2000 元的奖励。

研究所内部也有奖励。例如，写一篇申报材料，给予100元的奖励。

15. 研发人员申报专利受哪些方面影响？

①评职称的时候需要，而且专利部分占很大比重。

②获得研发津贴。

③企业愈发重视，因为员工申请的专利属于企业。

16. 专利归属怎么确定？

目前，专利权属于公司，研发人员是发明人。现在，我们也在修改申请办法，力图避免专利归属纠纷。

17. 公司的研发方向是怎么确定的？

①厂里的专家，还有外聘的专家共同确定，确定好后，中间也会进行微调。

②军品：研究方向是军方直接制定，或者我们与研究院合作共同制定。

③民品：根据市场需求、企业发展需要确定。目前的研发方向由之前的材料研究，转变为设备研究，要做高附加值产业。

18. 民品部分的研发方向是根据目前的市场需要确定，还是根据以后的潜力？

做高附加值，比如从活性炭到整体空气净化装置。

19. 贵公司的科技投入比例？

目前，军民项目共40项，研发总费用是2000多万元，科技投入占产值3%以上，其中民品的比例比军品的要高。

20. 贵公司的技术研发与高校、科研机构的合作模式是怎样的？公司内部呢？

与防化研究院和烟台大学的合作很多，主要是在空气净化器（民品）方面，我们双方的合作持续了五六年，关系密切，主要是以科研项目合作方式，合作过程中是团队和团队合作的模式。利益方面主要是公司与高校，双方单位与单位签订协议。

21. 作为一个军工企业，目前公司融入地方的程度如何？

融入地方政府比较多了，以前是不知道，现在主要是因为企业需求，如企业多方争取项目，非常利于企业创新。还有就是可能因为我们是央企，地方政府不太关注我们。

22. 目前贵公司所处行业的现状是怎样的？

全国活性炭公司1000多家，国企很少，但是整体是供大于求，整体是竞争无序的状态，竞争激烈。例如，脱硫脱硝行业，现在是"盲目上马"，需要的活性炭准入门槛很低。

技术研发水平方面：全国排名第一；企业规模方面：原来在活性炭行业里是第一，现在落至第三四名。

在人防滤器方面，目前全国仅12家。在需求方面，国家人防办要求安装人防滤器，但人防办无立法权，这个滤器就可安装可不安装，但是各个政府是必须安装的。

23. 公司如何保持住自己的研发优势？

①重视人才：仅仅从"985""211"选取对口人才，对这些研发人员保证保底工资3000元。

②重视装备。

24. 国企和民企竞争的劣势？

社会负担，例如，国企这方面的负担很重，我们公司退休员工 3000 多人；

军民采购的放开；

保住番号，保军单位称号取消后就是民企了。

25. 如何捕捉市场前沿？

①技术前沿由技术中心做，市场部反馈；

②引进国外先进技术，进行分析，结合国内需求进行改进；

③军品跟踪地很紧，进行反向工程。

26. 如何保障项目获取不受职位高低影响？

研究所所长的工资是收入唯一制，同时，公司规定了项目负责人不能多项担任，科技带头人当长不能当师。

B.2.5 大众机械厂访谈记录

大众机械厂受访人员：

大众机械厂第一研究所副所长王文赟

中北大学创新研究中心：

陈红：中北大学经济与管理学院副院长、创新研究中心负责人、教授

刘东霞：中北大学经济与管理学院副教授

周文超：中北大学经济与管理学院研究生

李磊：中北大学经济与管理学院研究生

记录人员：

周文超、李磊

访谈时间：

2015 年 4 月 29 日 14：30—16：30

大众机械厂简介

山西国营大众机械厂（国营 785 厂）属国家大型电子工业企业，工厂始建于 1954 年，工厂现有四个研究所，分别从事军品和民品的设计开发及生产工艺研究。现有生产分厂 23 个，具有铸、钣金加工、注塑、精密机械加工、工模具制造、电镀、印制板制造及机械、电子产品的装配和调试等工艺手段。

主要生产军民用计算机及外部设备、精密电子设备、家用燃气具、电热电器和摩托车发动机等产品。工厂还有设备齐全的医院和具有一定规模的职工大学、技校、中学、小学、幼儿园以及服务职工生活福利事业的第三产业。全厂现有职工 6500 人，各类专业技术人员 1759 人，高级职称人员 171 人，中级职称人员 855 人。四十多年来，工厂主要从事军品科研与生产。

1. 科研项目来源

①项目自己争取，主要来自军工，没有来自省地方的项目。

②与科技厅交流少，与其他科研院所没有联系。

2. 产品研发周期

研发周期比较短（3~6个月）。

3. 专利申请情况

专利很少，主要因为没有专利意识，氛围不好，奖励不多。

4. 科研成果

企业高工较多，发表文章，大多为了评职称，但发的文章缺乏理论高度。

5. 是否有合作的高校

和学校合作，主要合作的学校是中北大学，学校可以实现算法优化并提供理论支持。

6. 公司的产品类型

产品多为军品，民品很少。

7. 公司的激励措施

①主要提拔学科带头人、科室主任等，提拔之后薪酬也会增加。

②提拔的好处：个人的收入提高，项目的效率也会提高。

8. 效益如何

①提倡军民融合，但实践中也没有实现，军品占总产品的80%。

②与政府关联不大，主要负责军品。

9. 研发过程中的团队合作方式

以前是以研究室为单位，每个室为一个团队，现在改为矩阵式的团队方式，以学科带头人为项目负责人带领团队。

10. 生产方式有哪些

研发加生产，主要有两种形式：

①工厂研究所自己做。

②委托车间，完成装备。

11. 国资委对企业的指导

对领导和完成的任务量进行考核。

12. 企业资金核算方式

独立核算。

13. 产品销售推广情况

军品没有销售，也没有销售人员，有合同才开始生产。

14. 研发资金来源

研究所自己支付，有时总厂提供一些支持。

附录 C 科研人员调查问卷网址及调查结果

C.1 科研人员调查问卷网址

高校、科研院所与企业科研人员调查问卷的网址分别为：
http：//www.sojump.com/jq/4753905.aspx
http：//www.sojump.com/jq/4784122.aspx
http：//www.sojump.com/jq/4727614.aspx

C.2 科研人员问卷调查结果

C.2.1 科研人员基本情况

附表 C.1 科研人员基本情况

题项	选项	科研院所人员（36 份）		高校科研人员（69 份）		企业科研人员（213 份）	
		数量	占受调查者的比例	数量	占受调查者的比例	数量	占受调查者的比例
企业类型（多选）	高新技术企业	—	—	—	—	175	82.16%
	民营科技企业	—	—	—	—	59	27.7%
企业性质	国有企业	—	—	—	—	128	60.09%
	私营企业	—	—	—	—	85	39.91%
研究领域/所属行业	煤炭开采	0	0	4	5.8%	23	10.80%
	煤炭洗选	1	2.78%	2	2.9%	6	2.82%
	煤电	0	0	0	0	1	0.47%
煤炭产业	煤化工	3	8.33%	1	1.45%	2	0.94%
	炭材料	1	2.78%	0	0	1	0.47%
	煤机装备	0	0	1	1.45%	29	13.62%
	其他	1	2.78%	1	1.45%	2	0.94%
	非煤产业	30	83.33%	60	86.96%	149	69.95%

续表

题项	选项	科研院所人员（36 份）		高校科研人员（69 份）		企业科研人员（213 份）	
		数量	占受调查者的比例	数量	占受调查者的比例	数量	占受调查者的比例
企业规模	大型企业	—	—	—	—	69	32.39%
	中型企业	—	—	—	—	57	26.76%
	小型企业	—	—	—	—	56	26.29%
	转制科研院所	—	—	—	—	29	13.62%
	其他	—	—	—	—	2	0.94%
受教育程度	博士	5	13.89%	45	65.22%	3	1.41%
	硕士	1	2.78%	20	28.99%	46	21.6%
	本科	25	69.44%	3	4.35%	131	61.5%
	其他	5	13.89%	1	1.45%	33	15.49%
专业技术水平	助理工程师（或相当）	5	13.89%	0	0	85	39.91%
	工程师（或相当）	13	36.11%	34	49.28%	75	35.21%
	高级工程师（或相当）	15	41.67%	27	39.13%	30	14.08%
	绩优高工（或相当）	3	8.33%	8	11.59%	23	10.8%
工作职位	高层管理	2	5.56%	1	1.45%	15	7.04%
	中层管理	9	25%	7	10.14%	39	18.31%
	基层管理	11	30.56%	21	30.43%	50	23.47%
	其他	14	38.89%	40	57.97%	109	51.17%
从事研发的年限	不到 1 年	3	8.33%	1	1.45%	17	7.98%
	1~3 年	1	2.78%	12	17.39%	54	25.35%
	3~5 年	3	8.33%	11	15.94%	40	18.78%
	5~10 年	9	25%	24	34.78%	51	23.94%
	10 年以上	20	55.56%	21	30.43%	51	23.94%
申请专利情况	少于 5 件	31	86.11%	46	66.67%	160	75.21%
	5~10 件	3	8.33%	17	24.64%	33	15.49%
	10~20 件	2	5.56%	5	7.25%	13	6.1%
	20 件以上	0	0	1	1.45%	7	3.29%
获得专利情况	少于 5 件	32	88.89%	56	81.16%	166	77.93%
	5~10 件	3	3%	10	14.49%	32	15.02%
	10~20 件	1	1%	3	4.35%	9	4.23%
	20 件以上	0	0	0	0	6	2.82%

续表

题项	选项	科研院所人员（36 份）		高校科研人员（69 份）		企业科研人员（213 份）	
		数量	占受调查者的比例	数量	占受调查者的比例	数量	占受调查者的比例
所在研发团队的规模	少于 3 人	11	30.56%	6	8.7%	22	10.33%
	3~5 人	6	16.67%	30	43.48%	45	21.13%
	6~10 人	12	33.33%	14	20.29%	61	28.64%
	10 人以上	7	19.44%	19	27.54%	85	39.91%
在团队中的角色	团队领导者	7	19.44%	8	11.59%	24	11.27%
	团队核心成员	7	19.44%	31	44.93%	86	40.38%
	团队骨干	16	44.44%	29	42.03%	103	48.36%
	其他	6	16.67%	1	1.45%	0	0
与他人合作申请和获得专利情况	少于 3 人	23	63.89%	23	33.33%	95	44.6%
	3~5 人	7	19.44%	29	42.03%	51	23.94%
	6~10 人	3	8.33%	10	14.49%	47	22.07%
	10 人以上	3	8.33%	7	10.14%	20	9.39%

注："—"表示所收集到的问卷中，被调查人员未填列该项内容。

C.2.2 影响科研人员创新活动与产业化活动的相关因素

附表 C.2 影响科研人员创新活动与产业化活动的相关因素

题项	选项	科研院所人员（36 份）		高校科研人员（69 份）		企业科研人员（213 份）		全部受调查人员（318 份）	
		数量	占受调查者的比例	数量	占受调查者的比例	数量	占受调查者的比例	数量	占受调查者的比例
进行研发的原因	研发过程让我觉得快乐	8	22.22%	28	40.58%	71	33.33%	107	33.65%
	研发行为能带来一定的经济收入	2	5.56%	9	13.04%	54	25.35%	65	20.44%
	研发成果使我得到社会尊重	12	33.33%	7	10.14%	21	9.86%	40	12.58%
	研发成果对我个人发展有好处	10	27.78%	21	30.43%	62	29.11%	93	29.25%
	其他	4	11.11%	4	5.80%	5	2.35%	13	4.09%
促成现有成就的因素（多选）	高层领导的重视	2	5.56%	4	5.80%	53	24.88%	59	18.55%
	我单位有系统化的研发管理制度，包括好的研发人员激励制度	6	16.67%	28	40.58%	79	37.09%	113	35.53%

续表

题项	选项	科研院所人员（36 份）		高校科研人员（69 份）		企业科研人员（213 份）		全部受调查人员（318 份）	
		数量	占受调查者的比例	数量	占受调查者的比例	数量	占受调查者的比例	数量	占受调查者的比例
促成现有成就的因素（多选）	我是技术+管理双肩挑，我更懂得企业需要什么	13	36.11%	7	10.14%	53	24.88%	73	22.96%
	单位发展需要	14	38.89%	22	31.88%	89	41.78%	125	39.31%
	个人兴趣爱好	11	30.56%	40	57.97%	56	26.29%	107	33.65%
	其他	2	5.56%	2	2.90%	0	0	4	1.26%
影响研发人员创新积极性的因素（多选）	创新成果的利益分配和金钱激励	19	52.78%	44	63.77%	135	63.38%	198	62.26%
	创新成果的所有权和支配权的界定	10	27.78%	21	30.43%	50	23.47%	81	25.47%
	创新成果能够带给我的成就感	14	38.89%	24	34.78%	68	31.29%	106	33.33%
	创新成果对我个人职业发展和升迁的积极影响	15	41.67%	30	43.48%	95	44.60%	140	44.03%
影响研发效率的关键因素	政府支持的程度	6	16.67%	11	15.94%	24	11.27%	41	12.89%
	社会创新大环境的影响	7	19.44%	7	10.14%	29	13.62%	43	13.52%
	市场能够提供的各类服务的完备程度	0	0	3	4.35%	18	8.45%	21	6.60%
	单位的创新制度和创新氛围	15	41.67%	30	43.48%	91	42.72%	136	42.77%
	研发人员所处的团队环境	8	22.22%	17	24.64%	51	23.94%	76	23.90%
	其他	0	0	1	1.45%	0	0	1	0.31%
组织内部影响研发兴趣的因素	只是个人兴趣	0	0	11	15.94%	12	5.63%	23	7.23%
	有一群志趣相投的朋友	4	11.11%	9	13.04%	27	12.68%	40	12.58%
	单位舍得对研发投入	4	11.11%	16	23.19%	54	25.35%	74	23.27%

续表

题项	选项	科研院所人员（36 份）		高校科研人员（69 份）		企业科研人员（213 份）		全部受调查人员（318 份）	
		数量	占受调查者的比例	数量	占受调查者的比例	数量	占受调查者的比例	数量	占受调查者的比例
组织内部影响研发兴趣的因素	单位有好的奖励制度	13	36.11%	11	15.94%	55	25.82%	79	24.84%
	单位有好的晋升制度	3	8.33%	8	11.59%	14	6.57%	25	7.86%
	单位有积极向上的氛围	12	33.33%	14	20.29%	51	23.94%	77	24.21%
研发过程中哪些条件最重要	高层管理者的支持	11	30.56%	9	13.04%	82	38.50%	102	32.08%
	直接上司的支持	2	5.56%	4	5.80%	39	18.31%	45	14.15%
	团队的群策群力	9	25%	21	30.43%	53	24.88%	83	26.10%
	团队领导者的沟通和领导能力	4	11.11%	11	15.94%	70	32.86%	85	26.73%
	团队里每个人的能力互补性	3	8.33%	11	15.94%	44	20.66%	58	18.24%
	团队领导对研发方向的把控	7	19.44%	13	18.84%	53	24.88%	73	22.96%
决定单位对研发支持力度的因素	单位领导的技术背景	1	2.78%	12	17.39%	29	13.62%	42	13.21%
	单位领导的战略意识	30	83.33%	47	68.12%	155	72.77%	232	72.96%
	外部环境的形势逼迫	4	11.11%	10	14.49%	28	13.15%	42	13.21%
	其他	1	2.78%	0	0	1	0.47%	2	0.63%
组织内部的微观创新环境比外部宏观环境更重要	是	27	75%	54	78.26%	174	81.69%	255	80.19%
	否	9	25%	15	21.74%	39	18.31%	63	19.81%

C.2.3 研发人员创新活动与产业化活动的政策需求

附表 C.3 研发人员创新活动与产业化活动的政策需求情况

题项	选项	科研院所人员（36 份）		高校科研人员（69 份）		企业科研人员（213 份）		全部受调查人员（318 份）	
		数量	占受调查者的比例	数量	占受调查者的比例	数量	占受调查者的比例	数量	占受调查者的比例
政府在技术创新研发过程中应该承担的角色	政府应建设创新氛围，让人人都觉得创新是有前途的	6	16.67%	24	34.78%	77	36.15%	107	33.65%
	政府应该给创新的人和团队资金支持	8	22.22%	26	37.68%	75	35.21%	109	34.28%
	政府应该让创新者感觉自己有社会自豪感和成就感	6	16.67%	7	10.14%	18	8.45%	31	9.75%
	政府应该引领创新的方向，确定创新的内容	7	19.44%	3	4.35%	17	7.98%	37	11.64%
	政府应该出台关于创新成果利益分配的指导性意见	8	22.22%	9	13.04%	25	11.74%	42	13.21%
	其他	1	2.78%	0	0	1	0.47%	2	0.63%
制约科研院所研发成果产业化的主要因素	技术研发人员对产业化积极性不高	1	2.78%	14	20.29%	36	16.9%	51	16.04%
	产业化资金来源不足	5	13.89%	15	21.74%	63	29.58%	83	26.10%
	创新成果配套技术不完善	8	22.22%	11	15.94%	46	21.6%	65	20.44%
	市场开发和宣传推广不到位	1	2.78%	2	2.9%	28	13.15%	31	9.75%
	政府采购对创新产品的倾斜不到位	0	0	1	1.45%	6	2.82%	7	2.20%
	政府对产业化的引导和补助资金不足	5	13.89%	7	10.14%	14	6.57%	26	8.18%

续表

题项	选项	科研院所人员（36 份）		高校科研人员（69 份）		企业科研人员（213 份）		全部受调查人员（318 份）	
		数量	占受调查者的比例	数量	占受调查者的比例	数量	占受调查者的比例	数量	占受调查者的比例
制约科研院所研发成果产业化的主要因素	煤炭产业为主，其他领域技术成果产业化的条件不足	5	13.89%	8	11.59%	20	9.39%	33	10.38%
	政府对科研院所研发人员进行成果产业化的政策不明	11	30.56%	11	15.94%	0	0	22	10.38%
成果产业化过程中各类科技中介发挥的作用	科技中介的作用非常好，帮我找到了产业化过程中需要的其他资源	5	13.89%	12	17.39%	56	26.29%	73	22.96%
	我感觉科技中介不内行，无法准确理解我技术的价值	4	11.11%	4	5.8%	34	15.96%	42	13.21%
	科技中介不够专业，无法提供给我需要的服务	11	30.56%	15	21.74%	25	11.74%	51	16.04%
	科技中介价格太高，与提供的服务相比，不值	1	2.78%	8	11.59%	22	10.33%	31	9.75%
	我对科技中介不了解，产业化过程中需要的服务我主要通过个人社会关系来解决	11	30.56%	23	33.33%	55	25.82%	89	27.99%
	科技中介的人员不是技术内行，科技中介的运作机制不透明，让我觉得不可信	4	1.11%	7	10.14%	21	9.86%	32	10.06%

C.2.4 科技创新主体的研发方式及产业化情况

附表C.4 科技创新主体的研发方式及产业化情况

题项		选项	科研院所人员 (36份)		高校科研人员 (69份)		企业科研人员 (213份)		全部受调查人员 (318份)	
			数量	占受调查者的比例	数量	占受调查者的比例	数量	占受调查者的比例	数量	占受调查者的比例
研发的方式		我们形成了稳定的研发合作团队，自己独立研发	16	44.44%	51	73.91%	145	68.08%	212	66.67%
		与企业合作，应企业需求搞研发	15	41.67%	9	13.04%	19	8.92%	43	13.52%
		与高等学校合作	0	0	—	—	28	13.15%	28	8.81%
		与科研院所等研究机构合作	—	—	7	10.14%	16	7.51%	23	7.23%
		其他	5	13.89%	2	2.90%	5	2.35%	12	3.77%
成果是否产业化	是（能够产业化的原因）	因为许多研发本身就是为满足企业的技术需求	6	16.67%	12	17.39%	126	59.15%	144	45.28%
		成果已经转让给其他企业或个人 所有权出售	0	0	0	0	1	0.47%	1	0.31%
		使用权转让	1	2.78%	4	5.80%	2	0.94%	7	2.20%
		我的团队正在尝试成果产业化	4	11.11%	3	4.35%	—	—	7	2.20%
		合计	11	30.56%	19	27.54%	129	60.56%	159	50.00%
	否（没有产业化的原因）	相关配套技术仍在研发中	1	2.78%	12	17.39%	33	15.49%	46	14.47%
		技术尚不具备产业化的能力	5	13.89%	17	24.64%	34	15.96%	56	17.61%
		缺少产业化需要的资金	6	16.67%	7	10.14%	16	7.51%	29	9.12%
		我不太清楚现在的政策是否允许科研院所科技人员办企业	6	16.67%	9	13.04%	—	—	15	4.72%
		其他原因	7	19.44%	5	7.25%	—	—	12	3.77%
		合计	25	69.44%	50	72.46%	83	38.97%	158	49.69%

续表

题项		选项	科研院所人员（36 份）		高校科研人员（69 份）		企业科研人员（213 份）		全部受调查人员（318 份）	
			数量	占受调查者的比例	数量	占受调查者的比例	数量	占受调查者的比例	数量	占受调查者的比例
是否有稳定的外部合作者	是	合作的时间	少于 1 年							
			1	2.78%	6	8.70%	17	7.98%	24	7.55%
		1~3 年	3	8.33%	16	23.19%	41	19.25%	60	18.87%
		3 年以上	8	22.22%	12	17.39%	63	29.58%	83	26.10%
		与外部合作者建立联系的方式	我所在单位与合作者单位有合作关系	7	19.44%	18	26.09%	102	47.89%	127	39.94%
		我个人的人脉资源（同学、以前的同事及朋友的朋友）	3	8.33%	12	17.39%	13	6.10%	28	8.81%
		开会或培训时认识的	1	2.78%	3	4.35%	6	2.82%	10	3.14%
		其他	1	2.78%	1	1.45%	0	0	2	0.63%
		与外部合作者长期合作的关键	有共同感兴趣的研发领域	7	19.44%	9	13.04%	27	12.68%	43	13.52%
		能互相提供技术支撑	3	8.33%	14	20.29%	54	25.35%	71	22.33%
		好的沟通和对合作者的了解	1	2.78%	6	8.70%	17	7.98%	24	7.55%
		对未来科研成果的利益划分提前有协商	1	2.78%	5	7.25%	23	10.80%	29	9.12%
		其他	0	0	0	0	0	0	0	0
	合计		12	33.33%	34	49.28%	121	56.81%	167	52.52%
	否		24	66.67%	35	50.72%	92	43.19%	151	47.48%

续表

题项	选项	科研院所人员（36份）		高校科研人员（69份）		企业科研人员（213份）		全部受调查人员（318份）	
		数量	占受调查者的比例	数量	占受调查者的比例	数量	占受调查者的比例	数量	占受调查者的比例
是否与企业科研人员有合作	有	14	38.89%	36	52.17%	—	—	50	—
	没有	22	61.66%	33	47.83%	—	—	55	—
对与企业合作效果的评价	还不错，企业能够为研发指明未来的方向	0	0	17	47.22%	—	—	17	—
	尚可，但是企业更注重研发的速度，不太尊重学校研发的规律	0	0	13	36.11%	—	—	13	—
	不太乐观，企业过于注重应用性技术，学校的研究更偏原理，不太合拍	1	2.78%	5	13.89%	—	—	6	—
	其他	0	0	1	2.78%	—	—	1	—
没有与企业合作的原因	没有正规和方便的渠道和企业取得联系	1	2.78%	5	15.15%	—	—	6	—
	高校研究距离企业应用技术还有较大差距	0	0	10	30.30%	—	—	10	—
	企业比较急功近利，而研发需要时间和耐心	1	2.78%	6	18.18%	—	—	7	—
	企业的合作意愿很低	0	0	3	9.09%	—	—	3	—
	高校相对封闭，不了解高校能够为企业提供哪些支撑	0	0	3	9.09%	—	—	3	—
	学校没有建立与其他组织合作的制度	0	0	1	3.03%	—	—	1	—
	政府缺乏引导高校与企业合作的机制	1	2.78%	4	12.12%	—	—	5	—
	其他	0	0	1	3.03%	—	—	1	—
与企业科技人员的合作期望（多选）	能够提供研发方向	14	38.89%	22	31.88%	—	—	36	—
	能够提供市场需求信息	18	50%	36	52.17%	—	—	54	—
	能够有不同类型的专业技术人员，发挥各类技术的协同支撑作用	20	55.56%	30	43.48%	—	—	50	—

续表

题项	选项	科研院所人员 (36份) 数量	科研院所人员 (36份) 占受调查者的比例	高校科研人员 (69份) 数量	高校科研人员 (69份) 占受调查者的比例	企业科研人员 (213份) 数量	企业科研人员 (213份) 占受调查者的比例	全部受调查人员 (318份) 数量	全部受调查人员 (318份) 占受调查者的比例
与企业科技人员合作期望（多选）	能够帮助我们从应用技术角度改进研发活动	19	52.78%	27	39.13%	—	—	46	—
	既满足我的研发兴趣，也能有一定的收入	0	0	22	31.88%	—	—	22	—
	其他	1	2.78%	1	1.45%	—	—	2	—
企业与科研院所/高校最好合作方式	企业提技术研发需求，科研院所/高校提供科学理论，建立团队共同研发	15	41.67%	30	43.48%	105	49.30%	150	47.17%
	企业向科研院所/高校购买适用的知识产权（如发明专利等）	1	2.78%	3	4.35%	9	4.23%	13	4.09%
	由科技中介面向双方提供合作信息，以市场化行为对双方进行激励约束	4	11.11%	8	11.59%	19	8.92%	31	9.75%
	由政府出面将有实力的科研院所/高校和企业进行结合，降低搜寻成本	4	11.11%	5	7.25%	24	11.27%	33	10.38%
	企业与科研院所/高校共建实验室、企业孵化中心与技术转移中心等	8	22.22%	20	28.99%	38	17.84%	66	20.75%
	进行国家级、省级科研项目的合作研究	4	11.11%	3	4.35%	18	8.45%	25	7.86%
影响企业与科研院所/高校合作效率的因素（多选）	企业与科研院所/高校共同组建的研发团队的沟通情况	14	38.89%	28	40.58%	81	38.03%	123	38.68%
	大家对研发项目所想达到的目标的共识	6	16.67%	25	36.23%	71	33.33%	102	32.08%
	研发团队的人员结构（如专业技术上的异质性）	5	13.89%	18	26.29%	55	25.82%	78	24.53%
	研发团队的领导者的能力（如号召力、领导能力和协调沟通能力等）	11	30.56%	26	37.68%	55	25.82%	92	28.93%

续表

题项	选项		科研院所人员(36份)		高校科研人员(69份)		企业科研人员(213份)		全部受调查人员(318份)	
			数量	占受调查者的比例	数量	占受调查者的比例	数量	占受调查者的比例	数量	占受调查者的比例
影响企业与科研院所/高校合作效率的因素(多选)	企业领导对产学研合作的支持程度(如企业领导是否鼓励、赞成和支持科研院所/高校合作)		14	38.89%	19	27.54%	73	34.27%	106	33.33%
	科研院所/高校研发人员想融入实用技术创新活动的主动性		10	27.78%	16	23.19%	43	20.19%	69	21.70%
	政府政策的引导(如鼓励科研院所/高校参与企业研发并出台相关的收益政策)		8	22.22%	16	23.19%	33	15.49%	57	17.92%
	企业与科研院所/高校合作的利益分配机制		14	38.89%	19	27.54%	51	23.94%	84	26.42%
是否有合作的高校/科研院所	是	合作的方式(多选)								
		以购买的方式获得高校/科研院所的技术成果	3	8.33%	3	4.35%	—	—	6	—
		应急性的短期项目合作	4	11.11%	10	14.49%	—	—	14	—
		合作承担国家、省级科研项目	7	19.44%	22	31.88%	—	—	29	—
		引入高校/科研院所的科技资源,面向应用基础研究开展合作研发	5	13.89%	11	15.94%	—	—	16	—
		共建科技条件平台、孵化器与技术转移中心等	5	13.89%	5	7.25%	—	—	10	—
		其他	0	0	0	0	—	—	0	0
		合作效果								
		还不错,高校能够提供技术研发过程中所需的科学原理等协助	4	11.11%	26	37.68%	11	5.16%	41	12.89%

续表

题项		选项	科研院所人员 (36 份)		高校科研人员 (69 份)		企业科研人员 (213 份)		全部受调查人员 (318 份)	
			数量	占受调查者的比例	数量	占受调查者的比例	数量	占受调查者的比例	数量	占受调查者的比例
是否有合作的高校/科研院所	是	合作效果	尚可，高校虽然偏基础研究，但还能对研发有很大的帮助	9	25%	10	14.49%	5	2.35%	24	7.55%
			不太乐观，虽然高校能够提供技术协助，但合作利益分配与合作沟通方面较难达成一致意见	2	5.56%	4	5.80%	0	0	6	1.89%
			不好，高校不好合作	0	0	0	0	1	0.47%	1	0.31%
			其他	0	0	0	0	0	0	0	0
		合计		15	41.67%	40	57.97%	140	65.73%	195	61.32%
	否	原因	没有正规和方便的渠道与高校取得联系	—	—	—	—	12	5.63%	12	—
			高校研究偏离企业技术需求太远	—	—	—	—	10	4.69%	10	—
			没有找到合适的高校进行合作	5	13.89%	11	15.94%	0	0	16	5.03%
			本单位现有研发能力能够满足发展的需要	2	5.56%	4	5.80%	9	4.23%	15	4.72%

续表

题项		选项	科研院所人员 (36份)		高校科研人员 (69份)		企业科研人员 (213份)		全部受调查人员 (318份)	
			数量	占受调查者的比例	数量	占受调查者的比例	数量	占受调查者的比例	数量	占受调查者的比例
是否有合作的高校/科研院所	否	原因	对高校的具体技术优势不了解,搜寻成本太高	6	16.67%	4	5.80%	0	0	10	3.14%
			高校的合作意愿很低,缺乏引导高校与企业合作的机制	—	—	—	—	11	5.16%	11	—
			高校相对封闭,不了解高校能够为企业提供哪些支撑	—	—	—	—	8	3.76%	8	—
			本单位没有建立与其他组织合作的制度	5	13.89%	8	11.59%	4	1.88%	17	5.35%
			其他	3	8.33%	2	2.90%	3	1.41%	8	2.52%
	否（合计）		21	58.34%	29	42.03%	73	34.27%	123	38.68%
高校能够提供	理论基础		—	—	—	—	45	21.13%	—	—
	技术		—	—	—	—	41	19.25%	—	—
	研发方向		—	—	—	—	15	7.04%	—	—
	其他		—	—	—	—	1	0.47%	—	—
与高校合作的期望	能够提供研发过程所需要的理论支撑		—	—	—	—	94	44.13%	—	—
	能够提供国际最领先的研发信息,帮助把握企业的研发方向		—	—	—	—	83	38.97%	—	—
	能够有不同类型的专业技术人员,发挥各类技术的协同支撑作用		—	—	—	—	85	39.91%	—	—
	能够帮助企业掌握专业的研发方法		—	—	—	—	21	9.86%	—	—

续表

题项	选项		科研院所人员（36 份）		高校科研人员（69 份）		企业科研人员（213 份）		全部受调查人员（318 份）	
			数量	占受调查者的比例	数量	占受调查者的比例	数量	占受调查者的比例	数量	占受调查者的比例
与高校合作的期望	能够帮助企业从各个角度找出解决技术难题的思路		—	—	—	—	72	33.80%	—	—
	其他		—	—	—	—	2	0.94%	—	—
是否有合作的科研院所	有	合作方式	以购买的方式获得科研院所的技术成果	—	—	—	—	30	14.08%	—	—
			应急性的短期项目合作	—	—	—	—	28	13.15%	—	—
			企业作为科研院所的产业化基地	—	—	—	—	40	18.78%	—	—
			合作承担国家、省级科研项目	—	—	—	—	51	23.94%	—	—
			引入科研院所的科技资源，建立企业研发机构	—	—	—	—	25	11.74%	—	—
			共建科技条件平台、孵化器与技术转移中心等	—	—	—	—	16	7.51%	—	—
			其他	—	—	—	—	0	0	—	—
		合作效果	还不错，科研院所能够提供更加具有应用价值的技术协助	—	—	—	—	52	24.41%	—	—

续表

题项	选项		科研院所人员(36 份)		高校科研人员(69 份)		企业科研人员(213 份)		全部受调查人员(318 份)	
			数量	占受调查者的比例	数量	占受调查者的比例	数量	占受调查者的比例	数量	占受调查者的比例
是否有合作的科研院所	有	合作效果	尚可，但科研院所能够提供给我企业的技术帮助有限，如果科研院所能结合企业技术研发实际就更好了	—	—	—	—	59	27.70%	—	—
			不太乐观，虽然科研院所能够提供技术协助，但合作利益分配与合作沟通方面较难达成一致意见	—	—	—	—	6	2.82%	—	—
			不好，科研院所不好合作，理由是：	—	—	—	—	2	0.94%	—	—
			其他	—	—	—	—	0	0	—	—
	有（合计）			—	—	—	—	119	55.87%	—	—
	没有	没有合作的原因	没有找到合适的科研院所进行合作	—	—	—	—	30	14.08%	—	—
			企业现有研发能力能够满足发展的需要	—	—	—	—	33	15.49%	—	—
			对科研院所不了解，搜寻成本太高	—	—	—	—	26	12.21%	—	—

续表

题项	选项	科研院所人员（36份）		高校科研人员（69份）		企业科研人员（213份）		全部受调查人员（318份）	
		数量	占受调查者的比例	数量	占受调查者的比例	数量	占受调查者的比例	数量	占受调查者的比例
是否有合作的科研院所	没有合作的原因 企业没有建立与其他组织合作的制度	—	—	—	—	17	7.98%	—	—
	其他	—	—	—	—	6	2.82%	—	—
	没有（合计）	—	—	—	—	94	44.13%	—	—
研发过程中是否重视研发成果未来产业化应用	是，我们的研发会很注重未来的应用	32	88.89%	63	91.30%	199	93.43%	294	92.45%
	否，研发是我的兴趣，是否能实用不是要要考虑的	4	11.11%	6	8.70%	14	6.57%	24	7.55%
目前的科研成果是否有被企业采用	有，因为都是面向应用的研发	7	19.44%	17	24.64%	105	49.30%	129	40.57%
	有一些被采用了，但有些还需要配套技术	11	30.56%	27	39.13%	75	35.21%	113	35.53%
	没有，正在寻求产业化的可能性	10	27.78%	12	17.39%	22	10.33%	44	13.84%
	没有，还没考虑是否能产业化	8	22.22%	13	18.84%	11	5.16%	32	10.06%

注："—"表示所收集到的问卷中，被调查人员未填列该项内容。

附录 D 研发负责人调查问卷网址及调查结果

D.1 研发负责人调查问卷网址

研发负责人调查问卷的网址为：http://www.sojump.com/jq/4711510.aspx

D.2 研发负责人问卷调查结果

D.2.1 企业技术创新现状

附表 D.1 企业技术创新现状

题项	选项			企业研发负责人（101 份）	
				数量	占受调查者的比例
公司对技术创新的重视程度	非常重视			71	70.3%
	比较重视			22	21.78%
	一般			2	1.98%
	不太重视			5	4.95%
	很不重视			1	0.99%
公司近三年 R&D 经费占当年销售收入比例的均值	低于 3%			20	19.8%
	3%~4%			42	41.58%
	4% 以上			39	38.61%
R&D 经费占当年销售收入比例是否逐年上升	是			82	81.19%
	否			19	18.81%
技术研发资金的来源	金融机构贷款	主要渠道	商业银行	5	4.95%
			非银行的金融机构	0	0
	外商投资			1	0.99%
	风险投资			0	0
	政府资助			3	2.97%

续表

题项	选项	企业研发负责人（101 份）	
		数量	占受调查者的比例
技术研发资金的来源	企业内部积累	86	85.15%
	企业间融资	2	1.98%
	民间小额借贷	2	1.98%
	其他资金获取方式	2	1.98%
公司过去三年来研发投入的主要方向（多选）	新技术开发	52	51.49%
	新产品开发	71	70.3%
	技术改造	54	53.47%
	技术购买	7	6.93%
	研发仪器设备购买	20	19.8%
	科研人员培训	17	16.83%
	中间试验和产品试制	21	20.79%
	支付单位、个人的研发费用	10	9.9%
	研发活动中的专家咨询费	2	1.98%
	其他	0	0
公司的企业技术中心类型	国家级技术中心	25	24.75%
	省级技术中心	28	27.72%
	市级技术中心及其他	48	47.52%
公司主营产品的技术来源	自主开发	67	66.34%
	合作开发	22	21.78%
	模仿他人技术	2	1.98%
	外包	1	0.99%
	购买/引进成套技术成果进行产业化	4	3.96%
	购买/引进成套产品生产线，消化吸收后再改造创新	4	3.96%
	其他	1	0.99%
公司所拥有的发明专利等产业化的情况	本企业已经将绝大部分知识产权产业化，并有经济效益	55	54.46%
	本企业正在着手将知识产权向实际经济效益转化	25	24.75%
	有些知识产权产业化还需要配套技术的研发	10	9.9%
	大部分知识产权现在还不具备产业化的条件	5	4.95%
	其他	6	5.94%

续表

题项	选项		企业研发负责人（101 份）	
			数量	占受调查者的比例
创新成果能够成功进行产业化的主要经验（多选）	积极与客户联系沟通，开拓市场		58	57.43%
	充足的产业化资金（多选）	政府资金	11	10.89%
		风险投资	3	2.97%
		企业内部积累	18	17.82%
		关联企业投资	2	1.98%
		金融机构贷款	5	4.95%
		其他	1	0.99%
		合计	24	23.76%
	完善的配套设施与技术		50	49.5%
	良好的产业化环境（多选）	完善的知识产权许可、技术转移制度	13	12.87%
		科学评估知识产权产业化价值的科技中介服务机构	4	3.96%
		简化透明的政府审批程序	10	9.90%
		功能完备的产业化平台	16	15.84%
		产业化示范项目	17	16.83%
		合计	33	32.67%
	其他		3	2.97%

D.2.2 企业技术创新政策需求

附表 D.2 企业技术创新政策需求情况

题项	选项		企业研发负责人（101 份）	
			数量	占受调查者的比例
影响山西省域内企业进行创新成果产业化的主要因素	企业内部因素（多选）	技术研发人员对产业化积极性不高	9	8.91%
		产业化资金来源不足	20	19.80%
		创新成果配套技术不完善	14	13.86%

续表

题项	选项		企业研发负责人（101 份）	
			数量	占受调查者的比例
影响山西省域内企业进行创新成果产业化的主要因素	企业内部因素（多选）	市场开发和宣传推广不到位	7	6.93%
		创新成果的市场化应用前景不明朗	8	7.92%
		产业化人才不足	9	8.91%
		合计	37	36.63%
	宏观环境因素（多选）	政府采购对创新产品的倾斜不到位	13	12.87%
		政府对产业化的引导和补助资金不足	39	38.61%
		煤炭产业为主，其他技术成果产业化的条件不足	25	24.75%
		政府对创新产品的使用支持程度（节能补贴）	21	20.79%
		合计	64	63.37%
公司进行技术研发最迫切需要（多选）	外部的共性专业技术研发平台。这能够提供我企业所需要的研发设备		25	24.75%
	创新中介服务平台。这能够连接有共同研发兴趣的人或团队		11	10.89%
	科技人才。其他企业、高校和科研院所的科研人员能够提高我企业研发的效率		63	62.38%
	科技成果交易平台。能提供我企业所需要的技术，或者帮助我企业的创新成果进行有偿转让或产业化合作		31	30.69%
	公共服务平台。能提供我企业所需要的信息、政策咨询服务等		17	16.83%
	产业技术创新联盟等组织。由政府出面协调产业技术创新联盟更有效率，更有权威		17	16.83%
	政府的资金支持。提供引导资金、后补助及创新产品政府采购等会极大提升我企业的创新热情		56	55.45%
	市场化的融资平台		11	10.89%
	其他		3	2.97%
影响企业技术研发效率的主要因素	政府支持的程度		16	15.84%
	创新大环境的影响		22	21.78%

续表

题项	选项			企业研发负责人（101 份）	
				数量	占受调查者的比例
影响企业技术研发效率的主要因素	市场能够提供的各类服务的完备程度			10	9.90%
	企业的创新制度和创新氛围（创新人才、团队）			52	51.49%
	其他			1	0.99%
哪些政策能提高企业创新研发的积极性（多选）	政府发布引导性科技攻关项目，由企业承担			36	35.64%
	建立完备的研发服务平台，由市场主导研发方向			48	47.52%
	政府各类优惠政策	政府各类优惠政策中最有效的是（多选）	企业中试设备加速折旧	1	0.99%
			高新技术企业所得税减免	20	19.80%
			对创新产品实施政府采购	10	9.90%
			对创新收益实施税收减免	12	11.88%
			技术开发费用计入成本	11	10.89%
			提供研发成果的后补助	23	22.77%
			免征技术转让的营业税	1	0.99%
		合计		46	45.54%
	金融支持（多选）	提供研发引导资金		15	14.85%
		帮助企业获得银行信贷		16	15.84%
		帮助企业寻找风险投资		5	4.95%
		合计		23	22.77%
	政府对落后技术的限期淘汰制度			13	12.87%
	政府引导高校、科技院所在企业建立研发基地或实验室			19	18.81%
公司与科技中介服务机构合作情况（多选）	密切合作，科技中介服务机构能够提供给我企业研发所需要的信息和服务			27	26.73%
	只和特定的科技中介服务机构合作，因为我们建立了信任关系			30	29.70%
	只有少数的科技中介服务机构能满足我企业的需求，提供的服务不够完善			28	27.72%
	省内几乎没有科技中介服务机构能满足我企业创新过程中的服务需求			24	23.76%
	我企业在技术创新过程中主要找北京、上海等发达地区的中介机构提供完善的服务			13	12.87%
	其他			9	8.91%

续表

题项	选项	企业研发负责人（101 份）	
		数量	占受调查者的比例
公司最需要科技中介服务机构提供的服务（排序）平均综合得分	A. 直接为企业技术创新过程提供服务	4.5	
	G. 为技术创新成果实现产业化牵线搭桥	2.91	
	E. 推荐科技人员与合作伙伴	2.81	
	D. 技术推广	2.78	
	C. 技术创新成果市场前景评估	2.26	
	B. 提供知识产权服务	1.74	
	F. 技术创新成果交易	0.92	
	H. 其他	0.27	
企业不愿意开展自主创新的主要因素（多选）	风险太大，成功的可能性不高	26	25.74%
	创新项目成本太高、周期太长	67	66.34%
	资金和技术人才的缺乏	61	60.40%
	国外引进见效快	3	2.97%
	自我技术水平低	9	8.91%
	模仿创新成本更低，风险更小	9	8.91%
	其他	3	2.97%
公司遇到技术难题时，通常处理方式是（请按优先顺序填写）	B. 企业技术研发人员利用工作和个人渠道邀请相关专家合作解决	3.58	
	D. 从有合作的高校和科研院所邀请专家合作解决	2.72	
	A. 我们有充足的技术研发力量，完全可以依靠自己解决	2.14	
	C. 请市场化的中介服务机构组织专家诊断	1.09	
	E. 通过招标请专家解决	0.63	
公司在技术研发过程中是否有长期合作的高校	有	合作效果评价	还不错，高校能够提供我企业所需要的	27	26.73%
			尚可，但是高校太偏理论了，缺少应用技术的开发能力，如果高校能结合市场需求研发实用技术就更好了	34	33.66%
			不太乐观，高校的技术人员不了解市场需求，可能会更多与其他组织合作	6	5.94%
			不好，高校太理论化了	0	0
			其他	0	0
		合计		67	66.34%

续表

题项	选项			企业研发负责人（101 份）	
				数量	占受调查者的比例
公司在技术研发过程中是否有长期合作的高校	没有	原因（多选）	没有正规和方便的渠道和高校取得联系	10	9.90%
			高校研究偏离企业技术需求太远	12	11.88%
			企业技术研发能力能够满足发展的需要	5	4.95%
			高校的合作意愿很低，缺乏引导高校与企业合作的机制	6	5.94%
			高校相对封闭，不了解高校能够为企业提供哪些支撑	9	8.91%
			企业没有建立与其他组织合作的制度	9	8.91%
			其他	3	2.97%
		合计		34	33.66%
高校能够为我企业提供哪些需要	理论基础			10	9.90%
	技术			13	12.87%
	研发方向			3	2.97%
	其他			1	0.99%
公司对与高校进行合作开发的期望（多选）	能够提供研发过程所需要的理论支撑			34	33.66%
	能够提供国际最领先的研发信息，帮助把握企业的研发方向			41	40.59%
	能够有不同类型的专业技术人员，发挥各类技术的协同支撑作用			37	36.63%
	能够帮助我企业掌握专业的研发方法			16	15.84%
	能够帮助我企业从各个角度找出解决技术难题的思路			41	40.59%
	其他			2	1.98%
企业和高校进行合作研发的最好方式	企业提技术研发需求，学校提供科学理论，建立团队共同研发			48	47.52%
	企业向学校购买适用的知识产权（如发明专利等）			2	1.98%
	由科技中介向双方提供合作信息，以市场化行为对双方进行激励约束			11	10.89%
	由政府出面将有实力的高校和企业进行结合，降低搜寻成本			16	15.84%

续表

题项	选项	企业研发负责人（101 份）	
		数量	占受调查者的比例
企业和高校进行合作研发的最好方式	与高校共建实验室、企业孵化中心与技术转移中心等	18	17.82%
	进行国家级、省级科研项目的合作研究	5	4.95%
	其他	1	0.99%
哪些因素会影响企业与高校合作研发的效率（多选）	企业与高校共同组建的研发团队的沟通情况	38	37.62%
	大家对研发项目所想达到的目标的共识	29	28.71%
	研发团队的人员结构（如专业技术上的异质性）	25	24.75%
	研发团队的领导者的能力（如号召力、领导能力和协调沟通能力等）	18	17.82%
	企业领导对产学合作的支持程度（如企业领导是否鼓励、赞成和支持与高校的合作）	30	29.70%
	高校科研人员想融入实用技术创新活动的主动性	21	20.79%
	政府政策的引导（如鼓励高校教师参与企业研发并出台相关的收益政策）	23	22.77%
	企业与高校合作的利益分配机制	26	25.74%
	其他	0	0
在技术研发过程中是否有合作的科研院所	有 — 合作方式（多选） — 以购买的方式获得科研院所的技术成果	12	11.88%
	有 — 合作方式（多选） — 应急性的短期项目合作	17	16.83%
	有 — 合作方式（多选） — 企业作为科研院所的产业化基地	26	25.74%
	有 — 合作方式（多选） — 合作承担国家级、省级科研项目	25	24.75%
	有 — 合作方式（多选） — 引入科研院所的科技资源，建立企业技术研发机构	16	15.84%
	有 — 合作方式（多选） — 共建科技条件平台、孵化器与技术转移中心等	7	6.93%
	有 — 合作方式（多选） — 其他	3	2.97%
	有 — 合作效果 — 还不错，科研院所能够提供更加具有应用价值的技术协助	34	33.66%
	有 — 合作效果 — 尚可，但科研院所能够提供给我企业的技术帮助有限，如果科研院所能结合企业技术研发实际就更好了	28	27.72%

续表

题项	选项			企业研发负责人（101 份）	
				数量	占受调查者的比例
在技术研发过程中是否有合作的科研院所	有	合作效果	不太乐观，虽然科研院所能够提供技术协助，但合作利益分配与合作沟通方面较难达成一致意见	3	2.97%
			不好，科研院所不好合作	1	0.99%
			其他	1	0.99%
		合计		67	66.34%
	没有	原因（多选）	没有找到合适的科研院所进行合作	13	12.87%
			企业现有研发能力能够满足发展的需要	8	7.92%
			对科研院所不了解，搜寻成本太高	11	10.89%
			企业没有建立与其他组织合作的制度	10	9.90%
			其他	2	1.98%
		合计		34	33.66%
公司获得关键技术信息和市场需求信息的主要途径（多选）	公司设有专门的技术情报部门，搜集国际、国内信息			40	39.60%
	公司通过中介机构购买和获取信息			9	8.91%
	用户或供应商跟踪调查			35	34.65%
	图书、报刊和网站等公共知识载体			26	25.74%
	高校与科研机构			26	25.74%
	同行企业的动向			30	29.70%
	政府部门的信息通报			14	13.86%
	通过参加国内外会议及各种科技交流活动			37	36.63%
	通过行业协会			18	17.82%
	其他			1	0.99%
公司在创新研发方面存在的主要障碍	筹资困难			24	23.76%
	需要高额的研发设备投入资金，经济风险较高			20	19.80%
	缺乏知识产权保护			6	5.94%
	很难获得技术、市场信息			3	2.97%
	技术人才短缺			29	28.71%
	缺乏与研究机构的联系			2	1.98%
	关键技术难以突破，很难找到合适的合作伙伴			10	9.90%

续表

题项	选项	企业研发负责人（101 份）	
		数量	占受调查者的比例
公司在创新研发方面存在的主要障碍	创新成果产业化困难	7	6.93%
	其他	0	0
公司在技术创新过程中最希望得到政府的服务（多选）	专家技术咨询服务	26	25.74%
	技术研发设施共享	26	25.74%
	与科研机构间的联系渠道	11	10.89%
	共性关键技术研发	20	19.80%
	技术创新成果交易渠道	12	11.88%
	完善促进企业技术创新的金融服务体系	15	14.85%
	资金支持	49	48.51%
	信息咨询、人才培训、技术指导及贷款担保等中介服务	20	19.80%
	技术创新成果产业化扶持政策（产业化引导资金、产业化示范项目与搭建产业化平台等）	39	38.61%
	其他	0	0
公司在成功进行创新研发方面的主要经验（多选）	重视销售渠道建设，关注重点客户需求	50	49.50%
	公司有奖励创新员工（团队）的具体措施	46	45.54%
	公司制定了创新远景规划并且不断进行完善	50	49.50%
	研发部门与市场部门要进行经常性的协调与联系	36	35.64%
	为了鼓励创新，公司允许员工脱岗学习、研究	18	17.82%
	变革公司组织结构，对创新成果进行市场化推广	14	13.86%
	与外部创新机构建立了良好的信息技术沟通平台	17	16.83%
	公司鼓励新思想、新想法，鼓励创办新事业	26	25.74%
	公司文化能宽容失败	15	14.85%
	科研人才培训与引进力度很大	32	31.68%
	特别重视企业 R&D 投入（包括：经费、人员与设备等）	27	26.73%
	非常重视公司品牌建设	12	11.88%
	其他	1	0.99%
政府促进创新研发和成果产业化最应该出台的支持政策	促进产学研合作及风险分担、收益共享的指导性政策	42	41.58%
	能够促使成果产业化的市场化机制的建设	40	39.60%
	出台成果完成人和单位的收益分成的指导性政策	13	12.87%

续表

题项	选项	企业研发负责人（101 份）	
		数量	占受调查者的比例
政府促进创新研发和成果产业化最应该出台的支持政策	创新团队内部的收益分成问题的指导性政策	5	4.95%
	其他	1	0.99%
哪些因素会影响企业研发的积极性（多选）	政府过多的干预	14	13.86%
	政府的过度支持会使企业产生依赖	12	11.88%
	过于严格的财务控制制度	34	33.66%
	企业过高的债务水平	21	20.79%
	企业过低的利润水平	42	41.58%
	企业研发人员数量过低	38	37.62%
	其他原因	2	1.98%

D.2.3 企业基本情况

附表 D.3 企业基本情况

题项	选项		企业研发负责人（101 份）	
			数量	占受调查者的比例
公司类型	高新技术企业		72	25.74%
	民营科技企业		37	74.26%
公司所属产业	煤炭产业	煤炭开采与洗选	16	15.84%
		煤层气	1	0.99%
		煤电	0	0
		煤化工	1	0.99%
		煤基炭材料	1	0.99%
		煤机装备	4	3.96%
		其他	3	2.97%
		合计	26	25.74%
	非煤产业		75	74.26%
公司规模	大型企业		36	35.64%
	中型企业		27	26.73%

续表

题项	选项	企业研发负责人（101 份）	
		数量	占受调查者的比例
公司规模	小型企业	35	34.65%
	转制科研院所	1	0.99%
	其他	2	1.98%
公司性质	国有企业	48	47.52%
	民营企业	53	52.48%
职务	企业主要负责人	26	25.74%
	研发（技术）负责人	49	48.51%
	营销负责人	2	1.98%
	行政管理负责人	5	4.95%
	生产负责人	5	4.95%
	财务负责人	3	2.97%
	其他	11	10.89%

参 考 文 献

[1] 于长龙. 煤炭资源开发利用的现状及对策 [J]. 能源与节能, 2015 (3): 92-94.
[2] 程晟. 新中国成立后山西煤炭开采技术发展研究 [D]. 太原: 山西大学, 2012.
[3] 李彦军. 浅谈煤炭资源绿色开采研究现状与展望 [J]. 山东煤炭科技, 2014 (12): 211-212.
[4] 许加芳. 煤炭地下气化的原理及发展情况 [J]. 煤矿现代化, 2014 (5): 120-122.
[5] 陈石义, 李乐忠, 崔景云, 等. 煤炭地下气化 (UCG) 技术现状及产业发展分析 [J]. 资源与产业, 2014, 16 (5): 129-135.
[6] 王志国. 山西煤炭新亮点: 皇翰公司煤炭地下气化技术走向产业 [J]. 瞭望新闻周刊, 2002, 13 (44): 135-137.
[7] 靳贝贝. 我国煤层气开采利用存在的问题及建议 [J]. 中国国土资源经济, 2014, 32 (11): 66-69.
[8] 晋煤集团地面煤层气"L"型抽采技术成功投运 [J]. 中国煤炭, 2014 (11): 87.
[9] 王海涛. 山西省煤机技术与装备现状及发展趋势 [J]. 中外企业家, 2014 (26): 220-221.
[10] 任怀伟. 我国煤矿综采装备技术的主要进展和发展趋势 [J]. 煤矿开采, 2014, 19 (6): 11-15.
[11] 孙渝. 太原煤机装备产业技术路线研究 [J]. 科技创新与生产力, 2013 (5): 22-25.
[12] 姚金花. 浅谈煤炭洗选加工技术 [J]. 黑龙江科学, 2013 (12): 55.
[13] 顾玉超, 于汶加, 马晓磊. 国内外煤炭洗选现状及政策对比研究 [J]. 选煤技术, 2012 (4): 110-116.
[14] 马剑. 我国煤炭洗选加工现状及"十二五"发展构想 [J]. 煤炭加工与综合利用, 2011 (4): 1-5.
[15] 郭淑芬, 赵国浩, 段金鑫. 基于选煤技术的国内外煤炭洗选业发展对比研究 [J]. 煤炭经济研究, 2010, 30 (1): 11-13.
[16] 武乐鹏, 杨立忠, 解国辉. 选煤技术的发展 [J]. 科技情报开发与经济, 2009, 19 (14): 121-122.
[17] 程宏志. 我国选煤技术现状与发展趋势 [J]. 选煤技术, 2012 (2): 79-82.
[18] 康淑云. 我国选煤设备制造业发展现状及其对策建议 [J]. 煤炭经济研究, 2014, 34 (2): 25-33.
[19] 杨子海. 国内外选煤装备发展概况 [J]. 煤炭技术, 2014 (6): 4-6.
[20] 束洪福. 重介质旋流器选煤技术实现零排放 [N]. 科技日报, 2013-12-12 (12).
[21] 孔令同, 韩慧智, 徐宏祥. 山西省选煤工艺的研究与思考 [J]. 洁净煤技术, 2010, 16 (1): 21-22.
[22] 田亚峻. 中国煤化工现状与发展思考: 写在"十三五"之前 [J]. 煤化工, 2014, 42 (6): 1-8.
[23] 赵利安, 许振良. 洁净煤技术概论 [M]. 沈阳: 东北大学出版社, 2011.
[24] 张庆, 谢强. Lurgi (鲁奇) 加压气化工艺 [J]. 城市建设理论研究: 电子版, 2013 (34): 17-19.
[25] 贾小军. 德士古水煤浆气化技术研究及其国产化创新 [J]. 中国科技信息, 2013 (14): 115.
[26] 郑振安. Shell 煤气化技术 (SCGP) 的特点 [J]. 煤化工, 2003, 31 (2): 7-11.
[27] 周安宁, 黄定国. 洁净煤技术 [M]. 徐州: 中国矿业大学出版社, 2010.
[28] 陈大胜, 程程远, 张海涛, 等. 煤基合成气一步法制二甲醚的宏观动力学 [J]. 煤炭学报, 2011,

36（s1）：156-162.

[29] 陈文敏，李文华，徐振刚．洁净煤技术基础［M］．北京：煤炭工业出版社，1997.

[30] 商铁成，曲思建．我国煤焦化及热解技术的发展与展望［J］．第三届选煤企业管理论坛文集，2010：470-476.

[31] 张建敏．捣固炼焦技术［J］．中国钢铁年会，2007（32）：305-307.

[32] 望亭发电厂．660MW 超超临界火力发电机组培训教材：脱硫脱硝分册［M］．北京：中国电力出版社，2011.

[33] 金晶，张守玉，郝小红，等．燃煤污染物排放控制技术［M］．北京：中国建筑工业出版社，2012.

[34] 章名耀等．洁净煤发电技术及工程应用［M］．北京：化学工业出版社，2010.

[35] 张蕾．发电概论［M］．北京：化学工业出版社，2013.

[36] 谢利坤．太钢两种电站锅炉用钢达国际先进水平［EB/OL］．http://tgbx.tisco.com.cn/show.jsp?id=9415，2013-08-13.

[37] 太钢"超超临界火电机组钢管"填补空白［N］．科技日报，2015-01-23.

[38] 牛克洪，李宏军．中国煤炭工业低碳经济发展之路［M］．北京：煤炭工业出版社，2010.

[39] 《绿色电力：21世纪中国发电新趋势》编委会．绿色电力：21世纪中国发电新趋势［M］．北京：中国电力出版社，2007.

[40] 董卫国．国外 IGCC 电站运行的情况分析［A］//中国电机工程学会．第四届全国火力发电技术学术年会论文集（下册）［C］．北京：中国电机工程学会，2003：963-972.

[41] 范英．温室气体减排的成本、路径与政策研究［M］．北京：科学出版社，2011.

[42] 赵钧，叶洪宝．PFBC-CC 中试电站介绍［J］．华东电力，2000，28（9）：33-35.

[43] 蒋国文．山西富碳农业发展初探［J］．山西农经，2014（3）：102.

[44] 王海滨．山西：富碳农业"吃掉"工业碳排［N］．科技日报，2014-09-03.

[45] 张军，李小春等．国际能源战略与新能源技术进展［M］．北京：科学出版社，2008.

[46] 骆仲泱，方梦祥，李明远等．二氧化碳捕集、封存和利用技术［M］．北京：中国电力出版社，2012.

[47] 张卫东，张栋，田克忠．碳捕集与封存技术的现状与未来［J］．中外能源，2009，14（11）：7-14.

[48] 国际能源署（IEA）．二氧化碳捕集与封存：碳减排的关键选择［M］．能源与环境政策研究中心（CEEP）译．北京：中国环境科学出版社，2010.

[49] 陈卓．国际碳捕捉与碳封存法律问题研究［D］．西安：西北大学，2014.

[50] 相震．碳封存发展及有待解决的问题研究［J］．环境科技，2010，23（2）：72.

[51] 吴耀文，张文礼．碳捕集与碳封存技术的发展现状与前景［J］．中国环境管理，2010（6）：19.

[52] 高碧霞，史新珍．山西省实施 CO_2 捕集与封存技术前景展望［J］．洁净煤技术，2012，18（1）：7-8.

[53] 熊银伍．中国煤基活性炭生产设备现状及发展趋势［J］．洁净煤技术，2014，20（3）：39-42.

[54] 陆安慧，郑经堂，王茂章．炭分子筛的研究进展［J］．化工进展，2001，20（4）：12-13.

[55] 闵振华，曹敏，王永刚．炭分子筛的制备和应用［J］．材料科学与工程学报，2006，24（3）：466-471.

[56] 钱鑫，皇静，张永刚，等．国外 PAN 基碳纤维的研究现状及发展趋势［J］．高科技纤维与应用，2011，36（3）：34-38.

[57] 马祥林，任婷，段晓松，等．全球 PAN 基碳纤维产业的现状及发展趋势［J］．纺织导报，2014（12）：44-46.

[58] 徐樑华．高性能 PAN 基碳纤维国产化进展及发展趋势［J］．中国材料进展，2012，31（10）：7-13.

[59] 陈瑞峰. 新材料进展 [J]. 化学工业, 2013, 31 (2): 39-40.

[60] 刘兆平, 周旭峰. 浅谈石墨烯产业化应用现状与发展趋势 [J]. 新材料产业, 2013 (9): 4-11.

[61] 汤天波, 王冰. 国际石墨烯技术与产业发展态势研究 [J]. 全球科技经济瞭望, 2014, 29 (9): 46-50.

[62] Malerba F, Orsenigo L. Schumpeterian patterns of innovation are technology-specific [J]. Research Policy, 1996, 25 (3): 451-478.

[63] Freeman C. Continental, national and sub-national innovation systems complimentarily and economic growth [J]. Research Policy, 2002, 32 (2): 191-211.

[64] Freeman C. The national system of innovation in historical perspective [J]. Cambridge Journal of Economics, 1995, 19 (1): 5-24.

[65] Damanpour F, Evan W M. Organizational innovation and performance: The problem of "Organizational Lag" [J]. Administrative Science Quarterly, 1984, 3 (29): 392-409.

[66] Damanpour F, Szabat K A, Evan W M. The relationship between types of innovation and organizational performance [J]. Journal of Management Studies, 1989, 26 (6): 587-601.

[67] Gells F W. Technological transitions as evolutionary reconfiguration processes: A multi-level perspective and a case-study [J]. Research Policy, 2002, (31): 1257-1274.

[68] 许庆瑞, 刘景江, 赵晓庆. 技术创新的组合及其与组织、文化的集成 [J]. 科研管理, 2002, 23 (6): 38-44.

[69] Barnett W P. The organizational ecology of a technological system [J]. Administrative Science Quarterly, 1990, 35 (1): 31-60.

[70] Fujimoto T. The evolution of a manufacturing system at Toyota [M]. New York: Oxford University Press, 1999.

[71] Vickery S, Droge C, Germain R. The relationship between product customization and organizational structure [J]. Journal of Operations Management, 1999, 17 (4): 377-391.

[72] Lei D, Hitt M A, Goldhar J D. Advanced manufacturing technology: Organizational design and strategic flexibility [J]. Organization Studies, 1996, 17 (3): 501-523.

[73] Wooldridge B, Schmid T, Floyd S W. The middle management perspective on strategy process: Contributions, synthesis, and future research [J]. Journal of Management, 2008, 34 (6): 1190-1221.

[74] Kimberly J R. Issues in the creation of organizations: Initiation, innovation, and institutionalization [J]. Academy of Management Journal, 1979, 22 (3): 437-457.

[75] Dewar R D, Dutton J E. The adoption of radical and incremental innovations: An empirical analysis [J]. Management Science, 1986, 32 (11): 1422-1433.

[76] Mokhber M, Ismal W K. The impact of transformational leadership on organizational innovation moderated by organizational culture [J]. Australian Journal of Basic & Applied Sciences, 2011, 5 (6): 504-508.

[77] Damanpour F. Organizational innovation: A meta-analysis of effects of determinants and moderators [J]. Academy of Management Journal, 1991, 34 (3): 555-590.

[78] Drazin R, Schoonhoven C B. Community, population and organization effects on innovation: A multilevel perspective [J]. Academy of Management Journal, 1996, 39 (5): 1065-1083.

[79] Pretorius M, Millard S M. Creativity, innovation and implementation: Management experience, venture size, life cycle stage, race and gender as moderators [J]. South African Journal of Business Management, 2005,

36 (4): 55-68.

[80] Becheikh N, Landry R, Amara N. Lessons from innovation empirical studies in the manufacturing sector: A systematic review of the literature from 1993-2003 [J]. Technovation, 2006, 26 (5): 644.

[81] Sternberg R J. The nature of creativity [J]. Creativity Research Journal, 2006, 18 (1): 87-98.

[82] 孙锐, 张文勤, 陈许亚. R&D 员工领导创新期望、内部动机与创新行为研究 [J]. 管理工程学报, 2012, 26 (2): 12-20.

[83] Drazin R, Glynn M A, Kazanjian R K. Multilevel theorizing about creativity in organizations: A sensemaking perspective [J]. Academy of Management Review, 1999, 24 (2): 286-307.

[84] 卢小君, 张国梁. 工作动机对个人创新行为的影响研究 [J]. 软科学, 2007, 21 (6): 124-127.

[85] Amabile T M, Conti R, Coon H, et al. Assessing the work environment for creativity [J]. Academy of Management Journal, 1996, 39 (5): 1154-1184.

[86] Shalley C E, Zhou J, Oldham G R. The effects of personal and contextual characteristics on creativity: Where should we go from here? [J]. Journal of Management, 2004, 30 (6): 933-958.

[87] George J M, Zhou J. Dual tuning in a supportive context: Joint contributions of positive mood, negative mood, and supervisory behaviors to employee creativity [J]. Academy of Management Journal, 2007, 50 (3): 605-622.

[88] Burroughs J E, Dahl D W, Moreau C P, et al. Facilitating and rewarding creativity during new product development [J]. Journal of Marketing, 2011, 75 (4): 53-67.

[89] Zhou J. Feedback valence, feedback style, task autonomy, and achievement orientation: Interactive effects on creative performance [J]. Journal of Applied Psychology, 1998, 83 (2): 261.

[90] Collins R. Collaborative circles: Friendship dynamics and creative work (review) [J]. Social Forces, 2004, 83 (1): 433-436.

[91] Eisenbei S A, Boerner S. Transformational leadership and R&D innovation: Taking a curvilinear approach [J]. Creativity and Innovation Management, 2010, 19 (4): 364-372.

[92] 朱苏丽, 龙立荣. 组织文化导向对研发人员创新行为影响的实证研究: 以积极情感为中介变量 [J]. 科技进步与对策, 2010, 27 (18): 141-144.

[93] 刘云, 石金涛. 组织创新气氛对员工创新行为的影响过程研究: 基于心理授权的中介效应分析 [J]. 中国软科学, 2010 (3): 133-144.

[94] 杨倚奇, 孙剑平, 周小虎. 创造力工作环境缺失及建构路径研究: 基于我国技术研发人员需求偏好的视角 [J]. 科技进步与对策, 2015, 32 (14): 151-155.

[95] Fassinger R E. Paradigms, praxis, problems and promise: Grounded theory in counseling psychology research [J]. Journal of Counseling Psychology, 2005, 52 (2): 156-166.

[96] 李燕萍, 贺欢, 张海雯. 基于扎根理论的金融国企高管薪酬影响因素研究 [J]. 管理学报, 2010, 7 (10): 1477-1483.

[97] 时勘, 王继承, 李超平. 企业高层管理者胜任特征模型评价的研究 [J]. 心理学报, 2002, 34 (3): 306-311.

[98] 连欣, 杨百寅, 马月婷. 组织创新氛围对员工创新行为影响研究 [J]. 管理学报, 2013, 10 (7): 985-992.